의례 역주 儀禮譯註

연례 · 대사의

【三】

역주자 김용천(金容天)
동국대학교 대학원 사학과에서 석사 및 박사학위를 받았으며, 현재 대진대학교 사학과 교수로 재직 중이다. 한대의 종묘제·상복례를 중심으로 예학을 연구하고 있으며, 앞으로 위진남북조 시대의 예제로 그 연구 폭을 넓히고자 한다. 저서로『전한후기 예제담론』(2007),『중국고대 상복의 제도와 이념』(2007)이 있으며, 역서로『중국 전근대사상의 굴절과 전개』(1999),『중국의 공과 사』(2004),『후한 유교국가의 성립』(2011) 등이 있고,『천지서상지』(2007)를 주해하였다. "후한시대 묘의와 종법관념"(2007), "『석거예론』의 분석과 전한시대 예치이념"(2007), "『순자』·『예기』「왕제」의 예치구상"(2009) 등 다수의 논문이 있다.

역주자 이원택(李元澤)
전남대학교 정치외교학과에서 석사학위, 서울대학교 정치학과에서 박사학위를 받았다. 현재 동북아역사재단에 재직 중이다. 저서(공저)로『한국유학사상대계(법사상편)』(2008)가 있으며,『다산과 석천의 경학논쟁』(2000),『다산의 경학세계』(2002),『시경강의』(2008) 등을 주해하였다. "개화기 '예치'로부터 '법치'로의 사상적 전환"(2008), "17세기 복제예송이 18세기 복제 예론에 미친 영향"(2008), "성호의 정치사상과 '유교주의'"(2010), "성해응의 지정학과 울릉도·우산도 인식"(2012) 등 다수의 논문이 있다.

의례 역주[三] 儀禮譯註 三
연례·대사의

1판 1쇄 인쇄 2013년 10월 25일
1판 1쇄 발행 2013년 11월 4일

역주자 | 김용천·이원택
발행인 | 이방원

발행처 | 세창출판사
신고번호·제300-1990-63호 | 주소·서울 서대문구 경기대로 88 냉천빌딩 4층 | 전화·(02)723-8660
팩스·(02)720-4579 | http://www.sechangpub.co.kr | e-mail: sc1992@empal.com

ISBN 978-89-8411-400-5 94380
978-89-8411-397-8 (세트)

· 이 책은 한국연구재단의 지원으로 세창출판사가 출판, 유통합니다.
· 잘못된 책은 구입하신 서점에서 바꾸어 드립니다.
· 책값은 뒤표지에 있습니다.

이 도서의 국립중앙도서관 출판시도서목록(CIP)은 e-CIP홈페이지(http://www.nl.go.kr/ecip)와 국가자료공동목록시스템(http://www.nl.go.kr/kolisnet)에서 이용하실 수 있습니다.(CIP제어번호: CIP2013022907)

의례 역주 儀禮譯註

연례 · 대사의

The Translation and Annotation of **"Yili"**

【三】

김용천 · 이원택 역주

세창출판사

옮긴이 말

본서는『의례』17편의 경문과 이에 대한 최초의 완정한 주석이자 후대『의례』 주석의 전범이 되었던 '정현鄭玄의 주注'를 함께 우리말로 번역하고 주해한 것이다. 또한 번역과 주해 속에『의례』의 명물도수名物度數에 관한 도상圖象, 정현의 주석을 둘러싸고 일어났던 예학사 상의 논쟁점, 새롭게 보완된 후대의 주요한 주석 등을 함께 정리함으로써 독자들로 하여금 본 번역을 통해『의례』와 그 주석사의 맥락을 이해할 수 있도록 하는 데에 주안점을 두었다.

『의례』는 한초漢初 고당생高堂生으로부터 전승된 것으로, 후에『예기』,『주례』와 더불어 '삼례三禮'로 칭해지게 되었다. 후한 말 정현이『삼례목록三禮目錄』을 작성할 당시『의례』의 전본傳本에는 '대대본大戴本', '소대본小戴本' 그리고 유향劉向의 '『별록別錄』본本' 등이 있었다. 정현은 '『별록』본'에 의거하여 주석 작업을 하였고, 이것이 오늘날 우리가 보는『의례』17편이다.

정현 '의례 주'의 특징으로는 '훈고訓詁'의 측면에서 ① 여러 이본異本들을 대조하여 글자에 대한 교감을 가하였고, ② 전 · 후한 시대 금문학파의 번쇄한 주석방식에서 벗어나 여러 학설을 망라하면서도 핵심적인 논점을 중심으로 종합하여 관통시키는 '회통會通'의 방식을 취하였으며, ③ 간략하면서도 심오한 기록 탓에 난해하였던 고례古禮의 행례 절차와 배경들을 구체적으로 이해할 수 있게 하였다는 점을 들 수 있다. 이와 함께 '의리義理'의 측면에서 보면, ① 외형적 행례 절차를 기록한 '경문'을 가시적으로 형상화시키면서 동시에 경문의 행례 과정이 담고 있는 예학적 의미를 밝혀냈고, ②『의례』 외에 『주례』와 『예기』 등 '삼례서三禮書' 전체에 대한 주석 작업을 통해 정현 자신이 도달한 성찰, 즉 고례의 원리와 체계에 대한 구조적 성찰을 반영시킴으로써 고대 예학의 세계상을 이해할 수 있게 하였다. 말하자면 정현의 주는 '삼례'의 원융한 예의 체계를 구축하고, 그 체계 속에 모든 경서를 정합적으로 포괄한다는 정현의 학문적 영위의 일환으로 저술되었던 것이다. 후대에 '예학禮學은 정학鄭學'이라고 칭해질 정도로 정현의 삼례주三禮注는 중국 고대 예학 연구의 토대가 된다. 정현의 주석에 의거함으로써 우리는 비로소 '난독지서難讀之書'·'망이생외望而生畏'로 알려진 『의례』에의 접근이 가능하게 된 것이다. 『의례』의 경문과 더불어 '정현의 주'를 함께 번역하게 된 이유가 여기에 있다.

최근 한·중·일 동아시아 3국에서 예학연구는 새로운 각도에서 조명 받는 학문영역 가운데 하나이다. '근대의 망루'에서 '예'는 동아시아 근대화를 가로막는 사상적 근원이자 제도적 고착으로서 비판받았다. 그러나 근대 자체가 상대화된 이후 이제 오리엔탈리즘의 시각에서 벗어나 그 '예'의 실체가 무엇이었으며 그것으로 지탱되던 전통시대 사회시스템의 실체는 어떠했는지를 객관적으로 구명하고자 하는 것은 시대적 요구가 되고 있다. 학문적 차원에서도 조선시대의 예송논쟁뿐 아니라 국가전례의 구체적 실상, 조선과 중국의 종묘제론, 종법론, 상복제도 나아가 일반 생활사의 영역에서도 예학에 대한 관심이 고조되고 있고, 새로운 시야가 개척되고 있다. 이러한 연구는 당연히 의식의 구체적 행위절차를 규정한 『의례』에 대한 접근을

선행 조건으로 해야 하며, 따라서 엄밀한 학문적 차원에서 『의례』 등 주요한 예서를 역주하는 작업이 바탕이 되어야 할 것이다.

본서는 리쉐친(李學勤) 주편 십삼경주소정리본十三經注疏整理本 『의례주소儀禮注疏』(北京, 北京大學出版社, 2000)를 저본으로 삼아 번역한 것이다. 이 저본은 가장 최근에 간행된 『의례』본으로 『의례』의 경문, 정현의 주, 가공언의 소를 단락별로 제시하였을 뿐 아니라, 다양한 판본에 대한 치밀한 교감이 이루어져 있기 때문이다. 우리말 번역에서도 표점은 기본적으로는 이 저본의 표점 원칙을 수용하였지만, 현재 우리나라에서 진행되는 각종 정본 사업의 표점 원칙을 반영하였고, 또 옮긴이들의 관점에서 필요한 표점 방식을 만들어내어 적용하였으며, 인용부호, 강조점 등은 우리말 어법에 맞추어 바꾸었다. 리쉐친 『의례주소』본의 표점에 오류가 있는 경우 역시 정정하였다.

옮긴이들은 정현의 주에 의거하여 경문을 번역하는 방식을 취하였는데, 정현의 해석은 매우 간오簡奧하기 때문에 한대의 언어학적 맥락을 짚어내지 못한다면 그 행간에 담긴 함의를 간취하기 어려운 측면도 있다. 따라서 경문과 정현의 주에 대한 후대 주석가들의 해석을 동원하지 않을 수 없는데, 이 점에서 청대 호배휘胡培翬의 『의례정의儀禮正義』는 매우 유용한 정보를 제공해 준다. '표준적 해석'이라는 뜻에 걸맞게 『의례정의』에는 송대의 오계공敖繼公·이여규李如圭를 비롯해서 명대의 장이기張爾岐, 청대의 오정화吳廷華·채덕진蔡德晉·저인량著寅亮·호광충胡匡衷 등 역대 주석가들의 논점을 정합적인 논거와 비판적인 안목으로 각각의 정현 주 아래에 덧붙여 소개하고 있다. 약간 번잡한 느낌이 없는 것도 아니지만, 이들 후대 주석가들의 논점을 주석에 상세히 정리함으로써, 『의례』 해석의 시대적·역사적 변화를 드러낼 수 있도록 함과 동시에, 해석의 정확성을 최대한 높이고자 하였다. 또한 매 편의 표제 아래에 정현의 『삼례목록』을 번역하여 넣음으로써『의례』17편에 실린 각 의례의 역사적 연원을 이해할 수 있도록 하였다. 그리고 각각의 행례 절차가 시작되는 앞머리에 의례의 연원 및 의미, 그리고 각 의례의 행례 장소와 전반적인 행례 과정에 대한 간략한 개요를 제시하여 '해제'로 붙임으로써, 복잡한 각각의 의례 절차와 의의를 일목요연하게 파악한 후 본문 이해에 들어갈 수 있도록 하였다.

『의례』는 상대적으로 예의 이론적 측면을 논하는 『예기』와 달리 구체적 의식 절차를 기록한 매뉴얼이다. 따라서 그 번역은 단순히 우리말로 옮기는 것뿐 아니라, 그것의 실체를 입체적이고 구조적으로 이해할 수 있도록 궁실, 의복, 기물, 건축물 등 명물도수名物度數들에 대한 도상圖象과 도해圖解를 제시할 필요가 있다. 따라서 본 번역에서는 송대 양복楊復의『의례도儀禮圖』· 섭숭의聶崇義의『삼례도三禮圖』, 명대 유적劉績의『삼례도三禮圖』, 청대의『흠정의례의소欽定儀禮義疏(禮器圖)』· 장혜언張惠言의『의례도儀禮圖』· 황이주黃以周의『예서통고禮書通考』등에 수록된 도상과 도해뿐 아니라 양톈위(楊天宇), 이케다 스에토시(池田末利), 다니다 다카유키(谷田孝之) 등 현대『의례』연구자들의 성과물을 적극적으로 활용하였다.

'번역'이란 원문의 의미를 손상시키지 않고 타국의 언어로 이를 고스란히 되살려 내는 작업일 뿐 아니라 비전공자들도 쉽게 읽을 수 있도록 가독성을 높여야 한다는 상호 모순을 해소하는 과정이기도 하다.『의례』와 같은 고문헌을 번역할 때에는 그러한 고심이 더욱 깊어질 수밖에 없는데, 특히 제기 등 기물의 명칭을 어떻게 우리말로 옮길 것인가를 두고 번역과정에서 여러 논란이 있었다. 가령 '변籩'과 '두豆'의 경우, '변'과 '두'로 옮기는 것이 가장 정확한 번역일 수 있지만,『의례』안에는 수많은 제기, 궁실, 건축물, 의복, 음식 등의 명칭이 등장하는데 이를 모두 원래의 명칭 그대로 표기하게 될 경우, 번역문은 거의 기호의 나열이나 다름없어 가독성에 심각한 문제가 발생할 것으로 판단하였다. 이에 따라 본 번역에서는 명물名物에 대한 정현의 해석과 각종 문헌의 기록에 의거하여 그 기물의 특징과 성격을 드러낼 수 있는 적절한 우리말로 표기하기로 하였다. 정현은 '변籩'에 대해 "변은 대나무로 만든 제기이다"(『周禮』, 「天官 · 籩人」, "籩,竹器"), "말린 고기를 올릴 때에는 변을 사용하는데, 변은 말린 음식을 담는 데에 적당하다"(『儀禮』, 「鄕射禮」, "脯用籩, 籩宜乾物")고 하였고, '두豆'에 대해서는 "고기 젓갈을 올릴 때에는 두를 사용하는데, 두는 젖은 음식을 담는 데에 적당하다"(『儀禮』, 「鄕射禮」, "醢以豆, 豆宜濡物也")고 하였다. 또 『이아爾雅』 「석기釋器」에서는 "나무로 만든 제기를 두라 하고, 대나무로 만든 제기를 변이라 한다"(木豆謂之豆, 竹豆謂之籩)고 하였다. 이에 따르면 '변'과 '두'는 그것을 만드는 재료의 측면에서는 '대나무'와 '나무'라는 차이가 있고, 기능적인 측면에서는 '말린 음식을 담는 제기'와 '젖은 음식을 담는 제기'라는 차이가 있다. 이러한 해석에 의거하여 본 번역에서는 '변'을 '대나무제기', '두'를 '나무제기'로 각각 표기하였다.

옮긴이들이 처음 『의례』 번역에 관심을 갖기 시작한 것은 1998년부터였다. 이봉규, 장동우, 이원택 그리고 김용천은 중국 고대철학, 다산 정약용, 조선시대 정치사상사, 중국 고대사 등 각자의 구체적 전공분야는 달리하였지만, 모두 '예학'을 학문의 밑바탕으로 하고 있어 자연스레 모임이 결성되었다. 당시에는 '상례'에 대한 관심이 고조되어 『의례』 「상복」의 번역으로 시작했지만, '삼례서'의 번역을 평생의 업으로 삼아보는 것이 어떻겠느냐는 이봉규 선생의 제안에 따라 청명문화재단의 지원 아래 『예기』 번역에 본격적으로 뛰어들었고, 모임의 이름도 '삼례사락三禮四樂'이라 하였다. 2005년에는 『예기』 전공자인 박례경 선생의 합류로 공부의 즐거움은 배가 되었고, '삼례사락'은 '삼례역락三禮亦樂'으로 바뀌었다. 그러고 보면 우리의 공부 모임도 벌써 15년이라는 짧지 않은 세월이 흐른 셈이 되며, 초창기에 비하면

내공의 깊이도 적지 아니 깊어진 느낌이다. 『예기』의 번역 초고가 마무리 될 즈음, 2008년도에 본서가 한국연구재단의 '명저번역과제'로 선정됨으로써, '삼례서'의 두 번째 작업 『의례』의 번역을 개시하였던 것이다.

예서의 번역은 매주 금요일마다 연세대학교에서 '삼례역락' 모임을 갖고 미리 번역된 초고를 상호 토론하고, 수정하는 과정을 거쳤다. 그러나 난해한 구절이 등장할 경우 한 문장에 대한 해석을 놓고 몇 시간에 걸쳐 논쟁을 벌이는 경우도 다반사였고, 게다가 『의례』의 경우 번역 분량이 워낙 방대한 탓도 있어 이러한 방식으로는 주어진 기간 내에 완역은 불가능하였다. 따라서 모임에서는 용어의 통일 및 문체의 일관성을 유지할 수 있도록 초고에 대한 전반적인 검토 수준에 멈추고, 각자의 전공과 관련된 편들을 배당하여 번역하는 방식을 택하였다. 작업의 분담은 김용천 : 「사관례」1 · 「연례」6, 「빙례」8 · 「상복」11 · 「유사철」17, 박례경 : 「사혼례」2 · 「사상견례」3 · 「향음주례」4 · 「공사대부례」9 · 「근례」10 · 「특생궤사례」15, 이원택 : 「향사례」5 · 「대사의」7, 장동우 : 「사상례」12 · 「기석례」13 · 「사우례」14이며, 후에 참여하여 번역에 활기를 불어넣어주신 이봉규 선생께서는 「소뢰궤사례」16의 번역과 더불어 '『의례』 해제'의 집필을 맡아주셨다.

이제 기나긴 번역의 고투 과정을 마치고 탈고를 앞두고 있다. 한국연구재단의 최종 보고 이후 번역문 전체의 체계와 통일성을 기하기 위해 거의 매일같이 연구실의 불빛을 밝히고 몰두하면서 나름대로 열심히 하였다고 자부하지만, 여전히 '망문생의望文生義'의 엉뚱한 오역이 없으리라 장담하지 못하는 불안감도 감출 수 없다. 사계의 질정을 기다리며, 예학 전공자들의 연구에 조그마한 보탬이라도 되었으면 하는 마음뿐이다. 본서를 명저번역과제로 선정해 주고 경제적 지원까지 아끼지 않았던 한국연구재단 관계자 분들께 감사의 말씀을 드린다. 번역과정에서 복식과 관련하여 교열과 많은 자문을 해 주신 최규순 교수님께 고마움의 마음을 표한다. 예정보다 원고의 완성이 늦어져 마음으로 무척 초조했을 텐데도 옮긴이들에게 아무런 압박(?)도 가하지 않고 묵묵히 기다려주신 세창출판사 김명희 실장님께도 미안함과 고마움의 마음을 전한다. 투박한 박석璞石의 문체를 꼼꼼한 교열과 윤문으로 깔끔하게 다듬어 옥조玉藻로 탈바꿈시켜준 송경아 선생에게 누구보다 고맙다는 말을 전하고 싶다.

2012년 11월 12일

늦가을의 향기 그윽한 왕방산 아랫자락 연구실에서

번역자를 대표하여 김용천 씀

차례

옮긴이 말 · 5 | 일러두기 · 14

의례 역주 【一】

사관례士冠禮 제1 · 김용천

사혼례士昏禮 제2 · 박례경

사상견례士相見禮 제3 · 박례경

의례 역주 【二】

향음주례鄕飮酒禮 제4 · 박례경

향사례鄕射禮 제5 · 이원택

의례 역주 【三】

연례燕禮 제6 · 김용천 · 17

대사의大射儀 제7 · 이원택 · 249

의례 역주 【四】

빙례聘禮 제8 · 김용천

의례 역주【五】

공사대부례公食大夫禮 제9 · 박례경

—

근례覲禮 제10 · 박례경

의례 역주【六】

상복喪服 제11 · 김용천

의례 역주【七】

사상례士喪禮 제12 · 장동우

—

기석례既夕禮 제13 · 장동우

—

사우례士虞禮 제14 · 장동우

의례 역주【八】

특생궤사례特牲饋食禮 제15 · 박례경

—

소뢰궤사례少牢饋食禮 제16 · 이봉규

—

유사철有司徹 제17 · 김용천

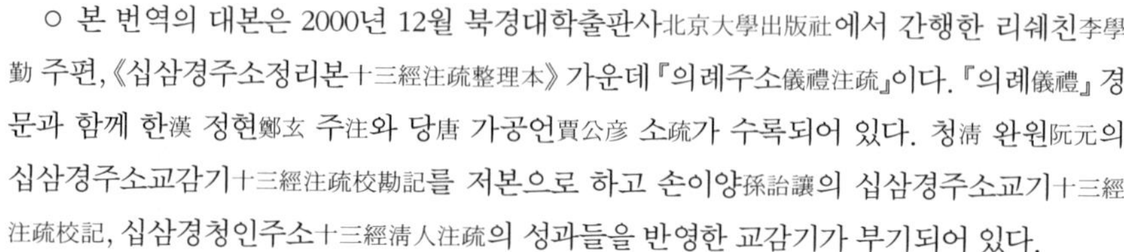

일러두기

○ 본 번역의 대본은 2000년 12월 북경대학출판사北京大學出版社에서 간행한 리쉐친李學勤 주편, 《십삼경주소정리본十三經注疏整理本》 가운데 『의례주소儀禮注疏』이다. 『의례儀禮』 경문과 함께 한漢 정현鄭玄 주注와 당唐 가공언賈公彦 소疏가 수록되어 있다. 청淸 완원阮元의 십삼경주소교감기十三經注疏校勘記를 저본으로 하고 손이양孫詒讓의 십삼경주소교기十三經注疏校記, 십삼경청인주소十三經淸人注疏의 성과들을 반영한 교감기가 부기되어 있다.

○ 번역에 가장 많이 참고한 서적은 1993년 7월 강소고적출판사江蘇古籍出版社에서 간행한 청淸 호배휘胡培翬 찬撰, 『의례정의儀禮正義』이다. 『의례』와 관련된 청대까지의 주요 연구 성과들을 망라하여 경문과 정현 주에 대한 이해를 돕고, 주소에 대한 논리적인 해명과 비판의 근거들을 제시한 저작이다. 번역본에서는 해당 경문의 번역에 직접적인 근거가 될 만한 학설이나 비판적인 이견 등이 있을 경우, 주석에서 직·간접의 형태로 번역하여 인용, 소개하였다.

○ 번역에서 경전이나 제자서諸子書 등을 인용할 경우에는, 인용문을 번역하고 괄호 안에 인용문의 한문 원문을 수록하였다.

○ 본 번역서에 수록된 도상圖象 자료는, 의례도儀禮圖의 경우 기본적으로 청淸 『흠정의례의소欽定儀禮義疏』「예절도禮節圖」를 매 편마다 단락별 해제 앞에 수록하였고, 의례의 동선이나 위치 표현이 부족할 경우에는 송宋 양복楊復의 『의례도(의례방통도)儀禮圖(儀禮旁通圖)』, 청淸 장혜언張惠言의 『의례도儀禮圖』 등을 보완적으로 수록하였다. 경문과 정현 주, 각주에 서술된 각 명물도수名物度數에 관한 도상은 송宋 섭숭의聶崇義의 『삼례도三禮圖』와 2006년 청화대학출판사淸化大學出版社에서 간행한 정안丁晏 교점·해설의 『신정삼례도新定三禮圖』, 청淸 『흠정의례의소』「예기도禮器圖」, 청淸 황이주黃以周의 『예서통고禮書通考』에서 해당 도상을 찾아서 수록하였다. 이 밖에도 1998년 강소고적출판사江蘇古籍出版社에서 간행한 쳰쉬안(錢玄)의 『삼례사전三禮辭典』, 이케다 스에토시(池田末利)의 『의례儀禮』, 1994년 상해고적출판사上海古籍出版社에서 간행한 양톈위(楊天宇)의 『의례역주儀禮譯注』, 최규순崔圭順의 『중국역대제왕면복연구中國歷代帝王冕服研究』, 쑨지孫機의 『중국고여복논총中國古輿服論

叢』과 『한대물질문화자료도설漢代物質文化資料圖說』, 가오밍첸高明乾의 『고식물한명도고古植物漢名圖考』 등 오늘날 예학 연구자들의 저작에서도 보완이 될 만한 도상들을 추출하여 수록하였다.

○ 용어의 번역은 가독성을 위해 가능한 한 우리말로 번역하고 괄호 안에 원문 용어를 병기하는 것을 원칙으로 하였다. 예) 대나무제기(籩), 고기국물(湆), 당 위 서쪽 벽(西序).

○ 문장의 번역은 통일성을 위해 반복적으로 등장하는 행례 과정 등은 일정한 문장으로 정형화하여 통일하는 것을 원칙으로 하였다. 예) 再拜稽首 : 머리를 바닥에 대면서 재배를 한다. 再拜送摯 : 예물을 보내준 후에 재배를 한다.

○ 본 번역에서 교감에 이용한 판본은 다음과 같이 표기한다.

송宋 엄주嚴州 단주본單注本은 '엄본嚴本', 번각翻刻 송宋 단주본은 '서본徐本', 명明 종인걸鍾人傑의 단주본은 '종본鐘本', 이원양李元陽의 주소본注疏本은 '민본閩本', 명明 국자감國子監 주소본은 '감본監本', 급고각汲古閣 주소본은 '모본毛本', 육덕명陸德明의 『경전석문經典釋文』은 『석문釋文』, 장순張淳의 『의례지오儀禮識誤』는 '장씨張氏', 이여규李如圭의 『의례집석儀禮集釋』은 『집석集釋』, 주희朱熹의 『의례경전통해儀禮經典通解』는 『통해通解』, 위료옹魏了翁의 초본抄本 『의례요의儀禮要義』는 『요의要義』, 양복楊復의 『의례도儀禮圖』는 '양씨楊氏', 오계공敖繼公의 『의례집설儀禮集說』은 '오씨敖氏'로 각각 표기한다.

○ 본 번역본은 『의례』 17편의 내용상 의례범주와 번역분량을 고려하여 모두 여덟 권으로 나누고, 색인편을 별도의 한 책으로 엮었다. 1권은 「사관례」(제1), 「사혼례」(제2), 「사상견례」(제3)이다. 2권은 「향음주례」(제4), 「향사례」(제5)이다. 3권은 「연례」(제6), 「대사의」(제7)이다. 4권은 「빙례」(제8)이다. 5권은 「공사대부례」(제9), 「근례」(제10)이다. 6권은 「상복」(제11)이다. 7권은 「사상례」(제12), 「기석례」(제13), 「사우례」(제14)이다. 8권은 「특생궤사례」(제15), 「소뢰궤사례」(제16), 「유사철」(제17)이다.

○ 복식과 관련된 각주 대부분은 최규순 교수가 집접 작성하였거나 자문을 거쳐 작성한 것이다.

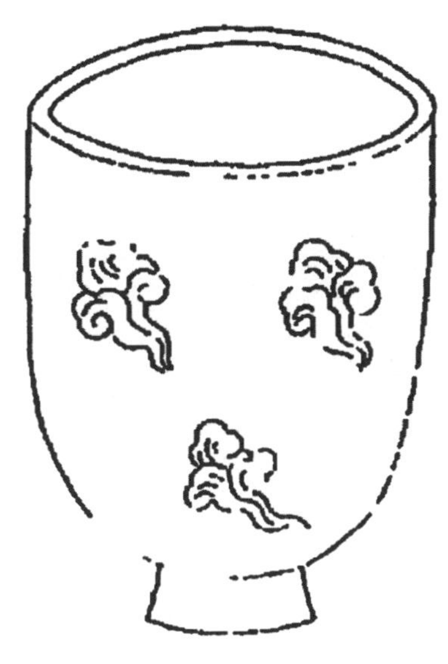

燕禮
第六

역주 김용천

燕禮 第六

소

정현鄭玄(127~200)의 『삼례목록三禮目錄』에서 말한다. "제후가 제사 · 전쟁 등의 큰일을 행하지 않거나 경 · 대부가 근로勤勞의 공을 세웠을 때, 여러 신하들과 연회를 거행하여 술을 마시면서 즐기는 것이다.[1] 연례燕禮는 오례五禮 가운데 가례嘉禮에 속한다. 대대본의 『의례』에는 제12로, 소대본의 『의례』 및 유향劉向(BC 77~BC 6)의 『별록』에는 모두 제6으로 되어 있다.

【疏】 鄭『目錄』云, "諸侯無事若卿 · 大夫有勤勞之功, 與群臣燕飲以樂之. 燕禮於五禮屬嘉[2]. 大戴第十二, 小戴及『別錄』皆第六."

「연례차제총도燕禮次第總圖」

(淸), 『흠정의례의소』

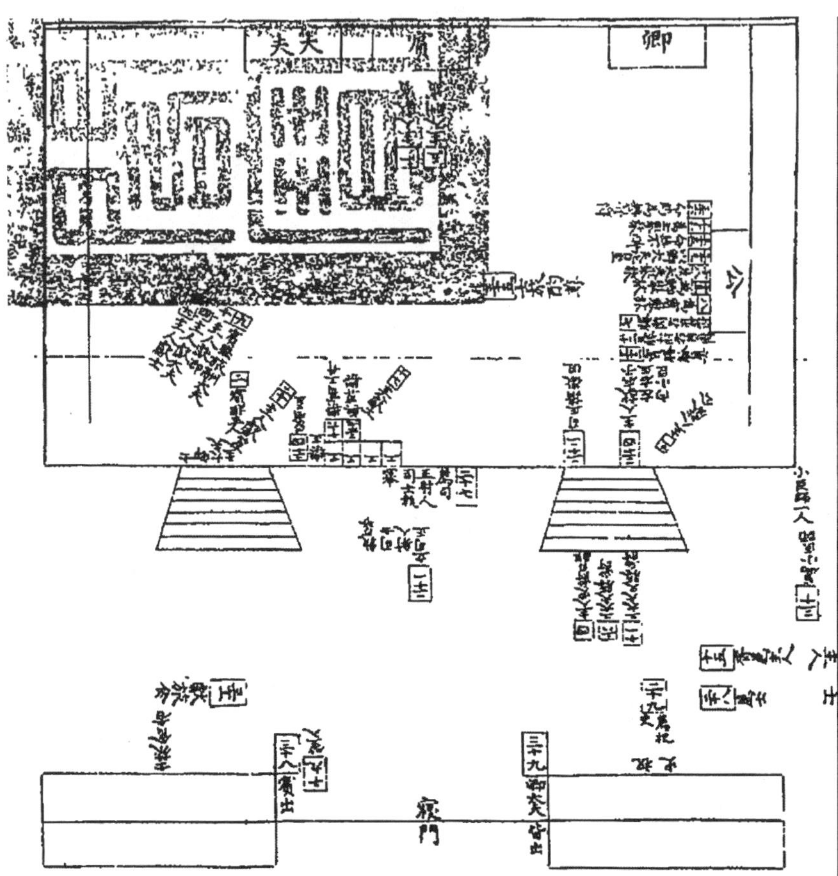

주

1_ 제후가 ~ 즐기는 것이다 : 가공언은 燕禮의 유형을 4가지로 나눈다. ① 나라에 전쟁이나 제사 등 큰일이 없을 때 제후가 행하는 연례, ② 경·대부가 공을 세웠을 때 행하는 연례, ③ 경·대부가 타국으로 聘問을 갔다가 돌아왔을 때 행하는 연례, ④ 사방에서 빙문하러 온 빈객에게 행하는 연례이다. 『의례주소』, 286쪽 참조.

2_ 嘉 : 『의례정의』 665쪽에는 '嘉' 다음에 '禮'자가 있다. 이에 따라 번역한다.

「진찬기급즉위도 陳饌器及卽位圖」

(淸), 『흠정의례의소』

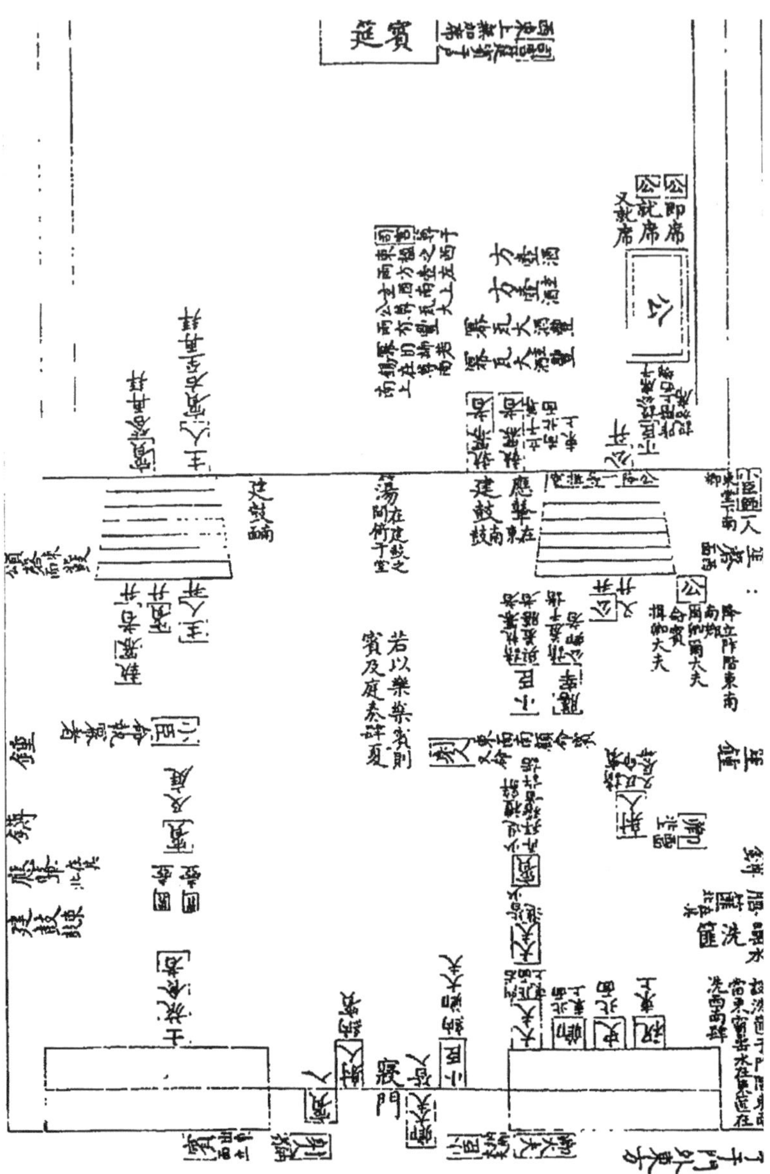

經-01에서 經-07까지는 '고계설구告戒設具' 즉 연례에 참여할 사람들에게 기일을 알리고 참여해 줄 것을 청하며, 연례에 필요한 기물을 준비하는 절차이다.

[燕禮06 : 經-01]

연례燕禮.

소신小臣은 연례에 참여할 사람들에게 기일을 알려 주고 참여해 줄 것을 청한다.[1]

燕禮. 小臣戒與者.

정현주 '소신小臣'은 군주를 도와 연회를 거행하여 술을 마실 때의 예법을 주재하는 사람이다.[2] '참여할 사람들'(與者)은 국내에 머물러 있던 여러 신하들을 가리킨다.[3] 군주는 연례燕禮를 거행하여 사신使臣 및 공을 세운 신하들을 위로한다. 그러므로 여러 신하들을 참여시켜 즐기게 하는 것이다. 소신이 이들에게 고지하여 알려 주니, 음주는 회합하는 것으로 즐거움을 삼기 때문이다. 小臣相君燕飮之法. '與[4]者', 謂留群臣也. 君以燕禮勞使臣若臣有功. 故與群臣樂之. 小臣則警戒告語焉, 飮酒以合會爲歡也.

[燕禮06 : 經-02]

선재膳宰는 연례에 참여하는 신하들이 먹을 음식을 노침露寢 동쪽에 갖추어 놓는다.
膳宰具官饌于寢東.

정현주 '선재膳宰'는 천자의 경우에는 선부膳夫라고 하는데,[5] 군주의 술·밥(飮食)과 희생고기·안주(膳羞)[6]를 관장하는 사람이다. '구관찬具官饌'은 그 신하들이 먹을 음식을 갖추어 놓는다는 뜻으로, 술(酒)과 희생(牲) 및 말린 고기(脯)와 고기젓갈(醢)을 말한다.[7] '침寢'은 노침露寢이다.[8] '膳宰', 天子曰'膳夫', 掌君飮食膳羞者也. '具官饌', 具其官之所饌, 謂酒也·牲也·脯醢也. '寢', 露寢[9].

[燕禮06 : 經—03]
악인樂人[10]은 종鍾[11]과 경磬[12] 등 악기를 걸어 놓는다.
樂人縣.

정현주 '현縣'은 종鍾과 경磬을 걸어 둔다는 뜻이다.[13] 국군國君은 특별한 이유 없이 걸어 놓은 악기를 치우지 않는다.[14] '걸어 놓는다'(縣)라고 말한 것은 연례燕禮를 위해 새롭게 점검한다는 뜻이다.[15] '縣', 鍾磬也. 國君無故不徹縣. 言'縣'者, 爲燕新之.

[燕禮06 : 經—04]
물받이 항아리(洗)와 신하의 대광주리(篚)를 조계의 동남쪽에 진설

하는데,[16] 북쪽으로 동쪽 낙수물받이(東霤)와 마주하도록 하여 놓는다. 물을 넣어 둔 물 항아리(罍水)는 물반이 항아리 동쪽에 진설한다.[17] 신하들의 대광주리는 물받이 항아리 서쪽에 진설하는데, 북쪽에서 남쪽으로 순서대로 놓고, 그 머리 부분이 서쪽을 향하도록 한다. 군주의 대광주리(膳篚)를 신하의 대광주리(篚) 북쪽에 진설하는데, 또한 북쪽에서 남쪽으로 순서대로 놓고 그 머리 부분이 서쪽을 향하도록 한다.[18]

設洗篚于阼階東南, 當東霤. 罍水在東. 篚在洗西, 南肆. 設膳篚在其北, 西面.

정현주 이들 기물을 진설하는데 그 담당 관직을 말하지 않은 것은 이 일이 천하기 때문이다.[19] '동쪽 낙수물받이와 마주하도록 놓는다'(當東霤)고 한 것은 군주는 지붕을 전옥殿屋으로 짓기 때문이다.[20] 또한 물받이 항아리(洗)에서 동쪽 낙수물받이(東霤)까지의 남북 거리는 당 위의 남쪽 끝 모서리에서 북쪽으로 방·실의 벽에 이르는 길이(堂深)와 동일하게 한다. '사肆'는 진설한다

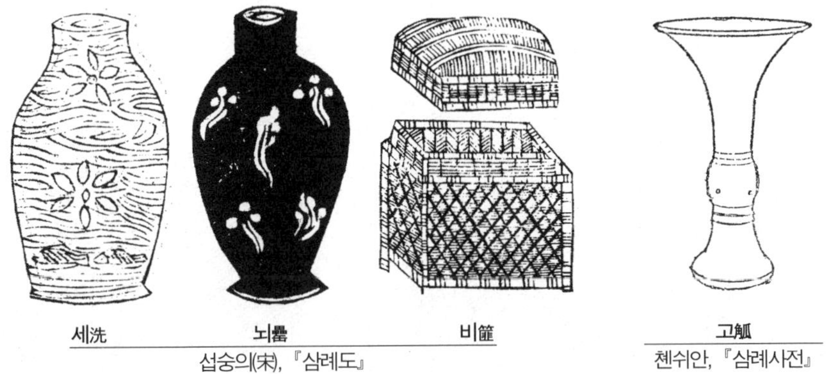

세洗 뇌罍 비篚
섭숭의(宋), 『삼례도』

고觚
첸쉬안, 『삼례사전』

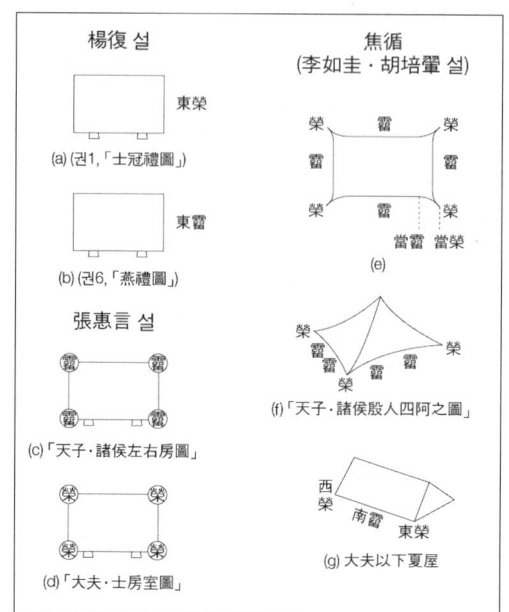

영榮 · 류霤

이케다 스에토시, 『의례(Ⅰ)』

(陳)는 뜻이다. '선비膳篚'[21]는 군주의 술잔(象觚)을 넣어 두는 대광주리인데, 또한 북쪽에서 남쪽으로 순서대로 진설한다. '머리 부분이 서쪽을 향하도록 한다'(西面)고 한 것은 높이는 뜻으로, 그 문장을 달리 표현한 것이다.[22] 設此不言其官, 賤也. '當東霤'者, 人君爲殿屋也. 亦南北以堂深. '肆', 陳也. '膳篚'者, 君象觚所饌也, 亦南陳. 言'西面', 尊之, 異其文.

[燕禮06 : 經—05]

사궁司宮은 당 위 동쪽 기둥(東楹)의 서쪽에 술동이를 진설한다. 경 · 대부 · 사를 위해 두 통의 방형 술동이(方壺)[23]를 진설하는데, 물을 넣은 술동이를 술을 넣은 술동이의 왼쪽(남쪽)에 놓아두어 남쪽을 윗자리로 삼는다. 군주(公)[24]를 위해 두 통의 질그릇 술동이(瓦大)[25]를 진설하는데, 술동이 받침대(豐)[26]로 받쳐 놓으며, 거친 칡베(綌)나 고운 베(錫)로 만든 덮개보(冪)로 그 위를 덮는다. 군주의 질그릇 술동이(瓦大)는 경·대부·사의 방형 술동이(方壺) 남쪽에 진설하는데, 물을 넣은 술동이를 술을 넣은 술동이의 남쪽에 놓아두어 남쪽을 윗자리로 삼는다. 침문寢門 안의 서쪽에 사士로서 무리지어 관부에서 초식稍食[27]을 받는 사람(士旅食)들을 위해 두 통의 원형 술동이(圜壺)를 진설한다.

司宮尊于東楹之西. 兩方壺, 左玄酒, 南上. 公尊瓦大兩, 有豐, 冪用綌若錫. 在尊南, 南上. 尊士旅食于門西, 兩圜壺.

정현주 '사궁司宮'은 천자의 경우에는 소재小宰라고 하는데,[28] 주인酒人이 계산하여 보고한 술의 사용수치(成)와 그 보고문서(要)를 처리하는 사람이다.[29] 방형의 술동이(方壺)를 진설하는 것은 경·대부·사를 위한 것이다. 신하의 도리는 곧고 방정하니, 당 위 동쪽 기둥(東楹)의 서쪽에 진설하여 군주가 이 술을 독점할 수 있도록 해 주는 것이다.[30] 『예기』「옥조玉藻」에 "오직 군주만이 술동이를 향한다"[31]고 하였다. 물을 넣은 술동이를 술을 넣은 술동이의 남쪽에 놓아두는 것은 군주의 방향에 따르는 것이다.[32] '질그릇 술동이'(瓦大)는 유우씨有虞氏(순임금) 때의 술동이이다. 『예기』「예기禮器」에 "군주의 술동이는 질그릇 술동이(瓦甒)를 사용한다"고 하였다. '풍豐'(술동이 받침대)은 형태가 두豆(나무제기)와 비슷한데 높이가 낮고 가운데 부위가 크다. '거친 칡베나 고운 베로 만든 덮개보로 그 위를 덮는다'(冪用綌若錫)고 한 것은 여름과 겨울에 따라 다르게 사용하기 때문이다. '술동이의 남쪽에 진설한다'(在尊南)는 것은 질그릇 술동이(瓦大)를 방형 술동이(方壺)의 남쪽에 놓는다는 뜻이다. 사士로서 무리지어 관부에서 초식稍食을 받는 사람(士旅食者)들을 위해 술동이를 진설하는 데 둥근 술동이(圜壺)를 사용하는 것은 경·대부의 경우와 변화시키는 것이다. '여旅'는 중衆(무리)의 뜻이다. '사로서 무리지어 관부에서 초식稍食을 받는다'(士衆食)는 것은 아직 정식 봉록을 받지 못함을 가리키는 것으로, 이른바 서인으로서 관직에 있는 자이다.[33] 금문본에는 '錫'이 '緆'으로 되어 있다. '司宮', 天子曰'小宰', 聽酒人之成·要者也. 尊方壺, 爲卿·大夫·士也. 臣道直方, 於東楹之西, 予君專此酒也. 「玉藻」曰, "唯君面尊." 玄酒在南, 順君之面也. '瓦大', 有虞氏之尊也. 「禮器」曰, "君尊瓦甒." '豐'形似豆, 卑而大. '冪用綌若錫', 冬夏異也. '在尊南', 在方壺之南也. 尊士旅食者用圜壺, 變於卿·大夫也. '旅', 衆也. '士衆食', 謂未得正祿, 所謂庶人在官者也. 今文'錫'爲'緆'.

섭숭의(宋), 『삼례도』

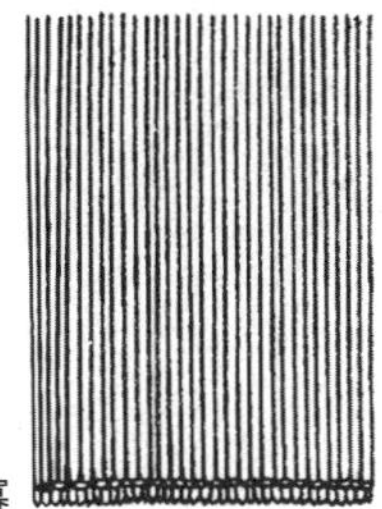

황이주(淸), 『예서통고』

[燕禮06 : 經—06]

사궁司宮은 실문의 서쪽戶西에 빈의 자리를 펼쳐 놓는데, 자리의 머리 부분이 동쪽을 향하도록 하여 놓으며,[34] 그 위에 덧까는 자리(加席)는 없다.

司宮筵賓于戶西, 東上, 無加席也.

정현주 '연筵'은 자리(席)의 뜻이다.[35] 자리는 검은 베로 가선 장식을 한 부들자리(蒲筵)를 사용한다. 덧까는 자리가 없는 것은 연례는 사적인 의례이므로 신하에 대해 예를 줄이기 때문이다.[36] 제후의 관직에는 사궤연司几筵이 없다.[37] '筵', 席也. 席用蒲筵, 緇布純. 無加席, 燕私禮, 臣屈也. 諸侯之官無司几筵也.

[燕禮06 : 經—07]

사인射人은 활쏘기에 필요한 기물이 모두 갖추어졌음을 군주에게

보고한다.[38]

射人告具.

정현주 군주에게 활 쏘는 일이 갖추어졌음을 보고하는 사인射人은 이 활 쏘는 의례를 주관하는 사람인데, 연례에서도 혹 활을 쏘기도 하기 때문이다. 告事具於君, 射人主此禮, 以其或射也.

주

1_소신은 ~ 청한다 : 가공언에 따르면 燕禮는 주로 타국으로 빙문을 떠났다가 돌아온 使者를 위해서 거행하는 것이지만, 빙문을 떠나지 않고 국내에 머물러 있던 신하들도 참여시킨다. 이 때문에 小臣을 보내어 참여해 줄 것을 청한다. 『의례주소』, 286~287쪽 참조.

2_소신은 ~ 주재하는 사람이다 : 『주례』「하관·태복」에서는 "(태복은) 왕이 연회를 베풀어 술을 마실 때 그 의식절차를 돕는다"(王燕飮, 則相其法)라고 하였고, 「하관·소신」에서는 "(소신은) 무릇 제사 등 큰일이 있을 때 태복을 보좌한다"(凡大事佐大僕)라고 하였다. 공영달에 의하면 그 의식절차(其法)란 주인이 빈에게 술을 따라 주어 獻의 예를 행하고, 빈이 이에 대한 보답으로 주인에게 술을 올려 酢의 예를 행하고, 주인이 다시 빈에게 술을 권하여 酬의 예를 행하고, 술잔을 씻고 당을 오르고 내리고 하는 등의 의식절차를 말한다.(其法, 有主人酌酒獻賓, 賓酢主人, 主人酬賓, 洗爵升降之法) 즉 왕이 연회를 베풀어 술을 마실 때에 太僕은 왕을 도와 이와 같은 의식절차를 주재하고, 小臣은 그 태복을 보좌하는 것이다. 그러나 [經-01]은 제후의 예이므로 왕(천자)보다 한 등급을 낮추어 小臣으로 하여금 제후를 도와 연례의 의식절차를 주재하게 하는 것이다. 『의례주소』, 287쪽, 가공언의 소 및 『의례정의』, 666쪽 참조.

3_'참여할 사람들'은 ~ 가리킨다 : 가공언은 "使行을 떠나지 않고 국내에 머물러 있던 여러 신하들을 가리킨다"(謂群臣留在國不行者也)라고 하였다. 그러나 주희는 '여러 신하들이 조회를 마치고 장차 물러나려고 할 때, 군주가 그들과 燕飮을 즐기고자 하여 小臣을 시켜서 물러나려는 신하들을 머물게 하는 것을 가리킨다'(謂群臣朝畢將退, 君欲與之燕, 使小臣留之)라고 하여 가공언의 해석을 비판하였다. 이러한 양자의 해석 차이는 무엇보다 「연례」의 성격에 대한 상이한 이해에서 기인한다. 가공언은 「연례」를 기본적으로 타국으로 빙문을 떠났다가 돌아온 使者를 위해 거행하는 의례로 파악한 반면, 주희는 군주가 조회를 마친 후 신하들을 위해 거행하는 일종의 음주례로 보았기 때문이다. 해석 차이의 또 다른 원인으로는 양자가 근거한 텍스트의 판본 문제가 있다. 가공언이 의거한 판본에는 "'與者'謂留群臣也"로 되어 있었던 듯하다. 따라서 이 문장은 '與者' 즉 '참여할 사람'이 누구인지를 설명하는 것이 되므로, '留'자를 '群臣'을 수식하는 글자로 보아서 "'참여할 사람'이란 사행을 떠나지 않고 국내에 '머물러 있던 여러 신하들'"(謂群臣留在國不行者也)이라고 해석하였던 것이다. 그러나 주희가 의거한 판본에는 "'戒與者'謂留群臣也"라고 하여 '與'자 앞에 '戒' 한 글자가 더 있었던 듯하다. 따라서 이는 '고한다'(戒)는 의미와 '참여할 사람'(與者)의 의미를 함께 설명하는 문장이 되어야 하므로, '留'자를 동사로 보아서 '참여할 사람'(與者) 즉 조회를 마치고 떠나려는 여러 신하들(群臣)을 머물러 있게 한다(留)는 의미로 해석한 것이다. 말하자면 주희는 정현이 경문의 '戒'(고한다)자를 '留'(고하여 머물게 한다)의 의미로 풀이한 것이라고 이해했던 것이다. ○ 또 여기서의 '與者' 즉 '참여할 사람'에 대해 오계

공은 연례에 참여하는 모든 신하들을 가리키는 것으로 보았고(與者, 群臣之與此燕者也) 주희, 학경, 오정화 등도 같은 입장을 취한다. 그러나 초이서는 "燕禮의 正賓은 타국으로 빙문을 떠났다가 돌아온 경·대부·사이며, '연례에 참여하는 신하들'이란 使行을 떠나지 않고 국내에 머물러 있던 사람들이다. 그러므로 정현이 '머물러 있던 신하들'이라고 한 것이다. 주희가 말한 것은 注疏의 설과 다르다"(燕之正賓, 則卿·大夫·士聘來還者, 至於'與燕之臣', 乃留在國不行者. 故鄭公'留群臣', 是也. 至朱子所云, 則不同於注疏之說也)라고 하여, 小臣이 찾아가서 고해 주는 대상인 '與者'를 가공언과 마찬가지로 사행을 떠나지 않고 국내에 머물러 있던 신하들로 한정시켰다. 경문의 '與者'가 正賓을 포함하는지 단순히 연례 참여자만을 가리키는지에 관해서는 여러 설이 분분하다. 여기서는 일단 가공언의 설에 따라 번역한다. 『의례주소』, 287쪽 가공언의 소 및 『의례정의』, 666~667쪽 참조.

4_與 : 嚴本과 徐本에도 '與'로 되어 있지만, 이여규의 『의례집석』, 주희의 『의례경전통해』, 양대육, 毛本, 호배휘의 『의례정의』 등에는 모두 '與'자 앞에 '戒' 한 글자가 더 있다. 여기서는 일단 李學勤 주편 『의례주소』본에 따라 번역하였다. 『의례주소』, 286쪽, 교감기 참조.

5_'선재'는 ~ 하는데 : 가공언은 천자에게는 '宰夫'와 '膳夫'가 있어 왕의 음식을 관장하며 제후에게도 '宰夫'와 '膳宰'가 있어 군주의 음식을 관장하는데, 제후의 膳宰는 천자의 膳夫에 해당한다고 하였다. 이여규는 그 신분에 대해 천자의 宰夫는 下大夫이고 膳夫는 上士인데, 제후의 膳宰는 宰夫보다 신분이 낮을 것이라고 하였다.(天子之宰夫, 下大夫, 膳夫, 上士. 諸侯膳宰蓋亦卑於宰夫) 『의례주소』, 287쪽 및 『의례정의』, 668쪽 참조.

6_술·밥과 희생고기·안주 : 『주례』 「천관·선부」에 "膳夫는 왕의 食飮·膳羞를 관장하여 왕 및 왕후·세자를 봉양한다"(膳夫, 掌王之食飮膳羞, 以養王及后·世子)라고 한 것에 대해 정현은 "'食'는 밥이다. '飮'은 술과 음료수이다. '膳'은 희생고기이다. '羞'는 맛이 있는 음식이다"(食, 飯也. 飮, 酒漿也. 膳, 牲肉也. 有滋味者)라고 하였다. 즉 '膳羞'는 희생고기 및 과실 가운데 맛난 음식 곧 안주를 가리킨다.

7_'구관찬'은 ~ 말한다 : '饌'(음식)에 대해 오계공은 '薦羞'(脯·醢와 庶羞)로 보았고, 방포는 籩人, 醢人, 包人, 外饔이 공급하는 薦羞(脯·醢와 庶羞)와 牲體로 보았다. 위협몽은 경문 '具官饌'에서의 '具'를 갖추어 놓고 진설하지는 않는다는 뜻으로 해석한다.(此膳宰具官饌, 具之而未設) 『의례정의』, 668쪽 참조. 양천우는 '官'은 연례에 참가하는 신하들, '饌'은 그들을 위해 준비하는 술과 음식이라고 하였다. 『의례역주』, 222쪽, 각주 2) 참조.

8_'침'은 노침이다 : 가공언은 향례는 조복을 입고 廟에서 거행하고 연례는 조복을 입고 寢에서 거행하므로 연례의 行禮 장소는 '燕寢'이 아니라 '路寢'임을 알 수 있다고 하였다. ○ 경문의 '寢東'에 대해서 오계공은 '寢門 밖 東壁의 동쪽'으로 해석하였고, 학경과 저인량은 '露寢의 東房'으로 보았다. 『의례주소』, 288쪽 및 『의례정의』 668쪽 참조. ○ '路寢'은 천자와 제후의 正寢으로 정사를 처리하는 곳이다. 『주례』 「천관 · 궁인」에 "宮人은 왕의 6寢의 청소를 관장한다"(宮人掌王之六寢之脩)라고 한 것에 대해 정현은 "6寢은 路寢이 하나이고, 小寢이 다섯이다. … 路寢에서 정사를 처리하고, 小寢에서 때때로 휴식을 취한다"(六寢者, 路寢一, 小寢五. … 路寢以治事, 小寢以時燕息焉)라고 하였고, 가공언은 "천자의 6寢은 제후의 3寢에 또한 路寢 하나, 燕寢 하나, 側室 하나가 추가된다"(天子六寢, 則諸侯當三寢, 亦路寢一, 燕寢一, 側室一)라고 하였다. 『예기』 「옥조」에는 "조복을 입고서 매일 內朝에서 조회를 본다. 조회에 참여할 때 신하들은 동틀 무렵에 비로소 應門으로 들어간다. 군주는 해가 뜨면 조회를 보고, 물러나 路寢으로 가서 정사를 듣고, 사람을 시켜 대부를 불러 만나고, 대부가 물러간 후에 小寢으로 가서 조복을 벗는다"(朝服以日視朝於內朝. 朝, 辨色始入. 君日出而視之, 退適路寢聽政, 使人視大夫, 大夫退, 然後適小寢釋服)라고 하였다. 즉 매일 아침에 寢門 밖에 있는 內朝에서 조회를 보고, 조회를 본 후에 路寢에서 정사를 보고, 그것이 끝난 후 물러나 燕寢으로 가서 휴식을 취한다. 『삼례사전』, 961쪽 참조.

9_露寢 : 毛本과 호배휘의 『의례정의』에는 '路寢'으로 되어 있다. '路'와 '露'는 통용된다. 『의례주소』, 287쪽, 교감기 참조.

10_악인 : 『주례』 「춘관 · 시료」에 "(眡瞭는) 大師가 걸어 두어야 할 악기를 매단다"(掌大師之縣)라고 하였다. 그러나 가공언은 제후에게는 '眡瞭'의 관직이 없으며, [대사의 07 : 經一100]에 "僕人의 우두머리는 손에 아무것도 들지 않은 맨손으로 大師를 돕는다"(仆人正徒相大師)고 하였으므로, '僕人'을 악기를 걸어 두는 '樂人'으로 보아야 한다고 하였다. 반면 성세좌는 大師는 眡瞭를 시켜 악기를 걸어 두는 것이므로 眡瞭가 樂人이라 하여 가공언의 설을 비판하였고, 방포, 위협몽 등도 같은 입장을 취하였다. 위협몽은 眡瞭를 樂人이라 칭한 것은 眡瞭는 음악의 일을 관장하는 사람이기 때문인데, '人'이라고 한 것은 천하게 여긴 말이라고 하였다.(疏說, 盛氏已辨之矣. 然則所謂樂人者, 卽眡瞭與! 眡瞭而謂之樂人者, 以其爲掌樂事之人而已. '人'者, 賤辭也) 『의례주소』, 288쪽 및 『의례정의』, 268~269쪽 참조.

11_종 : '鍾'은 제사나 연회 때에 사용하는 악기이다. 형태는 종의 몸체와 자루 두 부분으로 구분된다. 종의 몸체는 둥글고, 종의 아가리 양쪽에는 모서리가 있는데 이를 '欒' 혹은 '銑'이라고 한다. 두 銑 사이의 아래 가장자리를 '于'라고 한다. 于의 위를 '鼓'라고 하는데, 鼓는 종을 치는 부위이다. 鼓의 중앙 부위를 '隧'라고 한다. 鼓의 위쪽을

'鉦'이라고 하는데, 鉦은 정방형이다. '鉦'에는 종의 띠(鍾帶)로 둘러져 있는데, 세로 3 가로 4로 구분되어 12格으로 나누어 구성된다. 이 종의 띠를 '篆'이라고 한다. 篆 사이에 鍾乳(종의 표면에 젖꼭지처럼 양각한 부분)가 돌출되어 있는데, 이를 '枚' 혹은 '景'이라고 한다. 格마다 3枚가 있어 총 36枚가 된다. 鉦의 위쪽이 종의 정상이 되는데, 이를 '舞'라고 한다. 종의 정상에 손잡이가 있는데, '甬' 혹은 '衡'이라고 한다. 甬의 아래 부분에 동물의 형상을 주조해 넣는데, '斡' 혹은 '旋蟲'이라고 한다. 甬의 중앙에 둥근 고리를 꿰는데 '旋'이라 하며, 이것으로 虡(악기걸이)에 걸어 둔다. 쳰쉬안, 『삼례사전』, 1186~1187쪽 참조.

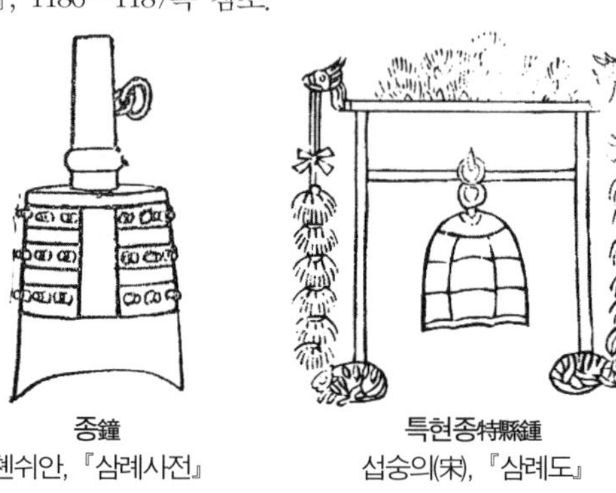

종鐘
쳰쉬안, 『삼례사전』

특현종特縣鍾
섭숭의(宋), 『삼례도』

12_경 : '磬'은 고대의 타악기로 옥돌로 만든다. 磬의 몸체는 '股'와 '鼓'의 두 부분으로 나뉘는데 135도의 둔각형을 이룬다. 股는 비교적 넓지만 길이가 짧기 때문에 가볍고, 鼓는 비교적 좁지만 길이가 길기 때문에 무겁다. 股와 鼓 사이에 구멍이 있어 이곳으로 악기걸이(虡)에 걸 수 있다. 악기걸이에 걸 때에는 股 부분이 위쪽으로 솟고 鼓 부분이 아래로 늘어뜨려진다. 鼓는 치는 부위인데, 앞면이 음악을 연주하는 사람을 향한다.

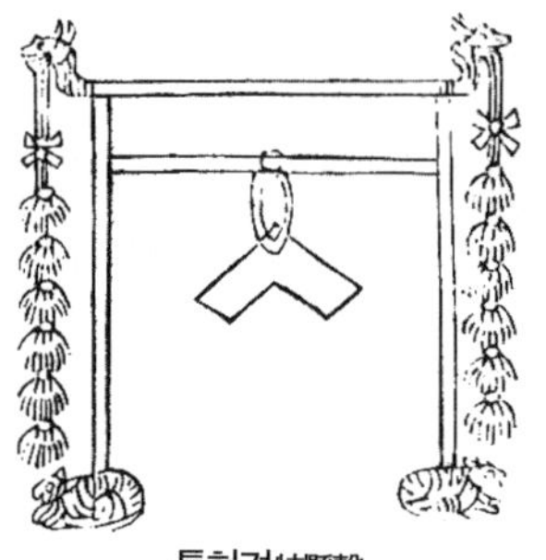

특현경特縣磬
섭숭의(宋), 『삼례도』

13_'현'은 종과 경을 걸어 둔다는 뜻이다. : 『주례』 「춘관 · 소서」에 "王은 4면에 모두 악기를 걸어 둔다. 제후는 남방을 제외한 3면에 악기를 걸어 둔다. 경 · 대부는 동쪽과 서쪽 2면에 악기를 걸어 둔다. 사는 단지 동쪽 1면에만 악기를 걸어 둔다"(宮縣. 諸侯軒縣. 卿 · 大夫判縣. 士特縣)라고 하였다. 가공언에 따르면, 천자의 경우 4면에 모두 鍾 · 磬 · 鎛을 각각 하나의 악기걸이(虡)에 걸어 두지만 대부와 사는 '鎛'을 걸어 둘 수 없기 때문에 정현이 '鍾과 磬을 걸어 둔다'고 한 것이라고 하였다. 그러나 실제

「연례」를 살펴보면 사는 '磬'만을 걸어 둔다. 『의례주소』, 288쪽, 가공언의 소 참조.

14_ 국군은 ~ 치우지 않는다 : 『예기』 「곡례하」에 "군주는 특별한 이유 없이 玉을 몸에서 떼지 않는다. 대부는 특별한 이유 없이 걸어 둔 악기를 치우지 않는다. 사는 특별한 이유 없이 琴과 瑟을 치우지 않는다"(君無故玉不去身. 大夫無故不徹縣. 士無故不徹琴瑟)라고 하였다. 『예기』 「곡례하」에는 국군이 걸어 둔 악기를 치우지 않는다는 언급은 보이지 않지만, 정현은 「연례」를 國君(諸侯)의 의례로 파악하고, 대부의 규정을 가지고 추론한 것이다. 『의례주소』, 288쪽, 가공언의 소 참조.

15_ '걸어 놓는다'라고 말한 ~ 뜻이다 : 가공언에 의하면 大射禮는 學宮에서 거행하는데, 학궁에는 악기를 항상 걸어 두지 않기 때문에 활쏘기 하루 전에 樂人을 시켜 악기를 걸어 두게 하지만, 燕禮는 露寢에서 거행하는데 노침에는 악기가 항상 걸려 있으므로 연례를 거행하는 당일에 다시 점검하여 새롭게 할 뿐이다. 『의례주소』, 288쪽 참조.

16_ 물받이 항아리와 ~ 진설하는데 : 오계공은 경문의 '設洗篚'(물받이 항아리와 신하의 대광주리를 진설한다)에서의 '篚'자는 필요 없는 글자로 본다. 그 근거로 오계공은 ① 『의례』의 다른 편에서는 기물을 진설하는 문장에서 단지 '設洗'(물받이 항아리를 진설한다)라고만 하였다는 점, ② 아래 문장에 '篚在洗西'(신하의 대광주리를 물받이 항아리의 서쪽에 진설한다)라고 하였으므로 여기서 '篚'(신하의 대광주리)를 언급하면 문장의 뜻이 중복된다는 점, ③ 洗(물받이 항아리)가 東霤(동쪽 낙수물받이)와 마주하고 있는데, 그 洗(물받이 항아리)의 서쪽에 있는 篚(신하의 대광주리)가 東霤(동쪽 낙수물받이)와 마주하는 것은 있을 수 없다는 점 등을 지적하였다. 『의례정의』, 670~671쪽 참조.

17_ 물을 넣어 둔 물 항아리는 ~ 진설한다 : 가공언은 洗(물받이 항아리)의 경우는 士는 철로 만든 것을 사용하고, 대부는 청동으로 만든 것을 사용하고, 제후는 白銀으로 만든 것을 사용하고, 천자는 황금으로 만든 것을 사용한다고 하였다. 그러나 오계공은 여기서의 洗(물받이 항아리)와 罍(물 항아리)는 모두 질그릇으로 만든다고 하였으며, 성세좌도 물을 받고 버리는 항아리를 금이나 은으로 만드는 것은 너무 사치스러운 것이라고 하여 오계공의 설이 옳다고 하였다. 『의례정의』, 671쪽 참조.

18_ 신하들의 대광주리는 ~ 향하도록 한다 : 篚와 膳篚의 두 가지 대광주리는 모두 당 아래에 진설하는데, 篚에는 신하들의 술잔을 넣어 두고, 膳篚에는 군주의 술잔을 넣어 둔다. 당 위에 대광주리를 진설하지 않는 것은 당 위의 대광주리는 爵(1승 용량의 술잔)을 넣어 두기 위한 것인데, 燕飮의 의례는 가벼워서 술을 따라 줄 때 술잔으로 爵을 사용하지 않기 때문이다. 『의례정의』, 671쪽, 성세좌의 설 참조.

19_ 이들 기물을 ~ 천하기 때문이다 : 가공언은 경문에서 '신하들을 위한 음식을 갖추어 놓는 일'(具官饌)은 膳宰, '악기를 걸어 두는 일'(縣)은 樂人, '술동이를 진설하는 일'(設尊)은 司宮이 각각 주재한다고 그 관직명을 밝혔는데, 여기서만 관직명을 언급하지 않았기 때문에 정현이 '이 일이 천하기 때문'이라 해석한 것이라고 하면서도 그 구체적인 담당자에 대해서는 언급을 유보하였다. 오계공은 「大射儀」와 「소뢰궤사례」 등의 여러 편에 비추어 보면 물받이 항아리(洗)·신하의 대광주리(篚)·물을 넣어 둔 물 항아리(罍水)·군주의 대광주리(膳篚) 등 4가지 기물은 역시 사궁이 진설하는 것으로 보아야 하며, 따라서 [經—04]의 경문에는 '司宮'의 두 글자가 생략된 것이라고 하였다. 그러나 저인량은 司宮이 진설하는 것이라면, 이곳 [經—04]의 경문에서 '司宮設洗篚'(사궁이 물받이 항아리와 신하의 대광주리를 진설한다)라고 해야 하는데, [經—05]에서 비로소 '司宮尊于東楹之西'(사궁이 당 위 동쪽 기둥의 서쪽에 술동이를 진설한다)라고 하여 '司宮'이 처음 언급되었으므로 자연스럽지 못하며, 더욱이 「대사의」에도 그 명문 규정은 없다고 반박하였다. 『의례주소』, 289쪽 및 『의례정의』, 671쪽 참조.

20_ 동쪽 낙수물받이와 ~ 짓기 때문이다 : 가공언에 따르면 漢代의 殿屋은 지붕에서 사방으로 빗물을 흘러내리게 하였기 때문에 정현이 한대의 제도를 들어 주대의 제도를 설명한 것이라고 하였다. 이여규는 『의례집석』에서 "'霤'는 지붕의 처마에서 빗물을 흘러내리게 하는 곳이다. 殿屋은 사방으로 빗물을 흘러내리게 하였으니, 이른바 '四阿'이다. 그러므로 東霤(동쪽 낙수물받이)가 있다. 대부 이하는 東霤가 없다. 이 때문에 洗(물받이 항아리)를 東榮(동쪽 추녀)과 마주하도록 진설한다"('霤'屋檐滴水處也. 殿屋四向流水, 所謂四阿. 故有東霤. 大夫以下, 無東霤. 洗當東榮耳)라고 하였다. ○ '四阿'는 지붕 사면에 처마가 있어 빗물을 흘러내리게 하는데, 이러한 건물을 '四注', '四注屋' 혹은 '殿屋'이라고 한다. 한대의 궁전 지붕은 모두 '四阿'로 하였기 때문에 '殿屋'이라 칭한다. 주대에 대부 이하의 지붕은 남쪽과 북쪽으로 빗물을 흘러내리게 하는 맞배지붕 즉 夏屋으로 지었기 때문에 南霤(남쪽 낙수물받이)와 北霤(북쪽 낙수물받이)는 있지만 東霤(동쪽 낙수물받이)와 西霤(서쪽 낙수물받이)가 없다. 따라서 士禮인 「사관례」에서는 洗(물받이 항아리)를 東霤(동쪽 낙수물받이)가 아니라 東榮(동쪽 추녀)과 마주하도록 진설한다고 한 것이다.([사관례01 : 經—26]) 『의례정의』 671쪽 ; 『삼례사전』, 280~281쪽 및 이케다 스에토시의 『儀禮 I』, '堂深·榮·霤' 그림 참조.

21_ 선비 : 호배휘는 "군주의 기물인데 '膳'이라고 하는 것은 신하들이 사용하는 것보다 좋은 것에 의거하여 말한 것이다("君物而曰'膳'者, 以其善於諸臣所用者而言也")라고 하였다. 즉 '膳'은 음식의 뜻이 아니라 '善'(좋음)과 通假字이다. 이하 '膳尊', '膳爵' 등 기물에 '膳'자가 붙은 것은 모두 군주가 사용하는 기물을 뜻한다. 『의례정의』, 671쪽,

22_ '머리 부분이 ~ 표현한 것이다 : 위협몽은 물받이 항아리와 신하들의 대광주리를 진설할 때에는 '南肆'(북쪽에서 남쪽으로 순서대로 진설한다)라고 하였고, 군주의 대광주리를 진설할 때에는 '西面'(머리 부분이 서쪽을 향하도록 한다)이라고 한 것은 互文이라고 하였다.(設洗篚云'南肆', 設膳篚云'西面', 互文也) 이에 따르면, 신하들의 대광주리나 군주의 대광주리나 모두 북쪽에서 남쪽으로 순서대로 진설하고 그 머리 부분이 서쪽을 향하도록 놓는다는 뜻이 된다. 『의례정의』, 671쪽 참조.

23_ 방형 술동이 : '壺'는 술을 넣어 두는 술동이를 말한다. '方壺'는 경 · 대부 · 사를 위해 마련한 술을 넣어 두는 술동이로서, 가운데 몸체는 둥글고 구름문양을 그려 넣었다. 그 입구와 밑바닥의 형태가 방형으로 생겼기 때문에 그렇게 이름 붙여진 것이다. 아래의 '圜壺'는 서인으로서 관직에 있는 자들을 위해 마련한 술을 넣어 두는 술동이로서, 가운데 몸체는 방형이고 구름문양을 그려 넣었다. 그 입구와 밑바닥이 둥글기 때문에 그렇게 이름 붙여진 것이다. 황이주, 『예서통고』(中華書局, 2007), 2444쪽 참조.

24_ 군주 : 경문에는 모두 '公'으로 되어 있는데, 본 번역에서는 '군주'로 통일하도록 하겠다.

25_ 질그릇 술동이 : 태고시대의 질그릇으로 만든 술동이(瓦尊)로서, 예주를 담는 그릇이었다. '泰', '瓦甒' 혹은 '大尊'이라고도 한다. 『주례』「춘관 · 사존이」의 정현 주에서 정사농의 말을 인용하여 "大尊은 태고시대의 질그릇 술동이(瓦尊)였다"라고 하였고, 『예기』「명당위」에서는 "泰는 有虞氏의 술동이다"(泰, 有虞氏之尊也)라고 한 것에 대해 정현은 "泰는 질그릇으로 만들며, 땅에 붙어 있고 다리가 없다"고 하였다. 섭숭의의 『삼례도』에는 『舊圖』를 인용하여 "瓦大는 용량이 5두이며, 입구의 직경은 1척, 목의 높이는 2촌이며, 아랫부분이 중앙부분에 비해 좁으며, 밑바닥은 평평하다"고 하였다.

26_ 술동이 받침대 : '豐'은 술동이나 술잔을 받쳐 놓는 그릇으로, 형태는 '豆'와 비슷한데 높이가 낮다. 『주례』 및 『예기』의 정현 주에 의하면 豆는 나무로 만드는데 용량이 4승이며, 입구는 둥글고 직경 1척 2촌으로 덮개가 있다.

27_ 초식 : '稍食'은 祿稟으로서 관록의 粟米를 말한다. 『주례』「천관 · 궁정」의 정현 주에 "稍食은 祿稟을 말한다"라고 하였고, 가공언의 소에는 "그 녹봉으로 쌀을 준다. 그러므로 '녹품'이라 한 것이다"(其祿, 與之米稟, 故云'祿稟'也)라고 하였다.

28_ '사궁'은 ~ 소재라고 하는데 : 가공언은 『주례』「천관 · 소재」에 小宰는 宮事를 관장한다고 되어 있는데 제후에게는 小宰가 없고 司宮이 있으므로 이 司宮이 천자의 小宰와 마찬가지로 제후국의 宮事를 관장한다고 하였다. 그러나 이후 대부분의 주석자들

은 정현과 가공언의 설을 비판하고, 司宮을 천자의 宮人에 비정하였다. 성세좌는 제후의 司宮을 천자의 宮人에 해당하는 것으로 이해한다. 호광충 역시 「공사대부례」에 대한 정현의 주에서 司宮을 大宰의 속관으로서 宮廟를 관장하는 자라고 하였고, 가공언도 『주례』의 宮人을 이에 해당시켰으므로 [經一06]의 정현 주에서 천자의 小宰에 상응한다고 한 것은 잘못이라고 지적하였다. 오정화도 小宰는 大宰의 부관으로 六典을 관장하는 자로서 그 직위가 중하며, 行禮의 진설 같은 것은 小臣의 일이므로 여기서의 司宮은 천자의 宮人 혹은 司尊彝로 보아야 한다고 하였다. 『의례주소』, 289쪽 및 『의례정의』, 672~673쪽 참조.

29_ 주인이 계산하여 ~ 처리하는 사람이다 : 『주례』「천관 · 주정」에 "酒正이 술을 빚는 재료 및 술을 酒人에게 지급할 때에는 酒人이 매일 술의 사용량을 계산하여 그 정해진 수치를 酒正에게 보고하는 것에 기초하며, 매달 말에 그 통계를 小宰에게 제출하면 小宰가 그것을 처리한다"(酒正之出, 日入其成, 月入其要, 小宰聽之)라고 하였다.

30_ 당 위 동쪽 기둥의 서쪽에 ~ 해 주는 것이다 : 가공언은 향음주례와 향사례에서는 술동이를 동쪽 방(東房)과 실문(室戶) 사이에 진설하여 빈과 주인이 함께 마시도록 하는데, 이곳의 경문에서 東楹의 서쪽에 놓아두어 군주를 향하도록 진설하는 이유는 군주는 존귀하므로 큰 은혜를 독점하도록 하기 위한 것이라고 하였다. 『의례주소』, 290쪽 참조.

31_ 오직 군주만이 술동이를 향한다 : 진호는 『예기집설』에서 "군주가 앉을 때 반드시 술동이를 향하는 것은 은혜가 군주로부터 나와서 군주가 술동이를 독점한다는 뜻을 보여 주는 것이다"(君坐必向尊, 示惠自君出而君專之也)라고 하였다.

32_ 물을 넣은 술동이를 ~ 따르는 것이다 : 경문에는 '물을 넣은 술동이를 왼쪽에 놓는다'(左玄酒)라고 하였는데, 정현의 주에서 '물을 놓은 술동이를 남쪽에 놓는다'(玄酒在南)라고 한 것에 대해 오계공은 다음과 같이 설명한다. "경문의 '물을 넣은 술동이를 왼쪽에 놓는다'고 한 것은 술동이를 진설하는 사람을 기준으로 말한 것이다. 술동이를 진설하는 사람은 모두 술동이의 코를 향한다. 『예기』「옥조」에 '오직 군주만이 술동이를 향한다'고 하였는데, 이는 술동이의 코가 동쪽을 향한다는 뜻이다. 이 경문에서 술동이를 진설하는 사람은 서쪽을 향하고 있다. 그러므로 물을 넣은 술동이는 남쪽에 놓여 있어서 왼쪽이 된다. 만약 술동이를 기준으로 말하면 오른쪽이 된다." 『의례정의』, 673쪽 참조.

33_ '사로서 무리지어 관부에서 초식을 받는다'는 ~ 자이다 : '士旅食'의 신분과 그 실체에 대해서는 역대로 다양한 해석이 존재한다. ① 가공언은 정현 주의 '서인으로서

관직에 있는 자'는 府・史・胥・徒를 가리킨다고 하여 '士旅食者'를 庶人의 신분으로 파악한다. ② 그러나 성세좌는 "'士旅食者'는 대체로 下士이다. 下士는 서인으로서 관직에 있는 자와 같은 봉록을 받기 때문에 '士旅食'이라고 한 듯하다"(士旅食者, 蓋下士也. 下士與庶人在官者同祿, 故謂之'士旅食'與)라고 하여 '士旅食者'를 下士의 신분으로 파악하였다. ③ 방포도 '士旅食者'는 『주례』 「하관・사사」에 "무릇 會同을 할 때에는 士를 뽑아서 따르게 한다. 빈객의 경우에도 이와 마찬가지로 한다"(凡會同作士從, 賓客亦如之)라고 했을 때의 '士'로서, 그 이름이 司馬에 올랐지만 아직 관직을 제수 받지 못한 '士'를 가리킨다고 하였다.(蓋升於司馬而未授官之士, 雖未受職而已不家食, 又群萃而食於公所, 故謂之旅食也) ④ 호광충도 방포와 마찬가지로 '士旅食'을 '아직 爵命을 받지 못한 士'로 해석한다.(士旅食謂未得爵命之士) 『예기』 「왕제」에는 관직을 얻는 절차를 다음과 같이 설명한다. 먼저 鄕大夫가 鄕에서 덕행이 빼어난 인물을 선발하여 그 명단을 司徒에 올리는데, 이 사람을 '選士'라고 한다. '選士' 가운데서 특히 빼어난 인물은 國學에 그 명단을 올리는데, 이 사람을 '俊士'라고 한다. 國學에 명단이 오르면 司徒에서 요역을 면제시켜 주는데, 이들을 '造士'라고 한다. 大樂正은 '造士' 가운데 빼어난 자를 논평하여 왕에게 보고하고 그 명단을 司馬에 올리는데, 이들을 '進士'라고 한다. 司馬에서는 '進士' 가운데 빼어난 인물을 논평하여 왕에게 보고하고, 그 논평의 실질을 심사한 후에 관직에 임명한다. 관직에 임명한 후에 작위를 내리고, 작위가 정해진 다음에 봉록을 준다. 호광충은 "上士・中士・下士이니, 이것이 정식 작위이다. 하사는 그 봉록으로 9인 이상을 먹여 살릴 수 있으니, 이것이 정식 봉록이다. 학교에 있는 사는 司馬에 명단을 올리고 司士에 속하게 되며 논정한 후에 관직이 제수되지만, 아직 정식 작위와 정식 봉록을 받지 못한 자이므로 무리지어 관부에서 稍食을 받는다. 이를 '旅食'이라 한다. 『예기』 「단궁하」의 이른바 '벼슬을 하지만 아직 봉록을 받지 못한 자', 『주례』 「하관・사사」의 이른바 '직무를 잘 수행하는 자를 위해서는 왕에게 稍食을 요청한다'는 것이 바로 이것이다. 다만 아직 정식 작위를 받지 못하였기 때문에 이들을 '서인으로서 관직에 있는 자'라고 하는 것이다. 조기가 『맹자』에 주를 달면서 또한 '서인으로서 관직에 있는 자는 아직 작명을 받아서 사가 되지 못한 자를 가리킨다'고 하였으니, 府・史・胥・徒를 말하는 것이 아니다"(蓋上士・中士・下士, 此正爵也. 下士食九人以上, 此正祿也. 學校之士, 升於司馬, 隷於司士, 論定後官, 而未得正爵正祿者, 則群食於公. 謂之旅食. 「檀弓」所謂'仕而未有祿者', 「司士職」所謂'以久奠食', 卽此. 但未得正爵, 故謂之庶人在官. 趙注『孟子』亦云'庶人在官者, 未命爲士者', 非謂府・史・胥・徒也)라고 하였다. 또 호광충은 '士旅食'의 실체에 대해서는 경・대부・사의 아들이나 나라의 빼어난 사로서 훗날 경・대부・사에 임용될 수 있는 자들이라고 하였다. 이 때문에 특별히 燕禮에 참여시켜 총애하지만 府・史・胥・徒는 관서의 장관이 자체적으로 임명하는 것으로서 군주의 칙임관이 아니기 때문에 연례에 참여할 수 없다고 하여, '士旅食者'를 府・史・胥・徒로 해석하는 가공언의 설을 비판하였다. ⑤ 오정화는 먼저 경문의 '旅食'이라는 말의 해석 그 자체에 난점이 있음을 지적하고, 『주례』에 의하면 宮伯은 士庶子의 宿衛를 관장하고 諸子는 國子의 戒令을 관장한다고 되어 있는데, '諸子'는 또 '庶子'로 칭해진다는 점에 의거하여 國子는 士庶子로서 정식의 봉록은 없지만 약간의 식읍이 있기 때문에 '士旅食'이라 한 것이 아닌가 라고 추측하였다. 『의례정의』, 674~675쪽 및 『의례주소』, 291쪽 참조.

34_ 실문의 서쪽에 ~ 놓으며 : 채덕진은 경문의 '東上'은 자리의 머리 부분이 동쪽에 있다는 뜻이라고 하였고,('東上', 席首在東也) 성세좌는 "실문의 서쪽은 牖(창)의 앞이다. 路寢에도 東房과 西房이 있으니, 牖의 앞을 빈객의 자리로 삼아야 한다"(戶西, 牖前也. 寢亦有東·西房, 當以牖前爲客位)라고 하였다. 『의례정의』, 676쪽 참조.

35_ '연'은 자리의 뜻이다 : '筵'은 대나무나 부들을 엮어서 만든 자리를 말한다. '筵'은 땅에 까는 자리이고, '席'은 그 위에 덧까는 자리이다. [공사대부례09 : 記—06]에 "검은 베로 가선 장식을 한 길이 1장 6척의 蒲筵(부들자리)을 깔고, 그 위에 검은 비단으로 가선 장식을 한 길이 8척의 萑席(갈대자리)을 덧깐다"(蒲筵常, 緇布純, 加萑席尋, 玄帛純)라고 하였다. '筵'은 길이가 1장 6척이고 '席'은 길이가 8척이므로 '筵'은 '席'보다 길다. 그러나 때때로 '筵'과 '席'의 두 글자는 통용되기도 한다. 『주례』「춘관·종백」의 정현 주에 "'筵'은 또한 자리이다. 펼쳐 까는 것을 '筵'이라 하고, 그 위에 덧까는 것을 '席'이라 한다. 그러나 나누어서 말하면 筵과 席은 서로 통용한다"(筵亦席也. 鋪陳曰'筵', 藉之曰'席'. 然其散言之, 筵·席通矣)라고 하였다. 이에 따르면 자리는 겹으로 포개어 까는데, 밑에 까는 자리를 '筵'이라 하고 그 위에 덧까는 자리를 '席'이라고 하지만, 동시에 '筵'과 '席' 두 글자는 통용되기도 한다. 가공언은 '筵'과 '席'은 구체적 기물이 아니라 까는 순서에 따른 명칭이라고 본다. 가공언은 "먼저 까는 것을 모두 '筵'이라고 하고, 후에 덧까는 것을 '席'이라고 한다. 가령 席 하나가 땅에 깔려 있으면 그것을 또한 '筵'이라고도 한다"(先設者皆言'筵', 後加者爲'席'. 假令一席在地, 或亦云'筵')라고 하였다. 『삼례사전』, 935쪽 참조.

36_ 덧까는 자리가 없는 것은 ~ 때문이다 : 公食大夫禮나 大射儀에서는 빈에게 加席을 덧깔아 주는데 燕禮에서는 덧깔아 주는 加席이 없다. 이에 대해 성세좌는 연례는 대사의보다 가벼운 예이며, 또 공사대부례와 달리 연례에서는 타국의 신하가 없기 때문이라고 설명한다. 또 저인량은 연례에서는 빈이나 주인 모두에게 加席을 덧깔아 주지 않는데, 이는 연례가 가벼운 예이기 때문이라고 하였다. 방포도 연례는 한가한 틈에 잠시 즐거움을 나누는 것이므로 卿은 重席(두겹의 자리)으로 하지만 賓에게는 加席을 덧깔아주지 않는다고 하였다. 『의례정의』, 676쪽 참조.

37_ 제후의 관직에는 ~ 없다 : 가공언은 천자의 경우 司几筵이 자리를 까는데, 제후의

경우에는 司宮으로 하여금 관직을 겸하게 하여 술동이를 진설할 뿐 아니라 자리까지도 깔게 한다는 뜻이라고 하였다. 그러나 호광충은 『의례석관』에서 정현 주의 본지는 제후에게 几(안석)와 筵(자리)을 관장하는 전문 담당 관직이 없다는 의미이지 司宮으로 하여금 겸직하게 한다는 뜻이 아니라고 하여 가공언의 설을 비판하고, 연례에서는 司宮이 빈의 자리를 진설하고 小臣이 군주의 자리를 진설하다고 하였다. 『의례주소』, 291쪽 및 『의례정의』, 676~677쪽 참조.

38_사인은 ~ 군주에게 보고한다 : 오계공에 의하면 이때 군주는 조계의 동남쪽에서 남쪽을 향해 서는데, 射人은 북쪽을 향하여 보고를 한다.(是時公蓋在阼階東南, 南鄉, 射人北面告之) 『의례정의』, 677쪽 참조.

經-08에서 經-10까지는 '군신각취위차君臣各就位次' 즉 군주와 신하들이 각각 자신들의 위차로 나아가는 절차이다.

[燕禮06 : 經-08]

소신小臣은 조계 위쪽에 군주의 자리를 펼쳐 놓는데,[1] 자리의 머리 부분이 서쪽을 향하도록 하여 놓고, 그 위에 덧까는 자리를 겹쳐 깔아 놓는다. 군주는 당 위로 올라가 자리로 나아가서 서쪽을 향해 선다.

小臣設公席于阼階上, 西鄉, 設加席. 公升, 卽位于席, 西鄉.

정현주 『주례』「춘관 · 사궤연司几筵」에 제후의 조석胙席[2]은 "밑에 흰색 자수로 가선 장식을 한 골풀자리(莞筵)를 깔고, 그 위에 구름 문양으로 가선 장식을 한 오채색의 부들자리(繅席)[3]를 덧깐다"고 하였다. 군주의 자리를 (빈의 자리보다) 나중에 펼쳐 놓는 것은 무릇 예禮에서는 신분이 낮은 자가 먼저 의례에 나아가고 신분이 존귀한 자가 나중에 나아가기 때문이다. 『周禮』諸侯胙席, "莞筵紛純, 加繅席畫純." 後設公席者, 凡禮, 卑者先卽事, 尊者後也.

[燕禮06 : 經-09]

소신은 군주의 명으로 경 · 대부들을 인도하여 침문寢門 안으로 들어간다. 경 · 대부들은 모두 침문 안으로 들어간 후 오른쪽으로 나아가서 북쪽을 향해 서는데, 동쪽을 윗자리로 삼는다. 사士들은 침문 안으로 들어간 후 왼쪽으로 나아가서 뜰의 서쪽에서 동쪽을 향해 서는데, 북쪽을 윗자리로 삼는다. 축사祝史[4]들은 침문 안의 동쪽에서 북쪽을 향해 서는데, 동쪽을 윗자리로 삼는다. 소신의 우두머리 한 사람은 동당東堂의 아래에서 남쪽을 향해 선다.[5] 사士로서 무리지어 관부에서 초식稍食을 받는 사람(士旅食)들은 침문 안의 서쪽에 서는데,[6] 동쪽을 윗자리로 삼는다.

小臣納卿 · 大夫, 卿 · 大夫皆入門右, 北面東上. 士立于西方, 東面北上. 祝史立于門東, 北面東上. 小臣師一人, 在東堂下, 南面. 士旅食者立于門西, 東上.

정현주 '납納'은 군주의 명령으로 인도하여 들어간다는 뜻이다. 사士 이하는 경 · 대부들의 뒤를 따라 침문 안으로 들어가 각자의 위치로 나아갈 뿐이다. '사師'는 우두머리(長)라는 뜻이다. 소신의 우두머리 한 사람은 천자의 태복大僕과 직무가 같으니, 군주의 복장과 위치를 바로잡는 자이다. 무릇 문 안으로 들어가 오른쪽으로 나아갈 경우에는 문 말뚝(闑)[7]의 동쪽을 통해서 들어가고, 문 안으로 들어가 왼쪽으로 나아갈 경우에는 문 말뚝의 서쪽을 통해서 들어간다.[8] '納'者, 以公命引而入也. 自士以下, 從而入卽位耳. '師', 長也. 小臣之長一人, 猶天子大僕, 正君之服位者也. 凡入門而右, 由闑東, 左則由闑西.

[燕禮06 : 經—10]

군주는 당에서 내려와 조계의 동남쪽에 서서 남쪽을 향하여 경들에게 읍을 하고 자기에게 가까이 다가오도록 청한다. 경들은 북쪽으로 조금 나아가 서쪽을 향하여 서는데,[9] 북쪽을 윗자리로 삼는다. 군주는 또 대부들에게 읍을 하고 자기에게 가까이 다가오도록 청한다. 대부들은 모두 북쪽으로 조금 나아간다.

公降立于阼階之東南, 南鄕, 爾卿. 卿西面北上. 爾大夫. 大夫皆少進.

정현주 '이爾'는 가까이 한다(近), 옮긴다(移)는 뜻이니, 읍을 하여 자리를 옮겨서 가까이 다가오도록 하는 것이다.[10] 대부들은 여전히 북쪽을 향하여 조금 앞으로 나아간다.[11] '爾', 近也, 移也, 揖而移之, 近之也. 大夫猶北面, 少前.

주

1_조계 위쪽에 ~ 펼쳐 놓는데 : '阼階 위쪽'은 東序(당 위 동쪽 벽)의 앞을 가리킨다. 앞의 『흠정의례의소』 「陳贊器及卽位圖」 참조.

2_조석 : '胙席'은 선왕을 제사지낼 때 주인의 계단에 깔아 놓는 자리이다. '胙'는 '昨'으로 쓰기도 하는데, '昨'은 '酢'(보답의 술잔을 올린다)의 뜻이다. 제사를 지낼 때 주인이 빈에게 술을 따라 주어 '獻'의 예를 행하면 빈은 이에 대한 보답으로 주인에게 술을 올려 '酢'의 예를 행하는데, 주인은 胙席에서 빈이 올리는 '酢'의 술잔을 받는다. 즉 '昨'은 빈이 올리는 '酢'의 술잔을 받는 주인의 자리라는 뜻이다.

3_오채색의 부들자리 : '繅席'은 다섯 색깔의 자리를 말한다. 『주례』 「춘관 · 사궤연」의 정현 주에 의하면 '繅席'은 부들의 싹을 깎고 그것을 펼친 후 다섯 가지 색깔로 엮은 자리라고 한다.(繅席, 削蒲蒻, 展之, 編以五采)

4_축사 : '祝史'는 제사 등을 지낼 때 신에게 고하는 讚辭를 관장하는 자를 말한다. 호광충은 『의례석관』에서 "'祝史'는 祝官으로서 祝頌하는 말을 관장하는데, 고대에 文辭를 관장하는 관직을 '史'로 통칭했기 때문에 祝을 '祝史'라고 한 것이다. 따라서 祝史는 祝과 史의 2개 관직이 아니라 하나의 관직이며, 또한 祝史는 史의 직을 겸하는 것이 아니다"라고 하였다. 『삼례사전』, 577쪽 참조.

5_소신의 우두머리 ~ 향해 선다 : 아래의 주에서 정현은 '小臣師'를 '小臣의 우두머리'라고 하였다. 그러나 오정화와 장혜언은 [대사의07 : 經—141]의 정현 주에서 "司馬師는 司馬正의 보좌관이다"(司馬師, 正之佐也)라고 한 것에 근거하여 小臣의 우두머리는 '小臣正'이라고 칭해야 하므로 '小臣師'는 곧 '小臣正의 보좌관'이 된다고 하였다. '東堂의 아래'는 조계의 동쪽이다. 『의례정의』, 680쪽 참조.

6_사로서 무리지어 ~ 서는데 : '침문 안의 서쪽'은 '침문 안의 서쪽 당(西塾)의 북쪽'으로, 여기서도 북쪽을 향해 선다. 그 위치는 침문 동쪽에 서 있는 祝史와 동서로 대칭된다.

7_문 말뚝 : 문 중앙에 세운 2개의 짧은 말뚝으로, 문짝이 문지방 안으로 들어오는 것을 막아 준다. '橛'이라고도 칭한다. 말뚝과 말뚝 사이를 '中門'이라고 하며, 말뚝의 동쪽은 '闑東', 서쪽은 '闑西'라고 한다. 왕인지는 『경의술문』에서 "'闑'은 곧 문 중앙의 말뚝으로, 곧게 세워져 있으며 짧다. 수레가 문 안으로 들어갈 때, 수레의 굴대가 그 위를 넘어서 지나갈 수 있다"('闑'卽門中之橛, 直立而短. 車入門, 車軸可越其上而過)라고 하였다. 『삼례사전』, 1220쪽 참조.

8_무릇 문 안으로 ~ 들어간다 : 정현은 경문을 경 · 대부는 침문의 오른쪽으로 들어가고

사는 왼쪽으로 들어간다고 해석한 것이다. 『예기』 「곡례상」에 "대부와 사가 군주의 문을 출입할 때에는 문 말뚝의 오른쪽을 통해서 출입한다"(大夫 · 士出入君門, 由闑右)라고 하였고, 『예기』 「옥조」에서는 "공적인 일이라면 문 말뚝의 서쪽(왼쪽)으로 들어가고, 사적인 일이라면 문 말뚝의 동쪽(오른쪽)으로 들어간다"(公事自闑西, 私事自闑東)라고 하였다. 가공언은 이에 의거하여 [經—09]의 경 · 대부의 경우는 신하가 군주를 조회하는 예법으로, 士의 경우는 聘賓이 문 안으로 들어가는 예법으로 구별하였다. 『의례주소』, 293쪽 참조.

9_ 경들은 북쪽으로 ~ 서는데 : 군주가 경들에게 가까이 다가오도록 청하면, 경들은 조금 북쪽으로 나아간 후 뜰의 동쪽에서 서쪽을 향해 선다.

10_ '이'는 가까이 ~ 하는 것이다 : 『예기』 「곡례상」에 "다른 사람에게 읍을 할 때에는 반드시 자기 자리를 벗어나서 한다"(揖人必違其位)라고 하였다. 따라서 군주가 경과 대부들에게 읍을 하고자 할 때에는 당에서 내려와 조계의 동남쪽에서 남쪽을 향하여 선다.

11_ 대부들은 여전히 ~ 나아간다 : 대부들은 북쪽으로 조금 나아간 후에도 여전히 북쪽을 향해 선다. 대부들이 경들처럼 서쪽을 향해 서지 않는 것은 그 신분이 경들보다 낮아서 스스로 경들과 구별하는 것이다. 『의례정의』, 681쪽, 오계공의 설 참조.

經-11에서 經-18까지는 '명빈命賓' 즉 사인이 군주의 명을 받아서 대부 가운데 한 사람에게 빈이 되어 줄 것을 청하는 절차이다.

[燕禮06 : 經-11]

사인射人[1]은 누구를 빈으로 삼을 것인지 군주에게 청하여 묻는다.

射人請賓.

정현주 명은 군주로부터 나와야 하기 때문이다. 命當由君出也.

[燕禮06 : 經-12]

군주는 "아무개에게 명하여 빈으로 삼도록 하라"라고 말한다.

公曰, "命某爲賓."

정현주 '아무개'는 대부이다.[2] '某', 大夫也.

[燕禮06 : 經-13]

사인이 군주의 명을 받들어 대부에게 빈이 되어 줄 것을 명하면, 빈

(대부)은 조금 앞으로 나아가 한 번 사양을 한다.
射人命賓, 賓少進, 禮辭.

정현주 빈이 되어 줄 것을 명하는 사람은 동쪽을 향하고 머리를 돌려 남쪽을 돌아보면서 한다.[3] 한 번 사양을 할 때(禮辭)에는 자신이 현명하지 못함을 이유로 사양을 한다.[4] 命賓者, 東面南顧. 禮辭, 辭不敏也.

[燕禮06 : 經-14]

사인은 군주에게 보고한다.
反命.

정현주 사인이 빈(대부)의 사양하는 뜻을 군주에게 보고하는 것이다. 射人以賓之辭告於君.

[燕禮06 : 經-15]

사인은 다시 군주의 명을 받들어 대부에게 빈이 되어 줄 것을 명한다. 빈(대부)은 머리를 바닥에 대면서 재배를 한 후에 허락한다.
又命之. 賓再拜稽首, 許諾.

정현주 '우又'는 다시(復)라는 뜻이다. 又, 復.

[燕禮06 : 經-16]

사인은 군주에게 보고한다.

射人反命.

정현주 빈(대부)이 허락하였음을 군주에게 보고하는 것이다. 告賓許.

[燕禮06 : 經-17]

빈은 침문 밖으로 나아가 문 밖의 서쪽에서 동쪽을 향하여 선다.

賓出, 立于門外, 東面.

정현주 다시 빈의 예를 갖추고 들어와야 하기 때문에 침문 밖으로 나가는 것이다.[5] 當更以賓禮入.

[燕禮06 : 經-18]

군주는 경·대부들에게 읍을 한 후 당 위로 올라가 자리로 나아간다.

公揖卿·大夫, 乃升就席.

정현주 읍을 하는 것은 맞아들인다는 뜻이다. 揖之, 入之也.

주

1_사인 : 가공언은 大射儀에서는 大射正이 擯者(예의 진행을 돕는 주인 쪽의 사람)가 되어 누구를 빈으로 삼을 것인지 묻는데, 이곳의 경문에서 단지 '射人'이라고 한 것은 연례는 그 예가 가볍기 때문이며 小射正을 빈자로 삼는다고 하였다. 그러나 호광충은 大射儀에서는 관직이 많기 때문에 존비를 변별하여 大射正과 小射正 가운데 大射正을 빈자로 삼지만 연례는 활쏘기를 위주로 하는 것이 아니므로 신분의 존비를 구분하지 않고 '射人'이라고 칭하는데, 이 '射人'도 실은 '大射正'으로서 연례에서 활쏘기를 할 때에 주인을 보좌하여 예의 진행을 돕는 正擯이 된다고 하였다. 『의례주소』, 293쪽 및 『의례정의』, 681쪽 참조.

2_'아무개'는 대부이다 : 학경과 방포는 대부로 빈을 삼고 경으로 빈을 삼지 않는 이유는 경의 지위가 군주와 너무 가깝기 때문에 존귀한 자(군주)를 핍박한다는 혐의를 받을 수 있기 때문이라고 하였다. 『예기』 「연의」에 "공·경으로 빈을 삼지 않고 대부로 빈을 삼는 것은 (존비가 분별되지 않는다는) 혐의 때문이다"(不以公卿爲賓, 而以大夫爲賓, 爲疑也)라고 한 것에 대해 정현은 "공·경은 존귀한 신분인데 다시 빈으로까지 삼는다면 존귀함이 군주와 너무 가깝게 된다"(公·卿尊矣, 復以爲賓, 則尊與君大相近)라고 하였고, 진호는 "공·경의 존귀함은 군주 다음인데, 그를 다시 빈으로 삼는다면 존귀함과 비천함이 분변되지 못하는 의심이 생기고 또 군주를 핍박하는 혐의가 생긴다. 대부는 지위가 낮으므로 비록 잠시 그를 높여서 빈으로 삼더라도 혐의되는 바가 없다"(公卿之尊, 次於君, 復以之爲賓, 則疑於尊卑無辨, 且嫌於偪上也. 大夫位卑, 雖暫尊之爲賓, 無所嫌疑也)라고 하였다.

3_빈이 되어 줄 ~ 돌아보면서 한다 : 성세좌에 의하면 이때 군주는 여전히 남쪽을 향하여 서 있고 射人은 군주의 오른쪽에 있기 때문에, 射人이 동쪽을 향하며 남쪽으로 돌아보면서 대부에게 빈이 되어 줄 것을 명하는 이유는 군주를 등진다는 혐의를 피하기 위한 것이다. 군주는 남쪽을 향하고 있으므로, 군주의 오른쪽에 있다는 것은 그 서쪽에 있는 것이다. 서쪽에 있다면 동쪽을 향하게 된다. 다시 몸을 남쪽으로 향하면 군주에게 등을 보이게 되므로 동쪽을 향하면서 머리만 남쪽으로 돌려 빈(대부)에게 명하는 것이다. 양천우는 이때 射人은 북쪽을 향해 있다가 방향을 바꾸어 동쪽을 향하고 그런 후에 머리를 돌려 남쪽을 향하여 명하는 것이라고 해석하였다. 『의례정의』, 682쪽 및 『의례역주』, 227쪽 각주 3) 참조.

4_한 번 ~ 사양을 한다 : [사관례01 : 經—101]에서도 "아무개(빈의 이름)는 현명하지 못하니, 관례의 일을 제대로 수행하지 못하여 그대를 욕되게 할까 두렵습니다. 감히 사양하겠습니다'라고 대답한다"(賓對曰, '某不敏, 恐不能共事, 以病吾子. 敢辭')라고 하였다.

5_다시 ~ 나가는 것이다 : 이전에 경·대부들은 신하의 예로 서로 뒤따르면서 침문 안으로 들어와 있었다. 그러므로 다시 침문 밖으로 나가서 빈의 예를 갖추고 들어와야 한다. 이 때문에 [經—23]에서 "빈이 침문 안으로 들어가 뜰에 이르면, 군주는 한 계단을 내려와 빈에게 읍을 하면서 당 위로 올라가도록 청한다"(賓入, 及庭, 公降一等揖之)고 한 것이다.

經-19에서 經-21까지는 '청명집역자請命執役者' 즉 소신이 덮개보 잡는 사람을 누구로 하고 음식 올리는 사람을 누구로 할 것인지 군주에게 청하여 묻는 절차이다.

[燕禮06 : 經-19]

소신小臣은 조계 아래에서 북쪽을 향해 덮개보를 잡는 사람(執冪者)과 음식을 올리는 사람(羞膳者)을 누구로 할 것인지 군주에게 청하여 묻는다.

小臣自阼階下, 北面, 請執冪者與羞膳者.

정현주 '덮개보를 잡는다'(執冪)는 것은 질그릇 술동이(瓦大)의 덮개보를 잡는다는 뜻이다. 방형의 술동이(方壺)와 원형의 술동이(圜壺)에는 덮개보가 없다. '수선羞膳'은 군주에게 음식을 올린다는 뜻으로, 여러 가지 맛있는 음식(庶羞)[1]을 가리킨다.[2] '執冪'者, 執瓦大之冪也. 方·圜壺無冪. '羞膳', 羞於公, 謂庶羞.

[燕禮06 : 經-20]

이어서 소신은 군주의 명을 받들어 서쪽 계단 앞에서 덮개보를 잡는 사람들에게 명을 내린다.[3] 덮개보를 잡는 사람들은 서쪽 계단을 통해 당 위로 올라가 군주의 술동이 남쪽에서 북쪽을 향해 서는데, 동쪽을 윗자리로 삼는다.

乃命執冪者. 執冪者升自西階, 立于尊南, 北面, 東上.

정현주 군주의 명으로 서쪽 계단 앞에서 명을 내리는 것이다. '동쪽을 윗자리로 삼는다'(東上)는 것은 물을 넣은 술동이의 덮개보를 잡는 사람의 자리를 윗자리로 삼는다는 뜻이다.[4] 군주의 음식을 올리는 사람들은 덮개보를 잡는 사람들의 뒤를 이어서 동쪽으로 가서 당의 동쪽을 경유하여 북쪽 계단(北階)을 통해 올라가 방 안으로 들어가서 서쪽을 향해 서는데, 남쪽을 윗자리로 삼는다. 경문에서 이를 말하지 않은 것은 당 위로 올라가지 않기 때문에 생략한 것이다.[5] 以公命於西階前命之也. '東上', 玄酒之冪爲上也. 羞膳者從而東, 由堂東升自北階, 房中西面南上. 不言之者, 不升堂, 略之也.

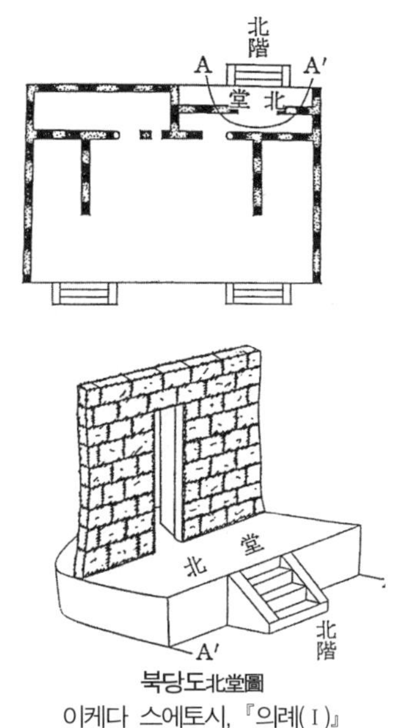

북당도北堂圖
이케다 스에토시, 『의례(Ⅰ)』

[燕禮06 : 經─21]

선재膳宰는 제공諸公[6]과 경들에게 음식 올리는 사람을 누구로 할 것인지 군주에게 청하여 묻는다.
膳宰請羞于諸公卿者.

정현주 소신小臣이 청하지 않고 선재膳宰에게 시키는 것은 신분이 낮은 자에 대해서는 예를 더욱 소략히 하기 때문이다.[7] 예禮는 담당자를 달리하는 것으로 공경함을 삼는다. 小臣不請而使膳宰, 於卑者彌略也. 禮以異爲敬.

주

1_ 여러 가지 맛있는 음식 : '庶羞'는 희생 및 禽獸 등으로 요리한 여러 가지 맛난 음식과 훌륭한 안주를 말한다. [공사대부례09 : 經—81]에 "사는 서수를 올린다"(士羞庶羞)라고 한 것에 대해 정현은 "'羞'는 올린다는 뜻이다. '庶'는 많다는 뜻이다. 여러 가지 올릴 만한 진귀하고 맛난 음식을 올리는 것을 말한다"('羞', 進也. '庶', 衆也. 進衆珍味可進者也)라고 하였다. 『주례』「천관 · 선부」의 정현 주에서는 "'羞'는 희생 및 금수에서 나와서 기름지고 맛난 것을 갖추니, 이를 '庶羞'라고 한다"(出於牲及禽獸, 以備滋味, 謂之庶羞)라고 하였다.

2_ '수선'은 군주에게 ~ 가리킨다 : 이여규는 "'羞'는 진헌한다는 뜻이다. 군주의 물건을 '膳'이라고 한다. '薦膳'이라고 하면 말린 고기(脯)와 고기젓갈(醢)을 올린다는 뜻이고, '羞膳'이라고 하면 여러 가지 맛난 음식(庶羞)을 올린다는 뜻이다"(羞, 進也. 君物曰膳. 凡薦謂脯 · 醢, 羞謂庶羞)라고 하였다. 즉 경문의 군주에게 올리는 음식은 '여러 가지 맛난 음식'(庶羞)을 가리킨다고 해석한 것이다. 그러나 성세좌는 군주에게 올리는 음식은 말린고기(脯)와 고기젓갈(醢)뿐이고 여러 가지 맛난 음식(庶羞)은 포함되지 않는다고 하였다. 『의례정의』, 683쪽 참조.

3_ 소신은 군주의 명을 ~ 내린다 : 이때 군주의 음식을 올리는 사람들에게도 명을 내리는데, 문장을 생략한 것이다.

4_ '동쪽을 윗자리로 삼는다'는 ~ 뜻이다 : 군주의 술동이(瓦大)는 물을 넣은 술동이와 술을 넣은 술동이 두 통을 진설하므로,([經—05]) 술동이의 덮개보를 잡는 사람도 2인이 있다. 그 가운데 한 사람은 물을 넣은 술동이의 덮개보를 잡고 동쪽에 서 있고 다른 한 사람은 술을 넣은 술동이의 덮개보를 잡고 서쪽에 서는데, 동쪽을 윗자리로 삼는다는 뜻이다.

5_ 군주의 음식을 ~ 생략한 것이다 : ○ 이여규는 경문에 "음식을 올리는 사람은 당 위로 올라간다"라는 문장이 없고 또 음식은 방 안에 진설되어 있으므로, 당의 동쪽을 경유하여 북쪽 계단을 통해 방 안으로 들어간다는 것임을 알 수 있다고 하였다. 양천우는 군주의 음식을 올리는 사람들의 이동방향에 대해서 먼저 ① 서쪽 계단 앞에서 동쪽으로 나아가고, ② 지붕의 동쪽에 이르러 다시 꺾어서 북쪽으로 향하고, ③ 북쪽으로 지붕의 뒤쪽에 이르러 다시 꺾어서 서쪽으로 향하고, ④ 북쪽 계단을 통해 당 위로 올라가 東房 안으로 들어간 후 남쪽을 향해 서는 것이라고 구체화시킨다. ○ 군주에게 올리는 음식을 말린 고기(脯)와 고기젓갈(醢)로 이해하는 성세좌는 말린 고기를 올리는 사람은 남쪽에 있고 고기젓갈을 올리는 사람은 북쪽에 있다고 하였다. 『의례정의』, 683~684쪽 및 『의례역주』, 228쪽 각주 3) 참조.

6_제공 : 성세좌는 大國의 '孤'를 '公'이라 하는데, 그 밖에 제후국의 경우에는 군주를 '公'이라 칭하고 신하를 '諸公'이라 칭하여 한 글자로 존비가 구별된다고 하였다.("大國之孤曰公, 君稱公, 臣稱諸公, 一字而尊卑辨矣")『의례정의』, 684쪽 참조. 이렇게 본다면 '諸公'은 그 지위가 군주보다는 낮지만 경보다는 높다.

7_소신이 청하지 않고 ~ 때문이다 : 가공언에 의하면 膳宰는 小臣보다 신분이 낮다.『의례주소』, 295쪽 참조.

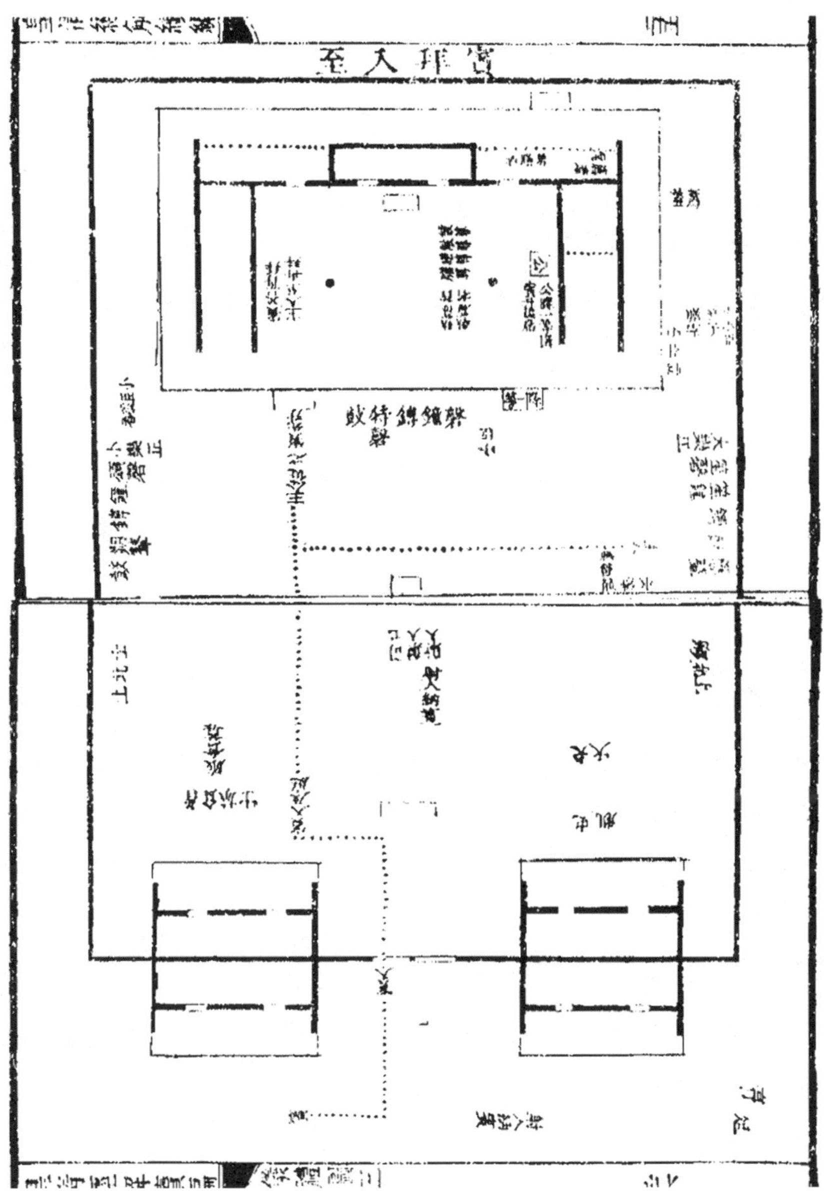

「빈배입지賓拜入至」

장혜언(淸), 『의례도』

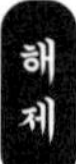

經-22에서 經-24까지는 '납빈納賓' 즉 사인이 빈을 인도하여 침문 안으로 들어오는 절차이다.

[燕禮06 : 經-22]

사인射人은 빈을 인도하여 침문 안으로 들어간다.

射人納賓.

정현주 사인으로 빈자擯者(예의 진행을 돕는 주인 쪽의 사람)를 삼는 것이다. 금문본에는 ('射人'이) '擯者'로 되어 있다.[1] 射人, 爲擯者也. 今文曰'擯者'.

[燕禮06 : 經-23]

빈이 침문 안으로 들어가 뜰에 이르면, 군주는 한 계단을 내려와 빈에게 읍을 하면서 당 위로 올라가도록 청한다.[2]

賓入, 及庭, 公降一等揖之.

정현주 '급及'은 이른다(至)는 뜻이다. '뜰에 이른다'(至庭)는 것은 침문 안으로 들어간 후 왼쪽으로 나가서 북쪽을 향해 서 있을 때를 가리킨다.[3] '及', 至也. '至庭', 謂旣入而左北面時.

[燕禮06 : 經-24]

군주는 당 위로 올라가서 자리로 나아간다.

公升就席.

정현주 빈은 장차 주인主人(宰夫)과 더불어 예를 행해야 하기 때문에 군주와 나란히 함께 당 위로 올라가지 않는다.[4] 以其將與主人爲禮, 不參之也.

주

1_ 금문본에는 ~ 되어 있다 : 대부에게 빈이 되어 줄 것을 청하거나 빈이 될 것을 명하는 것은 모두 射人이 하는 일인데, 만약 금문본처럼 '擯者가 빈을 인도하여 침문 안으로 들어간다'(擯者納賓)라고 하면 射人과 擯者가 다른 사람으로 오해될 수 있다. 이 때문에 정현은 금문본을 따르지 않고 고문본을 따른 것이다. 『의례정의』, 684쪽 호승공의 설 참조.

2_ 빈에게 읍을 ~ 청한다 : 오계공은 군주가 빈에게 읍을 하는 것은 빈을 당 위로 올라가게 하려는 것이라고 하였다.(揖之者, 使之升也) 『의례정의』, 685쪽.

3_ '뜰에 이른다'는 ~ 때를 가리킨다 : 경문의 '賓入'은 빈이 침문 안으로 들어가는 것을 말하고, '及庭'은 빈이 침문 안으로 들어간 후 堂途(뜰에서 동쪽 계단 혹은 서쪽 계단에 이르는 길)로 나아가 북쪽을 향하는 때를 가리킨다. 일반적으로 빈객은 문 안으로 들어갈 때 문의 왼쪽으로 들어간 후 왼쪽으로 나아간다. 빈이 북쪽을 향하는 것은 군주가 조계를 통해 당 위에서 내려와 빈에게 읍을 하기 때문이다.

4_ 빈은 ~ 올라가지 않는다 : 오계공은 [대사의07 : 經—31]에는 '公降一等揖之'(군주는 한 계단을 내려와 빈에게 읍을 하고) 다음에 '賓辟'(빈은 피한다) 두 글자가 더 있음을 지적하면서, [經—24]의 요지는 군주가 한 계단을 내려와 빈에게 읍을 하면서 함께 당 위로 오르도록 청하면 빈은 이 禮를 피하여 오르지 않는다는 뜻이라고 하였다. 宰夫가 군주를 대신하여 주인이 되었기 때문에 군주는 빈에게 읍을 한 후에 당 위의 자리로 나아가고, 獻主인 재부는 당 아래에 남아서 빈과 더불어 예를 행한다. 『의례정의』, 685쪽 참조.

「주인헌빈도主人獻賓圖」

(淸), 『흠정의례의소』

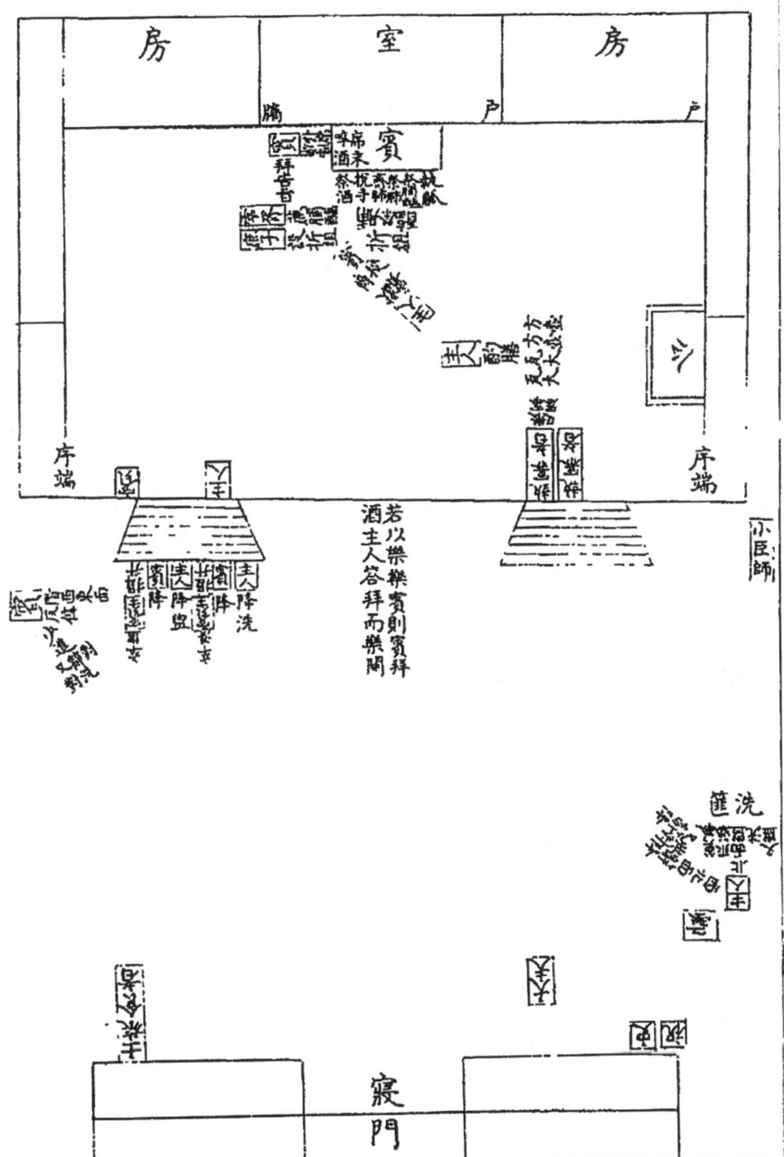

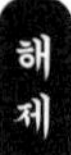

經-25에서 經-36까지는 '주인헌빈主人獻賓' 즉 주인(宰夫)이 빈에게 술을 올려 '헌獻'의 예를 행하는 절차이다.

[燕禮06 : 經-25]

빈(대부)은 서쪽 계단을 통해 당 위로 올라간다. 주인(재부) 역시 서쪽 계단을 통해 당 위로 올라간다.[1] 주인은 빈의 오른쪽에서 북쪽을 향해 빈이 와서 이르게 된 것에 재배를 하고, 빈도 답례로 재배를 한다.

賓升自西階. 主人亦升自西階. 賓右北面至再拜, 賓答再拜.

정현주 '주인主人'은 재부宰夫를 가리킨다. 재부는 태재大宰의 속관으로 빈객에게 음식 올리는 일을 관장하는 사람이다. 주인의 위치는 물받이 항아리의 남쪽에서 북서쪽을 향하는 곳이다.[2] 군주는 자기 신하에 대해서 비록 빈으로 삼았더라도 직접 술을 따라 주어 '헌獻'의 예를 행하지 않으니,[3] 군주는 존귀하여 감히 신하가 대등한 예를 행하지 못하기 때문이다. '지재배至再拜'는 빈이 와서 이르게 된 것에 배례를 한다는 뜻이다.[4] 천자의 경우에는 선부膳夫가 헌주獻主[5]가 된다. '主人', 宰夫也. 宰夫, 大宰之屬, 掌賓客之獻飮食者也. 其位在洗北西面. 君於其臣雖爲賓, 不親獻, 以其尊, 莫敢伉禮也. '至再拜'者, 拜賓來至也. 天子膳夫爲獻主.

[燕禮06 : 經-26]

주인은 당에서 내려와 술잔을 씻기 위해 물받이 항아리의 남쪽에서 서북쪽을 향해 선다.

主人降洗, 洗南, 西北面.

정현주 빈이 장차 주인의 뒤를 따라 당에서 내려올 것이므로 서북쪽을 향해 서는 것이다.[6] 賓將從降, 鄉之.

[燕禮06 : 經-27]

빈(대부)도 당에서 내려와 서쪽 계단의 서쪽에서 동쪽을 향해 선다. 주인이 빈에게 내려올 필요가 없다고 사양을 하면, 빈은 응답을 한 후에 내려온다.

賓降, 階西, 東面. 主人辭降, 賓對.

정현주 '대對'는 응답한다는 뜻이다. '對', 答.

[燕禮06 : 經-28]

주인은 북쪽을 향해 손을 씻은 후 앉아서 신하의 대광주리 안에서 술잔(角觶)[7]을 꺼내어 씻는다. 빈은 서쪽 계단에서 앞으로 조금 나아가서 동쪽을 향하여 주인이 술잔 씻어 주는 것을 사양한다. 주인은 앉아서 신하의 대광주리 안에 술잔을 넣어 둔 후 일어나면서 빈의 사양에 응답을 한다. 빈은 서쪽 계단의 서쪽 본래 위치로 돌아간다. 主人北面盥, 坐取觚洗. 賓少進, 辭洗. 主人坐奠觚于篚, 興對. 賓反位.

정현주 빈이 앞으로 조금 나아가는 것은 또 사양을 하려는 것이니,[8] 자기의 위치에서 벗어나야 하기 때문이다.[9] 주인(재부)이 빈에게 술을 올려 '헌獻'의 예를 행할 때 술잔으로 작爵(1승 용량)을 사용하지 않는 것은 정식 주인과 동일하게 한다는 혐의를 피하기 위한 것이다.[10] 고문본에는 '觚'가 모두 '觶'로 되어 있다. 賓少進者, 又辭, 宜違其位也. 獻不以爵, 辟正主也. 古文'觚'皆爲'觶'.

고觚
섭숭의(宋), 『삼례도』

작爵
섭숭의(宋), 『삼례도』

[燕禮06 : 經-29]

주인이 술잔 씻는 일을 마치면, 빈은 주인에게 읍을 한 후에 당 위로 올라간다.
主人卒洗, 賓揖, 乃升.

정현주　빈이 매번 먼저 당 위로 올라가는 것은 주인主人(宰夫)보다 신분이 존귀하기 때문이다.[11] 賓每先升, 尊也.

[燕禮06 : 經-30]

주인도 당 위로 올라간다. 빈은 주인에게 술잔을 씻어 준 것에 배례를 한다. 주인은 빈의 오른쪽에서 술잔(角觚)을 내려놓고 답배를 한 후 당에서 내려와 손을 씻는다.
主人升. 賓拜洗. 主人賓右奠觚答拜, 降盥.

정현주　주인이 다시 손을 씻는 것은 배례를 하여 손에 먼지가 묻었기 때문이다. 主人復盥, 爲拜手坋塵也.

[燕禮06 : 經-31]

빈도 당에서 내려온다. 주인이 내려올 필요가 없다고 사양을 하면, 빈은 응답을 한 후에 내려온다. 주인이 손 씻는 일을 마치면, 빈은 주인에게 읍을 한 후에 당 위로 올라간다. 주인도 당 위로 올라간 후 앉아서 술잔(角觚)을 집어 들어 술을 따르고자 한다.

賓降. 主人辭, 賓對. 卒盥, 賓揖升. 主人升, 坐取觚.

정현주 술잔을 집어 드는 것은 장차 군주의 술동이(瓦大)가 있는 곳으로 가서 술을 떠서 술잔에 따르려는 것이다. 取觚, 將就瓦大酌膳.

[燕禮06 : 經-32]

덮개보를 잡는 사람이 덮개보를 들어서 거두면, 주인은 군주의 술동이에서 술을 떠서 술잔에 따른다. 덮개보를 잡는 사람은 다시 덮개보로 술동이를 덮는다.

執冪者擧冪, 主人酌膳. 執冪者反冪.

정현주 군주의 기물을 '선膳'이라고 하는데, '선'은 좋다(善)는 뜻이다. 군주의 술동이에서 술을 떠서 따르는 것은 빈을 높이는 뜻이다.[12] 君物曰'膳', '膳'之言善也. 酌君尊者, 尊賓也.

[燕禮06 : 經-33]

주인은 실문 서쪽에 펼쳐 놓은 빈의 자리 앞으로 가서 빈에게 술을 올려 '헌獻'의 예를 행한다. 빈은 서쪽 계단 위쪽에서 북쪽을 향하여 주인에게 배례를 한 후 실문 서쪽에 펼쳐 놓은 자신의 자리 앞으로 가서 술잔(爵)[13]을 받고,[14] 다시 서쪽 계단 위쪽의 본래 위치로 돌아

온다.[15] 주인은 술잔을 건네준 후 빈의 오른쪽으로 가서 북쪽을 향해 배례를 한다.[16]
主人筵前獻賓. 賓西階上拜, 筵前受爵, 反位. 主人賓右拜送爵.

정현주 빈은 서쪽 계단 위쪽에서 주인에게 배례를 한 후에 실문 서쪽에 펼쳐 놓은 자신의 자리 앞으로 가서 술잔을 받고, 물러나 서쪽 계단 위쪽의 본래 위치로 되돌아온다. 賓旣拜, 前受觚, 退復位.

[燕禮06 : 經—34]

선재膳宰는 빈의 자리 앞에 말린 고기(脯)와 고기젓갈(醢)을 올려놓는다. 빈은 자리 위로 올라간다. 선재는 다시 희생고기의 뼈를 잘라서 올려놓은 희생제기(折俎)를 진설한다.
膳宰薦脯醢. 賓升筵. 膳宰設折俎.

정현주 '절조折俎'는 희생고기의 뼈를 올려놓은 것이다. 「향음주례」의 기문記文에 "빈의 희생제기(俎)에는 등뼈 · 갈비뼈 · 앞다리뼈의 위쪽부위와 허파를 올려놓는다"[17]고 하였다. '折俎', 牲體骨也. 「鄕飮酒」記曰, "賓俎, 脊 · 脅 · 肩 · 肺."

조俎
첸쉬안, 『삼례사전』

[燕禮06 : 經-35]

빈은 자리에 앉아서 왼손으로 술잔을 잡고 오른손으로 말린 고기와 고기젓갈을 집어 들어 고수레를 한다. 고수레가 끝나면 술잔을 말린 고기와 고기젓갈의 오른쪽에 내려놓은 후 일어나서 희생제기(俎) 위에 있는 허파를 집고, 앉아서 허파의 끝을 잘라서 고수레를 하고, (絶祭)[18] 고수레를 마친 후에 허파를 맛본다. 다시 일어나서 허파를 희생제기 위에 되돌려 놓고, 앉아서 손을 닦고, 술잔을 잡고, 이어서 술로 고수레를 하고, 고수레를 마친 후 일어나 자리 끝으로 가서 앉고, 술을 맛본 후에 자리에서 내려와 앉아서 술잔을 내려놓고 주인에게 배례를 하면서 맛있다고 고하고, 다시 술잔을 집어 들고 일어난다. 주인은 답배를 한다.

賓坐, 左執爵, 右祭脯醢. 奠爵于薦右, 興, 取肺, 坐絶祭, 嚌之. 興, 加于俎, 坐挩手, 執爵, 遂祭酒, 興, 席末坐, 啐酒, 降席, 坐奠爵, 拜, 告旨, 執爵興. 主人答拜.

정현주 '자리에서 내려온다'(降席)는 것은 자리의 서쪽에서 배례를 하기 위한 것이다.[19] '지旨'는 맛있다는 뜻이다. 降席, 席西也. '旨', 美也.

[燕禮06 : 經-36]

빈은 서쪽 계단 위쪽으로 돌아와 북쪽을 향해 앉아서 술잔의 술을 다 마신 후 일어나고, 다시 앉아서 술잔을 내려놓고, 이어서 (다시

일어나서) 주인에게 배례를 한다. 주인은 답배를 한다.[20]
賓西階上北面坐卒爵, 興, 坐奠爵, 遂拜. 主人答拜.

정현주 '이어서 배례를 한다'(遂拜)는 것은 술잔의 술을 다 마시게 해 준 것에 배례를 한다는 뜻이다. '遂拜', 拜既爵也.

주

1_ 주인 역시 ~ 올라간다 : 이때 주인은 군주가 아니라 宰夫이므로 조계를 통해 당을 오르내리지 못하고 빈과 마찬가지로 서쪽 계단을 이용한다는 뜻이다.

2_ 주인의 위치는 ~ 곳이다 : 오계공에 따르면 주인은 제후의 宰夫로서 대체로 士의 신분이 맞는데 그 위치는 서쪽이며, 빈이 당 위로 올라갈 때에 주인도 따라서 올라간다고 하였다. 성세좌도 주인(宰夫)의 처음 위치는 서쪽인데, 정현 주에서 주인의 위치가 '물받이 항아리의 남쪽에서 북서쪽을 향하는 곳이다'라고 한 것은 주인이 음식을 받을 때의 위치를 말한 것이라고 하였다. 『의례정의』, 686쪽 참조.

3_ 직접 술을 ~ 행하지 않으니 : '獻'은 올린다(進)는 뜻으로, '獻'의 예는 주인이 빈에게 술을 따라 올리는 것을 말한다. 주인이 먼저 빈에게 술을 올리는 것을 '獻'이라고 하고, 빈이 이에 대한 보답으로 주인에게 술을 올리는 것을 '酢'이라고 하고, 주인이 먼저 술을 마신 후 다시 빈에게 술을 권하는 것을 '酬'라고 하는데, 이처럼 주인과 빈이 獻·酢·酬의 과정을 한 번 하는 것을 '壹獻의 禮'라고 한다.

4_ '지재배'는 ~ 한다는 뜻이다 : 이여규는 '至再拜'는 '빈이 이른 후에 배례를 한다'는 뜻으로 신분의 존비가 대등하지 못한 경우의 표현이며, 신분이 대등할 경우에는 '拜至' 즉 '이른 것에 배례를 한다'라고 구분하였다."('至再拜'者, 賓至乃拜之, 有尊卑不敵之義, 體敵者, 皆言'拜至') 연례에서는 빈은 대부의 신분이고 주인은 宰夫로서 士의 신분으로, 주인이 빈보다 신분이 낮기 때문에 이곳의 경문에서 '至再拜'로 표현했다는 것이다. 『의례정의』, 685쪽 참조. 여기서는 일단 정현 주에 따라 번역하기로 하겠다.

5_ 헌주 : 천자·제후가 빈객과 신하들에게 연회를 베풀 때, 천자와 제후는 존귀하기 때문에 빈객이나 신하들에게 직접 술을 따라 주지 않고 빈객과 신하들도 감히 군주와 술잔을 주고받지 못한다. 이 때문에 천자나 제후는 사람을 시켜 대신 술을 따르게 한다. 군주 대신 술을 따르는 사람을 '獻主'라고 칭한다. 『삼례사전』, 1252쪽.

6_ 빈이 장차 ~ 서는 것이다 : 주인(宰夫)은 물받이 항아리(洗)의 남쪽에 있으므로 술잔을 씻기 위해서는 북쪽을 향해야 하는데, 서쪽 계단으로 내려오는 빈을 사양해야 하기 때문에 빈과 마주하는 서북쪽을 향하는 것이다.

7_ 술잔 : '觚'는 적다(寡)는 뜻으로, 술을 마실 때에는 적게 마셔야 한다는 의미이다. 2승 용량의 술잔을 '觚'라고 하는데, 입구의 직경은 4촌이고 가운데 부분은 높이가 4촌 5푼이며 바닥의 직경은 2촌 6푼으로 송대에는 다리를 둥글게 만들었다. 섭숭의, 『신정삼례도』(丁鼎 点校, 清華大學出版社, 2006), 371쪽 참조. 오계공에 따르면 군주에게 술을 올릴 때에는 술잔으로 象觚를 사용하므로 여기서의 觚는 角觚로서 주인이

빈에게 술을 따를 때 사용하는 술잔이다. 象觚는 角觚에 코끼리뼈 장식을 한 술잔이다. 『의례정의』, 687쪽 참조.

8_빈이 앞으로 ~ 하려는 것이니 : 경문에서 '빈이 조금 나아간다'고 한 것에 대해 오계공은 "조금 남쪽으로 나아가서 동쪽을 향한다는 뜻이다"(少南行而東面也)라고 풀이하였다.(『의례정의』, 687쪽) [經一27]에서 주인은 빈이 당에서 내려올 필요가 없다고 사양했는데, 이제는 빈이 술잔을 씻어 줄 필요가 없다고 또 사양을 하기 때문에 '또 사양을 한다'(又辭)고 한 것이다.

9_자기의 위치에서 ~ 때문이다 : 이전에 빈은 당에서 내려와 서쪽 계단의 서쪽에 있었는데([經一27]), 이제 조금 남쪽으로 나아가서 주인이 술잔 씻어 주는 곳에 와 있다. 자기 자리를 벗어난 것이다. 『예기』「곡례상」에 "다른 사람에게 읍을 할 때에는 반드시 자기의 위치에서 벗어나서 한다"(揖人必違其位)라고 하였다.

10_주인이 빈에게 ~ 피하는 것이다 : 宰夫는 주인이 되었지만 정식 주인 즉 '正主'가 아니라 임시적인 '獻主'이기 때문에 술잔으로 '爵'(1승 용량)을 사용하지 못하고 '觚'(2승 용량)를 사용한다는 뜻이다. 장이기에 의하면, 1승 용량의 술잔을 '爵'이라 하고, 2승 용량의 술잔을 '觚'라 하고, 3승 용량의 술잔을 '觶'라 하고, 4升 용량의 술잔을 '角'이라 하고, 5승 용량의 술잔을 '散'이라 한다. 한편 호승공은 "술잔 가운데에서는 '爵'이 가장 귀하고, '觚'가 그 다음이고, '觶'가 그 다음이고, '角'과 '散'이 가장 낮은데, 여기에서 주인이 빈에게 술을 올려 '獻'의 예를 행할 때에는 정식 주인과 동일하게 한다는 혐의를 피하기 위해 '爵'을 사용하지 않고 한 등급을 낮추어 '觚'를 사용하는 것이다"(蓋飮酒之器, 爵貴, 觚次之, 觶又次之, 角·散爲下. 此獻, 避正主, 不用爵, 宜降一等而用觚)라고 하였다. 『의례정의』, 687쪽 참조.

11_빈이 매번 ~ 존귀하기 때문이다 : 빈은 대부이다. 宰夫는 士의 신분인데다 또 정식 주인도 아니기 때문에 대부인 빈이 먼저 올라가는 것이다. 『의례정의』, 687쪽, 호배휘의 설 참조.

12_군주의 기물을 ~ 높이는 뜻이다 : 빈은 군주가 명한 사람인데, 주인은 군주를 대신하여 빈에게 술을 따른다. 이 때문에 주인은 군주의 술동이인 瓦大에서 술을 떠서 술잔에 채움으로써 군주의 뜻을 빈에게 전달한다. 『의례정의』, 687쪽, 오계공의 설 참조.

13_술잔 : 여기서의 '爵'은 술잔의 통칭으로, 실제로는 '角觚'를 가리킨다.

14_ 빈은 서쪽 ~ 술잔을 받고 : 오정화에 의하면 빈은 동남쪽을 향하여 술잔을 받는데, 배례를 할 때에는 주인과 빈 모두 서쪽 계단 위쪽에서 북쪽을 향하여 한다.

15_ 다시 ~ 위치로 돌아온다 : 오정화는 경문의 '反位'는 '서쪽 계단 위쪽의 위치로 돌아온다'는 뜻이라고 하였다.('反位', 亦西階上位也) 『의례정의』, 688쪽 참조.

16_ 주인은 ~ 배례를 한다 : 빈의 자리(筵)는 '室戶의 서쪽' 즉 실문의 서쪽과 실의 창문 사이에 펼쳐 놓는데,([經—06]) 주인의 자리는 별도로 설치하지 않는다. 주인이 빈에게 술을 올리는 '獻'의 예는 실문 서쪽에 펼쳐 놓은 빈의 자리 앞에서 거행된다. 獻의 예를 행하기 전에 빈은 서쪽 계단 위쪽에서 서쪽에 서고, 주인은 서쪽 계단 위쪽에서 동쪽에 선다. '獻'의 행례 절차를 정리하면 다음과 같다. 주인의 경우는 ① 먼저 서쪽 계단 위쪽에서 동쪽에 선다. ② 실문 서쪽에 펼쳐 놓은 빈의 자리 앞으로 가서 빈에게 술잔을 건네주어 '獻'의 예를 행한다. ③ 빈이 술잔의 술을 마셔서 '獻'의 예가 끝나면, 다시 서쪽 계단 위쪽으로 돌아와 빈의 동쪽(오른쪽)에서 북쪽을 향하여 배례를 한다. 빈의 경우는 ① 먼저 서쪽 계단 위쪽에서 서쪽에 선다. ② 서쪽 계단 위쪽의 서쪽 위치에서 북쪽을 향해 주인에게 배례를 한다. ③ 실문의 서쪽에 펼쳐 놓은 자신의 자리 앞으로 가서 주인이 따라 주는 술잔을 받아 마셔서 '獻'의 예를 마친다. ④ 다시 서쪽 계단 위쪽의 서쪽 위치로 되돌아온다. 따라서 빈은 자신의 위치인 서쪽 계단 위쪽의 서쪽에서 배례를 한 후에 실문의 서쪽에 펼쳐 놓은 자신의 자리 앞으로 가서 주인이 건네주는 술잔을 받는다. 이것이 '拜受爵'이다. 반면에 주인은 먼저 실문 서쪽, 빈의 자리 앞으로 가서 빈에게 술잔을 건네준 후에 다시 서쪽 계단 위쪽의 동쪽 위치로 돌아와서 빈에게 배례를 한다. 따라서 경문의 '拜送爵'은 '술잔을 건네준 후에 배례를 한다'는 뜻이 된다.

17_ 빈의 희생제기에는 ~ 올려놓는다 : [향음주례04 : 記—09] 참조.

18_ 허파의 끝을 잘라서 고수레를 하고 : '絶祭'는 허파의 끝을 잘라서 脯와 醢를 담은 籩과 豆 사이에 놓고서 고수레 하는 것을 가리킨다.

19_ '자리에서 내려온다'는 ~ 것이다 : 빈이 배례를 할 때에는 모두 서쪽 계단 위쪽에서 하는데, 술이 맛있다고 고하는 배례를 할 때만은 자리(筵)의 서쪽에서 한다는 뜻이다. 자리의 서쪽에서 남쪽을 향하여 배례를 하고, 배례가 끝나면 술이 맛있다고 고한다. 『의례정의』, 689쪽 참조.

20_ 이어서 ~ 답배를 한다 : 오계공는 답배를 할 때에는 모두 답배할 상대가 일어난 후에 하는 것인데, 경문에서 '일어난다'(興)고 말하지 않는 경우는 문장이 생략된 것

이라고 하였다.(凡答拜皆於所答者興, 乃爲之. 經或不言其'興', 文省耳) 『의례정의』, 689쪽 참조.

「빈작주인도賓酢主人圖」

(淸), 『흠정의례의소』

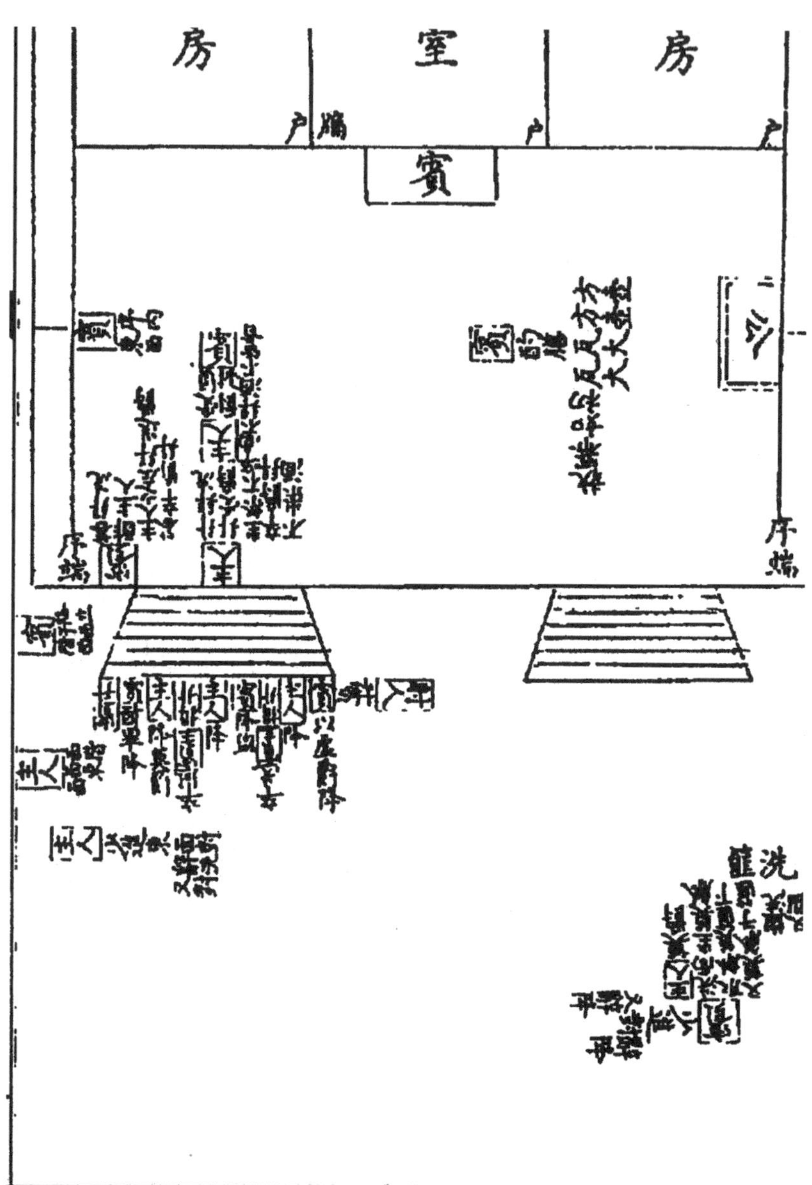

經—37에서 經—44까지는 '빈작주인賓酢主人' 즉 빈이 주인에게 보답의 술잔을 올려 '작酢'의 예를 행하는 절차이다.

[燕禮06 : 經—37]

빈은 자신이 비운 술잔을 들고 당에서 내려온다.

賓以虛爵降.

정현주 장차 주인에게 술을 올려 '작酢'의 예를 행하려는 것이다. 將酢主人.

[燕禮06 : 經—38]

주인도 빈의 뒤를 따라 당에서 내려온다. 빈은 물받이 항아리의 남쪽에 앉아서 술잔(角觚)을 내려놓고 일어난 후 서북쪽을 향해 앞으로 조금 나아가 주인에게 내려올 필요가 없다고 사양을 한다.[1] 주인은 서쪽 계단의 서쪽에서 동쪽을 향해 앞으로 조금 나아가 응답을 한 후에 내려온다.

主人降. 賓洗南坐奠觚, 少進, 辭降. 主人東面對.

정현주 위에서 이미 '작爵'이라고 말하였는데 여기서 다시 '고觚'라고 말한 것은 술잔이 바뀐다는 혐의를 피하기 위한 것이다.[2] 「대사의」에서 "주인은 서쪽 계단의 서쪽에서 동쪽을 향해 앞으로 조금 나아가 응답을 한 후에 내려온다"[3]고 하였다.[4] 금문본에는 이 이하에 '觚'가 모두 '爵'으로 되어 있다.
上旣言'爵'矣, 復言'觚'者, 嫌易之也. 「大射禮」曰, "主人西階西, 東面少進對." 今文從此以下, '觚'皆爲'爵'.

[燕禮06 : 經-39]

빈은 앉아서 술잔을 집어 신하의 대광주리 아래에 내려놓고, 일어나서 손을 씻은 후 술잔을 씻는다.
賓坐取觚, 奠于篚下, 盥洗.

정현주 '대광주리 아래'(篚下)는 대광주리의 남쪽을 뜻한다. '篚下', 篚南.

[燕禮06 : 經-40]

주인은 빈에게 술잔을 씻어 줄 필요가 없다고 사양한다.
主人辭洗.

정현주 겸양을 하는 것이다. 금문본에는 '洗'가 없다. 謙也. 今文無'洗'.

[燕禮06 : 經-41]

빈은 앉아서 술잔을 신하의 대광주리 안에 넣어 둔 후 일어나면서 주인의 사양에 응답한다. 술잔 씻는 일을 마치고 서쪽 계단 앞에 이르러 주인에게 읍을 하고 당 위로 올라간다. 주인도 당 위로 올라가 술잔을 씻어 준 것에 배례를 하는데, 빈이 주인에게 술잔을 씻어 준 것에 배례할 때와 동일한 절차로 한다.[5] 빈은 다시 당에서 내려와 손을 씻는다. 주인도 당에서 내려온다. 빈은 주인에게 내려올 필요가 없다고 사양을 한다. 빈은 손 씻는 일을 마친 후 주인에게 읍을 하고 당 위로 올라가 군주의 술동이에서 술을 떠서 따른다. 덮개보를 잡는 사람은 처음과 마찬가지로 덮개보를 거두어 열고 다시 덮개보로 술동이를 덮는다.[6] 빈은 서쪽 계단 위쪽에서 주인에게 술을 올려 '작酢'의 예를 행한다.[7] 주인은 북쪽을 향해 배례를 한 후에 술잔을 받는다. 빈은 술잔을 건네준 후에 주인의 왼쪽으로 가서 북쪽을 향해 배례를 한다.

賓坐奠觚于篚, 興對. 卒洗, 及階, 揖, 升. 主人升, 拜洗如賓禮. 賓降盥. 主人降. 賓辭降. 卒盥, 揖升, 酌膳. 執冪如初. 以酢主人于西階上. 主人北面拜受爵. 賓主人之左拜送爵.

정현주 빈은 남쪽을 향해 주인에게 술잔을 건네준 후에 이어서 주인의 왼쪽으로 간다.[8] 賓旣南面授爵, 乃之左.

[燕禮06 : 經-42]

주인은 앉아서 술로 고수레를 하는데, 술을 맛보지는 않는다.

主人坐祭，不啐酒.

정현주 정식 주인과 동일하게 한다는 혐의를 피하기 위한 것이다. 아직 말린 고기(脯)와 고기젓갈(醢)을 올리지 않는 것은 주인은 군주의 신하이기 때문이다.[9] 辟正主也. 未薦者，臣也.

[燕禮06 : 經-43]

주인은 술을 마시게 해 준 것에 배례를 하지 않고, 맛나다고 고하지도 않는다.[10]

不拜酒，不告旨.

정현주 주인의 의리이다. 主人之義.

[燕禮06 : 經-44]

주인은 이어서 앉은 채로 술잔의 술을 다 마신 후 일어나고, 다시 앉아서 술잔을 내려놓고 배례를 한 후에 술잔을 집고 일어난다. 빈은 답배를 한다. 주인은 술이 조악하지만 서로 가득 채워 주었다고 빈에게 사례를 표하지 않고, 비운 술잔을 들고 당에서 내려와 신하의 대광주리(篚) 안에 넣어 둔다.

遂卒爵，興，坐奠爵，拜，執爵興. 賓答拜. 主人不崇酒，以虛爵降奠于篚.

정현주 '숭崇'은 채운다(充)는 뜻이다. 술이 조악하지만 서로 가득 채워 주었다고 빈에게 사례하지 않는 것은 군주의 물건을 달고 맛나게 여기기 때문이다.[11] '崇', 充也. 不以酒惡謝賓, 甘美君物也.

주

1_빈은 ~ 사양을 한다 : 빈은 조계의 동남쪽에 있는 물받이 항아리에서 술잔을 씻고, 주인은 서쪽 계단의 서쪽에 선다. 빈이 서북쪽을 향해 앞으로 조금 나아가는 것은 주인과 마주하기 위한 것이다. 앞의 『흠정의례의소』「賓酢主人圖」 참조.

2_위에서 ~ 위한 것이다 : 주인이 빈에게 '獻'의 예를 행하거나 빈이 주인에게 '酢'의 예를 행할 때에 술잔은 모두 '觚'(2승 용량)를 사용한다. 그런데 '獻'의 예를 기술하는 문장 중에 [經—28]과 [經—30]에서는 '觚'라고 하였다가 [經—33]에서 [經—37]까지의 경문에서는 '爵'이라고 하였고, 酢의 예를 기술하는 이곳 [經—38]에서는 다시 '觚'라고 표현하였다. 이 때문에 '獻'의 예를 행할 때에는 '觚'를 사용하고, '酢'의 예를 행할 때에는 '爵'(1승 용량)으로 바꾸어 사용하는 것으로 오해될 수 있다. 그러나 이곳에서 '爵'은 1승 용량의 술잔을 의미하는 것이 아니라 '술잔'의 통칭으로서, 실제로는 '觚'이다. '爵'과 '觚'가 對文으로 사용되면 '爵'은 1升 용량의 술잔이고 '觚는 2升 용량의 술잔으로 각각 다른 기물을 뜻하지만, 散文으로 쓰이면 같은 '술잔'을 의미한다.

3_주인은 ~ 내려온다 : [대사의07 : 經—48] 참조.

4_「대사의」에서 ~ 하였다 : 정현이 「대사의」의 문장을 인용한 것은 경문에 '서쪽 계단의 서쪽에서 앞으로 조금 나아간다'(西階西少進)라는 문장이 없기 때문에 인용하여 보충한 것이다. 대사례에서는 활쏘기를 시작하기 전에 반드시 먼저 燕禮를 행하므로 그 절차가 동일하기 때문이다. 『의례정의』, 689쪽 참조.

5_빈이 주인에게 ~ 한다 : [經—30] 참조.

6_덮개보를 잡는 사람은 ~ 덮는다 : [經—32] 참조.

7_빈은 ~ 예를 행한다 : 성세좌는 빈이 서쪽 계단 위쪽에서 주인에게 '酢'의 예를 행하는 것은 군주가 조계 위쪽에 있기 때문이라고 하였다. 『의례정의』, 690쪽 참조.

8_빈은 ~ 왼쪽으로 간다 : 빈은 당 위 동쪽 기둥(東楹)의 서쪽에서 동쪽을 향하여 군주의 술동이에서 술을 따라 술잔에 채우고, 서쪽 계단의 위쪽 곧 당 위 서쪽 벽(西序)의 안쪽으로 가서 남쪽을 향하여 주인에게 술잔을 건네준다. 따라서 이때 주인은 북쪽을 향하여 술잔을 받는다. 이어서 빈은 당 위 서쪽 벽(西序)에서 남쪽으로 조금 내려가 서쪽 계단 위쪽에 있는 주인의 왼쪽(서쪽)에서 북쪽을 향해 배례를 한다. 『의례주소』, 298쪽 가공언의 설 참조.

9_아직 말린 고기와 ~ 때문이다 : 저인량도 鄕飮酒禮와 鄕射禮에서는 빈과 주인이 대등

한 신분이기 때문에 주인이 술잔을 받은 후에 말린 고기(脯)와 고기젓갈(醢)을 올리지만 燕禮는 신하가 군주를 대신하여 주인이 되었기 때문에 올리지 않는다고 하였다. 그러나 호배휘는 말린 고기와 고기젓갈을 올리지 않는 것은 당 위에서는 주인 자신의 자리가 없기 때문이고, 당 아래에서는 洗北의 위치가 아직 정해지지 않아서 올릴 곳이 없기 때문이라고 하였다. 또 公卿에게도 말린 고기와 고기젓갈을 올리지 않으므로 주인에게도 올릴 수 없다고 하였다. 『의례정의』, 691쪽 참조.

10_주인은 ~ 고하지도 않는다 : 오계공은 이를 다음과 같이 설명하였다. "'술에 배례를 한다'는 것은 맛난 술을 자기에게 마시게 해 준 것에 배례를 하여 감사를 표한다는 뜻이다. 그러나 여기서의 술은 賓의 물건이 아니므로 감사를 표하거나 맛나다고 고하는 두 가지 예를 행하지 않는다."('拜酒'謂拜謝其以旨酒飮己也. 酒非賓物, 則無是二禮可知) 『의례정의』, 691쪽 참조.

11_'숭'은 ~ 여기기 때문이다 : 경문의 '崇酒'에서 '崇'의 뜻에 대해서는 다양한 해석이 병존한다. ① '존중한다'(重)는 뜻으로 해석하는 오계공의 설, ② '첨잔을 하여 술잔에 술을 채운다'(充)는 뜻으로 해석하는 웅붕래의 설, ③ '높인다'(隆)는 뜻으로 해석하는 강조석의 설, ④ '배를 채워 준다'(充)는 뜻으로 해석하는 성세좌의 설 등이 있다. 『의례정의』, 329쪽 및 [향음주례04 : 經一47]의 주석 1) 참조.

「주인헌공급자작도主人獻公及自酢圖」
(淸), 『흠정의례의소』

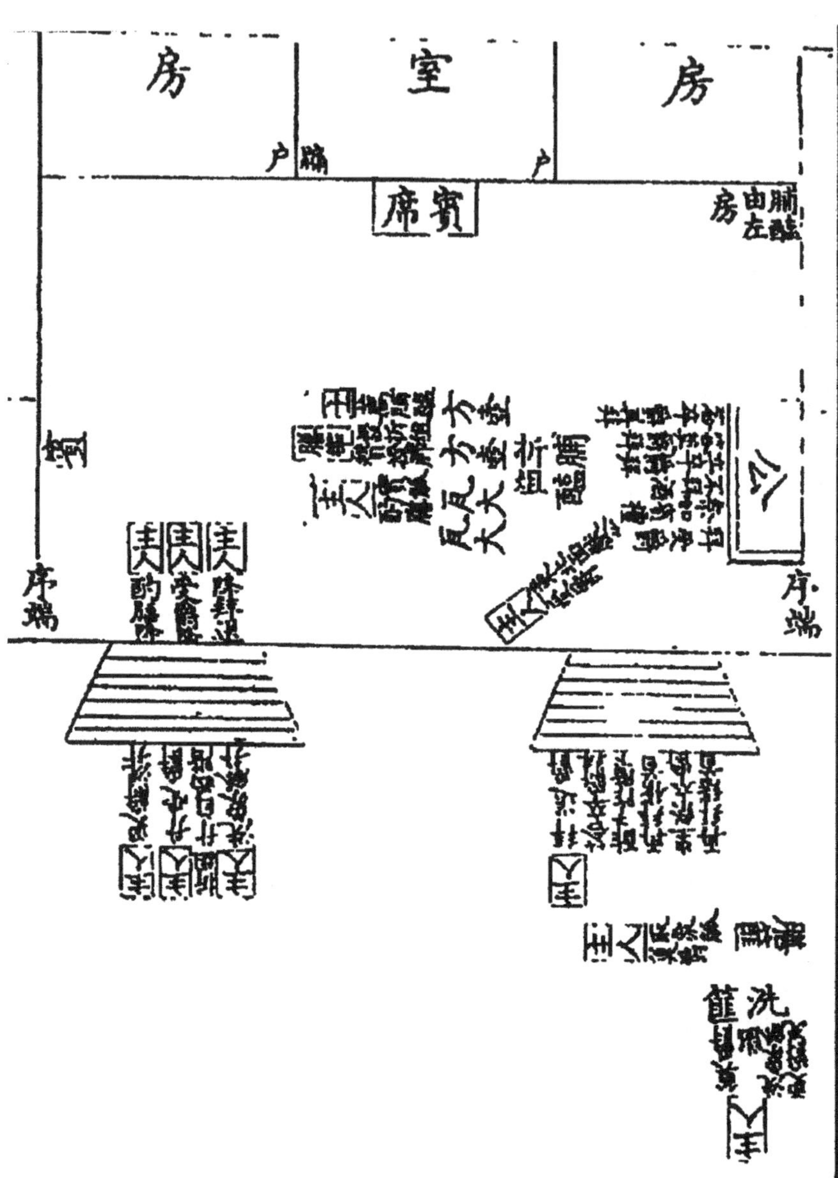

經－45에서 經－50까지는 '주인헌공主人獻公' 즉 주인이 군주에게 술을 올려 '헌獻'의 예를 행하는 절차이다.

[燕禮06 : 經－45]

빈은 당에서 내려와 서쪽 계단의 서쪽에 선다.

賓降, 立于西階西.

정현주

빈은 이미 '헌獻'의 예를 받았기 때문에 감히 편안하고 성대하게 하지 못하는 것이다.[1] 旣受獻矣, 不敢安盛.

[燕禮06 : 經－46]

사인射人은 군주의 명을 받들어 빈에게 당 위로 올라가도록 청한다. 빈은 당 위로 올라가 당 위 서쪽 벽(西序)의 안쪽에서 동쪽을 향해 선다.[2]

射人升賓. 賓升, 立于序內, 東面.

정현주

당 위의 동쪽 벽과 서쪽 벽을 '서序'라고 한다. 「대사의」에 "빈자擯者는 군주의 명을 받들어 빈에게 당 위로 올라가도록 청한다"[3]고 하였다.[4] 東西牆謂之序. 「大射禮」曰, "擯者以命升賓."

[燕禮06 : 經-47]

주인은 손을 씻고 군주의 술잔(象觚)을 씻은 후[5] 당 위로 올라가 술잔에 술을 채우고 동북쪽을 향해 군주에게 술을 올려 '헌獻'의 예를 행한다.

主人盥, 洗象觚, 升實之, 東北面獻于公.

정현주 '상고象觚'는 고觚에 코끼리뼈 장식을 한 것이다.[6] 군주의 대광주리에서 군주의 술잔(象觚)를 꺼낼 때에는 동쪽을 향한다.[7] '象觚', 觚有象骨飾也. 取象觚者東面.

[燕禮06 : 經-48]

군주는 배례를 한 후에 술잔을 받는다.[8] 주인은 술잔을 건네준 후에 서쪽 계단을 통해 당에서 내려와 조계 아래로 가서 북쪽을 향해 군주에게 배례를 한다.[9] 사士는 군주의 자리 앞에 말린 고기와 고기젓갈을 올린다. 선재膳宰는 희생고기의 뼈를 잘라서 올려놓은 희생제기(折俎)를 진설하는데,[10] 서쪽 계단을 통해 당 위로 올라가서 놓는다.[11]

公拜受爵. 主人降自西階, 阼階下北面拜送爵. 士薦脯·醢. 膳宰設折俎, 升自西階.

정현주 '천薦'은 올린다(進)는 뜻이다. 「대사의」에서 "재서宰胥는 말린 고기와 고기젓갈을 올리는데, 왼쪽 방(左房 : 東房)에서 꺼내온다"[12]고 하였다.[13]

'薦', 進也. 「大射禮」曰, "宰胥薦脯・醢, 由左房."

[燕禮06 : 經-49]

군주는 빈이 주인에게 '헌獻'의 예를 받을 때와 동일한 절차로 고수레를 하는데,[14] 허파로 고수레를 할 때에는 선재膳宰가 도와서 허파를 집어 군주에게 건네준다.[15] 군주는 술을 마시게 해 준 것에 배례를 하지 않고,[16] 선 채로 술잔의 술을 다 마신 후 앉아서 술잔을 내려놓고서 주인에게 배례를 하고,[17] 다시 술잔을 집어 들고 일어난다. 公祭如賓禮, 膳宰贊授肺. 不拜酒, 立卒爵, 坐奠爵, 拜, 執爵興.

정현주 무릇 빈이 주인에게 '헌'의 예를 받을 때와 달리하는 것은 군주는 존귀함으로 빈의 경우와 변화시키는 것이다. 凡異者, 君尊, 變於賓也.

[燕禮06 : 經-50]

주인은 답배를 한 후 당 위로 올라가 군주의 빈 술잔을 받아들고 당에서 내려와 군주의 대광주리(膳篚) 안에 술잔을 넣어 둔다.[18] 主人答拜, 升, 受爵以降, 奠于膳篚.

주

1_ 이미 ~ 것이다 : 오계공은 빈은 자신의 '獻'과 '酢'의 禮가 끝났는데, 주인이 또 군주와 더불어 예를 행하려고 하기 때문에 감히 당 위에 있지 못하는 것이라고 하였다. 『의례정의』, 692쪽 참조.

2_ 빈은 ~ 선다 : 오계공은 "빈에게 당 위로 올라가도록 하는 것은 빈을 우대하는 것이다. 당 위 서쪽 벽(西序)의 안쪽에서 동쪽을 향하는 것은 군주를 향한다는 뜻이다. 그렇다면 군주의 위치는 또한 당 위 동쪽 벽(東序)의 안쪽임이 분명하다"(升賓者, 優之也. 序內, 東面, 鄕君也. 然則君位亦在東序內明矣)라고 하였고, 오정화는 "당 위 서쪽 벽의 조금 깊숙한 곳으로 들어가기 때문에 '안쪽'이라고 한 것이다"(入序稍深, 故曰'內')라고 하였다. 『의례정의』, 692쪽 참조.

3_ 빈자는 ~ 청한다 : [대사의07 : 經—54] 참조.

4_ 「대사의」에 ~ 하였다 : 정현이 「大射儀」의 문장을 인용한 것은 射人이 빈에게 당 위로 올라가도록 청할 때에 역시 군주의 명을 받아서 한다는 뜻을 밝히기 위함이다.

5_ 주인은 ~ 씻은 후 : 주인이 빈에게 '獻'의 예를 행할 때나 빈이 주인에게 '酢'의 예를 행할 때에는 술잔으로 '角觚'를 사용하였는데, 주인이 군주에게 '獻'의 예를 행할 때에는 술잔을 '象觚'로 바꾸어 사용한다. 군주와 신하는 술잔을 똑같이 할 수 없기 때문이다.

6_ '상고'는 ~ 것이다 : 오계공은 정현 주의 '象骨'(코끼리뼈)은 '象齒'(상아)가 되어야 한다고 하였지만, 호배휘는 '骨'은 뼈의 총칭이고 '齒'는 뼈의 일종이므로 '骨'을 '齒'라고 할 수 없다고 비판하였다. 『의례정의』, 692쪽 참조.

7_ 군주의 대광주리에서 ~ 향한다 : '象觚'는 군주의 술잔으로, 군주의 대광주리(膳篚) 안에 넣어져 있다. 주인은 먼저 군주의 대광주리에서 술잔을 꺼낸 후에 씻는데, 경문에는 이 문장이 생략되어 있기 때문에 정현 주에서 보충한 것이다. 군주의 대광주리(膳篚) 남쪽에 신하의 대광주리(篚)가 있기 때문에 북쪽을 향하여 술잔을 꺼낼 수도 없고, 그렇다고 남쪽을 향하여 술잔을 꺼내면 군주와 등지게 된다. 주인은 서쪽 계단에서 동쪽으로 군주의 대광주리가 있는 곳으로 와서 술잔을 꺼내는 것이므로, 서쪽을 향해서 술잔을 꺼낼 수도 없다. 따라서 군주의 대광주리 안에서 군주의 술잔을 꺼낼 때에는 동쪽을 향하게 된다. 『의례주소』, 300쪽, 가공언의 소 및 『의례정의』, 692쪽 참조.

8_ 군주는 ~ 받는다 : 燕禮에서는 군주가 먼저 배례를 해야 하는 경우에도 모두 나중에 배례하는 것으로 되어 있는데, 이는 군주를 높이기 때문이다. 그런데 이곳 [經—48]에

서 군주가 먼저 배례를 하고 술잔을 받는 것은 '獻'을 받는 예가 중하기 때문이다. 『의례주소』, 300쪽, 가공언의 소 참조.

9_ 주인은 ~ 한다 : 오계공에 의하면 주인이 계단 아래에서 배례를 하는 것은 주인이 군주의 신하이기 때문이며, 단지 한 번만 배례를 하는 것은 군주의 배례에 답하는 것이기 때문이다. 일반적으로 신하가 먼저 군주에게 배례를 할 경우에는 모두 '再拜稽首' 즉 머리를 바닥에 대면서 재배를 한다. 그런데 이곳에서 한 번 배례를 하고 머리를 바닥에 대지 않는 것은 獻禮이기 때문이다. 『의례정의』, 692쪽 참조.

10_ 사는 군주의 ~ 진설하는데 : 가공언은 士가 말린 고기와 고기젓갈을 올리는 것에 대해 다음과 같이 설명한다. "주인이 빈에게 '獻'의 예를 행하는 '主人獻賓'에서는 膳宰가 말린 고기(脯)와 고기젓갈(醢)을 올리고 또 다시 희생고기의 뼈를 잘라서 올려놓은 희생제기(折俎)를 진설하였다.([經—34]) 주인이 군주에게 '獻'의 예를 행하는 이곳의 '主人獻公'에서는 士가 말린 고기(脯)와 고기젓갈(醢)을 올리고, 膳宰가 희생고기의 뼈를 잘라서 올려놓은 희생제기(折俎)를 진설하여 그 담당자를 달리한다. 이는 군주의 지위는 존귀하므로 膳宰보다 신분이 높은 士에게 올리게 하는 것이다."(前獻賓薦脯·醢, 及設折俎皆使膳宰者, 賓卑故也. 今於公士薦脯·醢, 膳宰設折俎異人, 以其士尊於膳宰, 君尊, 故使士薦) 『의례주소』, 300쪽, 가공언의 소 참조.

11_ 서쪽 계단을 ~ 놓는다 : 오계공은 '서쪽 계단을 통해 올라가서 놓는다'고 한 것은 俎를 가리켜 말한 것인데, 정현이 이를 특별히 언급한 것은 군주에게 俎를 진설할 때 阼階를 통해 올라가는 것으로 오해될 수 있기 때문이라고 하였다.('升自西階'者, 俎也. 著之者, 嫌設公俎宜由阼也) 또 膳宰는 折俎를 진설한 후 조금 물러나 동쪽을 향해 서서 다음의 의례절차를 기다리고, 군주를 도와 허파를 건네준 후에 당에서 내려온다고 하였다.(膳宰旣設俎, 則少退東面而俟, 旣贊授肺, 乃降) 『의례정의』, 693쪽 참조.

12_ 재서는 ~ 꺼내온다 : [대사의07 : 經—57] 참조.

13_ 「대사의」에서 ~ 하였다 : 가공언에 의하면, 천자와 제후의 寢廟에는 '左房'과 '右房'이 있으므로 '東房'을 '左房'이라 칭하고, 大夫와 士의 寢廟에는 '右房'이 없으므로 그냥 '東房'이라고 한다. 그러나 이여규, 성세좌, 호배휘 등은 대부와 사의 경우도 左房(東房)과 右房(西房)이 모두 있는 것으로 본다. 정현이 「대사의」를 인용한 것은 士와 膳宰가 올리고 진설하는 음식은 모두 左房(東房)에서 꺼내온다는 뜻을 밝히기 위한 것이다. 『의례주소』, 300쪽 참조.

14_ 군주는 ~ 하는데 : 말린 고기와 고기젓갈로 고수레를 하고, 허파로 고수레를 하고,

술로 고수레를 한다는 뜻이다. [經—35] '主人獻賓'의 고수레 절차 참조.

15_허파로 ~ 건네준다 : 허파로 고수레를 할 때 군주는 존귀하여 앉아서 허파를 집지 않기 때문에 선재가 대신 허파를 집어서 군주에게 건네준다는 뜻이다.

16_군주는 ~ 하지 않고 : '拜酒'는 자신에게 술을 마실 수 있게 해 준 것에 배례를 하여 감사를 표한다는 뜻인데, 이곳의 술은 군주 자신의 물건이기 때문에 배례를 하여 감사를 표하지 않는다.

17_선 채로 ~ 배례를 하고 : 남자가 앉아서 술잔을 비우는 경우에는 술잔을 내려놓고 배례를 하고, 婦人 가운데 존귀한 자는 선 채로 술잔을 비우고 술잔을 들고서 배례를 한다. 이 경문에서 선 채로 술잔의 술을 다 마신 후 앉아서 술잔을 내려놓고 배례를 하는 것은 군주의 예이기 때문이다. 『의례정의』, 694쪽 참조.

18_주인은 ~ 넣어 둔다 : 주인은 조계 아래에서 북쪽을 향해 군주에게 답배를 한 후 서쪽 계단을 통해 당 위로 올라가서 술잔을 받고, 다시 서쪽 계단을 통해 당 아래로 내려온다.

「주인수빈도主人酬賓圖」

(淸), 『흠정의례의소』

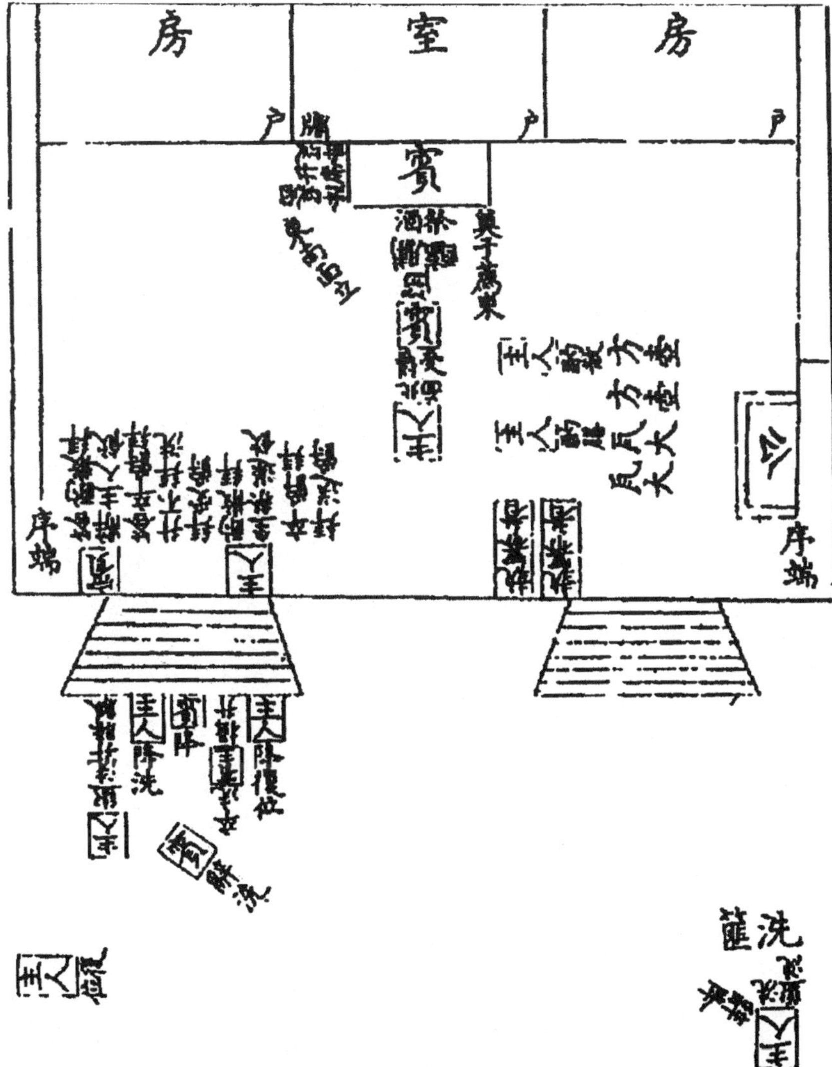

經-51에서 經-52까지는 '주인자작우공主人自酢于公' 즉 주인이 군주를 대신하여 스스로 '작酢'의 예를 행하는 절차이다.

[燕禮06 : 經-51]

주인은 상고象觚에서 각고角觚로 술잔을 바꾸어(更爵) 씻은 후 당 위로 올라가 군주의 술동이(瓦大)에서 술을 따라 술잔에 채우고 그것을 갖고 당에서 내려와 조계 아래에서 스스로 마시면서 '작酢'의 예를 행한다. 북쪽을 향해 앉아서 술잔을 내려놓은 후 머리를 바닥에 대면서 군주에게 재배를 한다. 군주는 답례로 재배를 한다.
更爵, 洗, 升, 酌膳酒以降, 酢于阼階下. 北面坐奠爵, 再拜稽首. 公答再拜.

정현주 술잔을 바꾸는 것은 감히 지존至尊(군주)의 술잔을 이어서 사용하지 못하기 때문이다.[1] 고문본에는 '更'이 '受'로 되어 있다. 更爵者, 不敢襲至尊也. 古文'更'爲'受'.

[燕禮06 : 經-52]

주인은 앉아서 술로 고수레를 하고, 이어서 술잔의 술을 다 마신 후 머리를 바닥에 대면서 군주에게 재배를 한다. 군주는 답례로 재배를 한다. 주인은 신하의 대광주리 안에 술잔(角觚)을 넣어 둔다.
主人坐祭, 遂卒爵, 再拜稽首. 公答再拜, 主人奠爵于篚.

주

1_ 술잔을 ~ 때문이다 : '술잔을 바꾼다'는 것은 앞에서 주인이 군주에게 술을 올려 '獻'의 예를 행할 때에는 술잔으로 '象觚'를 사용하였는데,([經—47]) 이제 주인이 自酢을 할 때에는 다시 '角觚'로 바꾸어 사용한다는 뜻이다. 양복은 술잔은 군주의 '象觚'에서 신하의 '角觚'로 바뀌지만, 군주의 술동이에서 술을 따라 사용하는 것은 '酢'의 禮를 행하는 뜻이 군주에게 나왔음을 보이기 위한 것이라고 하였다.(雖更爵, 亦酌君之膳酒者, 明酢之之意, 出於君也) ○ 앞에서 주인(宰夫)이 군주에게 술을 올려 '獻'의 예를 행했으므로, 이번에는 군주가 주인에게 술을 따라 주어 '酢'의 예를 행해야 한다. 그러나 군주는 존귀하기 때문에 주인이 스스로 술동이에서 술을 떠서 술잔에 채우고 스스로 그것을 마신다. 이를 '自酢'이라고 한다. 가공언은 주인이 '自酢'을 하는 것은 군주를 번거롭게 하지 않으려는 것으로, 군주를 높이는 의리라고 하였다. 『의례주소』, 300쪽 및 『의례정의』, 694쪽 참조.

經－53에서 經－58까지는 '주인수빈主人酬賓' 즉 주인이 빈에게 술을 권하여 '수酬'의 예를 행하는 절차이다.

[燕禮06 : 經－53]

주인이 손을 씻고 술잔을 씻은 후 당 위로 올라가 빈에게 술잔(角觚)을 들어 올려서 '수酬'의 예를 행한다.[1] 주인은 신하의 술동이에서 술을 떠서 술잔에 채운 후 서쪽 계단 위쪽의 동쪽으로 가서 앉아 술잔을 내려놓고 북쪽을 향해 빈에게 배례를 한다. 빈도 자리(筵)에서 내려와 서쪽 계단 위쪽의 서쪽으로 가서 북쪽을 향해 답배를 한다.

主人盥洗, 升, 媵觚于賓. 酌散, 西階上坐奠爵, 拜賓. 賓降筵, 北面答拜.

정현주 '잉媵'은 보내 준다(送)는 뜻이다. 어떤 사람은 '揚'의 뜻으로 읽는다. '揚'은 든다(擧)는 뜻이다.[2] '작산酌散'은 신하의 방형 술동이(方壺) 안에 있는 술을 떠서 술잔에 채운다는 뜻이니, 선膳(善)에 대하여 산散(副)이 되는 것이다.[3] 금문본에는 '媵'이 모두 '騰'으로 되어 있다. '媵', 送也. 讀或爲揚. '揚', 擧也. '酌散'者, 酌方壺酒也, 於膳爲散. 今文'媵'皆作'騰'.

[燕禮06 : 經-54]

주인이 앉아서 술로 고수레를 하고 그대로 앉은 채로 술을 마시면, 빈은 앉아서 마시지 말라고 사양을 한다. 주인이 술잔의 술을 다 마시고 배례를 하면, 빈은 답배를 한다.

主人坐祭, 遂飮, 賓辭. 卒爵, 拜, 賓答拜.

정현주 '사양을 한다'(辭)는 것은 주인이 군주를 대신하여 빈에게 술을 권하여 수酬의 예를 행하는데, 서서 마시지 않는 것을 사양한다는 뜻이다.[4] 이는 정식 주인이 빈에게 술을 권하여 '수酬'의 예를 행할 때보다 낮추는 것이다. '辭'者, 辭其代君行酒, 不立飮也. 此降於正主酬也.

[燕禮06 : 經-55]

주인은 당에서 내려와 술잔을 씻는다. 빈도 당에서 내려온다. 주인은 빈에게 내려올 필요가 없다고 사양을 한다. 빈은 주인에게 술잔을 씻어 줄 필요가 없다고 사양을 한다. 주인은 술잔 씻는 일을 마친 후 빈에게 읍을 하고 당 위로 올라간다. 빈은 주인이 술잔을 씻어 준 것에 배례를 하지 않는다.

主人降洗. 賓降. 主人辭降. 賓辭洗. 卒洗, 揖升. 不拜洗.

정현주 '술잔 씻어 준 것에 배례를 하지 않는다'(不拜洗)는 것은 '수酬'의 예를 행하여 예가 강쇄되었기 때문이다.[5] '不拜洗', 酬而禮殺.

[燕禮06 : 經-56]

주인은 군주의 술동이에서 술을 떠서 술잔에 채우고, 빈은 서쪽 계단 위쪽에서 배례를 한다.[6]

主人酌膳, 賓西階上拜.

정현주 '배례를 한다'(拜)는 것은 주인이 자기에게 술을 따라 주는 것에 배례를 한다는 뜻이다. '拜'者, 拜其酌己.

[燕禮06 : 經-57]

빈은 자리(筵) 앞으로 가서 주인에게 술잔을 받은 후 서쪽 계단 위쪽의 본래 위치로 돌아간다. 주인은 술잔을 보내 준 후에 빈에게 배례를 한다. 빈은 자리 위로 올라가 앉아서 술로 고수레를 하고, 이어서 앉은 채로 말린 고기와 고기젓갈의 동쪽에 술잔을 내려놓고 마시지 않는다.

受爵于筵前, 反位. 主人拜送爵. 賓升席, 坐祭酒, 遂奠于薦東.

정현주 '수遂'는 앉은 것으로 인해서 그대로 술잔을 내려놓고 북쪽을 향하지 않는다는 뜻이다. '술잔을 내려놓는다'(奠之)는 것은 '수酬'의 술잔을 들어서 마시지 않는다는 뜻이다. '遂'者, 因坐而奠, 不北面也. '奠之'者, 酬不擧也.

[燕禮06 : 經-58]

주인은 당에서 내려와 물받이 항아리 북쪽의 본래 위치로 되돌아간다. 빈도 자리(筵)의 서쪽 끝으로부터 내려와 동남쪽을 향해 선다.
主人降復位. 賓降筵西, 東南面立.

정현주 빈이 당 위 서쪽 벽(西序) 안쪽에 서지 않는 것은 빈의 지위가 더욱 존귀해졌기 때문이다. 빈의 지위가 더욱 존귀해진 것은 그 예가 더욱 낮아졌기 때문이다.[7] 기記에서 말한 '한 번 팽팽하게 하고 한 번 느슨하게 한다'(一張一弛)는 것이 이러한 것이다.[8] 賓不立於序內, 位彌尊也. 位彌尊者, 其禮彌卑. 記所謂'一張一弛'者, 是之類與!

주

1_ 빈에게 술잔을 ~ 행한다 : 경문의 '媵觚于賓'은 주인이 빈에게 술을 권하여 '酬'의 예를 행한다는 뜻이다. 주인이 빈에게 행하는 '酬'는 일반적으로 빈이 주인에게 행하는 '酢'([經—37]~[經—44])의 다음에 거행되어야 한다. 그런데 이곳에서는 주인이 군주에게 '獻'의 예를 행하고([經—45]~[經—50]) 다시 주인이 스스로 '自酢'을 행한([經—51]~[經—52]) 이후에 거행되며, 더욱이 '酬'라고 하지 않고 '媵'이라고 하였다. 이에 대해 오정화는 모두 주인(재부)이 정식 주인이 아니기 때문에 그 예를 바꾼 것이라고 하였다. 양천우, 『의례역주』, 233쪽 참조.

2_ '잉'은 ~ 뜻이다 : 호승공과 호조흔은 금문본에는 '媵'이 '騰'으로 되어 있는데, '騰'에는 '揚'(위로 오르다)의 뜻이 있기 때문에 '擧'(들다)의 뜻이 된다고 하였다. 『의례정의』, 696~697쪽 참조.

3_ '작산'은 ~ 것이다 : 이 경문에서의 '散'은 군주의 술동이 즉 瓦大(질그릇 술동이)를 '膳'으로 표현하는 것에 대응하여 신하의 술동이 즉 方壺(방형 술동이)를 '散'으로 표현한 것이다. 이여규는 『예기』「소의」에서 군주의 수레 손잡이 줄을 '良綏'라고 하고 보조 손잡이 줄을 '散綏'라고 하였는데, '散'은 '副'(보조)의 뜻으로 이곳 경문의 '散'도 같은 뜻이라고 하였다. 『의례정의』, 696쪽 참조.

4_ '사양을 한다'는 ~ 뜻이다 : 군주와 신하가 술잔을 주고받을 때에, 군주는 서서 술을 마시고 신하는 앉아서 술을 마신다. 이제 주인이 군주를 대신하여 酬의 예를 행하는 것인데, 자신이 정식 주인이 아니기 때문에 스스로 겸손히 하여 서서 마시지 않고 앉아서 술을 마신다. 빈은 군주를 높이는 예로 주인을 높이고자 하여 주인이 앉아서 마시는 것을 사양하고 서서 마시기를 권하는 것이다. 『의례정의』, 697쪽 저인량의 설 참조.

5_ '수'의 예를 ~ 때문이다 : 주인이 빈에게 '獻'의 예를 행할 때에는 禮가 성대하여 빈은 주인이 술잔 씻어 준 것에 배례를 하는데, 주인이 빈에게 '酬'의 예를 행할 때에는 그 예가 간략하여 빈은 주인이 술잔 씻어 준 것에 배례를 하지 않는다는 뜻이다. 『의례정의』, 697쪽 참조.

6_ 주인은 ~ 한다 : 가공언은 다음과 같이 설명한다. "「鄕飮酒禮」와 「鄕射禮」에서는 주인이 '酬'의 禮를 행할 때 주인이 술잔에 술을 채우고 자리 앞에서 북쪽을 향해 서 있으면 빈이 비로소 서쪽 계단 위쪽에서 배례를 한다. 그런데 이곳의 [經—56]과 「大射儀」에서는 주인이 처음 군주의 술동이에서 술을 떠서 술잔을 채울 때, 빈은 이미 서쪽 계단 위쪽에서 배례를 하고 있다. 이는 「燕禮」와 「大射儀」에서는 모두 주인이 군주를 대신하여 술을 권하면서 酬의 예를 행하는데, 그 빈은 신하이므로 군주가 권하는 것을

급히 받들고 감히 편안하고 한가롭게 있을 수 없기 때문에 먼저 배례를 하는 것이다." (案「鄕飮酒」·「鄕射」, 主人酬賓, 皆主人實觶, 席前北面, 賓始西階上拜. 此及「大射」, 主人始酌膳時, 賓已西階上拜者. 以其「燕禮」·「大射」, 皆是主人代君勸酒, 其賓是臣, 急承君勸, 不敢安暇, 故先拜也) 『의례주소』, 302쪽.

7_빈이 당 위 ~ 때문이다 : 빈은 처음 주인에게 獻의 예를 받기 위해 당 위로 올라갈 때에는 西序(당 위 서쪽 벽)의 안쪽에 서 있었다. 이곳은 빈의 자리에서 멀리 떨어진 곳으로, 빈은 감히 자기의 자리에 가까이 있지 못하는 것이다. 이는 獻의 예가 존귀하여 賓의 지위가 낮아진 것이다. 이제 '酬'의 예가 끝나서 자신의 자리인 西序의 서쪽에서 있게 되었다. 이는 예가 점차 간략해져서 빈의 지위가 높아진 것이다. 『의례주소』, 302쪽, 오계공의 설 참조.

8_기에서 말한 ~ 것이다 : '記'는 『예기』「잡기」를 가리킨다. 『예기』「잡기하」에서 "활시위를 팽팽하게 하고 늦추지 않으면 文王과 武王도 어쩔 수 없다. 활시위를 느슨히 하여 풀어놓고 팽팽하게 하지 않는 것은 문왕과 무왕도 하지 않는다. 한 번은 팽팽하게 하고 한 번은 느슨히 풀어놓는 것이 문왕과 무왕의 법도이다"(張而不弛, 文·武弗能也. 弛而不張, 文·武弗爲也. 一張一弛, 文武之道也)라고 하였다.

「하대부이인잉작도下大夫二人媵爵圖」

(淸), 『흠정의례의소』

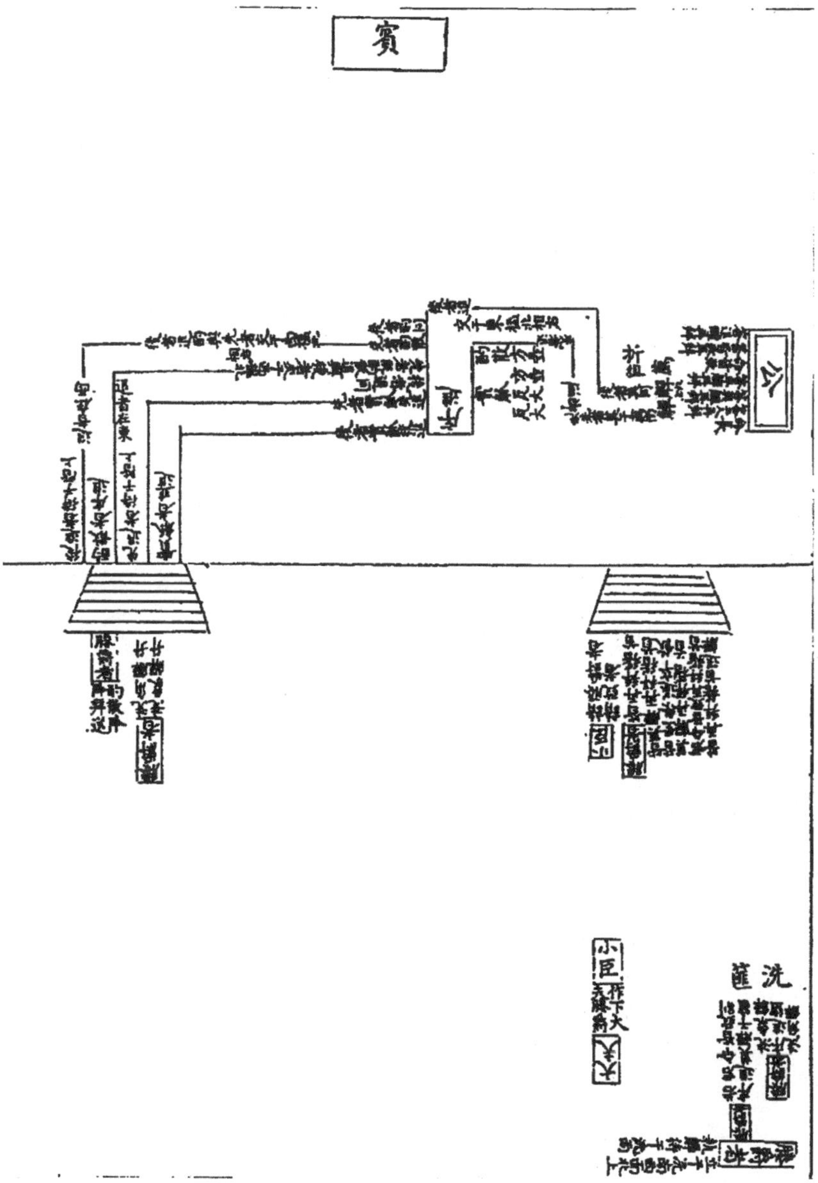

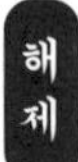

經—59에서 經—65까지는 '이인잉작우공二人媵爵于公' 즉 두 명의 하대부가 군주에게 술잔을 들어서 올리는 절차이다.

[燕禮06 : 經—59]

소신小臣은 조계 아래에서 술잔을 들어서 올리는 사람(媵爵者)을 누구로 할 것인지 군주에게 청하여 묻는다.[1] 군주는 우두머리에게 시키도록 명한다.

小臣自阼階下請媵爵者, 公命長.

정현주 '우두머리에게 시키도록 명한다'는 것은 경·대부 가운데 나이가 많고 시킬 만한 사람을 뽑게 한다는 뜻이다.[2] '命長', 使選卿·大夫之中長幼可使者.

[燕禮06 : 經—60]

소신은 군주의 명에 따라 하대부 가운데 2명을 시켜 술잔을 들어서 올리게 한다.

小臣作下大夫二人媵爵.

정현주 '작作'은 시킨다(使)는 뜻이다. 경卿은 상대부이니, 그에게 시키지 않는 것은 그가 존귀하기 때문이다. '作', 使也. 卿爲上大夫, 不使之者, 爲其尊.

[燕禮06 : 經-61]

술잔을 들어서 올리는 2명의 하대부는 조계 아래에서 모두 북쪽을 향해 머리를 바닥에 대면서 군주에게 재배를 한다. 군주는 답례로 재배를 한다.

媵爵者阼階下皆北面, 再拜稽首. 公答再拜.

정현주 '머리를 바닥에 대면서 재배를 한다'는 것은 군주의 명에 배례를 한다는 뜻이다.[3] '再拜稽首', 拜君命也.

[燕禮06 : 經-62]

술잔을 들어서 올리는 2명의 하대부는 물받이 항아리(洗)의 남쪽에서 서쪽을 향해 서는데, 북쪽을 윗자리로 삼는다.[4] 술잔을 들어서 올리는 2명의 하대부는 순서대로 물받이 항아리 앞으로 나아가 손을 씻고 술잔(角觶)[5]을 씻은 후 서쪽 계단을 통해 당 위로 올라가고, 다시 순서대로 나아가 신하의 술동이에서 술을 떠서 술잔에 따르는데, 당 위 서쪽 기둥(西楹)의 북쪽에서 서로 교차하여 만난다.[6] 술 따르는 일을 마치면 2명의 하대부는 당에서 내려와 조계 아래에서 모두 술잔을 내려놓고 머리를 바닥에 대면서 군주에게 배례를 한 후 술잔을 집고 일어난다. 군주는 답례로 재배를 한다.

媵爵者立于洗南, 西面, 北上. 序進, 盥, 洗角觶, 升自西階, 序進, 酌散, 交于楹北. 降, 阼階下皆奠觶, 再拜稽首, 執觶興. 公答再拜.

정현주 　'서序'는 차례의 뜻이니, '교대로 한다'(代)는 뜻과 같다.[7] '영북楹北'은 당 위 서쪽 기둥(西楹)의 북쪽을 가리킨다. 순서대로 나아가서 서쪽 계단 위쪽에서 서로 기다리다 술을 떠서 따른 후에 오른쪽으로 돌아서 되돌아오는데, 오고 갈 때에는 오른쪽을 윗자리로 삼는다.[8] '序', 次第也, 猶代也. '楹北', 西楹之北也. 交而相待於西階上, 旣酌, 右還而反, 往來以右爲上.

[燕禮06 : 經-63]

술잔을 들어서 올리는 2명의 하대부는 모두 앉아서 술로 고수레를 하고, 이어서 앉은 채로 술잔의 술을 다 마신 후 일어나고, 다시 앉아서 술잔(角觶)을 내려놓고 머리를 바닥에 대면서 군주에게 재배를 한 후 술잔을 잡고 일어난다.[9] 군주는 답례로 재배를 한다. 술잔을 들어서 올리는 2명의 하대부는 술잔을 집어 들고 물받이 항아리의 남쪽에서 군주의 명을 기다린다.

媵爵者皆坐祭, 遂卒觶, 興, 坐奠觶, 再拜稽首, 執觶興. 公答再拜. 媵爵者執觶待于洗南.

정현주 　군주의 명을 기다리는 것이다. 待君命也.

[燕禮06 : 經-64]

소신小臣은 2명의 하대부 가운데 군주에게 술잔을 바치는 사람[10]을 누구로 할 것인지 청하여 묻는다.[11]

小臣請致者.

정현주 한 사람에게 시킬 것인지 두 사람에게 시킬 것인지 청하여 묻는 것이다. 군주의 뜻을 우대하는 것이다. 請使一人與? 二人與? 優君也.

[燕禮06 : 經-65]

만약 군주가 2명 모두에게 술잔을 바치게 하라고 명을 내리면, 2명은 순서대로 신하의 대광주리(篚) 앞으로 나아가서 들고 있던 신하의 술잔(角觶)을 그 안에 넣어 두고, 조계 아래에서 모두 머리를 바닥에 대면서 군주에게 재배를 한다. 군주는 답례로 재배를 한다. 술잔을 바치는 2명의 하대부는 군주의 대광주리(膳篚)에서 군주의 술잔(象觶)을 꺼내어 씻은 후 당 위로 올라가 군주의 술동이에서 술을 떠서 술잔에 채우고, 이어서 순서대로 군주의 자리 앞으로 나아가 앉아서 말린 고기와 고기젓갈의 남쪽에 술잔을 내려놓는데, 북쪽을 윗자리로 하여 놓는다.[12] 술잔을 바치는 2명의 하대부는 군주에게 술잔을 바친 후에 당에서 내려와 조계 아래에서 모두 머리를 바닥에 대면서 군주에게 재배를 한다. 군주는 답례로 재배를 한다.
若君命皆致, 則序進, 奠觶于篚, 阼階下皆再拜稽首. 公答再拜. 媵爵者洗象觶, 升實之, 序進, 坐奠于薦南, 北上. 降, 阼階下皆再拜稽首送觶. 公答再拜.

정현주 '순서대로 나아간다'(序進)는 것은 오고 갈 때에 술동이의 북쪽을 경유하고, 당 위 동쪽 기둥(東楹)의 북쪽에서 교차하여 만나는 것을 말한다.[13] '말린 고기와 고기젓갈의 남쪽에 술잔을 내려놓는다'(奠于薦南)는 것은 감히 군주가 술잔 들기를 기필하지 않는 것이다. 「대사의」에 "술잔을 바치는 2명의 하대부는 모두 물러나 제자리로 되돌아간다"[14]고 하였다. '序進', 往來由尊北, 交于東楹之北. '奠于薦南', 不敢必君擧也. 「大射禮」曰, "媵爵者皆退反位."

주

1_ 술잔을 들어서 ~ 묻는다 : '술잔을 들어서 올린다'(媵爵)는 것은 燕禮에서 '獻'과 '酬'의 예가 끝난 후 旅酬의 예를 행하기 전의 일종의 의식절차를 말한다. 이여규는 "媵爵은 '獻'·'酬'의 예가 끝나면, 다시 군주에게 술잔을 들어서 올려 旅酬의 시작으로 삼는 것"(媵爵者, 獻·酬禮成, 更擧酒於公, 以爲旅酬之始)이라고 하였다. 『삼례사전』, 906쪽 참조.

2_ 경·대부 가운데 ~ 뜻이다 : '長'에 대해서는 ① '연장자'(장이기의 설), ② '하대부의 우두머리'(오계공의 설), ③ '長官의 우두머리'(성세좌의 설) 등 다양한 해석이 있다. 또 정현 주의 '卿大夫之中'에 대해서 저인량은 '卿'은 衍字라고 하였고, 『흠정의례의소』 권11에서도 賓은 대부인데 卿에게 술잔을 들어서 올리게 할 리가 없으므로, 정현 주에서 '卿'을 함께 말한 것은 '長幼'라는 글자와 병행하여 입설한 것으로 대체로 잘못되었다고 비판하였다.(賓以大夫, 則媵爵自無使卿之理. … 注兼卿言且并幼以立說, 葢誤) 『의례정의』, 699쪽 참조.

3_ 군주의 명에 배례를 한다는 뜻이다 : 주인이나 술잔을 들어서 올리는 사람(媵爵者)들은 모두 군주를 대신하여 예를 행한다는 점에서는 동일하다. 그러나 주인의 경우 평소 직무가 정해져 있기 때문에 일을 수행할 때 별도로 명을 내리지 않는다. 술잔을 들어서 올리는 사람(媵爵者)들은 신분이 下大夫로서 반드시 군주의 명을 받아서 일을 수행한다. 그 때문에 군주가 명을 내릴 때마다 배례를 한다. 『의례정의』, 700쪽 참조.

4_ 북쪽을 윗자리로 삼는다 : 2명의 하대부 가운데 연장자가 북쪽에 있고 연소자가 남쪽에 있다는 뜻이다. 물받이 항아리의 남쪽에서 서쪽을 향하고 있으므로, 북쪽은 오른쪽이 되고 남쪽은 왼쪽이 된다.

5_ 술잔 : '角觶'는 뿔로 장식한 신하의 술잔을 말한다. '觶'는 3升 용량의 술잔으로, 나무로 만드는데, 청동으로 만들기도 한다. 입구의 직경은 5촌, 가운데의 깊이는 4촌, 바닥의 직경은 3촌이다. 공영달에 의하면, '觶'는 '適'의 뜻으로 술은 적당히 마셔야 한다는 의미이다. 『신정삼례도』, 372쪽 참조.

6_ 당 위 서쪽 기둥의 ~ 만난다 : 경문의 '交于楹北'에 대해 오계공은 "'交'는 '서로 상대방을 오른쪽에 둔다'는 뜻으로, 계단 위쪽의 위치에서 물러나는 사람은 동쪽에 있고 나아가는 사람은 서쪽에 있는 것을 가리킨다"(『儀禮集說』 권6, "交于楹北, '交', 相右也. 凡經文惟言'交'者, 皆謂相右也. 階上之位, 退者在東, 進者在西, 以相右爲便")라고 하였고, 오정화도 "연장자가 먼저 나아가서 술을 따르면 그 연소자는 계단 위쪽에서 기다리고, 연장자가 먼저 술을 따른 후에 연소자가 곧바로 나아가는데, 오고갈 때 서로 교차하여 각각 상대방의 왼쪽에 있는 것을 말한다"(『儀禮章句』 권6, "長者先進酌, 其

次待于階上, 先者旣酌, 後者卽進, 往來相交, 各在其左也")라고 하였다.

7_'서'는 ~ 같다 : 『예기』「제의」의 정현 주에 "'序'는 차례대로 따른다는 뜻이다"('序', 以次第從也)라고 하였고, 『예기』「교특생」의 정현 주에는 "'序'는 교대로 한다는 뜻과 같다"('序'猶代也)라고 하였으며, [공사대부례09 : 經—40]의 정현 주에는 "'序'는 번갈아서 한다는 뜻과 같다"('序'猶更也)라고 하였다. '更'과 '代'는 같은 뜻이니, '更代'와 '次第'는 서로 뜻을 이루어 주기 때문에 겸하여 말한 것이다. 『의례정의』, 700쪽 참조.

8_'영북'은 당 위 ~ 삼는다 : 이에 대해 가공언은 다음과 같이 설명한다. 두 사람의 대부가 손과 술잔 씻는 일을 마치면, 연장자가 먼저 서쪽 계단을 통해 당 위로 올라가고, 당 위 서쪽 기둥(西楹)의 서쪽을 경유하여 동쪽 기둥(東楹)의 서쪽으로 나아가서 동쪽을 향하여 술동이의 술을 떠서 술잔에 따른다. 술 따르는 일을 마친 후에 오른쪽으로 돌아서 서쪽 기둥(西楹)의 북쪽을 경유하여 서쪽 계단 위쪽으로 나아가 북쪽을 향해 선다. 연소자는 연장자의 뒤를 이어 서쪽 계단을 통해 당 위로 올라가고, 마찬가지로 당 위 서쪽 기둥(西楹)의 북쪽을 경유하여 동쪽 기둥의 서쪽으로 나아가서 술동이의 술을 떠서 술잔에 따른다. 술 따르는 일을 마치면 마찬가지로 서쪽 기둥(西楹)의 북쪽을 경유하여 서쪽 계단 위쪽으로 나아가서 북쪽을 향해 선다. 연장자와 연소자는 서쪽 계단 위쪽에서 서로 기다리다가 이어서 차례대로 당에서 내려온다. 이 때문에 정현 주에서 "순서대로 나아가는데 서쪽 계단 위쪽에서 서로 기다린다"(交而相待於西階之上)라고 말한 것이다. 또 정현 주의 '오른쪽을 윗자리로 삼는다'(以右爲上)라는 말에 대해서는 물받이 항아리의 남쪽에서 서쪽을 향할 때 및 서쪽 계단 위쪽에서 북쪽을 향하고 있을 때에 연장자가 연소자의 오른쪽에 있는 것을 가리키는데, 땅의 이치는 오른쪽을 높이기 때문이라고 하였다. 『의례주소』, 303쪽 및 앞의 『흠정의례의소』「下大夫二人媵爵圖」 참조.

9_술잔을 들어서 ~ 일어난다 : 채덕진에 따르면, 이상의 '二人媵爵于公'의 의절은 2명의 下大夫가 군주에게 술잔을 들어서 올린 후 각자 한 잔씩의 술을 마심으로써 음주의 예를 인도하는 것이라고 하였다.(下大夫二人媵爵于公, 各飮一觶以導飮也) 『의례정의』, 702쪽 참조.

10_군주에게 술잔을 바치는 사람 : 경문의 '致者'는 군주에게 술잔을 바치는 사람을 말한다. 오계공은 '致'는 '致爵'이라고 할 때의 '致'(바치다)의 뜻이며, 술은 군주의 물건인데 그것을 군주에게 올리는 것이기 때문에 '致'라고 한 것이라고 하였다.('致'如'致爵'之致. 酒, 君物也, 以進於君, 故謂之致) 『의례정의』, 702~703쪽 참조.

11_소신은 ~ 묻는다 : 군주에게 술잔을 바치는 것은 본래 媵爵者 즉 술잔을 들어서

올리는 사람들의 일인데, 그 가운데 한 명에게 술잔을 바치게 할 것인지, 두 명에게 바치게 할 것인지 정해지지 않았기 때문에 小臣이 군주에게 청하여 묻는 것이다. 『의례정의』, 702~703쪽 참조.

12_ 이어서 ~ 놓는다 : 군주의 자리는 머리 부분이 서쪽을 향하여 펼쳐져 있으므로([經—08]), 오른쪽이 북쪽이 된다. 따라서 2명의 하대부 가운데 연장자가 바친 술잔을 북쪽에 놓고 연소자가 바친 술잔을 남쪽에 놓는다. 군주의 자리 앞에 술잔을 내려놓는 것은 이것으로 '旅酬'의 발단을 삼는 것인데, 이후 군주는 이 술잔의 술을 賓에게 따라 주어 '酬'의 예를 행하고, 다시 賓 이하 순서에 따라 술잔을 서로 권하여 '旅酬'의 예를 행한다.

13_ '순서대로 나아간다'는 ~ 말한다 : 앞에서 2명의 하대부가 술잔을 들어서 올릴 때에는 서쪽 계단을 통해 당 위로 오르기 때문에 당 위 서쪽 기둥(西楹)의 북쪽에서 교차하여 만났는데, 이곳은 술을 따라 군주가 있는 곳에 술잔을 내려놓는 것이기 때문에 당 위 동쪽 기둥(東楹)의 북쪽에서 교차하여 만나는 것이다. 앞의 『흠정의례의소』「下大夫二人媵爵圖」 참조.

14_ 술잔을 바치는 ~ 되돌아간다 : [대사의07 : 經—74] 참조. 정현이 「대사의」의 문장을 인용한 것은 2명의 하대부는 조계 아래에서 배례를 한 후에 또한 침문 오른쪽에서 북쪽을 향하는 위치로 되돌아간다는 뜻을 보이기 위한 것이다. 『의례정의』, 704쪽, 장이기의 설 참조.

「공위빈거여도公爲賓擧旅圖」

(淸), 『흠정의례의소』

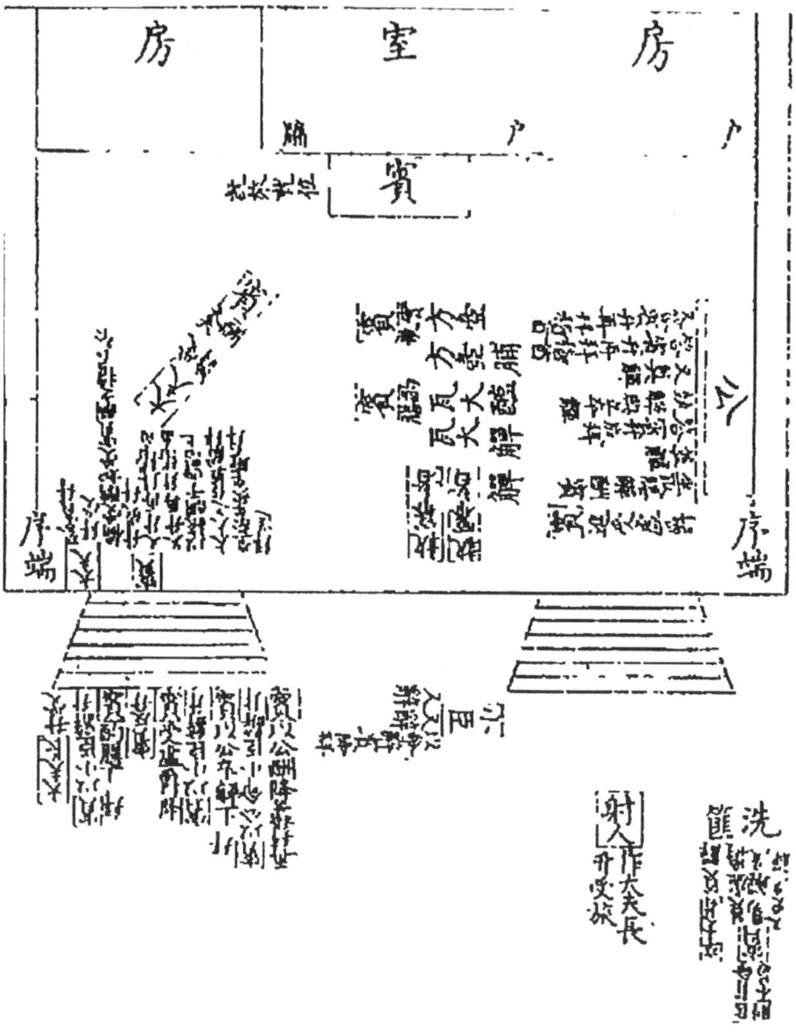

거려擧旅

장혜언(淸), 『의례도』

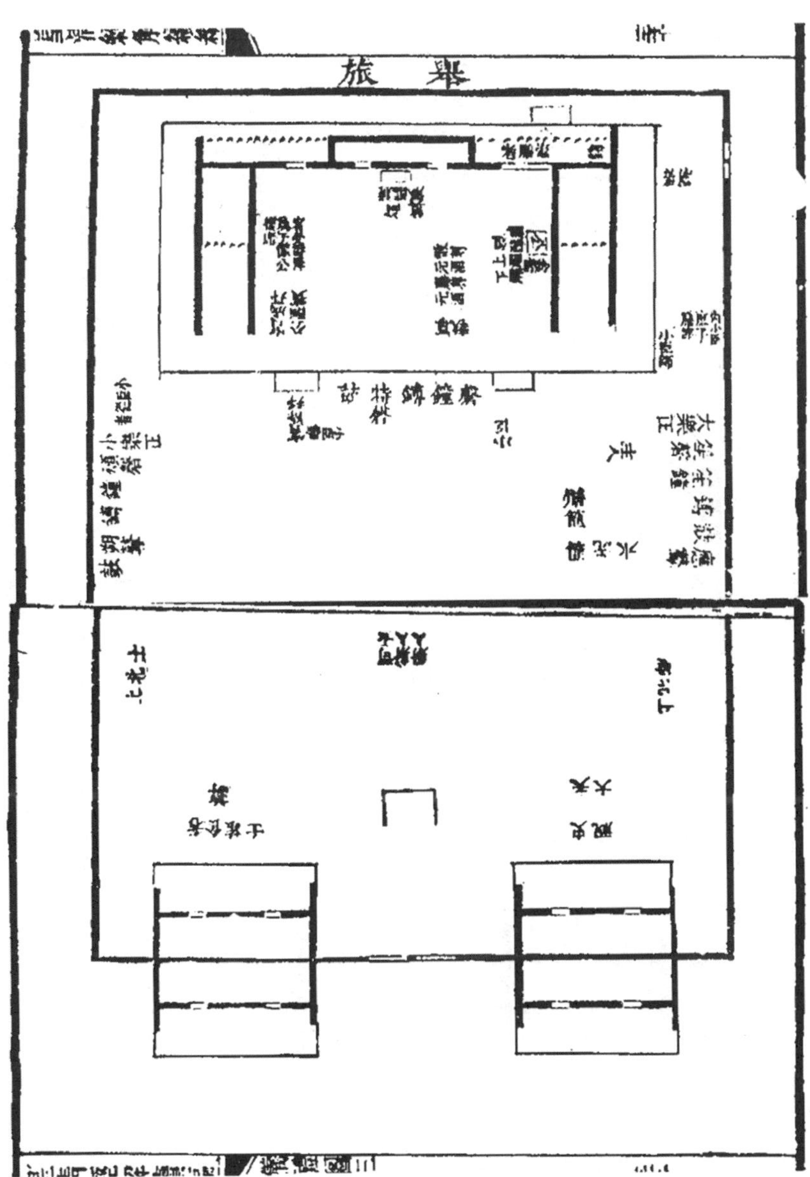

행수行酬

장혜언(淸), 『의례도』

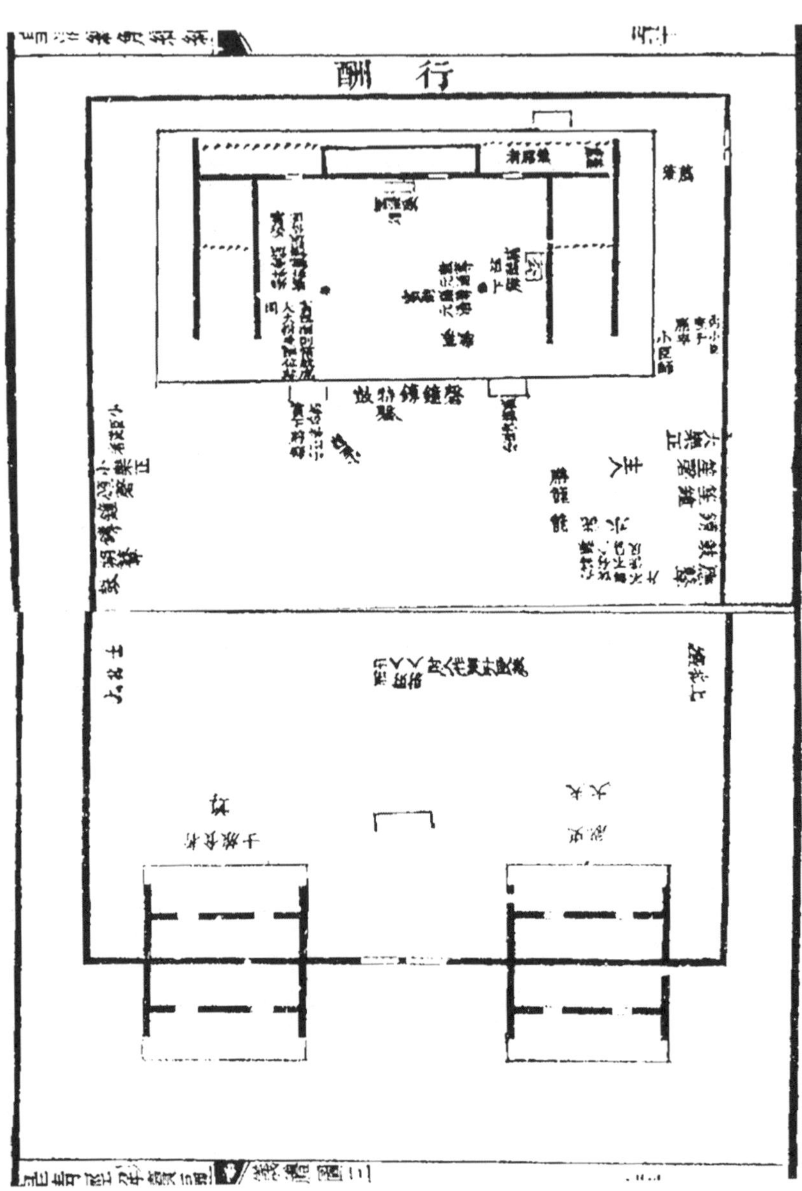

經-66에서 經-76까지는 군주가 2명의 하대부가 바친 술잔을 받아 빈에게 '수酬'를 행하고, 이어서 '여수旅酬'를 행하는 절차이다. 이는 군주가 거행하는 첫 번째 '여수'의 예이다.

[燕禮06 : 經-66]

군주는 앉아서 하대부가 바친 술잔(象觶)을 잡은 후 일어나 서쪽 계단 위쪽으로 가서 빈에게 술을 권하여 '수酬'의 예를 행한다.[1] 빈은 당에서 내려와 서쪽 계단 아래에서 머리를 바닥에 대면서 군주에게 재배를 한다. 군주는 소신小臣에게 명하여 빈이 계단 아래에서 재배하는 것을 사양하도록 한다. 빈은 서쪽 계단 위쪽으로 올라가 배례를 완성한다.

公坐, 取大夫所媵觶, 興以酬賓. 賓降, 西階下再拜稽首. 公命小臣辭. 賓升成拜.

정현주 '일어나 빈에게 술을 권하여 수의 예를 행한다'(興以酬賓)는 것은 빈이 있는 서쪽 계단으로 나아가서 빈에게 '수酬'의 예를 행한다는 뜻이다. '계단 위쪽으로 올라가 배례를 완성한다'(升成拜)는 것은 다시 머리를 바닥에 대면서 재배를 한다는 뜻이다. 앞서 군주가 사양을 하였기 때문에 예에 있어서 아직 완성하지 못한 듯하기 때문이다. '興以酬賓', 就其階而酬之也. '升成拜', 復再拜稽首也. 先時君辭之, 於禮若未成然.

[燕禮06 : 經-67]

군주는 앉아서 술잔을 내려놓고 답례로 빈에게 재배를 하고, 다시 술잔을 집고 일어나 선 채로 술잔의 술을 다 마신다. 빈은 계단 아래로 내려가 군주에게 배례를 하고자 한다. 소신小臣은 군주의 명으로 빈이 계단 아래에서 배례하는 것을 사양한다. 빈은 계단 위쪽으로 올라가 머리를 바닥에 대면서 군주에게 배례를 한다.

公坐奠觶, 答再拜, 執觶興, 立卒觶. 賓下拜. 小臣辭. 賓升, 再拜稽首.

정현주 '배례를 완성한다'(成拜)라고 말하지 않은 것은 배례를 하기 위해 계단 아래로 내려갔지만 실은 아직 배례를 하지 않았기 때문이다. 계단 아래로 내려가 곧바로 배례를 하지 않는 것은 예가 강쇄되었기 때문이다. 이곳에서 빈은 군주의 왼쪽에서 배례를 하는데, 그것을 말하지 않은 것은 감히 군주와 대등하게 짝하지 못하기 때문이다. 不言'成拜'者, 爲拜故下, 實未拜也. 下不輒拜, 禮殺也. 此賓拜于君之左, 不言之者, 不敢敵偶于君.

[燕禮06 : 經-68]

군주는 앉아서 술잔을 내려놓고 답례로 빈에게 재배를 하고, 다시 술잔을 집고 일어난다. 빈은 군주의 자리 앞으로 나아가 군주의 빈 술잔을 건네받고 당 아래로 내려와 군주의 대광주리 안에 넣어 둔 후 상치象觶에서 각치角觶로 술잔을 바꾸어서(易觶)[2] 씻는다.

公坐奠觶, 答再拜, 執觶興. 賓進受虛爵, 降奠于篚, 易觶洗.

정현주 군주는 존귀하여 술을 떠서 따르지 않기 때문이다.[3] 무릇 술잔은 서로 이어서 사용하지 않는 것이다. 존귀한 사람에 대해서는 '경更'이라고 말하고, 대등한 사람 이하에 대해서는 '역易'이라고 말한다.[4] '경更'은 새롭게 한다는 뜻이고, '역易'은 까닭이 있다는 말이다. 나아가서 빈 술잔을 받는 것은 군주를 높이는 것이다. '군주가 서쪽 계단 위쪽에서 빈에게 술을 권하여 수酬의 예를 행한다'(公酬賓於西階上) 및 '군주는 본래 위치로 돌아간다'(公反位)는 말을 하지 않는 것은 또한 군주를 높이는 것으로서 그 문장을 비워두는 것이다. 君尊, 不酌故也. 凡爵, 不相襲者也. 於尊者言'更', 自敵以下言'易'. '更', 作新, '易', 有故之辭. 進受虛爵, 尊君也. 不言'公酬賓於西階上'及'公反位'者, 亦尊君, 空其文也.

[燕禮06 : 經-69]

군주가 술잔을 바꾸지 말고 그대로 사용하라고 명을 내리면, 빈은 술잔을 바꾸지 않고 술잔을 씻지 않으며, 몸을 돌이켜 당 위로 올라가서 군주의 술잔(象觶)에 술을 따라 채운 후 당에서 내려와 군주에게 배례를 하고자 한다. 소신小臣은 군주의 명으로 빈이 당 아래에서 배례하는 것을 사양한다. 빈은 당 위로 올라가 머리를 바닥에 대면서 군주에게 배례를 한다.

公有命, 則不易不洗, 反升酌膳觶, 下拜. 小臣辭. 賓升, 再拜稽首.

정현주 '당에서 내려와 배례를 하고자 한다'(下拜)고 한 것은 당에서 내려왔지만 또한 아직 배례를 하지 않았음을 뜻한다. 무릇 당에서 내려왔지만 배례를 하지 않는 경우는 두 가지인데, 혹은 예가 강쇄되었기 때문이며 혹은 군주가 직접 사양하기 때문이다. 군주가 직접 사양을 하면 명을 들은 후 즉시 당 위로 올라간다. 당 위로 올라간 후에 비로소 배례를 하는 경우 또한 '배례를 완성한다'(成拜)라고 말하지 않는다. '下拜', 下亦未拜. 凡下未拜有二, 或禮殺, 或君親辭. 君親辭, 則聞命卽升. 升乃拜, 是亦不言'成拜'.

[燕禮06 : 經-70]

군주는 답례로 빈에게 재배를 한다.

公答再拜.

정현주 조계 위쪽에서 배례를 하는 것이다. 이에 빈은 시신侍臣들에게 여수旅酬의 예를 행하고자 한다고 청한다.[5] 拜於阼階上也. 於是賓請旅侍臣.

[燕禮06 : 經-71]

빈은 군주가 하사한 술잔으로 서쪽 계단 위쪽에서 여수旅酬의 예를 행하고자 한다.[6]

賓以旅酬於西階上.

정현주 '여旅'는 순서(序)의 뜻이니, 순서에 따라 경과 대부들에게 술을 권하여 마시게 하는 것이다. '旅', 序也, 以次序勸卿·大夫飮酒.

[燕禮06 : 經-72]

사인射人은 대부의 우두머리(卿)[7]에게 당 위로 올라가 여수旅酬의 술잔을 받도록 명한다.

射人作大夫長升受旅.

정현주 '대부에게 명한다'(作大夫)고 말하였으므로 경卿도 포함된다.[8] '우두머리'(長)라고 한 것은 신분이 높은 사람이 먼저 술잔을 받고, 신분이 낮은 사람이 나중에 받는다는 뜻이다. 言'作大夫', 則卿存矣. '長'者, 尊先而卑後.

[燕禮06 : 經-73]

빈은 대부의 오른쪽에 앉아서 술잔을 내려놓고 배례를 한 후 다시 술잔을 집고 일어난다. 대부는 빈에게 답배를 한다.

賓大夫之右坐奠觶, 拜, 執觶興. 大夫答拜.

정현주 빈이 대부의 오른쪽에 있는 것은 서로 술을 마시는 위치이기 때문이다.[9] 賓在右者, 相飮之位.

[燕禮06 : 經-74]

빈은 앉아서 술로 고수레를 하고 서서 술을 마시는데, 술잔의 술을 다 마시지만 배례는 하지 않는다.

賓坐祭, 立飮, 卒觶, 不拜.

정현주　　배례를 하지 않는 것은 수酬의 예를 행하여 예가 강쇄되었기 때문이다.[10] 酬而禮殺.

[燕禮06 : 經－75]

만약 빈이 사용한 술잔이 군주의 술잔(象觶)이었다면, 당에서 내려와 신하의 술잔으로 바꾸어서(更觶) 씻고,[11] 다시 당 위로 올라가 신하의 술동이(散)에서 술을 떠서 술잔에 채운 후 대부의 우두머리(卿)에게 건네준다. 대부의 우두머리는 배례를 한 후에 술잔(角觶)을 받고, 빈은 술잔을 건네준 후에 배례를 한다.

若膳觶也, 則降更觶洗, 升實散. 大夫拜受, 賓拜送.

정현주　　'경치更觶'(신하의 술잔으로 바꾼다)라고 말한 것은 경이 존귀하기 때문이다.[12] 言'更觶', 卿尊也.

[燕禮06 : 經－76]

대부들은 두루 여수旅酬의 술잔을 받는데,[13] 대부의 우두머리가 빈이 권하는 여수의 술잔을 받을 때와 동일한 절차로 하지만,[14] 술로 고수레를 하지는 않는다. 마지막으로 술잔을 받은 대부는 비운 술잔을 들고서 당에서 내려와 신하의 대광주리(篚) 안에 넣어 둔다.
大夫辯受酬, 如受賓酬之禮, 不祭. 卒受者以虛觶降, 奠于篚.

정현주 '졸卒'은 후後의 뜻과 같다. 「대사의」에 "대광주리 안에 술잔을 넣어 두고 본래 위치로 되돌아간다"[15]고 하였다. 금문본에는 '辯'이 모두 '遍'으로 되어 있다. '卒'猶'後'也. 「大射禮」曰, "奠于篚, 復位." 今文'辯'皆作'遍'.

주

1_ 군주는 ~ 행한다 : 이 이하는 군주가 첫 번째 여수의 예를 거행하는 절차이다. 군주가 여수의 예를 거행하는 절차는, 먼저 군주가 서쪽 계단 위쪽으로 가서 賓에게 술을 권하여 '酬'의 예를 행하고, 다시 賓 이하가 순서에 따라 서로 술을 권하면서 마신다.

2_ 상치에서 각치로 술잔을 바꾸어서 : 군주의 술잔인 '象觶'에서 신하의 술잔인 '角觶'로 바꾸는 것이다.

3_ 군주는 ~ 때문이다 : 일반적으로 주인이 빈에게 술을 권하여 '酬'의 禮를 행할 때에는 주인이 직접 술을 떠서 빈에게 따라 주는데, 군주는 존귀하기 때문에 빈이 스스로 술동이에서 술을 떠서 술잔에 따른다는 뜻이다.

4_ 존귀한 ~ 말한다 : 존귀한 사람의 술잔을 받거나 존귀한 사람에게 술잔을 건네줄 때 술잔을 바꾸게 되면 모두 '更'이라 표현하고, 신분이 낮은 사람의 술잔을 받거나 신분이 낮은 사람에게 술잔을 건네줄 때 술잔을 바꾸게 되면 '易'으로 표현한다. 이 경문은 군주가 빈에게 술잔을 권하여 酬의 예를 행하는 것이므로 신분이 낮은 사람에게 술잔을 주는 것이다. 이 때문에 '술잔 바꾸는 것'을 '易'이라 표현한 것이다. 『의례주소』, 305쪽 가공언의 소 참조.

5_ 이에 빈은 ~ 청한다 : 신하들에게 술잔을 돌리고자 한다고 군주에게 청하는 것이다.

6_ 빈은 ~ 행하고자 한다 : 가공언에 의하면, 이 경문은 旅酬의 예를 행할 때 신분이 높은 사람에게 먼저 술을 권하고 신분이 낮은 사람에게 나중에 권하는 법을 논한 것일 뿐 아직은 旅酬의 예를 행하는 단계가 아니다. 아래 [經—72]에서 비로소 旅酬의 예가 시작된다. 『의례주소』, 307쪽, 가공언의 소 참조.

7_ 대부의 우두머리 : 오계공은 대부의 우두머리는 上卿 및 諸公을 가리킨다고 하면서, 이 경문은 단지 빈의 술잔을 받는 것에 의거하여 말한 것이므로 만약 諸公이 있다면 그에게 먼저 술잔을 권한다고 하였다.(大夫長謂上卿若諸公也. 此惟據受賓酬者而言, 若有諸公, 則先酬之) 그러나 위협몽은 이곳에서 말한 대부는 3등급의 대부 곧 상대부(경), 중대부, 하대부를 가리킬 뿐으로, 諸公은 포함되지 않는다고 하였다. 『의례정의』, 708쪽 참조.

8_ '대부에게 명한다'고 ~ 포함된다 : 이여규는 『예기』「왕제」에 "제후의 경우는 상대부인 경·하대부·상사·중사·하사로 모두 5등급이다"(諸侯之上大夫卿·下大夫·上士·中士·下士, 凡五等)라고 한 것에 의거하여 통칭하면 '卿'도 '大夫'에 포함된다고 하였다. 방포도 이곳의 대부 가운데에는 公·卿을 포함하는 것이 분명하다고 하였다.

(下經分獻公·卿及大夫, 則此大夫包公·卿明矣) 『의례정의』, 708쪽 참조.

9_ 빈이 ~ 때문이다 : 가공언은 다음과 같이 설명한다. '빈이 오른쪽에 있다'는 것은 빈이 서쪽 계단 위쪽에서 卿(대부의 우두머리)에게 술을 권한다는 뜻으로, 빈은 경과 나란히 북쪽을 향해 있다. 빈은 동쪽(오른쪽)에 있고 경은 서쪽(왼쪽)에 있으니, 빈은 대부의 오른쪽에 있는 것이다. 빈의 위치는 보통 서쪽에 있는데, 이제 동쪽에 있게 되었다. 그러므로 "빈이 오른쪽에 있는 것은 서로 술을 마시는 위치이기 때문이다"라고 말한 것이다.(言'賓在右'者, 賓在西階上酬卿, 賓與卿並北面. 賓在東, 卿在西, 是賓在大夫之右. 賓位合在西, 今在東. 故云'賓在右者, 相飮之位'也) 『의례주소』, 307쪽.

10_ 수의 예를 ~ 때문이다 : '酢'의 예를 행할 때에는 앉아서 술을 마시고 술잔의 술을 다 마신 후에 배례를 하는 데 반해서, 이 '旅酬'의 예에서는 서서 술을 마시고 술잔의 술을 다 마시지만 배례를 하지 않기 때문에 '예가 강쇄되었다'고 한 것이다. 『의례주소』, 307쪽, 가공언의 소 참조.

11_ 만약 빈이 ~ 씻고 : 장이기는 군주의 술잔인 '象觶'는 본래 신하들이 이어받아서 사용할 수 없는데, 군주의 명이 있으면 한 번은 사용할 수 있지만, 그 밖의 사람들에게 술을 따를 때에는 반드시 술잔을 바꾸어야 한다고 하였다.(膳觶, 本非臣所可襲, 以君命故得一用. 至於他人, 則必更矣) 앞의 [經—69]에서 "군주가 술잔을 바꾸지 말고 그대로 사용하라고 명을 내리면, 빈은 술잔을 바꾸지 않고 술잔을 씻지 않는다"(公有命, 則不易, 不洗)라고 하였는데, 이는 빈이 들고서 스스로 마시는 술잔으로, 군주의 술잔인 象觶를 사용하는 것이다. 이제 빈이 다른 대부들에게 술을 따라서 권하고자 하는 것이므로 군주의 술잔인 象觶를 다시 사용할 수 없기 때문에 신하의 술잔인 角觶로 바꾸어야 한다. 『의례정의』, 708~709쪽 참조.

12_ '경치'라고 ~ 때문이다 : 호배휘는 앞의 경문 [經—68]에서 술잔 바꾸는 것을 '易'이라고 표현하였는데 이 경문에서 '更'이라고 한 것은, 卿이 大夫보다 신분이 존귀하기 때문이라고 하였다. 즉 신분이 낮은 사람에게 술잔을 바꾸어 줄 때는 '易'이라고 칭하고 신분이 존귀한 사람에게 술잔을 바꾸어 줄 때에는 '更'이라고 칭하는데, 卿(대부의 우두머리)은 大夫로서의 賓보다 신분이 존귀하기 때문에 '更'이라고 한 것이다. 『의례정의』, 708쪽 참조.

13_ 대부들은 ~ 받는데 : 賓이 卿에게 酬의 술잔을 권한 이후, 卿은 다시 次卿에게 술잔을 권하고, 次卿은 다시 大夫들에게 두루 술잔을 권한다. 이것이 곧 '旅酬'이다. '旅'는 '순서'(序)의 뜻으로, '旅酬'는 이처럼 순서에 따라 서로 술을 권하는 것을 말한다.

14_ 대부의 우두머리가 ~ 하지만 : 오계공은 [經―72]의 "射人은 대부의 우두머리(卿)에게 당 위로 올라가 旅酬의 술잔을 받도록 명한다"(射人作大夫長升受旅) 이하의 절차대로 한다는 뜻이라고 하였고, 방포는 公卿이 賓이 권하는 旅酬의 술잔을 받을 때와 동일한 절차로 하는 것이라고 하였다. 『의례정의』, 709쪽 참조.

15_ 대광주리 안에 ~ 되돌아간다 : [대사의07 : 經―84] 참조. 정현이 「대사의」의 문장을 인용한 것은 술잔을 신하의 대광주리 안에 넣어 둔 후에 침문의 오른쪽에서 북쪽을 향하는 위치로 돌아간다는 뜻을 밝히기 위한 것이다. 『의례정의』, 709쪽, 장이기의 설 참조.

「주인헌고경도主人獻孤卿圖」
(淸), 『흠정의례의소』

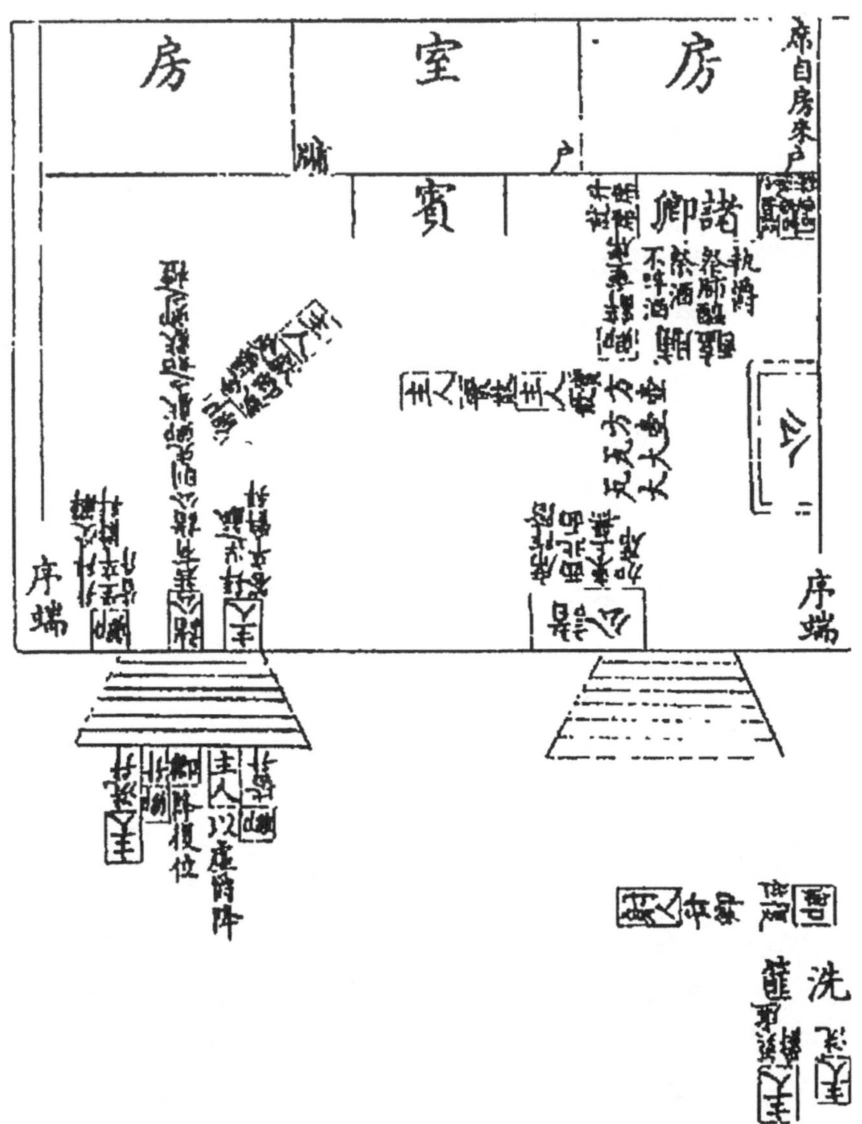

經-77에서 經-83까지는 주인이 경이나 대국의 고孤에게 '헌獻'의 예를 행하는 절차이다.

[燕禮06 : 經-77]

주인은 술잔(角觶)을 씻은 후 당 위로 올라가 신하의 술동이(散)에서 술을 떠서 술잔에 채운 후[1] 서쪽 계단 위쪽으로 가서 경卿에게 술을 올려 '헌獻'의 예를 행한다.

主人洗, 升, 實散, 獻卿于西階上.

정현주 여수旅酬의 예가 끝난 후에 주인이 경에게 술을 올려 '헌'의 예를 행하는 것은 신분의 존비를 구별하기 위함으로, 음주의 예는 여수에서 완성되기 때문이다.[2] 酬而後獻卿, 別尊卑也, 飮酒成於酬也.

[燕禮06 : 經-78]

사궁司宮은 두 겹의 자리(重席)를 함께 말아 들고서[3] 빈의 자리 왼쪽(동쪽)에 경들의 자리를 펼쳐 놓는데, 동쪽을 윗자리로 삼아 놓는다.[4]

司宮兼卷重席, 設于賓左, 東上.

정현주 '함께 만다'(兼卷)고 말하였으므로 경들마다 자리를 달리하는 것이다.[5] '중석重席'은 검은 베로 가선 장식을 한 두 겹의 부들자리이다. 경들의 자리를 펼쳐 놓을 때 동쪽을 윗자리로 삼아 놓는 것은 군주에게 통섭되도록 하기 위함이다. 자리는 방에서 가져온다. 言'兼卷', 則每卿異席也. '重席', 重蒲筵緇布純也. 卿坐東上, 統於君也. 席自房來.

[燕禮06 : 經-79]

경은 서쪽 계단 위쪽으로 올라가 주인에게 배례를 한 후에 술잔(角觶)을 받고, 주인은 술잔을 건네준 후에 배례를 한다. 경은 두 겹의 자리를 사양하고, 사궁은 위에 포개어 놓은 자리를 치운다.[6]
卿升, 拜受觚, 主人拜送觚. 卿辭重席, 司宮徹之.

정현주 '철徹'은 치운다(去)는 뜻과 같다. 두 겹의 자리(重席)는 비록 덧까는 자리(加席)는 아니지만 오히려 그것이 겹으로 포개져 있기 때문에 치우게 하는 것이니, 군주와 동일하게 한다는 혐의를 피하기 위한 것이다.[7] '徹'猶去也. 重席雖非加, 猶爲其重累去之, 辟君也.

[燕禮06 : 經-80]

이때에 소선재小膳宰는 경의 자리 앞에 말린 고기와 고기젓갈을 올린다. 경은 자리 위로 올라가, 앉아서 왼손으로 술잔을 잡고 오른손으로 말린 고기와 고기젓갈을 집어 들어 고수레를 한다. 이어서 술로 고수레를 하는데 술을 맛보지는 않으며, 자리에서 내려와 서쪽 계단 위쪽으로 가서 북쪽을 향해 앉아 술잔의 술을 다 마신다. 술을 다 마신 후에 일어나고, 다시 앉아서 술잔을 내려놓고 주인에게 배례를 한 후 술잔을 잡고 일어난다. 주인은 답배를 한 후에 경의 빈 술잔을 건네받는다. 경은 당에서 내려와 조계 아래의 본래 위치로 되돌아간다.[8]

乃薦脯醢. 卿升席坐, 左執爵, 右祭脯醢. 遂祭酒, 不啐酒, 降席, 西階上北面坐卒爵. 興, 坐奠爵, 拜, 執爵興. 主人答拜, 受爵. 卿降復位.

정현주 경이 주인에게 '작酢'의 예를 행하지 않는 것은 군주와 동일하게 한다는 혐의를 피하기 위한 것이다.[9] 경에게 희생제기(組)를 올리지 않는 것은 연례에서는 말린 고기와 고기젓갈을 위주로 하기 때문이다. 不酢, 辟君也. 卿無組者, 燕主於羞.

[燕禮06 : 經-81]

주인은 이와 같은 절차로 경들에게 두루 헌獻의 예를 행한 후 경의 빈 술잔을 들고 당에서 내려와 신하의 대광주리 안에 넣어 둔다.

辯獻卿, 主人以虛爵降, 奠于篚.

정현주 금문본에는 '奠于篚'의 글자가 없다. 今文無'奠于篚'.

[燕禮06 : 經-82]

사인射人은 이어서 다른 경에게 당 위로 올라가도록 하고, 경들은 모두 당 위로 올라가 자리로 나아간다. 만약 제공諸公이 참여했을 경우, 주인은 경에게 '헌'의 예를 행하기에 앞서 먼저 제공에게 술을 올려 '헌'의 예를 행하는데, 경에게 헌의 예를 행할 때와 동일한 절차로 한다.

射人乃升卿, 卿皆升就席. 若有諸公, 則先卿獻之, 如獻卿之禮.

정현주 '제공諸公'은 대국의 고孤를 가리킨다. 고孤는 한 사람인데 '제諸'(여럿)라고 말한 것은 혹 목牧에 삼감三監을 두는 것과 같기 때문이다.[10] '諸公'者, 謂大國之孤也. 孤一人, 言'諸'者, 容牧有三監.

[燕禮06 : 經-83]

조계 위쪽의 서쪽에 제공의 자리를 펼쳐 놓는데, 자리의 머리 부분이 북쪽을 향하도록 하고, 동쪽을 윗자리로 삼아 놓으며, 덧까는 자리(加席)는 없다.

席于阼階西, 北面, 東上, 無加席.

정현주 고孤의 자리를 펼쳐 놓는데 자리의 머리 부분이 북쪽을 향하도록 하는 것은 그들이 너무 존귀하기 때문에 굽히게 하는 것이다. 또한 조계 위쪽의 서쪽 위치로 인해서 군주와 가깝게 되니, 군주와 가까우면 굽히는 것이니, 친애하고 공경함을 줄여 사사로이 친밀히 하는 자리이다. 席孤北面, 爲其

大尊, 屈之也. 亦因阼階西位近君, 近君則屈, 親寵苟敬私昵之坐.

주

1_ 신하의 술동이에서 ~ 채운 후 : 주인이 빈에게 헌의 예를 행할 때에는 군주의 술동이에서 술을 떠서 술잔에 채우는데([經—32]), 경의 경우 신하의 술동이에서 술을 떠서 채우는 것은 빈보다 낮추는 것이다. 또 서쪽 계단 위쪽에서 헌의 예를 행할 때에는 모두 서남쪽을 향해서 한다.(오계공의 설) 위협몽에 의하면, 경에게 헌의 예를 행할 때 신하의 술동이에서 술을 떠서 술잔에 채우는 것은 경은 군주가 헌의 예를 행하도록 명한 사람이 아니기 때문이며, 따라서 군주가 헌의 예를 행하도록 명한 사람에게는 모두 군주의 술동이를 이용한다. 『의례정의』, 710쪽 참조.

2_ 여수의 예가 ~ 때문이다 : 가공언은 군주가 빈을 위해 거행하는 음주의 예는 旅酬를 행함으로써 완성되는데 군주는 존귀하고 신하는 비천하므로 군주의 예가 완성된 후에 卿에게 '獻'의 예를 행하는 것이라고 하여, 이를 존비의 관계로 설명하였다.(君恩旣大, 爲賓擧旅, 飮酒之禮成於酬, 故酬辨乃獻卿, 以君尊卿卑, 是以君禮成, 卿乃得獻, 故云'別尊卑'也) 그러나 양복은 燕禮는 경을 빈으로 삼지 않고 대부를 빈으로 삼기 때문에 먼저 빈에게 '헌'의 예를 행한 후에 경에게 '헌'의 예를 행하는 것이며, '獻'의 예는 旅酬에서 완성되므로 그 旅酬의 예가 끝난 후에 경에게 헌의 예를 행하는 것은 일의 순서에 따르는 것으로 예의 마땅함이니, 경을 낮추는 것은 아니라고 하였다. 『의례정의』, 710쪽 참조.

3_ 두 겹의 자리를 함께 말아 들고서 : 경문의 '兼卷'에 대해 오계공은 "'兼卷'은 두 개의 자리를 서로 겹쳐서 함께 마는 것을 말한다. 말 때에는 또한 그 자리의 꼬리부분을 만다. 잡을 때에 겹쳐서 함께 말아서 잡는 것이니, 진설할 때에도 함께 펼쳐 놓는다. 이는 加席을 펼쳐 놓는 방법과 다르다. 또한 두 개의 자리는 길이가 같기 때문에 말기가 편리하다"라고 하였다. 장이기는 '重席'은 동일한 종류의 자리를 겹쳐서 펼쳐 놓는 것으로, 아래에 자리를 깔고 그 위에 다른 종류의 자리를 덧까는 '加席'과는 까는 방식이 다르다고 하였다. 그러나 오정화는 『주례』「춘관 · 사궤연」, 『의례』「향사례」의 기문과 「공사대부례」의 기문 등을 인용하여 이곳 경문의 '重席'도 아래쪽의 한 겹은 '筵', 그 위에 덧까는 한 겹은 '席'으로서 두 개의 자리가 동일한 것이 아니라고 하여 정현 주에서 '重蒲筵'(검은 베로 가선 장식을 한 두 겹의 부들자리이다)이라고 한 것을 비판하고, '重席'이 결국 '加席'이라고 하였다. 『의례정의』, 710~711쪽 참조.

4_ 동쪽을 윗자리로 삼아 놓는다 : 성세좌에 따르면 경들의 자리를 펼쳐 놓을 때 동쪽을 윗자리로 삼아 놓는 것은 경이 신하이므로 군주에게 통섭되도록 하기 위한 것이다. 三卿의 자리도 동쪽을 윗자리로 삼아 놓는데, 司徒의 자리를 가장 동쪽에 놓고, 다음으로 司馬, 다음으로 司空의 자리를 펼쳐 놓는다.(『儀禮集編』 권11, "卿席東上, 卿亦臣也, 故統于君. … 三卿之席, 亦以東爲上, 司徒最東, 次司馬, 次司空也")

5_'함께 만다'고 ~ 것이다 : 경 한 사람마다 각각 두 개의 자리를 함께 펼쳐 놓는 것이지, 경들 전체가 앉을 자리를 함께 펼쳐 놓는 것은 아니라는 뜻이다.

6_사궁은 ~ 치운다 : 오계공에 의하면 두 겹의 자리 가운데 위쪽의 자리만을 치우는 것이다. 『의례정의』, 712쪽 참조.

7_두 겹의 자리는 ~ 것이다 : 군주의 자리는 두 겹의 加席인데, 경의 자리는 비록 한 가지 종류의 부들자리이기는 하지만 두 겹으로 포개어 펼쳐 놓기 때문에 군주와 동일하다는 혐의를 피하여 위쪽의 자리를 치우는 것이다.

8_조계 아래의 본래 위치로 되돌아간다 : 성세좌는 당 아래 서쪽을 향하는 위치로 돌아온다는 뜻이라고 하였다.(復位, 復堂下西面位也) 조계 아래 즉 뜰의 동쪽에서 서쪽을 향하는 위치로 돌아오는 것이다. 『의례정의』, 712쪽 및 앞의 『흠정의례의소』, 「主人獻孤卿圖」 참조.

9_경이 주인에게 ~ 것이다 : 장이기는 주인이 군주에게 '獻'의 예를 행할 때에는 주인이 조계 아래에서 '酢'의 예를 행했는데([經—51]), 이곳에서 경이 '酢'의 예를 행하지 않는 것은 군주에게 '헌'을 할 때와 동일하게 한다는 혐의를 피하기 위한 것이라고 하였다. 반면에 위협몽은 卿이 주인에게 '酢'의 예를 행하지 않는 것은 卿이 正賓이 아니기 때문이라고 하였다. 『의례정의』, 712쪽 참조.

10_고는 한 사람인데 ~ 때문이다 : 장이기는 『주례』 「춘관 · 전명」의 정중 주에서 "九命의 上公은 孤卿 한 명을 둘 수 있다"(九命上公, 得置孤卿一人)라고 한 것에 의하면 孤卿은 1인이지만, 『예기』 「왕제」에 "천자는 그 대부 가운데서 三監을 임명하여 방백의 나라를 감독하게 하는데, 나라마다 3인을 둔다"(天子使其大夫爲三監, 監於方伯之國, 國三人)라고 한 것에 의거하면 方伯의 나라에도 三公이 있기 때문에 '諸公'이라 한 것이라고 하였다. 가공언은 三監을 두는 것은 殷나라의 법이며 周나라에서는 伯으로 하여금 牧을 돕게 하고 監을 설치하지 않았는데, 혹 監을 두는 경우는 은나라의 법을 따르고 고치지 않았기 때문이라고 하였다. 오계공은 「燕禮」는 五等의 제후국을 통틀어 설명했기 때문에 '若有'(만약에 諸公이 참여했을 경우)라고 한 것으로, 上公의 나라에는 四命의 孤가 있으며 侯國 이하에는 孤가 없다고 하였다. 오정화는 관직에서 물러난 公을 포함해서 말했기 때문에 '諸公'이라 한 것이라고 하였다. 『의례정의』, 713쪽 참조.

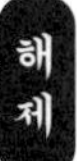
經－84에서 經－86까지는 소신이 다시 술잔을 들어서 올리는 사람(媵爵者)을 누구로 할 것인지 군주에게 청하여 묻는 절차이다.

[燕禮06 : 經－84]

소신小臣은 다시 술잔을 들어서 올리는 사람(媵爵者)을 누구로 할 것인지 군주에게 청하여 묻는다. 소신은 군주의 명을 받들어 하대부 가운데 2명을 시켜서 술잔을 들어 올리게 하는데, 처음 술잔을 들어 올릴 때와 동일한 절차로 한다.[1]

小臣又請媵爵者. 二大夫媵爵如初.

정현주 ‘우又’는 다시(復)의 뜻이다. ‘又’, 復.

[燕禮06 : 經－85]

소신은 2명의 하대부 가운데 군주에게 술잔을 바치는 사람을 누구로 할 것인지 청하여 묻는다. 만약 군주가 2명 가운데 우두머리에게 술잔을 바치게 하라고 명을 내리면, 술잔을 들어서 올리는 2명의 하대부는 먼저 들고 있던 신하의 술잔(角觶)을 신하의 대광주리(篚) 안에 넣어 두는데, 술잔을 바치지 않는 한 사람은 물받이 항아리(洗)의 남쪽에서 기다린다. 하대부의 우두머리는 군주에게 술을 바친다.

술을 바친 하대부의 우두머리는 조계 아래에서 머리를 바닥에 대면서 군주에게 배례를 한다. 군주는 답례로 재배를 한다.
請致者. 若命長致, 則媵爵者奠觶于篚, 一人待于洗南. 長致. 致者阼階下再拜稽首. 公答再拜.

정현주 '우두머리에게 술잔을 바치게 하라고 명을 내린다'(命長致)라고 말한 것은 군주가 혹 때때로 술잔을 들게 하지 않을 수 있으니, 스스로 군주를 우대하여 여유를 주는 것이다.[2] 고문본에는 '阼階下北面再拜'(조계 아래에서 북쪽을 향해 배례를 한다)로 되어 있다. '命長致'者, 公或時未能擧, 自優暇也. 古文云, '阼階下北面再拜'.

[燕禮06 : 經-86]

술잔을 바치는 하대부의 우두머리는 군주의 술잔(象觶)을 씻고 당 위로 올라가 군주의 술동이에서 술을 떠서 술잔에 채운 후 군주의 자리 앞에 앉아서 말린 고기와 고기젓갈의 남쪽에 술잔을 내려놓는다. 술을 바치는 하대부의 우두머리는 군주에게 술잔을 바친 후 당에서 내려와, 물받이 항아리(洗)의 남쪽에 서서 기다리던 사람과 함께 두 사람 모두 머리를 바닥에 대면서 군주에게 재배를 한다. 군주는 답례로 재배를 한다.
洗象觶, 升實之, 坐奠于薦南. 降, 與立于洗南者二人皆再拜稽首送觶. 公答再拜.

정현주　'말린 고기와 고기젓갈의 남쪽에 술잔을 내려놓는다'(奠于薦南)는 것은 군주가 빈을 위해 여수旅酬의 예를 행할 때 사용한 술잔이 있던 곳에 놓는다는 뜻이다.[3] 두 사람이 모두 배례를 하는 것은 함께 군주에게 술을 권하였기 때문이다. '奠于薦南'者, 於公所用酬賓觶之處. 二人俱拜, 以其共勸君.

주

1_ 처음 술잔을 ~ 한다 : [經—61]~[經—63] 참조.

2_ '우두머리에게 ~ 것이다 : 오계공에 따르면 '長'은 두 명 가운데 존귀한 자인데, '만약'(若)이라고 한 이상 두 명 모두에게 술잔을 바치게 하는 경우도 있으며, 따라서 그 결정을 군주에게 묻는다는 것은 군주의 뜻을 우대하는 것이다. 이여규는 "이전에 술잔을 들어서 올리는 사람(媵爵者)들이 바친 두 잔의 술잔 가운데 위쪽에 내려놓은 한잔은 賓을 위해 旅酬의 예를 행할 때에 사용하였고([經—66]) 아래쪽에 내려놓은 다른 한잔은 卿을 위해 旅酬의 예를 행할 때에 사용하였으며([經—87]), 이제 하대부의 우두머리가 바친 한 잔으로 大夫를 위해 旅酬의 예를 행할 때에 사용한다([經—102]). 사용되는 술잔은 단지 이 세 술잔인데 '만약 하대부의 우두머리에게 바치게 하라고 명을 내리면'이라고 말한 것은 군주를 우대하는 말이다"라고 하였다. 군주가 명을 내리지 않으면 술잔을 바치지 않는다는 뜻이다. 『의례정의』, 716쪽 참조.

3_ 군주가 빈을 ~ 뜻이다 : 장이기는 다음과 같이 설명한다. 이전에 하대부 두 사람이 술잔을 군주에게 바쳤는데, 그 2개의 술잔을 말린 고기와 고기젓갈의 남쪽에 내려놓았다.([經—65]) 군주는 그 가운데 위쪽에 내려놓았던 술잔을 집어서 빈을 위해 旅酬의 禮를 거행하였고([經—66]), 아래쪽에 내려놓았던 술잔은 아직 그 자리에 그대로 있다. 따라서 이제 또 하대부의 우두머리가 바친 한 잔을 빈을 위해 여수의 예를 행하느라 비워져 있는 말린 고기와 고기젓갈의 남쪽의 위쪽에 내려놓는 것이다. 『의례정의』, 716쪽 참조.

經-87에서 經-88까지는 군주가 경을 위해 '여수旅酬'의 예를 행하는 절차로, 군주가 거행하는 두 번째 '여수'의 예이다.

[燕禮06 : 經-87]

군주는 또 한 잔으로 여수旅酬의 예를 거행하는데, 빈에게 먼저 수酬의 술잔을 내려 주기도 하고 공·경의 우두머리에게 먼저 내려 주기도 하는데, 오직 군주의 뜻에 따라 정해진다.

公又行一爵, 若賓若長, 唯公所酬.

정현주

'한 잔'(一爵)은 앞서 2명의 하대부가 바친 술잔 가운데 아래쪽에 내려놓았던 술잔이다.[1] '빈에게 먼저 수의 술잔을 내려 주기도 하고 공·경의 우두머리에게 먼저 수의 술잔을 내려 주기도 한다'(若賓若長)는 것은 빈을 위해 여수의 예를 거행하는 것에 비해 강쇄되었다는 뜻이다.[2] '장長'은 공·경 가운데 존귀한 자이다.[3] 빈에게 먼저 수의 술잔을 내려 주었다면, 빈은 그 술잔을 가지고 공·경의 우두머리(長)에게 술을 권하여 여수의 예를 행하고, 공·경의 우두머리에게 먼저 수의 술잔을 내려 주었다면, 공·경의 우두머리는 그 술잔을 가지고 빈에게 술을 권하여 여수의 예를 행한다. '一爵', 先媵者之下觶也. '若賓若長', 則賓禮殺矣. '長', 公卿之尊者也. 賓則以酬長, 長則以酬賓.

[燕禮06 : 經-88]

이어서 순서에 따라 서쪽 계단 위쪽에서 여수의 예를 행하는데, 처음 군주가 빈을 위해 여수의 예를 행할 때와 동일한 절차로 한다.[4] 대부 가운데 마지막으로 술잔을 받은 사람은 빈 술잔을 들고 계단을 내려와 신하의 대광주리 안에 넣어 둔다.

以旅于西階上, 如初. 大夫卒受者以虛觶降, 奠于篚.

주

1_ '한 잔'은 ~ 술잔이다 : 이전에 2명의 하대부가 군주에게 술잔을 바쳤을 때 2개의 술잔(象觶)을 말린 고기와 고기젓갈의 남쪽에 내려놓았는데([經—65]), 그 가운데 위쪽에 내려놓은 한 잔은 이미 賓을 위해 旅酬의 예를 행할 때에 사용하였으니([經—66]), 이제 또 아래쪽에 내려놓은 한 잔으로 卿을 위해 旅酬의 예를 행하는 것이다. 『의례정의』, 717쪽 참조.

2_ '빈에게 먼저 ~ 뜻이다 : 가공언은 다음과 같이 설명한다. 앞에서 賓을 위해 旅酬의 예를 거행할 때에 '若賓若長'(빈에게 먼저 술잔을 내려 주기도 하고 공 · 경 의 우두머리에게 먼저 내려 주기도 한다)라고 말하지 않은 것은 오로지 賓만을 위해 여수의 예를 거행하는 것이기 때문으로 그 예가 성대한 것이다. 그에 비해 이곳의 예는 강쇄되었다는 뜻이다. 『의례주소』, 312쪽 참조.

3_ '장'은 공 · 경 가운데 존귀한 자이다 : 諸公이 있는 경우에는 諸公이 존귀한 사람이 되고, 없을 경우에는 卿이 존귀한 사람이 된다. 그러나 諸公과 三卿 가운데서도 스스로 존귀한 자가 있다.

4_ 처음 군주가 ~ 한다 : [經—66]~[經—76] 참조.

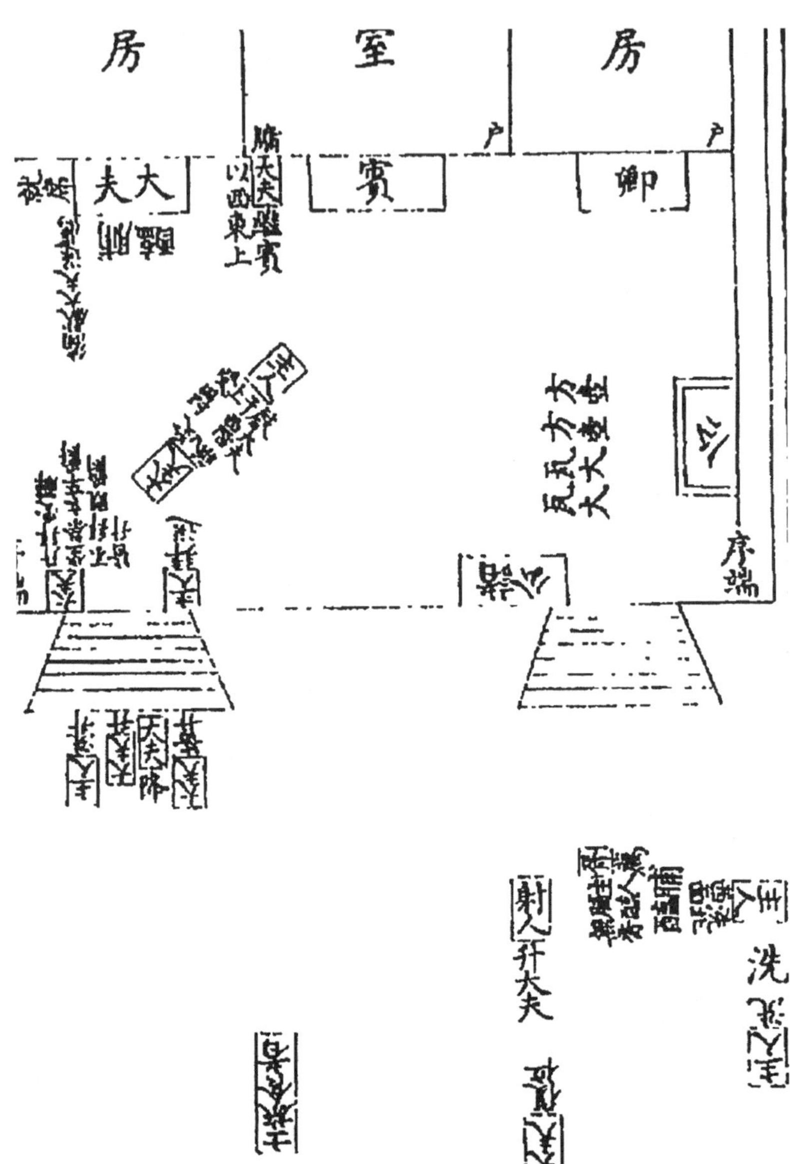

「주인헌대부도主人獻大夫圖」
(淸), 『흠정의례의소』

經-89에서 經-92까지는 '주인헌대부主人獻大夫' 즉 주인이 대부에게 술을 올려 '헌獻'의 예를 행하고, 아울러 서胥가 주인에게 말린 고기와 고기젓갈을 올리는 절차이다.

[燕禮06 : 經-89]

주인은 술잔(觚)을 씻고 당 위로 올라가 술동이에서 술을 떠서 술잔에 채운 후 서쪽 계단 위쪽에서 대부에게 술을 올려 '헌獻'의 예를 행한다. 대부는 당 위로 올라가 배례를 한 후에 술잔을 받는다. 주인은 술잔을 건네준 후에 배례를 한다. 대부는 서쪽 계단 위쪽에 앉아서 술로 고수레를 하고, 서서 술잔의 술을 다 마시는데, 술잔의 술을 다 마시게 해 준 것에 배례를 하지는 않는다. 주인은 대부의 빈 술잔을 건네받는다. 대부는 당에서 내려와 조계 아래의 본래 위치로 되돌아온다.[1]

主人洗, 升, 獻大夫于西階上. 大夫升, 拜受觚. 主人拜送觚. 大夫坐祭, 立卒爵, 不拜既爵. 主人受爵. 大夫降復位.

정현주 '기既'는 다한다(盡)는 뜻이다. 배례를 하지 않는 것은 예가 더욱 강쇄되었기 때문이다.[2] '既', 盡也. 不拜之者, 禮又殺.

[燕禮06 : 經—90]

서胥는 물받이 항아리의 북쪽에서 주인에게 음식을 올리고 서쪽을 향해 서는데, 말린 고기와 고기젓갈은 올리지만 희생고기(脀)는 없다.

胥薦主人于洗北, 西面, 脯醢, 無脀.

정현주 '서胥'는 선재膳宰의 속관이다. 주인은 대부의 아래 신분인데, 대부보다 주인에게 먼저 음식을 올려 주는 것은 그를 높이는 것이다. 당 위에서 음식을 올리지 않는 것은 당 위에는 주인의 자리가 없기 때문이다. '증脀'은 희생제기 위에 올려놓은 희생고기이다.[3] '胥', 膳宰之吏也. 主人, 大夫之下, 先大夫薦之, 尊之也. 不於上者, 上無其位也. '脀', 俎實.

[燕禮06 : 經—91]

주인은 대부들에게 두루 헌獻의 예를 행하고, 이어서 대부의 자리 앞에 말린 고기와 고기젓갈을 올린다. 그 음식들은 빈의 자리 서쪽으로 이어서 진설하는데,[4] 동쪽을 윗자리로 삼아 놓는다.

辯獻大夫, 遂薦之. 繼賓以西, 東上.

정현주 두루 헌의 예를 행한 후에 말린 고기와 고기젓갈을 올리는 것은 소략하고 천하게 여기기 때문이다.[5] 또한 헌의 예를 행한 후에 자리를 펼쳐 놓는다.[6] 徧獻之乃薦, 略賤也. 亦獻而后布席也.

[燕禮06 : 經—92]

음식 올리는 일을 마치면, 사인射人은 이에 대부로 하여금 당 위로 올라가도록 청한다. 대부들은 모두 당 위로 올라가 자리로 나아간다.

卒, 射人乃升大夫. 大夫皆升, 就席.

주

1_ 대부는 ~ 되돌아온다 : 오계공은 당 아래에서 북쪽을 향하여 동쪽을 윗자리로 삼는 위치로 돌아오는 것이라고 하였다.(降復位, 反堂下北面東上之位也) 조계의 아래 즉 뜰의 동쪽에서 북쪽을 향하는 위치로 돌아오는 것이다. 『의례정의』, 721쪽 및 앞의 『흠정의례의소』 「主人獻大夫圖」 참조.

2_ 예가 더욱 강쇄되었기 때문이다 : 앞에서 卿은 주인에게 '獻'의 禮를 받은 후 군주와 동일하게 한다는 혐의를 피하기 위해 주인에게 술을 권하는 '酢'의 예를 행하지 않았다.([經—80] 정현 주) 이는 예가 이미 강쇄된 것이다. 이제 대부가 獻의 예를 받을 때에는 주인에게 '酢'의 예를 행하지 않을 뿐 아니라 또 술을 마신 것에 대해 배례도 하지 않는다. 이 때문에 '예가 더욱 강쇄되었다'고 한 것이다. 『의례주소』, 312쪽, 가공언의 소 참조.

3_ '증'은 ~ 희생고기이다 : 정현 주의 '俎實'은 俎 위에 올려놓은 희생고기로서 또한 '折俎'를 가리킨다. 아래 [記—05]의 정현 주에 "'脀'은 折俎(희생고기의 뼈를 잘라서 올려놓은 희생제기)이다"라고 하였다.

4_ 그 음식들은 ~ 진설하는데 : 오계공은 경문의 '繼賓以西東上'은 음식을 올리는 위차를 말한 것인데, 자리를 펼쳐 놓을 때에도 같은 방식으로 한다는 뜻이라고 하였다.

5_ 두루 ~ 때문이다 : 빈이나 경의 경우에는 헌의 예를 행한 후에 곧바로 음식을 올리는데([經—34], [經—80]), 대부의 경우에는 한 명 한 명 두루 헌의 예를 모두 마친 후에 한꺼번에 음식을 올린다. 소략하고 천하게 여기기 때문이다.

6_ 또한 ~ 펼쳐 놓는다 : 헌의 예를 행한 후에 당 위에 대부의 자리를 펼쳐 놓고, 자리를 펼쳐 놓은 후에 자리 앞에 음식을 올린다. 경문의 문장은 헌의 예를 행한 후에 곧바로 음식을 올려놓는 것으로 오해될 수도 있다. 이 때문에 정현은 '또한 헌의 예를 행한 후에 자리를 펼쳐 놓는다'라고 함으로써 헌의 예를 행하는 의절과 음식을 올려놓는 의절 사이에 자리를 펼쳐 놓는 것임을 밝힌 것이다.

經-93에서 經-95까지는 '승가升歌' 즉 악공이 당 위로 올라가 노래를 하는 절차이다.

[燕禮06 : 經-93]

서쪽 계단 위쪽에서 조금 동쪽에 악공(工)의 자리를 펼쳐 놓는다. 악정樂正이 먼저 당 위로 올라가 북쪽을 향해 악공의 자리 서쪽에 선다.

席工于西階上, 少東. 樂正先升, 北面立于其西.

정현주 '악공'(工)은 장님으로서 노래를 하고 시를 읊는 사람이다. 무릇 기예技藝를 집행하는 사람을 '공工'이라고 칭한다. 「소뢰궤사례」에 "황시皇尸께서 공축工祝에게 명한다"[1]고 하였고, 『예기』 「악기樂記」에는 악사樂師인 을乙이 "저는 천한 악공(工)입니다"라고 하였다. '악정樂正'은 천자의 경우에는 악사樂師에 해당한다. 무릇 악정은 음악의 일이 질서 있게 되는 것을 관장하는데, 음악이 완성되면 모두 연주되었음을 고한다. '工', 瞽矇歌諷誦詩者也. 凡執技藝者稱工. 「少牢饋食禮」曰, "皇尸命工祝", 「樂記」師乙曰, "乙賤工也." '樂正', 于天子樂師也. 凡樂, 掌其序事, 樂成則告備.

[燕禮06 : 經─94]

소신小臣은 악공을 인도하여 침문寢門 안으로 들어간다. 악공은 4명인데, 그 가운데 두 사람은 슬을 타는 악공(瑟)이다.[2] 소신은 슬을 타는 악공을 대신해서 왼쪽 어깨에 슬을 둘러매는데 슬의 머리 부분(鼓)이 앞쪽을 향하도록 하고, 왼손으로는 슬의 아래쪽 구멍(越)을 잡아 줄(弦)이 안쪽으로 향하도록 하며, 오른손으로는 악공을 부축한다. 악공들은 침문 안으로 들어간 후 서쪽 계단을 통해 당 위로 올라가서 북쪽을 향해 동쪽을 윗자리로 삼아 앉는다. 소신은 앉아서 슬을 악공에게 건네준 후 당에서 내려온다.

小臣納工. 工四人, 二瑟. 小臣左何瑟, 面鼓, 執越, 內弦, 右手相. 入, 升自西階, 北面東上坐. 小臣坐授瑟, 乃降.

정현주 '악공은 4명이다'(工四人)라고 한 것은 연례는 가벼운 의례이므로 대부의 예제를 따른 것이다.[3] '슬의 머리 부분이 앞쪽을 향하도록 한다'(面鼓)는 것은 연례는 음악을 숭상하기 때문에 켤 수 있는 곳을 앞쪽에 둔다는 뜻이다. '월越'은 슬의 아래쪽 구멍이다. '줄이 안쪽을 향하도록 한다'(內弦)는 것은 줄을 위주로 한다는 뜻이다. '상相'은 악공을 부축한다는 뜻이다. 뒤의 두 사람은 맨손으로 돕는데, 천자의 태복 2인에 상당한다. 소신小臣은 4인이고, 제복祭僕은 6인이고, 어복禦僕은 12인인데 모두 같은 일을 하는 관직이다.
'工四人'者, 燕禮輕, 從大夫制也. '面鼓'者, 燕尙樂, 可鼓者在前也. '越', 瑟下孔也. '內弦', 弦爲主也. '相', 扶工也. 後二人徒相, 天子大僕二人也. 小臣四人, 祭僕六人, 御僕十二人, 皆同官.

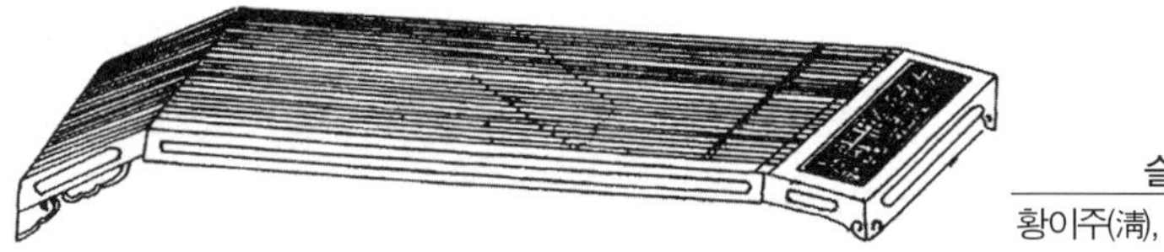

슬瑟
황이주(淸), 『예서통고』

[燕禮06 : 經-95]

노래 부르는 악공들은 「녹명鹿鳴」·「사모四牡」·「황황자화皇皇者華」 3편의 시를 노래로 읊는다.

工歌「鹿鳴」·「四牡」·「皇皇者華」.

정현주 세 가지 시는 모두 『시경』 「소아小雅」의 편명이다. 「녹명」은 군주가 신하 및 사방의 빈객과 연회를 하여 도를 익히고 정사를 닦을 때에 읊는 악가이다. 이는 자기에게 맛난 술이 있어서 아름다운 빈객을 초빙했는데, 아름다운 빈객이 찾아와서 나에게 선한 도를 보여 준다는 내용을 채록한 것이다. 또 아름다운 빈객에게 크고 빛나는 밝은 덕이 있어서 본받을 수 있음을 즐긴다는 내용을 채록한 것이다. 「사모」는 군주가 사신이 찾아온 것을 위로할 때에 읊는 악가이다. 이는 왕의 일에 부지런히 힘쓰다 부모를 그리워하여 고향으로 돌아갈 생각에 마음이 슬퍼지니 충과 효의 지극함을 채록하여 빈을 위로하는 것이다. 「황황자화」는 군주가 사신을 보낼 때 읊는 악가이다. 이는 더욱 노력하고 애쓰지만 스스로 미치지 못한다고 생각하여 현명하고 지혜로운 사람에게 자문을 구하여 스스로 빛나고 밝아지고자 한다는 내용을 채록한 것이다. 三者皆「小雅」篇也. 「鹿鳴」, 君與臣下及四方之賓宴, 講道脩政之樂歌也. 此采其己有旨酒, 以召嘉賓, 嘉賓旣來, 示我以善道. 又樂嘉賓有孔昭之明德, 可則傚也. 「四

牡」, 君勞使臣之來樂歌也. 此采其勤苦王事, 念將父母, 懷歸傷悲, 忠孝之至, 以勞賓也. 「皇皇者華」, 君遣使臣之樂歌也. 此采其更是勞苦, 自以爲不及, 欲諮謀於賢知, 而以自光明也.

주

1_ 황시께서 공축에게 명한다 : [소뢰궤사례16 : 經一89] 참조.

2_ 악공은 4명인데 ~ 악공이다 : 4명 가운데 2명은 瑟을 타는 악공이고, 2명은 노래를 부르는 악공이다. '瑟'은 현악기로서 琴과 형태가 유사한데 琴보다 크며 줄이 많다. 길이는 7척 2촌이고, 25개의 줄로 이루어져 있다. 이 슬을 타는 악공도 '瑟'이라고 칭한다.

3_ '악공은 4명이다'라고 ~ 것이다 : 大射儀는 제후의 의례인데 악공이 6명이다. 제후의 경우에는 악공이 6명이고, 대부의 경우에는 4명이다.

「헌공獻工・헌생獻笙」

장혜언(淸), 『의례도』

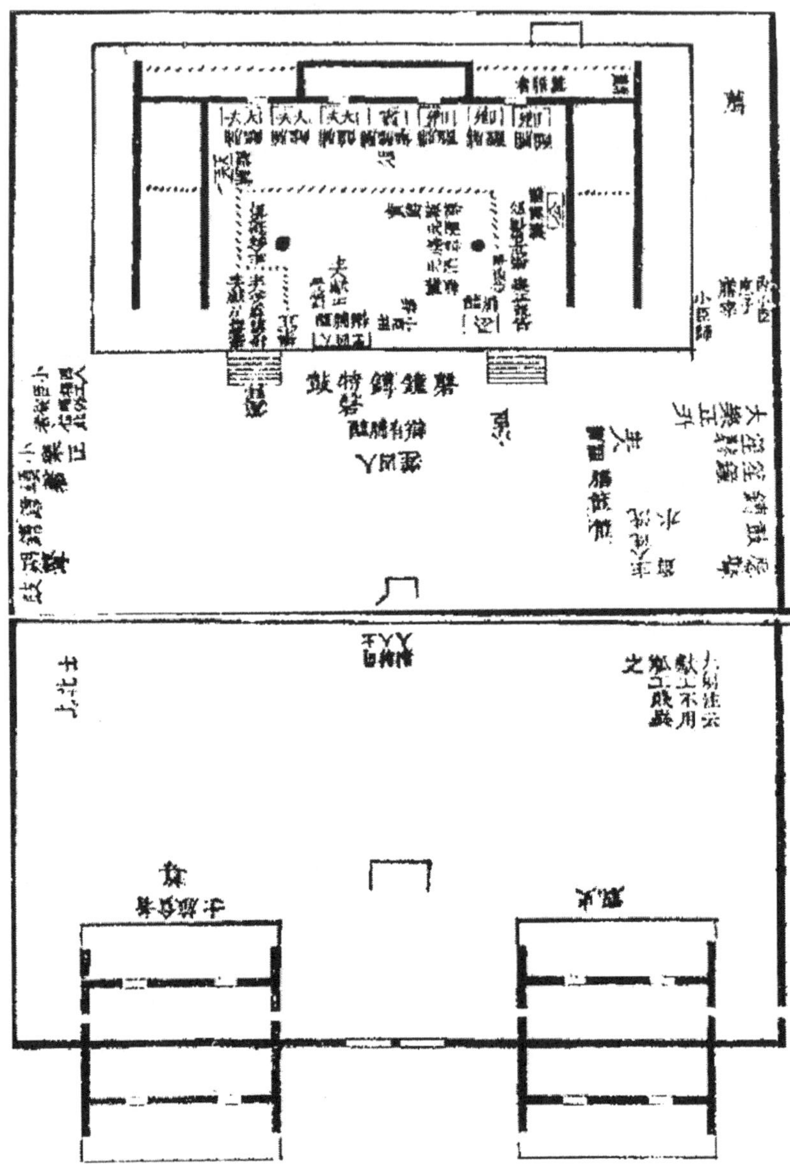

經-96에서 經-101까지는 '헌공獻工' 즉 주인이 노래를 마친 악공에게 '헌獻'의 예를 행하는 절차이다.

[燕禮06 : 經-96]

노래 부르는 악공들이 노래를 마치면, 주인은 술잔(角觚)[1]을 씻은 후 당 위로 올라가 악공들에게 술을 올려 '헌獻'의 예를 행한다. 악공들은 일어나지 않고 슬을 왼쪽에 놓는데, 악공의 우두머리 한 사람이 배례를 하고 술잔을 받는다. 주인은 술잔을 건네준 후에 서쪽 계단 위쪽으로 가서 배례를 한다.

卒歌, 主人洗, 升獻工. 工不興, 左瑟, 一人拜受爵. 主人西階上拜送爵.

정현주

악공들이 노래를 마친 후에 비로소 그들에게 헌의 예를 행하는 것은 천한 사람은 먼저 일을 해야 하기 때문이다. '슬을 왼쪽에 놓는다'(左瑟)는 것은 오른쪽을 편리하게 여기기 때문이다.[2] '한 사람'(一人)은 악공의 우두머리이다. 악공은 자리에서 배례를 한다. 工歌乃獻之, 賤者先就事也. '左瑟', 便其右. '一人', 工之長者也. 工拜於席.

[燕禮06 : 經-97]

악공의 우두머리 자리 앞에 말린 고기와 고기젓갈을 올린다.

薦脯・醢.

정현주 곧바로 말린 고기와 고기젓갈을 올리는 것은 대부의 경우와 변화시키는 것이다.[3] 輒薦之, 變於大夫也.

[燕禮06 : 經-98]

주인은 사람을 시켜서 악공의 우두머리가 고수레 하는 것을 돕게 한다.

使人相祭.

정현주 악공을 부축하는 사람[4]으로 하여금 악공의 우두머리가 말린 고기와 고기젓갈로 고수레를 하고 술로 고수레를 하는 것을 돕도록 하는 것이다. 使扶工者相其祭薦・祭酒.

[燕禮06 : 經-99]

악공의 우두머리는 술잔을 받아서 다 마시지만 배례를 하지는 않는다.

卒受, 不拜.

정현주 신분이 천하여서 예를 갖추지 못하는 것이다. 賤, 不備禮.

[燕禮06 : 經-100]

주인은 악공 우두머리의 빈 술잔을 건네받는다.

主人受爵.

정현주 다시 여러 악공들(衆工)에게 술을 올려 헌獻의 예를 행하려는 것이다.[5] 將復獻衆工也.

[燕禮06 : 經-101]

여러 악공(衆工)들은 배례를 하지 않고 술잔을 받으며, 앉아서 술로 고수레를 하고 이어서 앉은 채로 술잔의 술을 다 마신다. 여러 악공들의 자리 앞에 말린 고기와 고기젓갈을 두루 올려 주지만 악공들은 이것으로 고수레를 하지 않는다. 주인은 악공들의 빈 술잔을 건네받고 당에서 내려와 대광주리 안에 넣어 둔다.

衆工不拜, 受爵, 坐祭, 遂卒爵. 辯有脯・醢, 不祭. 主人受爵, 降奠于篚.

정현주 '수遂'는 인한다(因)는 뜻과 같다. 고문본에는 '卒爵不拜'(술잔의 술을 다 마시지만 배례는 하지 않는다)라고 하였다. '遂'猶因也. 古文曰'卒爵不拜'.

주

1_ 술잔 : 오계공에 의하면 주인이 악공에게 헌의 예를 행할 때에 사용하는 술잔은 '角觚'이다. 『의례정의』, 727쪽.

2_ '슬을 왼쪽에 놓는다'는 ~ 때문이다 : 악공은 북쪽을 향하고 있기 때문에 서쪽이 왼쪽이 된다. 그 오른쪽은 술잔을 받을 수 있도록 비워 둔다. 술은 당 위 동쪽 기둥(東楹)의 서쪽에서 들어오기 때문에 오른쪽으로 편리함을 삼는다. 『의례주소』, 315쪽, 가공언의 소 참조.

3_ 곧바로 ~ 것이다 : 장이기는 대부의 경우에는 한 명 한 명에게 獻의 예를 모두 마친 후에 한꺼번에 말린 고기와 고기젓갈을 올리는데([經—91]) 악공의 우두머리에게는 헌의 예를 행한 후에 곧바로 말린 고기와 고기젓갈을 올리는 것은, 예는 달리하는 것을 숭상하므로 대부의 경우와는 변화시키는 것이라고 하였다.(大夫徧獻乃薦, 此獻一人卽薦, 禮尙異, 故變於大夫也) 이여규도 예는 달리하는 것을 숭상하기 때문이지 악공을 귀하게 여기기 때문은 아니라고 하였다.(禮尙異, 非謂貴工) 『의례정의』, 729쪽 참조.

4_ 악공을 부축하는 사람 : 악공을 부축하는 사람은 小臣을 가리킨다. 호배휘에 의하면, 小臣은 앉아서 악공에게 瑟을 건네준 후 당에서 내려와 있었는데, 다시 당 위로 올라가 악공의 고수레를 돕는다. 『의례정의』, 729쪽 참조.

5_ 다시 ~ 것이다 : 이 경문은 악공의 우두머리 한 사람에게 술을 올려 獻의 예를 행하는 것이고, 아래 경문은 여러 악공들에게 술을 올려 두루 헌의 예를 행하는 절차이다.

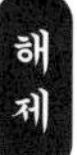

經－102에서 經－103까지는 군주가 대부를 위해 여수旅酬의 예를 거행하는 절차이다. 이는 군주가 거행하는 세 번째 '여수'의 예이다.

[燕禮06 : 經－102]

군주는 또 하대부의 우두머리가 자리 앞에 내려놓았던 술잔(象觶)을 집어 들어 대부를 위해 여수旅酬의 예를 거행하는데,[1] 술잔을 빈에게 먼저 하사할 것인지 경의 우두머리에게 먼저 하사할 것인지는 오직 군주의 뜻에 따라 정해진다.[2] 이어서 순서에 따라 서쪽 계단 위쪽에서 여수의 예를 행하는데, 처음 군주가 빈이나 경을 위해 여수의 예를 행할 때와 동일한 절차로 한다.[3]

公又擧奠觶, 唯公所賜. 以旅于西階上, 如初.

정현주 '하사한다'(賜)고 말한 것은 군주는 또 더욱 존귀하고 빈의 우두머리는 더욱 신분이 낮기 때문이다.[4] 言'賜'者, 君又彌尊, 賓長彌卑.

[燕禮06 : 經－103]

이렇게 하여 여수의 예가 끝난다.

卒.

정현주 여수旅酬의 예가 끝난다는 뜻이다.[5] 旅畢也.

주

1_ 군주는 ~ 거행하는데 : 이전에 하대부 두 사람이 군주에게 술잔을 바칠 때 2개의 술잔(象觶)을 군주의 자리 앞 말린 고기와 고기젓갈의 남쪽에 내려놓았는데([經—65]), 그 가운데 위쪽에 내려놓은 한 잔으로 賓을 위해 旅酬의 禮를 행할 때에 사용하였고([經—66]) 또 아래쪽에 내려놓은 한 잔으로 卿을 위해 旅酬의 예를 행할 때 사용하였다. 또 하대부의 우두머리 한 사람이 군주에게 술잔을 바칠 때, 그 한 잔을 군주의 자리 앞 말린 고기와 고기젓갈의 남쪽에서 위쪽에 내려놓았다.[經—86] 바로 이 술잔으로 다시 大夫를 위해 旅酬의 예를 거행하는 것이다. 이것이 군주가 행하는 세 번째 旅酬의 예이다.

2_ 술잔을 ~ 정해진다 : 경문의 '賜'는 酬의 술잔을 내려 준다는 뜻이다. 이 경문은 대부를 위해 여수의 예를 거행하는 것이다. 그러나 군주는 곧바로 대부에게 술잔을 내려 주지 않고 먼저 빈이나 경의 우두머리에게 술잔을 내려 주며, 다시 빈이나 경의 우두머리가 대부에게 술잔을 내려 주고, 대부가 다시 순서에 따라 서로 술잔을 권하여 두루 여수의 예를 행한다. 즉 빈에게 먼저 술잔을 내려줄지 아니면 경의 우두머리에게 먼저 술잔을 내려줄지는 군주의 뜻에 따라 결정된다. 양천우, 『의례역주』, 245쪽 참조.

3_ 처음 군주가 ~ 한다 : 賓을 위한 旅酬의 禮는 [經—66]~[經—76], 卿을 위한 旅酬의 예는 [經—87]~[經—88] 참조.

4_ '하사한다'고 ~ 때문이다 : 군주가 빈을 위해 여수의 예를 행하거나 경을 위해 여수의 예를 행할 때에는 모두 '酬'라고 하고 '賜'라고 하지 않았다. 오계공은 '酬'와 '賜'는 그 예가 동일한데, 경문에서 다르게 표현했을 뿐이라고 하였다. 『의례정의』, 730쪽 참조.

5_ 여수의 예가 끝난다는 뜻이다 : 먼저 빈이나 경의 우두머리가 군주가 내려 준 酬의 술잔은 받은 후에, 다시 빈이나 경의 우두머리가 대부에게 酬의 술잔을 내려 주고, 대부들이 다시 순서에 따라 서로 酬의 술잔을 권하여 두루 술을 마시는 旅酬의 禮를 행한다는 뜻이다. 가공언은 "대부를 위해 여수의 예를 거행할 때에는 서쪽 계단 위쪽에서 행하는데, 혹 빈의 뒤를 따르거나 혹 경의 뒤를 따라서 차례대로 대부들에게까지 모두 술잔을 돌린다. 그러므로 정현이 '여수의 예가 끝난다'고 한 것이다"(謂爲大夫擧旅酬, 行於西階之上, 或從賓或從卿, 次第盡大夫, 故云'旅畢也')라고 하였다. 『의례주소』, 316쪽 참조.

經-104는 '생주笙奏' 즉 생笙으로 연주하는 절차이다.

[燕禮06 : 經-104]

생을 부는 악공(笙)[1]은 침문 안으로 들어가 당 아래에 걸어 둔 악기(縣)[2]의 중앙에 서서 「남해南陔」·「백화白華」·「화서華黍」 3편의 시를 연주한다.

笙入, 立于縣中, 奏「南陔」·「白華」·「華黍」.

정현주 생笙으로 이 세 편의 시를 연주하는 것이다. '현중縣中'은 현縣(걸어 둔 악기)의 중앙이다. 「향음주례」에 "경磬을 치는 사람의 남쪽에서 북쪽을 향해 「남해」·「백화」·「화서」를 연주한다"[3]고 하였는데, 모두 「소아小雅」의 편이지만 오늘날에는 망실되어 그 내용은 들어보지 못했다. 옛날 주나라가 홍기할 때에 주공周公이 예를 제정하고 음악을 만들면서 당시 세상의 시를 채록하여 악가樂歌로 삼아 인정人情을 통하고 서로 깨우쳐 힘쓰도록 하였는데, 이 편들이 있었음이 분명하다. 그 이후 세상이 쇠미해지고 유왕幽王과 여왕厲王 때 특히 심하여 예와 악에 관한 책들이 점차 폐기되었다. 공자가 "내가 위衛나라에서 노魯나라로 돌아온 이후에 음악이 바르게 되어 「아雅」와 「송頌」이 각각 제자리를 찾았다"[4]고 하였으니, 당시에도 음악이 남아 있었지만 중복되고 혼란하였던 것이다. 어찌 그 망실된 것을 보존할 수 있었겠는가! 또 정고보正考父가 「상송商頌」 12편을 주나라 태사大師에게 얻고 돌아와서 그 선왕들에게 제사하였는데, 공자에 이르는 2백 년 사이에 5편만 남아 있었다고 하였으니,[5] 이는 믿을 만한 것이다.

以笙播此三篇之詩. '縣中', 縣中央也. 「鄕飮酒禮」曰, "磬南北面奏「南陔」·「白華」·「華黍」", 皆「小雅」篇也, 今亡, 其義未聞. 昔周之興也, 周公制禮作樂, 采時世之詩以爲樂歌, 所以通情相風切也, 其有此篇明矣. 後世衰微, 幽·厲尤甚, 禮樂之書, 稍稍廢棄. 孔子曰, "吾自衛反魯, 然後樂正,「雅」·「頌」各得其所", 謂當時在者而復重雜亂者也. 惡能存其亡者乎! 且正考父校商之名「頌」[6] 十二篇于周大師, 歸以祀其先王, 至孔子二百年之間, 五篇而已, 此其信也.

생笙
황이주(淸), 『예서통고』

주

1_ 생을 부는 악공 : 笙은 악기 이름으로, 형태가 '竽'와 비슷하다. 대나무를 박(匏)에 꽂아서 만드는데, 13개의 피리가 있다. 『석명』「석악기」에 "'笙'은 태어난다(生)는 뜻이다. 대나무가 박(匏)을 꿰는 것은 사물이 땅을 뚫고 태어나는 것을 상징한다. 박(匏)으로 만들기 때문에 '匏'라고도 한다"('笙', 生也. 竹之貫匏, 象物貫地而生也. 以匏爲之, 故曰'匏'也)라고 하였다. 이 笙을 연주하는 사람 역시 '笙'이라고 칭한다. 『삼례사전』, 757쪽 참조.

2_ 걸어 둔 악기 : 筍·虡 등 악기걸이에 매다는 鐘·磬 등의 악기를 말한다. 이를 '樂縣'이라 하고, 또는 간단하게 '縣'이라고도 칭한다. 『삼례사전』, 1124쪽 참조.

3_ 경을 치는 ~ 연주한다 : [향음주례04 : 經—87] 참조.

4_ 내가 위나라에서 ~ 찾았다 : 『논어』「자한」의 문장이다.

5_ 정고보가 ~ 하였으니 : 『시경대전』「상송」의 序에는 "(微子의 7대손) 戴公에 이르러, 그 대부 정고보가 「商頌」 12편을 周나라 太師에게서 얻어 돌아와 그 선왕들에게 제사를 올렸다. 공자가 『詩』를 엮을 때에 이르러 그 7편이 망실되었다"(至戴公, 其大夫正考父, 得商頌十二篇於周太師, 歸以祀其先王, 至孔子編詩而亡其七篇)라고 하였다.

6_ 校商之名「頌」 : 『시경대전』「상송」의 序에는 '校商之名「頌」'이 '得「商頌」'으로 되어 있다. 이에 따라 번역한다.

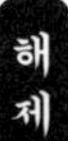
해제 經-105에서 經-106까지는 '헌생獻笙' 즉 주인이 생笙을 연주한 악공에게 술을 올려 '헌獻'의 예를 행하는 절차이다.

[燕禮06 : 經-105]

주인은 술잔(角觶)을 씻고 서쪽 계단 위쪽으로 올라가 생을 연주한 악공(笙)에게 술을 올려 헌獻의 예를 행한다. 생을 연주한 악공의 우두머리 한 사람이 배례를 하고 계단의 가장 위 층계까지 올라가는데 당 위로는 오르지 않고, 술잔을 건네받아 내려온다. 주인은 서쪽 계단 위쪽에서 술잔을 건네준 후에 배례를 한다. 생을 연주한 악공의 우두머리는 서쪽 계단 앞에 앉아서 술로 고수레를 한 후 서서 술잔의 술을 다 마시는데, 술잔의 술을 다 마시게 해 준 것에 배례를 하지 않으며, 계단 위쪽으로 올라가서 주인에게 빈 술잔을 건네준다.

主人洗, 升, 獻笙于西階上. 一人拜, 盡階, 不升堂, 受爵, 降. 主人拜送爵. 階前坐祭, 立卒爵, 不拜既爵, 升授主人.

정현주 '한 사람'(一人)은 생을 연주한 악공의 우두머리이다. 「향사례」에 "생을 연주한 악공의 우두머리 한 사람이 계단 아래에서 배례를 한다"[1]고 하였다. '一人', 笙之長者也. 「鄉射禮」曰, "笙一人拜于下."

[燕禮06 : 經-106]

생을 연주한 여러 악공들(衆笙)은 배례를 하지 않고 계단 위로 올라가 술잔(角觶)을 받은 후 계단을 내려와 계단 앞에 앉아서 술로 고수레를 하고, 다시 일어나서 술잔의 술을 다 마신다. 생을 연주한 여러 악공들의 자리 앞에 말린 고기와 고기젓갈을 두루 올려 주지만 악공들이 이것으로 고수레를 하지는 않는다.

衆笙不拜, 受爵, 降, 坐祭, 立卒爵. 辯有脯·醢, 不祭.

주

1_ 생을 ~ 배례를 한다 : [향사례05 : 經—100] 참조. 정현이 「향사례」의 문장을 인용한 것은 이곳의 생을 연주한 악공의 우두머리도 서쪽 계단 아래에서 배례를 한 후에 계단을 오른다는 뜻을 밝히기 위한 것이다.

經-107에서 經-110까지는 '간가間歌' 즉 당상의 노래와 당하의 연주를 번갈아가면서 하고, 이어서 '향악鄕樂' 즉 당상의 노래와 당하의 연주를 동시에 합주한 후 음악이 모두 연주되었음을 보고하는 절차이다.

[燕禮06 : 經-107]

이어서 노래와 연주를 번갈아가면서 하는데,[1] 당 위에서 「어리魚麗」를 노래로 읊은 후 당 아래에서 생笙으로 「유경由庚」을 연주하고, 당 위에서 「남유가어南有嘉魚」를 노래로 읊은 후 당 아래에서 생으로 「숭구崇丘」를 연주하고, 당 위에서 「남산유대南山有臺」를 노래로 읊은 후 당 아래에서 생으로 「유의由儀」를 연주한다.

乃間歌「魚麗」, 笙「由庚」, 歌「南有嘉魚」, 笙「崇丘」, 歌「南山有臺」, 笙「由儀」.

정현주 '간間'은 번갈아가면서 한다(代)는 뜻이니, 한 번 노래를 하면 한 번 연주하는 것을 가리킨다. 여섯 가지 시는 모두 『시경』 「소아小雅」의 편이다. 「어리」는 태평시대에 풍년이 들어 물품이 많음을 노래한 것이니, 이는 물품이 많고 술이 맛나서 그것으로 빈객을 예우한다는 내용을 채록한 것이다. 「남유가어」는 태평시대에 군자가 술을 마련하여 현자와 더불어 그것을 함께 즐김을 노래한 것이니, 이는 예로 현자를 예우하여 현자가 무리지어 귀의해서 그와 더불어 즐긴다는 내용을 채록한 것이다. 「남산유대」는 태평한 시대의 정치는 현자를 근본으로 삼음을 노래한 것이니, 이는 현자를 아끼고 예우하는 것이 나라의 기초가 되며, 백성의 부모인 군주는 현자들이 장수를 누리기를 바라고 또 명성과 덕망이 자라나기를 바란다는 내용을 채록한 것이다. 「유경」·「숭구」·「유의」는 오늘날 망실되어 그 내용을 들어보지 못하였다. '間', 代也, 謂一歌則一吹也. 六者皆「小雅」篇也. 「魚麗」言大平年豐物多也, 此采其物多酒旨, 所以優賓也. 「南有嘉魚」言大平君子有酒, 樂與賢者共之也, 此采其能以禮下賢者, 賢者纍蔓而歸之, 與之宴樂也. 「南山有臺」言大平之治以賢者爲本也, 此采其愛友賢者, 爲邦家之基, 民之父母, 旣欲其身之壽考, 又欲其名德之長也. 「由庚」·「崇丘」·「由儀」今亡, 其義未聞.

[燕禮06 : 經-108]

드디어 합악合樂의 형식으로 향악鄕樂의 여섯 시를 노래로 읊는데,[2] 「주남周南」의 「관저關雎」·「갈담葛覃」·「권이卷耳」와 「소남召南」의 「작소鵲巢」·「채번采蘩」·「채빈采蘋」이다.

遂歌鄕樂, 「周南」, 「關雎」·「葛覃」·「卷耳」, 「召南」, 「鵲巢」·「采蘩」·「采蘋」.

정현주 「주남」과 「소남」은 『시경』「국풍國風」의 시편으로, 왕후王后와 국군國君의 부인夫人에 대한 방중악가房中樂歌이다. 「관저」는 후비后妃의 덕을 노래한 것이고, 「갈담」은 후비의 직무를 노래한 것이고, 「권이」는 후비의 마음을 노래한 것이며, 「작소」는 국군의 부인의 덕을 노래한 것이고, 「채번」은 국군의 부인이 직무를 잃지 않음을 노래한 것이고, 「채번」은 경·대부의 처가 그 법도를 잘 닦음을 노래한 것이다. 옛날 태왕大王과 왕계王季는 기산岐山의 남쪽에 거처할 때 몸소 「소남」의 가르침을 실천하여 왕업을 일으켰다. 문왕文王에 이르러 「주남」의 가르침을 실천하여 천명을 받았다. 「대아大雅」에 "아내에게 모범을 보이고 형제에까지 이르러 집안과 나라를 다스렸네"라고 한 것은 이를 두고 말한 것이다. 그 처음에는 하나의 나라일 뿐이었다. 문왕이 풍豐 땅에 읍을 조성하고 옛 땅을 경사卿士의 채지采地로 삼으니, 이에 두 나라로 나뉘게 되었다. 주周는 주공周公이 식읍으로 받은 땅이고, 소召는 소공召公이 식읍으로 받은 땅이다. 당시 문왕은 천하를 삼분하여 그 둘을 소유하였는데, 덕의 교화가 남방의 땅에까지 미쳤다. 이 때문에 시 가운데 인자와 현자의 풍모가 있는 것은 「소남」에 넣었고, 성인의 풍모가 있는 것은 「주남」에 넣었다. 부부의 도는 백성의 근본이고, 왕도정치의 실마리인데, 이 여섯 편은 그 가르침의 근원이다. 그러므로 국군이 그 신하 및 사방의 빈과 연음燕飮의 예를 행할 때 이 여섯 편을 사용하여 합주를 하였다. '향악鄕樂'은 「풍風」을 가리킨다. 「소아小雅」는 제후의 음악이고, 「대아大雅」와 「송頌」은 천자의 음악이다. 향음주례鄕飮酒禮에서 당 위로 올라가 「소아」를 노래하는 것은 예가 성대한 것은 위로 올라가서 취할 수 있기 때문이다. 연례에서 향악을 합주하는 것은 예가 가벼운 것은 아래로 미칠 수 있기 때문이다. 「춘추전春秋傳」에 "「사하肆夏」·「번알繁遏」·「거渠」는 천자가 원후元侯에게 연회를 베풀 때 사용하며, 「문왕文王」·「대명大明」·「면緜」은 두 군주가 상견할 때에 사용하는 음악이다"[3]라고 하였다. 그렇다면 제후가 서로 더불어 연음의 예를 행할 때에는 당 위로 올라가 「대아」를 노래로 읊고 「소아」를 합주하는 것이다. 천자가 차국次國·소국小國의 군주와 연음의 예를 행할 때에도 이와 마찬가지로 한다. 대국의 군주와 연음의 예를 행할 때에는 당 위로 올라가 「송頌」을 노래로 읊고 「대아」를 합주하는데, 생笙으로 번갈아가면서 연주하는 편에 대해서는 들어보지 못하였다. 「周南」·「召南」, 「國風」篇也, 王后·國君夫人房中之樂歌也. 「關雎」

言后妃之德,「葛覃」言后妃之職,「卷耳」言后妃之志,「鵲巢」言國君夫人之德,「采蘩」言國君夫人不失職也,「采蘋」言卿・大夫之妻能脩其法度也. 昔大王・王季居於岐山之陽, 躬行「召南」之教, 以興王業[4]. 及文王而行「周南」之教以受命. 「大雅」云, "刑于寡妻, 至于兄弟, 以御于家邦", 謂此也. 其始一國爾. 文王作邑于豐, 以故地爲卿士之采地, 乃分爲二國. 周, 周公所食也, 召, 召公所食也. 於時文王三分天下有其二, 德化被於南土. 是以其詩有仁賢之風者, 屬之「召南」焉, 有聖人之風者, 屬之「周南」焉. 夫婦之道者, 生民之本, 王政之端. 此六篇者, 其教之原也. 故國君與其臣下及四方之賓燕, 用之合樂也. '鄕樂'者,「風」也.「小雅」爲諸侯之樂,「大雅」・「頌」爲天子之樂.「鄕飮酒」升歌「小雅」, 禮盛者可以進取. 燕合鄕樂者, 禮輕者可以逮下也.「春秋傳」曰, "「肆夏」・「繁遏」・「渠」, 天子所以享元侯也,「文王」・「大明」・「緜」, 兩君相見之樂也." 然則諸侯之相與燕, 升歌「大雅」, 合「小雅」也. 天子與次國・小國之君燕, 亦如之. 與大國之君燕, 升歌「頌」, 合「大雅」, 其笙間之篇未聞.

[燕禮06 : 經-109]

태사大師는 악정樂正에게 "정가正歌가 모두 연주되었습니다"[5]라고 보고한다.

大師告于樂正曰, "正歌備."

정현주 '태사大師'는 악공의 우두머리로서,[6] 음양의 성조를 배합하고, 육시六詩를 가르치고, 육률六律로써 음音을 이루는 일을 관장하는 자이다.[7] 자공子貢이 태사 을乙에게 "저는 성가聲歌에 각자 적당한 것이 있다고 들었습니다. 저와 같은 사람에게는 어떤 노래가 적당합니까?"[8]라고 물었다. 이는 태사가 그러한 일을 관장하여 알고 있음을 밝힌 것이다. '정가正歌'는 당 위에서 노래 부르는 것(升歌)과 당 아래에서 생으로 연주하는 것(笙奏)을 각각 세 번 마치고, 번갈아가면서 당 위에서 노래하고 당 아래에서 생으로 연주하는 것(間歌)을 세 번 마치고, 동시에 당 위에서 노래하고 당 아래에서 생으로 연주하여 합주하는 것(合樂)을 세 번 마치는 것으로써 음악이 한 번 갖추어진다는 뜻이다. '비備'는 또한 완성되었다는 뜻이다. '大師', 上工也, 掌合陰陽之聲, 敎六詩, 以六律爲之音者也. 子貢問師乙曰, "吾聞聲歌各有宜也. 如賜者宜何歌也?" 是明其掌而知之也. '正歌'者, 聲歌及笙各三終, 間歌三終, 合樂三終, 爲一備. '備'亦成也.

[燕禮06 : 經-110]

악정은 당 위 서쪽 기둥(西楹)의 안쪽을 경유하여 당 위 동쪽 기둥(東楹)의 동쪽으로 가서 군주에게 보고하고, 이어서 당에서 내려와 제자리로 되돌아간다.

樂正由楹內, 東楹之東, 告于公, 乃降復位.

정현주 '당 위 서쪽 기둥의 안쪽을 경유한다'(由楹內)고 말한 것은 악정이 당 위의 남쪽 끝 모서리에 서 있었기 때문이다.[9] '제자리로 되돌아간다'(復位)는 것은 자리가 동현東縣(뜰 동쪽에 걸려 있는 악기)의 북쪽에 있다는 뜻이다. 言'由楹內'者, 以其立於堂廉也. '復位', 位在東縣之北.

주

1_ 이어서 ~ 하는데 : 장이기는 '間'은 당 위에서 한 곡을 노래로 읊고 이어서 생으로 한 곡을 연주하는 것으로, 예를 들면 당 위에서 「魚麗」를 노래로 읊고 노래가 끝날 즈음 당 아래에서 생으로 「由庚」을 연주하는 것이라고 하였다.(謂一歌畢, 一笙繼之也. 堂上歌「魚麗」, 方終, 堂下笙卽吹「由庚」) 채덕진은 "당 위에서 瑟의 연주에 맞추어 한 곡을 노래하면 당 아래에서 笙을 불면서 한 곡을 연주하는데, 번갈아가면서 하는 것이다"(堂上鼓瑟一歌, 堂下吹笙一曲, 更代而作也)라고 하였다. 호배휘 역시 당 아래의 연주와 당 위의 노래가 번갈아가면서 연주되는 것을 가리킨다고 하였다. 이렇게 노래와 연주를 번갈아가면서 하는 것을 '間歌'라고 한다. 『의례정의』, 374쪽 참조.

2_ 합악의 형식으로 ~ 읊는데 : [향음주례04 : 經一91]과 [향사례05 : 經一91]에는 경문의 '遂歌鄕樂'이 '乃合樂'으로 되어 있는데, 호배휘는 合樂의 형식으로 鄕樂을 노래하는 것이라고 하였고, 정현도 아래의 주에서 연례에서는 鄕樂을 합주한다고 하였다. '合樂'에 대해 정현은 '歌樂이 여러 악기소리와 함께 연주되는 것'(歌衆聲俱作)([향음주례04 : 經一91] 정현 주)이라고 하였는데, 그 구체적인 연주 형태에 대해서는 다양한 설이 존재한다. ① 이여규, 오계공의 설: '合樂'은 당 위에서 瑟의 연주에 맞추어 노래를 하고, 당 아래에서 鐘·磬을 치면서 「周南」과 「召南」의 시편을 합주하는 것을 말한다.('合樂', 謂堂上歌瑟, 堂下鐘磬, 合奏此詩也) 즉 당 위에서 瑟의 연주에 맞추어 「소남」의 「鵲巢」를 노래로 읊으면 당 아래에서 鐘·磬을 치면서 「주남」의 「關雎」를 연주하고, 당 위에서 瑟의 연주에 맞추어 「소남」의 「采蘩」을 노래로 읊으면 당 아래에서 鐘·磬을 치면서 「주남」의 「葛覃」을 연주하고, 당 위에서 瑟의 연주에 맞추어 「소남」의 「채빈」을 노래로 읊으면 당 아래에서 鐘·磬을 치면서 「卷耳」를 연주한다. 이렇게 堂上과 堂下에서 노래와 연주를 합주하여 세 번 마치는 것을 '合樂三終'이라고 한다. ② 공영달의 설 : 노래하는 악공이 「주남」의 「관저」를 노래로 읊으면 笙을 부는 악공이 「소남」의 「작소」를 연주하여 합주하고, 노래하는 악공이 「주남」의 「갈담」을 노래로 읊으면 笙을 부는 악공이 「소남」의 「采蘩」을 연주하여 합주하고, 노래하는 악공이 「주남」의 「권이」를 노래로 읊으면 생을 부는 악공이 「소남」의 「采蘩」을 연주하여 합주한다. ③ 능정감의 설 : 능정감은 다음의 네 가지를 들어 공영달의 해석을 비판한다. 첫째, 공영달이 말하는 '合樂'이라는 것이, 노래하는 악공이 「주남」의 「관저」를 노래로 읊은 후에 비로소 笙을 부는 악공이 「소남」의 「작소」를 연주하여 합주한다는 뜻인지, 아니면 노래하는 악공이 「주남」의 「관저」를 노래로 읊을 때 동시에 笙을 부는 악공이 「소남」의 「작소」를 연주하여 합주한다는 뜻인지 불명확하다. 둘째, 만일 노래하는 악공이 「주남」의 「관저」를 노래로 읊을 때 동시에 笙을 부는 악공이 「소남」의 「작소」를 연주하여 합주하는 것이라면, 당 위에서 노래하는 악공이 「주남」의 시편을 노래로 읊는데 당 아래에서 생을 부는 악공이 「소남」의 시편을 연주한다는 것은 이치상 있을 수 없다. 셋째, 노래하는 악공이 「주남」의 「관저」를 노래로 읊은 후에 비로소 생을 부는 악공이 「소남」의 「작소」를 연주하여 합주하는 것이라면, 이는 '間歌'이지

'合樂'이 아니다. 넷째, 만일 노래하는 악공이 「주남」의 시편을 노래로 읊는데 생을 부는 악공이 「소남」을 연주하는 것이라면, 경문에서 무엇 때문에 "(「주남」의) 「관저」·「갈담」·「권이」를 노래로 읊고 (「소남」의) 「작소」·「채번」·「채빈」을 생으로 연주한다"라고 하지 않고 '合樂'이라고 하였겠는가? 이에 따라서 능정감은 '合樂'을 '堂上과 堂下에서 동일한 시편을 동시에 노래로 읊고 악기로 연주하는 것'으로 개념화한다. ('合樂', 謂堂上堂下笙歌並作也) 즉, 당 위에서 瑟의 연주에 맞추어 「관저」·「갈담」·「권이」의 시편을 노래로 읊으면 당 아래에서 笙으로 「관저」·「갈담」·「권이」의 시편을 연주하는 것이 바로 「周南」의 三終이고, 당 위에서 瑟의 연주에 맞추어 「작소」·「채번」·「채빈」의 시편을 노래로 읊으면 당 아래에서 笙을 불면서 「작소」·「채번」·「채빈」의 시편을 연주하는 것이 바로 「召南」의 三終이다. 그러므로 '合樂三終'이라 한다. (정현, 가공언, 주희, 능정감, 호배휘의 설) 『의례정의』, 376~377쪽 참조. '合樂'을 堂上과 堂下에서 각각 「주남」과 「소남」의 한 편의 시를 짝으로 삼아 노래하고 연주하는 것으로 보는 이여규, 공영달의 관점에서는 '合樂三終'은 중간에 모두 3번 종료되어 마치는 것이 된다. 그러나 당상과 당하에서 동일한 시를 동시에 노래하고 연주하는 것으로 보는 능정감의 입장에서는 '合樂三終'은 중간에 모두 6번 종료되어 마치는 것이 된다.

3_「사하」·「번알」·「거」는 ~ 음악이다 : 『춘추좌전』, 襄公 4년조. 두예의 주에 의하면 '元侯'는 牧과 伯을 가리킨다.

4_樂 : 호배휘의 『의례정의』, 732쪽에는 '樂'이 '業'으로 되어 있다. 이에 따라 번역한다.

5_정가가 모두 연주되었습니다 : '正歌'는 升歌,(당 위에서 슬의 연주에 맞추어 노래하는 것) 笙奏,(당 아래에서 생을 불면서 연주하는 것) 間歌,(당 위에서 슬의 연주에 맞추어 노래를 한 후에 당 아래에서 생을 불어 연주하여 하는 것) 合樂(당 위에서 슬의 연주에 맞추어 노래를 하고 동시에 당 아래에서 생을 불어 연주를 하여 합주하는 것)의 과정을 한 번 마치는 것을 말한다. 『예기』「향음주의」에 "노래하는 악공이 들어와 당 위로 올라가서 노래하여 세 번 마치면,(升歌) 주인은 그들에게 술을 따라 주어 헌의 예를 행한다. 생을 부는 악공이 들어와 당 아래에서 笙으로 연주하여 세 번 마치면,(笙奏) 주인은 그들에게 술을 따라 주어 헌의 예를 행한다. 당 위와 당 아래에서 번갈아가면서 노래하고 연주하여 세 번 마치고,(間歌) 당 위와 당 아래에서 동시에 노래와 연주를 합주하여 세 번 마친다(合樂). 樂正은 賓에게 음악이 모두 연주되었음을 아뢰고 드디어 나간다"(工入, 升歌三終, 主人獻之. 笙入三終, 主人獻之. 間歌三終, 合樂三終. 工告樂備, 遂出)라고 하였다. 이에 대한 진호의 『예기집설』의 해석은 다음과 같다. "노래하는 악공이 들어와 당 위로 올라가서 「鹿鳴」·「四牡」·「皇皇者華」 세 편의 시를 노래로 읊는데, 한 편의 시를 노래하여 마칠 때마다 1終(종료)이 된다. 세 편의 시를 노래

하여 마치면, 주인은 술을 따라 주어 노래하는 악공들에게 헌의 예를 행한다. 笙을 부는 악공이 당 아래로 들어와 「南陔」·「白華」·「華黍」 세 편의 시를 연주하는데, 또한 한 편의 시를 연주하여 마칠 때마다 1終이 된다. 세 편의 시를 연주하여 마치면, 주인은 또한 술을 따라 주어 생을 부는 악공들에게 헌의 예를 행한다. '間'이란 번갈아 가면서 한다는 뜻이다. 당 아래에서 笙으로 연주하는 것(笙奏)과 당 위에서 노래하는 것(升歌)이 모두 끝나면, 당 위와 당 아래에서 번갈아가면서 이어서 연주를 한다. 먼저 당 위에서 「魚麗」를 노래로 읊은 후에, 이어서 당 아래에서 笙으로 「由庚」을 연주하는데, 이것이 1終이 된다. 다음으로 먼저 당 위에서 「南有嘉魚」를 노래로 읊은 후에, 당 아래에서 笙으로 「崇丘」를 연주하는데, 이것이 2終이 된다. 또 그 다음으로 먼저 당 위에서 「南山有臺」를 노래로 읊은 후에, 당 아래에서 笙으로 「由儀」를 연주하는데, 이것이 3終이 된다. '세 편의 시를 합주하여 마친다'(合樂三終)는 것은 당 위에서 瑟의 연주에 맞추어 노래를 부르는 것과 당 아래에서 笙을 불면서 연주하는 것을 동시에 함께 한다는 뜻이다. 노래하는 악공이 당 위에서 「주남」의 「關雎」를 노래로 읊으면 笙을 부는 악공이 당 아래에서 「소남」의 「鵲巢」를 생으로 연주하여 합주한다. 노래하는 악공이 「주남」의 「葛覃」을 노래로 읊으면 笙을 부는 악공이 당 아래에서 「소남」의 「采蘩」을 생으로 연주하여 합주한다. 노래하는 악공이 당 위에서 「주남」의 「卷耳」를 노래로 읊으면 笙을 부는 악공이 당 아래에서 「采蘋」을 생으로 연주하여 합주한다. 이와 같이 합주가 다 끝나면 樂工이 樂正에게 음악이 모두 연주되었음을 아뢰고, 樂正은 다시 賓에게 아뢴 후에 드디어 물러나간다."(工入而升堂, 歌「鹿鳴」·「四牡」·「皇皇者華」, 每一篇而一終. 三篇終, 則主人酌以獻工焉. 吹笙者入於堂下, 奏「南陔」·「白華」·「華黍」, 亦每一篇而一終. 三篇終, 則主人亦酌以獻之也. '間'者, 代也. 笙與歌皆畢, 則堂上與堂下更代而作, 堂上先歌「魚麗」, 則堂下笙「由庚」, 此爲一終. 次則堂上歌「南有嘉魚」, 則堂下笙「崇丘」, 此爲二終. 又其次堂上歌「南山有臺」, 則堂下笙「由儀」, 爲三終也. '合樂三終'者, 謂堂上下歌瑟及笙並作也. 工歌「關雎」, 則笙吹「鵲巢」合之. 工歌「葛覃」, 則笙吹「采蘩」合之, 工歌「卷耳」, 則笙吹「采蘋」合之. 如此皆竟, 工以樂備告樂正, 樂正告于賓而遂出)

6_'태사'는 악공의 우두머리로서 : 호광충은 『의례석관』에서 '大師'는 악공의 우두머리로 '上工'이라고도 칭한다고 하였다.

7_'태사'는 악공의 ~ 자이다 : 『주례』「춘관·대사」의 문장이다. 黃鍾·大蔟·姑洗·蕤賓·夷則·無射은 陽聲이고, 大呂·應鍾·南呂·函鍾·小呂·夾鍾은 陰聲이다. '六詩'는 風·賦·比·興·雅·頌을 가리킨다. '六律로써 音을 이룬다'는 것은 정현에 의하면, 大師는 律을 가지고 사람이 음을 내는 것을 살펴서 그 사람에게 어떤 노래가 적당한지를 알아내는 것이라고 한다.(以律視其人爲之音, 知其宜何歌)

8_ 저는 성가에 ~ 적당합니까? : 『예기』「악기」의 문장이다.

9_ '당 위 서쪽 기둥의 ~ 때문이다 : 가공언은 樂正과 工(악공)이 모두 당 위 남쪽 끝 모서리(堂廉)에 있었기 때문에 당 위 서쪽 기둥의 남쪽으로는 지날 곳이 없어서 서쪽 기둥의 안쪽을 경유하여 동쪽 기둥의 동쪽으로 가서 군주에게 보고하는 것이라고 하였다. 『의례주소』, 319쪽 참조.

「사정중정전치도司正中庭奠觶圖」

장혜언(淸), 『흠정의례의소』

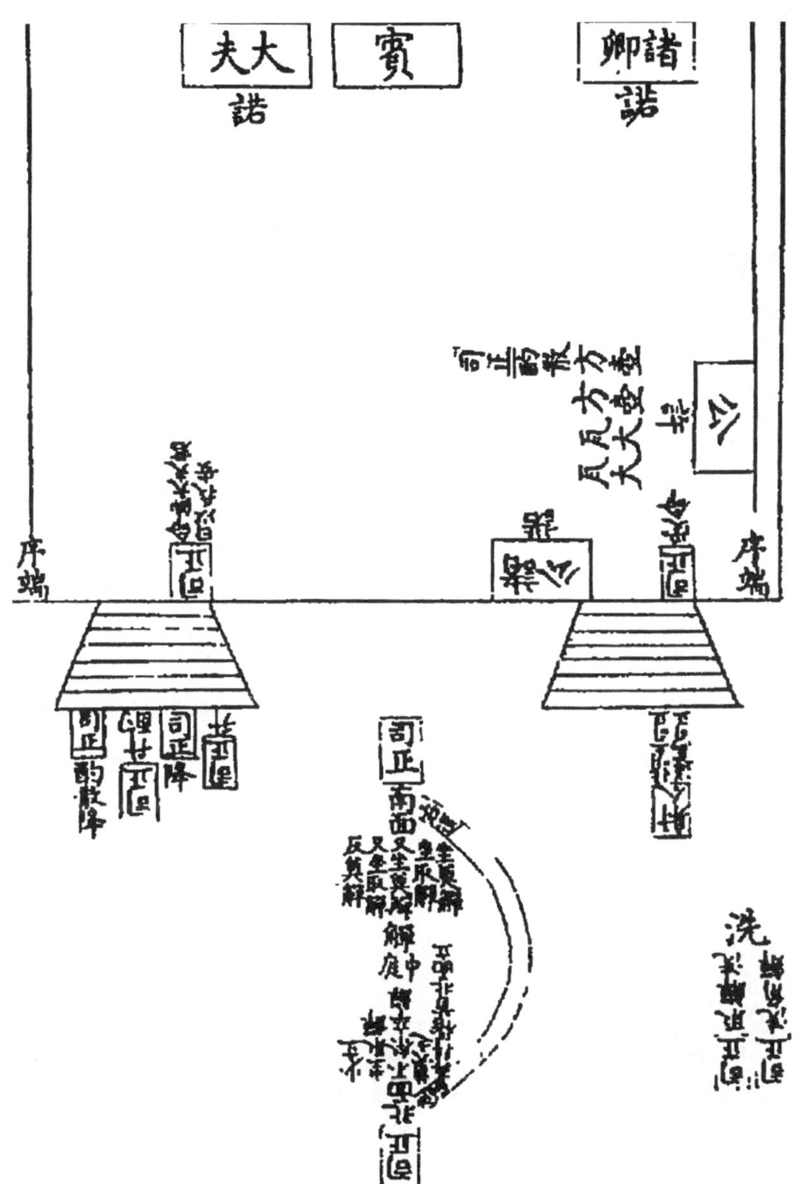

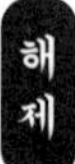

經-111에서 經-120까지는 사정을 세워서 빈을 편안히 하도록 하는 절차이다.

[燕禮06 : 經-111]

사인射人은 조계 아래에서 군주에게 사정司正을 세울 것을 청한다. 군주는 이를 허락한다. 사인이 드디어 사정이 된다.

射人自阼階下請立司正. 公許. 射人遂爲司正.

정현주 군주가 사인의 요청을 허락하고, 이로 인해서 그를 사정으로 명하는 것이다. 군주가 세 차례 여수旅酬의 예를 거행하였고,[1] 음악이 모두 연주되었다.[2] 빈을 머물게 하여 술을 마시게 하고자 할 때 다시 사정을 세워 감독하게 하는 것은 의식절차를 살피는 법이다. 사인들은 모두 예의 진행을 돕는 사람이니, 그 일은 똑같다. 君許其請, 因命用爲司正. 君三擧爵, 樂備作矣. 將留賓飮酒, 更立司正以監之, 察儀法也. 射人俱相禮, 其事同.

[燕禮06 : 經-112]

사정은 술잔(角觶)을 씻은 후 뜰 중앙(中庭)[3]으로 가서 남쪽을 향해 앉아 술잔을 내려놓는다. 이어서 당 위로 올라가 당 위 동쪽 기둥(東楹)의 동쪽에서 군주의 명을 받고, 그런 후에 서쪽 계단 위쪽으로 가서 북쪽을 향해 경 · 대부들에게 "군주께서 '나를 위해 편안히 앉아서 머물러 주시오'라고 하셨습니다"[4]라고 군주의 명을 전한다. 경 · 대부들은 모두 "예, 감히 편안히 앉아 있지 않을 수 있겠습니까!"라고 대답한다.

司正洗角觶, 南面坐奠于中庭. 升, 東楹之東受命, 西階上北面命卿 · 大夫, "君曰'以我安.'" 卿 · 大夫皆對曰, "諾. 敢不安!"

정현주 술잔을 씻은 후 뜰의 중앙에 술잔을 내려놓는 것은 그 일로 스스로를 표현하여 위의威儀가 많음을 밝히는 것이다. 군주의 뜻이 은근하여 빈을 머물게 하여 술을 마시게 하고자 하는 것이다. 경 · 대부들에게 나를 위해서 편안히 앉아 있으라고 명한 것은 혹 또한 그 뜻의 실질이 빈만을 위주로 하지 않기 때문이다. 洗奠角觶于中庭, 明其事以自表, 威儀多也. 君意殷勤, 欲留賓飮酒. 命卿 · 大夫以我故安, 或亦其實不主意於賓.

[燕禮06 : 經-113]

사정은 서쪽 계단을 통해 당에서 내려와 뜰 중앙에서 남쪽을 향해 앉아 술잔(角觶)을 집어 들고 당 위로 올라가 신하의 술동이(散)에서 술을 떠서 술잔에 채운다. 다시 당에서 내려와 뜰 중앙에서 남쪽을 향해 앉아서 술잔을 내려놓고, 오른쪽으로 몸을 돌려 북쪽을 향해 잠시 서 있다가 앉아서 술잔을 집은 후 일어난다. 다시 앉아서 술로 고수레는 하지 않은 채로 술잔의 술을 다 마신 후 빈 술잔을 내려놓고 일어나고, 다시 머리를 바닥에 대면서 배례를 한다.
司正降自西階, 南面坐取觶, 升酌散. 降, 南面坐奠觶, 右還, 北面少立, 坐取觶, 興. 坐不祭, 卒觶, 奠之, 興, 再拜稽首.

정현주 '오른쪽으로 몸을 돌린다'(右還)는 것은 장차 술잔의 남쪽으로 가기 위해 먼저 서쪽을 향하는 것이다.[5] 반드시 술잔의 서쪽을 통해서 가는 것은 군주가 동쪽에 있기 때문이다. '잠시 선다'(少立)는 것은 스스로 엄정하게 하여 자기 위치에서 삼가는 것이다.[6] '右還', 將適觶南, 先西面也. 必從觶西, 爲君之在東也. '少立'者, 自嚴正, 愼其位.

[燕禮06 : 經-114]
사정은 다시 왼쪽으로 몸을 돌려 남쪽을 향해 앉아 술잔(角觶)을 집어 들어 그것을 씻고, 남쪽을 향해 빈 술잔을 제자리에[7] 되돌려 놓는다.
左還, 南面坐取觶, 洗, 南面反奠于其所.

정현주 빈 술잔을 되돌려 놓는 것은 자리를 비우지 않으려는 것이다. 反奠虛觶, 不空位也.

[燕禮06 : 經-115]
이어서 사정은 서쪽 계단을 통해 당 위로 올라가 당 위 동쪽 기둥

(東楹)의 동쪽에서 군주에게 희생제기(俎)를 거둘 것을 청한다. 군주는 이를 허락한다. 사정은 빈에게 군주의 뜻을 고한 후 당에서 내려온다. 빈은 자리의 남쪽에서 북쪽을 향해 희생제기를 집어 들고 침문寢門 밖으로 나간다. 선재膳宰는 군주의 자리 앞에 진설된 희생제기를 거두어 조계를 통해 당에서 내려와서 당 아래 동쪽 담장(東壁)으로 가지고 간다.

升自西階, 東楹之東請徹俎. 降[8], 公許. 告于賓. 賓北面取俎以出. 膳宰徹公俎, 降自阼階以東.

정현주 선재가 조계를 통해 당에서 내려오는 것은 빈이 직접 희생제기(俎)를 거두는데 마치 군주가 직접 거두는 듯이 하기 위함이다.[9] 膳宰降自阼階, 以賓親徹, 若君親徹然.

[燕禮06 : 經-116]

경·대부들은 모두 당에서 내려와 서쪽 계단 아래에서 동쪽을 향하여 서는데, 북쪽을 윗자리로 삼는다.

卿·大夫皆降, 東面, 北上.

정현주 장차 앉아서 연음燕飮을 해야 하기 때문에 당에서 내려와 빈이 돌아오기를 기다리는 것이다. 以將坐, 降待賓反也.

[燕禮06 : 經-117]

빈은 다시 침문 안으로 들어와 경·대부들과 함께 모두 신발을 벗은 후 당 위로 올라가 자리로 나아간다. 군주는 빈 및 경·대부들을 모두 각자의 자리에 앉도록 한 후에 비로소 편안하게 앉는다.

賓反入, 及卿·大夫皆說屨, 升就席. 公以賓及卿·大夫皆坐, 乃安.

정현주 무릇 연례에서 앉을 때에는 반드시 신발을 벗는데, 신발은 천하여서 당에 두지 못하기 때문이다. 예는 공경함을 숭상하지만, 공경함이 지나치면 친애하지 못한다. 연례에서 편안히 앉는 것은 서로 친애하는 마음이다. 凡燕坐必說屨, 屨賤, 不在堂也. 禮者尙敬, 敬多則不親. 燕安坐, 相親之心.

[燕禮06 : 經-118]

여러 가지 맛난 음식을 올린다.

羞庶羞.

정현주 간료肝膋[10]를 차려 올리는 것을 말하니, 저민 개고기와 고기젓갈을 가리킨다.[11] 뼈 붙은 희생고기를 올리는 것은 공경함을 다하는 방법이고, 여러 가지 맛난 음식을 올리는 것은 친애함을 다하는 방법이다.[12] 공경하고 친애하는 것은 현자를 후대하는 도리이다. 謂膳肝膋, 狗胾醢也. 骨體所以致敬也, 庶羞所以盡愛也. 敬之愛之, 厚賢之道.

[燕禮06 : 經-119]

대부는 자리 앞에 진설된 말린 고기와 고기젓갈로 고수레를 한다.
大夫祭薦.

정현주 연음燕飮을 하고 나서 비로소 말린 고기와 고기젓갈로 고수레를 하는 것은 감히 한창 진행할 때에 예를 끝맺을 수 없기 때문이다.[13] 燕乃祭薦, 不敢於盛成禮也.

[燕禮06 : 經-120]

사정은 당 위로 올라가서 군주의 명을 받은 후 빈과 경·대부 등 모두에게 "군주께서 '취하지 않는 사람이 없도록 하라'라고 말씀하였습니다"라고 군주의 명을 전한다. 빈 및 경·대부는 모두 일어나 자리에서 내려와 "예, 감히 취하지 않을 수 있겠습니까!"라고 대답하고, 이어서 모두 제자리로 돌아가 앉는다.
司正升受命, 皆命, "君曰'無不醉.'" 賓及卿·大夫皆興, 對曰, "諾. 敢不醉!" 皆反坐.

정현주 '모두에게 명한다'(皆命)는 것은 빈에게 명하고, 경과 대부에게 명한다는 뜻이다. 일어나 대답할 때에는 반드시 자리에서 내려간다. 사정은 물러나 당 위 서쪽 벽의 끝에 선다.[14] '皆命'者, 命賓, 命卿·大夫也. 起對必降席. 司正退立西序端.

주

1_군주가 세 차례 여수의 예를 거행하였고 : 賓([經—66]~[經—76])·卿([經—87]~[經—88])과 大夫([經—102]~[經—103])를 위해 세 차례 旅酬의 예를 행한 것을 말한다.

2_음악이 모두 연주되었다 : 升歌, 笙奏, 間歌, 合樂의 절차가 모두 끝났다는 뜻이다. [經—109] 참조.

3_뜰 중앙 : 오계공은 '中庭'을 남북의 중앙으로 '阼階의 앞'이라고 보고, 司正이 계단 사이에 위치하지 않는 것은 燕禮에서는 때로 활을 쏘기도 하므로 그곳을 피하는 것이라고 하였다.(中庭亦南北之中, 蓋阼階前也. 司正不位於階間者, 以燕亦有時而射, 宜辟之也) 그러나 성세좌는 司正이 술잔을 내려놓는 위치는 향음주례, 향사례와 마찬가지로 모두 두 계단의 사이로 '뜰의 중앙'이라고 하여, '阼階의 앞'이라고 한 오계공의 설을 비판하였다.(司正奠觶之處, 與鄕飮酒·鄕射禮同, 皆在兩階之間, 庭之中也) 『의례정의』, 737쪽 참조.

4_군주께서 ~ 하셨습니다 : 오계공은 경문의 '我'를 '司正'을 가리키는 말로 보고, '以我安'을 '나를 司正으로 삼은 것은 그대들을 편안히 하기 위한 것이다'(以我爲司正, 所以安汝也)라고 해석하였으며, 방포도 같은 의미로 해석하였다. 그러나 장이기, 학경, 오정화, 호조흔, 성세좌 등은 오계공·방포와 같이 해석할 경우 다음의 "卿·大夫皆對曰, '諾. 敢不安!'"의 문장과 연결되지 않는다는 점을 비판하고, '경문의 '我'는 군주를 가리킨다고 주장하였다. 장이기는 "司正이 군주의 말을 기술하여 경·대부에게 명하는 것이다. '我'는 군주가 스스로를 '나'(我)라고 표현한 것이다. '나는 빈들이 머물기를 바라고 있으니, 마땅히 나를 위해 편안히 앉아서 머물러야 할 것이다'라는 뜻이다"(司正述君之言, 以命卿·大夫. '我'者, 君自'我'也, 言'我欲留賓, 當爲我安坐, 以留之'也)라고 하였다. 호조흔은 경문 '以我安'에서의 '以'는 '함께'(與)라는 뜻이고 '我'는 군주 스스로를 가리킨다고 하였고, 성세좌도 "군주는 존귀하니, 그 신하들이 혹시라도 자신의 존귀함으로 인해서 감히 오래 머물지 못할까 염려되었다. 이 때문에 司正에게 명하여 '그대 대부들은 나와 더불어 함께 편안히 있도록 하라!'라고 고하게 한 것이다"(君尊, 唯恐其臣或以己故而不敢久留也. 故命司正告之曰, '子大夫其與我而俱安乎!')라고 하였다. 『의례정의』, 737쪽 참조.

5_'오른쪽으로 몸을 돌린다'는 ~ 것이다 : 가공언은 다음과 같이 설명한다. "'오른쪽으로 몸을 돌린다'는 것은, 술잔을 놓을 때 남쪽을 향하고, 이어서 오른손으로 밖을 향하여 서쪽을 향하고, 이어서 술잔의 서쪽을 따라 남쪽으로 가서 오른쪽으로 돌아 북쪽을 향한다는 뜻이다"('右還', 謂奠時南面, 乃以右手向外而西面, 乃從觶西南行, 而右還北面) 『의례주소』, 320쪽 참조.

6_'잠시 선다'는 ~ 것이다 : 가공언에 따르면 司正이 감독하고 살피는 것은 주로 사람들로 하여금 엄정하고 신중히 하도록 하는 것이므로, 司正이 먼저 솔선수범하여 스스로 엄정하고 삼가는 것이다. 『의례주소』, 321쪽, 가공언의 소 참조.

7_제자리에 : '제자리'(其所)는 뜰의 중앙(中庭)으로서 처음 술잔을 진설하였던 곳이다.

8_降 : 저인량은 이 '降'자는 '告于賓'의 아래에 있어야 한다고 본다. 이에 따라 번역한다. 『의례정의』, 740쪽 참조.

9_선재가 ~ 위함이다 : 신하는 당에 오를 때 서쪽 계단을 이용하는데, 선재가 군주의 俎를 거둘 때 조계를 이용하는 것은 군주의 물건을 중시하여 신하들과 구별하기 위한 것이다. 『의례정의』, 740쪽 학경의 설 참조.

10_간료 : 왕에게 올리는 여덟 가지 진귀한 음식 가운데 하나이다. 『주례』「천관·선부」에 "진귀한 음식으로 여덟 가지 물품을 사용한다"(珍用八物)라고 한 것에 대해 정현은 "진귀한 음식은 淳熬·淳母·炮豚·炮牂·擣珍·漬·熬·肝膋를 가리킨다"라고 하였다. '肝膋'를 만드는 방법은 개의 간을 사용하는데, 창자 사이의 비계로 겉을 바르고, 그것을 불 위에 올려놓고 굽는다. 『예기』「내칙」에서 "개의 간 하나를 잡아서 그 창자 사이의 비계로 덮어 씌우고 흠뻑 구워서 모두 뜨거워지게 한다. 모두 그 창자 사이의 비계에는 여뀌를 쓰지 않는다"(肝膋, 取狗肝一, 幪之以其膋, 濡炙之, 擧燋. 其膋不蓼)라고 하였다. '그 창자 사이의 비계에는 여뀌를 쓰지 않는다'는 것은 먹을 때 채소를 얹지 않는다는 뜻이다.

11_간료를 차려 ~ 가리킨다 : 이여규와 노문초는 경문에서 '여러 가지 맛난 음식'(庶羞)이라고 한 이상 저민 개고기와 고기젓갈뿐만은 아니라고 하였다.(以經云'庶羞', 知不但胾醢而已) 오계공에 의하면 이 '庶羞'를 올리는 순서는 빈에게 먼저 올린 후에 군주에게 올리고, 이어서 나머지 사람들에게 올린다고 한다.(亦先賓乃及公, 而後及其餘) 또 오계공은 아직 士에게 헌의 예를 행하지 않았음에도 음식을 올리는 것은 이 맛난 음식이 당 아래에 있는 사람들에게까지는 미치지 않음을 보여 주는 것이라고 하였다.(未獻士而羞, 此則是不及於在下者矣) 『의례정의』, 741쪽 참조.

12_뼈 붙은 ~ 방법이다 : [사우례14 : 經—51]에 "胾를 올려놓은 4개의 豆는 왼쪽에 진설한다"(胾四豆, 設于左)라고 한 것에 대해 정현은 "'胾'는 저민 고기이다(切肉)"라고 하였고, 『예기』「곡례상」에 "무릇 음식을 차리는 예는 殽를 왼쪽에 놓고 胾를 오른쪽에 놓는다"(凡進食之禮, 左殽右胾)라고 한 것에 대해 정현은 "'殽'는 뼈 붙은 희생고기이다. '胾'는 저민 고기이다"(殽, 骨體也. 胾, 切肉也)라고 하였다.

13_ 연음을 하고 ~ 때문이다 : 이에 대해 가공언은 "아직 司正을 세우기 전에는 서서 예를 행하고, 獻의 예를 받을 때에는 말린 고기(脯)와 고기젓갈(醢)로 고수레를 하지 않는다. 선인에게 고수레를 하는 것은 예를 끝맺는 것이니, 감히 한창일 때에 예를 끝맺지 못하는 것이다"(謂未立司正之前, 立行禮, 受獻之時, 不祭脯醢. 祭先是成禮, 不敢成禮於盛時)라고 하였다. 또한 '헌'의 예를 행한 후에 고수레를 하는 이유에 대해서 오계공은 "헌의 예를 행할 때에는 말린 고기와 고기젓갈로 고수레를 할 수 없기 때문에 이때에 이르러 고수레를 한다. 반드시 고수레를 하는 것은 이 예를 마친 후에 여러 가지 맛난 음식을 먹을 수 있기 때문이다"(獻時不得祭薦, 至是乃爲之. 必祭之者, 宜終此禮, 然後可以食庶羞也)라고 하였고, 학경은 "처음 대부에게 서쪽 계단 위쪽에서 헌의 예를 행할 때에는 아직 자리에 올라가지 않았기 때문에 고수레를 하지 않았는데, 이때에 이르러 자리에 올라가서 고수레를 하는 것이다"(初獻大夫於西階上, 未升席, 故未祭, 至是升席乃祭也)라고 하였다. 『의례주소』, 322쪽 및 『의례정의』, 742쪽 참조.

14_ 사정은 ~ 선다 : 저인량에 의하면, 司正이 된 이후에는 獻과 酬의 예를 행할 때에 모두 堂上에 서서 예의절차를 살피고 있었는데, 헌의 예를 받을 때에 이르러 堂에서 내려와 술잔의 남쪽 자리로 돌아왔다가, 헌의 예가 끝나면 다시 당 위로 올라가 序端(당 위 서쪽 벽의 끝)에 서 있는 것이다.(蓋旣爲司正, 則獻·酬時俱當立堂上以察儀. 迨其受獻, 乃降復觶南位, 獻訖仍升立序端也) 『의례정의』, 742쪽.

「주인헌사급축사도主人獻士及祝史圖」
장혜언(淸), 『흠정의례의소』

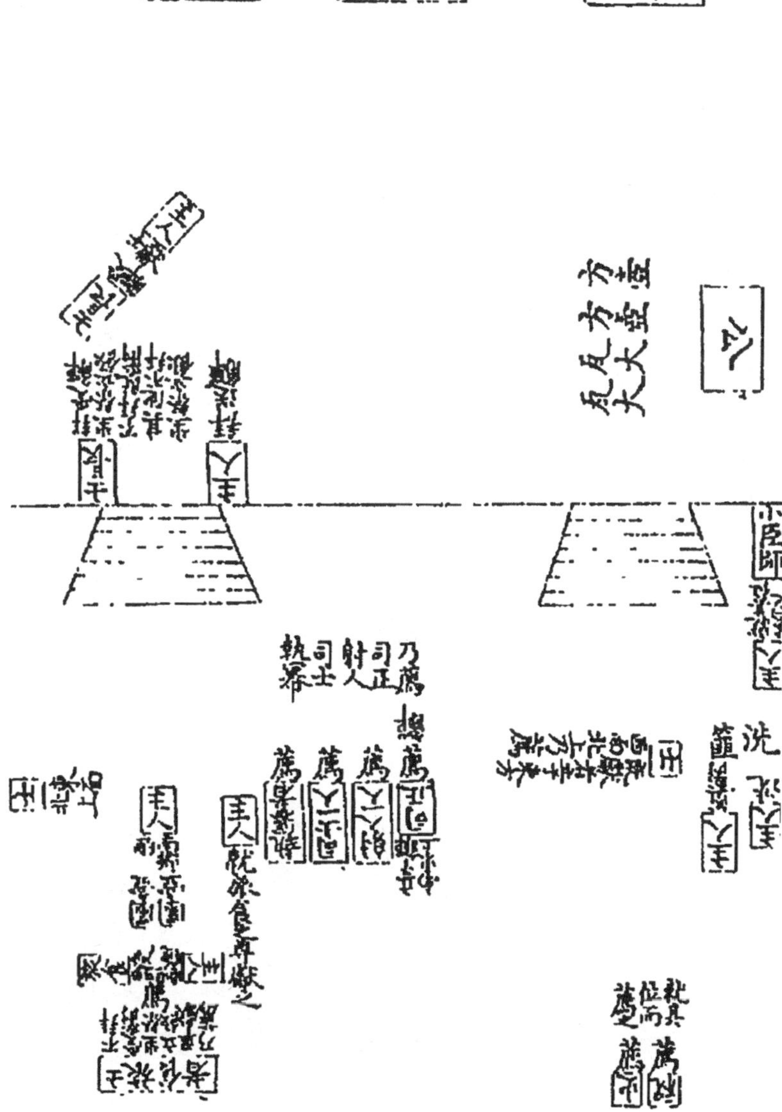

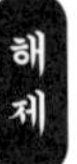

經－121에서 經－126까지는 주인이 사와 여식자旅食者들에게 두루 '헌獻'의 예를 행하는 절차이다.

[燕禮06 : 經－121]

주인은 술잔(角觶)을 씻은 후 당 위로 올라가 서쪽 계단 위쪽에서 사士에게 술을 올려 헌獻의 예를 행한다. 사士의 우두머리[1]는 서쪽 계단 위쪽으로 올라가 배례를 한 후에 술잔을 받는다. 주인은 술잔을 보내 준 후에 배례를 한다.

主人洗, 升, 獻士于西階上. 士長升, 拜受觶. 主人拜送觶.

정현주

사에게 '헌'의 예를 행할 때 술잔으로 치觶(3승 용량)를 사용하는 것은 사는 신분이 천하기 때문이다.[2] 금문본에는 '觶'가 '觚'로 되어 있다.

獻士用觶, 士賤也. 今文'觶'作'觚'.

[燕禮06 : 經－122]

사의 우두머리는 앉아서 술로 고수레를 한 후 서서 술잔의 술을 다 마시는데, 술을 다 마시게 해 준 것에 배례를 하지는 않는다. 그 밖의 사들도 당 위로 올라가지만 배례는 하지 않으며, 앉아서 술로 고수레를 한 후 서서 술잔의 술을 다 마신다.
士坐祭, 立飮, 不拜既爵. 其他不拜, 坐祭, 立飮.

정현주 '그 밖의 사들'(他)은 중사衆士를 가리키는데, 마찬가지로 당 위로 올라가서 술잔을 받고[3] 배례는 하지 않는다.[4] '他'謂衆士也, 亦升受爵, 不拜.

[燕禮06 : 經-123]

주인은 헌獻의 예가 끝나면 이어서 사정司正과 사인射人 1명, 사사司士 1명, 덮개보를 잡는 사람(執冪) 2명의 자리 앞에 말린 고기와 고기젓갈을 올린다.[5] 이들은 모두 술잔의 남쪽에 서는데, 동쪽을 윗자리로 삼는다.
乃薦司正與射人一人·司士一人·執冪二人. 立于觶南, 東上.

정현주 천자의 경우 사인과 사사에 각각 하대부 2명을 임명한다.[6] 제후의 경우에는 사인과 사사에 상사上士를 임명하며 그 사람의 수는 천자의 경우와 마찬가지이다.[7] 사정의 자리가 윗자리가 된다. 天子射人·司士, 皆下大夫二人. 諸侯則上士, 其人數亦如之. 司正爲上.

[燕禮06 : 經-124]

주인은 중사衆士들에게 두루 술을 따라 주어 헌獻의 예를 행한다.

중사 가운데 이미 헌의 예를 받은 사람들은 뜰의 동쪽으로 가서 서쪽을 향하여 서는데, 북쪽을 윗자리로 삼는다. 이어서 중사들의 위치 앞에 말린 고기와 고기젓갈을 올린다.
辯獻士. 士旣獻者, 立于東方, 西面, 北上. 乃薦士.

정현주 헌獻의 예를 마친 사람들마다 뜰의 동쪽 위치로 나아가는 것은 대체로 그들을 높이는 뜻이다.[8] 헌의 예를 마치면 그들의 위치 앞에 음식을 올린다. 每已獻而卽位于東方, 蓋尊之. 畢獻, 薦于其位.

[燕禮06 : 經-125]
축사祝史와 소신小臣의 우두머리에게도 그들의 위치로 나아가 말린 고기와 고기젓갈을 올린다.
祝史·小臣師亦就其位而薦之.

정현주 중사衆士에 이어서 이들에게도 헌獻의 예를 행하고, 헌의 예를 마친 후에도 위치를 바꾸지 않았으니, 위치는 스스로 동쪽에 있는 것이다.[9] 次士獻之, 已, 不變位, 位自在東方.

[燕禮06 : 經-126]
주인은 사士로서 무리지어 관부에서 초식稍食을 받는 사람들의 술동

이(圜壺) 앞으로 나아가 술을 떠서 술잔에 채운 후 그들에게 헌獻의 예를 행한다. 사士로서 무리지어 관부에서 초식을 받는 사람들은 배례를 하지 않고 술잔을 받으며, 앉아서 술로 고수레를 한 후 서서 술을 마신다.

主人就旅食之尊而獻之. 旅食不拜, 受爵, 坐祭, 立飮.

정현주 북쪽을 향해서 술을 떠서 채우고 술동이의 남쪽에서 남쪽을 향해 그들에게 헌獻의 예를 행하는 것이다. 술잔을 씻지 않는 것은 그들이 천하기 때문이니, 간략히 하는 것이다. 이들에게도 헌獻의 예를 마친 후에 말린 고기와 고기젓갈을 올린다. 주인은 빈 술잔을 집어 대광주리 안에 넣어두고 본래 위치로 되돌아온다. 北面酌, 南鄕獻之於尊南. 不洗者, 以其賤, 略之也. 亦畢獻乃薦之. 主人執虛爵奠于篚, 復位.

주

1_사의 우두머리 : 학경은 '사의 우두머리'는 사 가운데 존귀한 자로서, 司正과 司士 등을 가리킨다고 하였다.('士長', 士之尊者, 如司正 · 司士等) 『의례정의』, 742~743쪽 참조.

2_사에게 '헌'의 예를 ~ 때문이다 : 가공언에 따르면 대부 이상에게 獻의 예를 행할 때에는 술잔으로 2승 용량의 '觚'를 사용하고 旅酬의 예를 행할 때에는 3승 용량의 '觶'를 사용했는데, 이곳에서 士에게 헌의 예를 행할 때에는 술잔으로 3승 용량의 '觶'를 사용하기 때문에 '사는 신분이 천하기 때문이다'라고 한 것이다.(對上大夫已上獻用觚, 旅酬乃用觶. 此獻士卽用觶, 故云'士賤'也) 오계공은 '獻'의 예를 행할 때 술잔으로 '觶'를 사용하는 경우는 없으므로 금문본에 따라 '觚'가 되어야 한다고 하였다.(凡獻無用觶者, 當從今文) 그러나 성세좌는 다음과 같이 오계공의 주장을 비판한다. "술잔은 작은 것을 귀하게 여기기 때문에 '헌'의 예를 행할 때에는 술잔으로 1승 용량의 爵을 사용하고, 그 밖에는 3승 용량의 觶를 사용한다. 鄕飮酒禮의 예가 그러한 경우이다. 燕禮는 예가 가볍기 때문에 '헌'의 예를 행할 때 2승 용량의 '觚'를 사용하는데, '觚'는 '爵'보다 크다. 대부 이상에게 이미 2승 용량의 '觚'를 사용했으므로 士에게 헌의 예를 행할 때에는 3승 용량의 '觶'를 사용하는 것이 예에 마땅하다."(觴以小爲貴, 故獻用爵, 其他用觶. 「鄕飮酒」之禮, 是也. 燕禮輕, 故獻用觚, 觚大於爵也. 大夫以上旣用觚, 則獻士用觶, 禮亦宜之) 『의례주소』, 322쪽 및 『의례정의』, 743쪽 참조.

3_마찬가지로 ~ 받고 : 士들 즉 衆士는 笙을 연주하는 악공의 우두머리보다 존귀한데, 생을 연주하는 악공의 우두머리도 계단 위쪽에서 술잔을 받으므로 士 역시 당 위로 올라가서 술잔을 받을 수 있음을 밝힌 것이다. 『의례주소』, 323쪽, 가공언의 소 참조.

4_배례는 하지 않는다 : 士의 우두머리는 당 위로 올라가서 배례를 하지만, 衆士들은 당 위로 올라가기만 하고 배례는 하지 않는다는 뜻이다.

5_주인은 헌의 예가 ~ 올린다 : 학경은 경문의 '乃薦'은 서쪽 계단 위쪽에서 獻의 예를 행한 후에 말린 고기와 고기젓갈을 올리는 것을 가리키며, 射人은 본래 2인인데 그 가운데 한 명을 司正으로 임명하였기 때문에 '射人 1인'이라고 한 것이라고 하였다. ('乃薦'謂旣獻於西階上, 乃以脯 · 醢各薦於其位, 先薦司正等四人, 先長也. 司正卽射人爲之, 故曰'一人') 『의례정의』, 744쪽 참조.

6_천자의 경우 ~ 임명한다 : '射人'은 射禮를 관장하는 것이 주요 職掌이지만, 이 밖에 三公 · 孤 · 卿 · 大夫가 조회할 때 그 위차를 관장하기도 한다. 夏官 司馬에 속한다. '射人司', '大射正', '司射'로도 칭하며, 그 아래 '小射正'이 있는데 上士나 下士를 임명한다. 『주례』「하관 · 서관」에 "射人. 이 관직은 下大夫 2인, 上士 4인, 下士 8인, 府 2인, 史 4인, 胥 2인, 徒 12인이다"라고 하였다. '司士'는 ① 群臣의 名冊을 관리하고

전체 신하들의 숫자를 파악하는 일, ② 왕에게 현자를 추천하고 신하들의 爵祿을 논정하는 일, ③ 3년마다 업무실적을 考核하는 일, ④ 祭祀, 會同, 大喪, 兵災 등의 일이 생길 때 신하들을 파견하여 그 일을 처리하도록 하는 것 등을 관장한다. 夏官 司馬에 속한다. 『주례』「하관·서관」에 "司士. 이 관직은 下大夫 2인, 中士 6인, 下士 12인, 府 2인, 史 4인, 胥 4인, 徒 40인이다"라고 하였다.

7_ 제후의 경우에는 ~ 마찬가지이다 : 호광충은 천자의 射人은 下大夫 2인이고, 제후는 上士로 그 우두머리를 삼는데 또한 2인을 두며, 한 사람은 司正이 되고, 다른 한 사람은 그대로 射人의 직무를 맡는다고 하였다.(天子射人下大夫二人, 諸侯以上士爲之長, 亦有二人, 一爲司正, 一仍供射人之職) 『의례정의』, 745쪽 참조.

8_ 헌의 예를 ~ 뜻이다 : 가공언은 다음과 같이 설명한다. "뜰 중앙의 위치에서 경은 동방에서 서쪽을 향하고, 대부는 북쪽을 향하고, 사는 서방에서 동쪽을 향하는데, 동방이 존귀하기 때문이다. 그런데 이제 경과 대부는 獻의 술잔을 받으러 당 위로 올라가 있어서 위치가 비워져 있다. 이 때문에 士들이 헌의 술잔을 받고 동방의 卿 위치로 나아갈 수 있으니, 그들을 높이는 뜻이다."(以其庭中之位, 卿東方西面, 大夫北面, 士西方東面, 是東方尊. 今卿·大夫得獻升堂, 位空. 故士得獻, 卽東方卿位, 是尊之) 『의례주소』, 323쪽 참조.

9_ 중사에 이어서 ~ 것이다 : 앞에서 士에게 獻의 예를 행할 때 士들은 헌의 예가 끝난 후 본래의 위치인 뜰의 서쪽에서 卿의 위치인 동쪽으로 옮긴 것에 반하여, 祝史는 본래부터 寢門의 동쪽에 있었고 小臣들은 東堂의 아래에 있었기 때문에 처음부터 동쪽에 있었던 것이다. 이 때문에 주인은 그대로 동쪽의 위치에 말린 고기와 고기젓갈을 올린다는 뜻이다.(對先獻士, 士卽變位, 鄕東方也. 云'位自在東方'者, 案上設位之時, 祝史在門東, 其小臣在東堂下, 是先在東方也) 『의례주소』, 324쪽, 가공언의 소 참조.

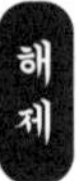
經-127은 연례를 마치고 활쏘기를 하여 빈을 즐겁게 하는 절차이다.

[燕禮06 : 經-127]

만약[1] 활쏘기를 거행할 경우 대사정大射正을 사사司射로 삼는데, 활쏘기는 향사례鄕射禮와 동일한 절차로 한다.

若射, 則大射正爲司射, 如鄕射之禮.

정현주 '대사정大射正'은 사인射人의 우두머리이다. '활쏘기는 향사례와 동일한 절차로 한다'(如鄕射之禮)는 것은 연례는 경·대부를 즐겁게 해 주기 위한 것이므로 향사의 예를 따라야 한다는 뜻이다. '동일한 절차로 한다'(如)는 것은 「향사례」에서의 '활과 화살이 이미 갖추어졌음을 고하는 것'[2]에서부터 '산가지통(中)과 산가지(筭)[3]를 가지고 물러나는 것'[4]에 이르기까지 동일한 절차로 한다는 뜻이다.[5] 활쏘기의 기물을 들이고 과녁(侯)을 펼치는데, 군주에게 먼저 활 쏠 것을 고하여 청하고, 이어서 빈 및 경·대부에게 이를 명하며, 사정司正이 된 자가 또한 사마司馬가 되며, 군주와 빈이 짝이 된다. 「향사례」의 기문에서 '군주가 활쏘기에 참여하면'[6]이라고 한 곳에서부터 '용전龍旃(용을 그려 넣은 깃발)을 들어 올린다'[7]고 한 곳까지는 또한 연례에서의 활쏘기와 다른 것이다. 사로서 무리지어 관부에서 초식을 받는 사람들에게 말린 고기와 고기젓갈을 올린 후에 비로소 활쏘기를 하는 것은 연사燕射(연례에서의 활쏘기)는 술 마시는 것을 위주로 하기 때문이다. '大射正', 射人之長者也. '如鄕射之禮'者, 燕

爲樂卿・大夫, 宜從其禮也. '如'者, 如其'告弓矢既具'至'退中與筭'也. 納射器而張侯, 其告請先于君, 乃以命賓及卿・大夫, 其爲司正者亦爲司馬, 君與賓爲耦. 「鄕射」記曰[8]自'君射'至'龍旃', 亦其異者也. 薦旅食乃射者, 是燕射主於飮酒.

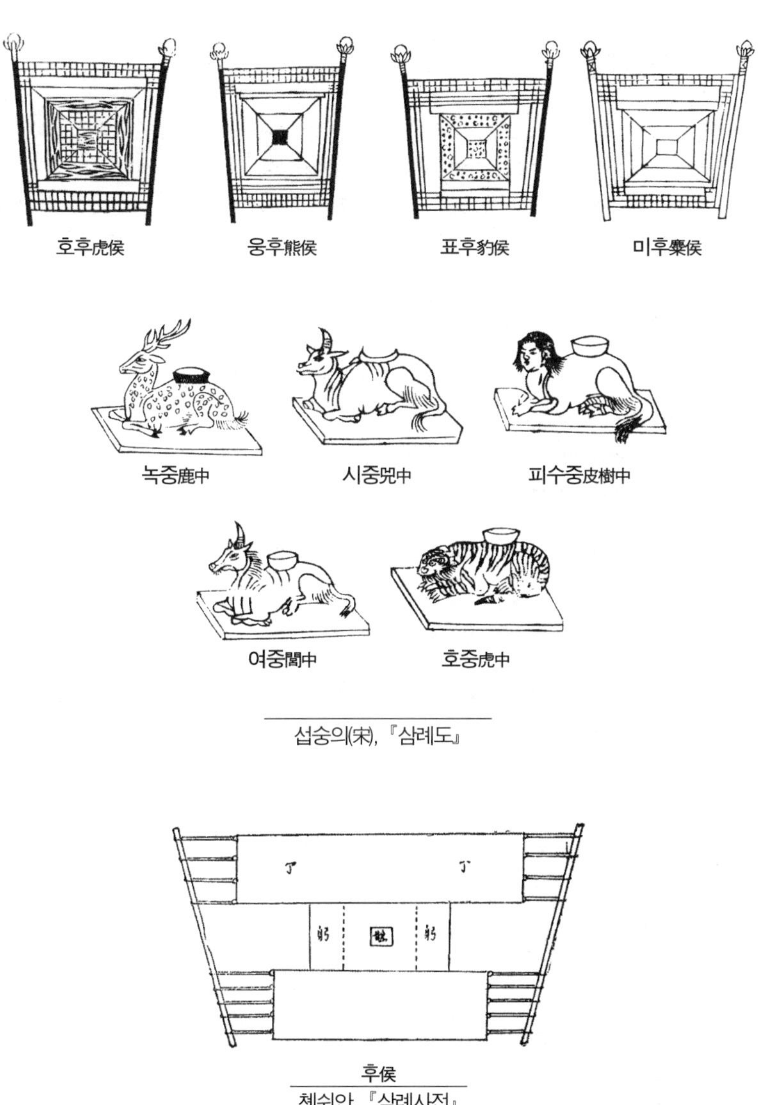

호후虎侯 웅후熊侯 표후豹侯 미후麋侯

녹중鹿中 시중兕中 피수중皮樹中

여중閭中 호중虎中

섭숭의(宋), 『삼례도』

후侯

첸쉬안, 『삼례사전』

주

1_ 만약 : 경문에서 '만약'(若)이라고 하였으므로 활쏘기를 거행하기도 하고 하지 않기도 하는데, 오직 군주의 뜻에 따라 결정된다. 만약 활쏘기를 하지 않을 경우에는 주인이 서인으로서 관직에 있는 자들에게 헌의 예를 행한 후에 빈은 곧바로 술잔을 들어 올리고, 그 술잔으로 군주가 사를 위해 여수의 예를 행한다. 『의례정의』, 748쪽, 장이기의 설 참조.

2_ 활과 화살이 ~ 고하는 것 : [향사례05 : 經—114] 참조.

3_ 산가지통과 산가지 : '中'은 산가지를 넣어 두는 기구이며, '筭'은 명중시킨 화살의 수를 계산하는 산가지이다. 射禮 및 投壺에 사용된다. 산가지통(中)에는 8개의 산가지(筭)가 들어간다. 산가지통은 그 등의 형태와 제도가 다양하여 鹿中, 兕中, 皮樹中, 閭中, 虎中 등이 있다.

4_ 산가지통과 ~ 물러나는 것 : [향사례05 : 經—270] 참조.

5_ 「향사례」에서의 ~ 뜻이다 : 「鄕射禮」에서의 활쏘기는 처음에 司射가 활과 화살이 이미 갖추어졌음을 보고하는 것에서 시작하여 세 번 활쏘기를 마친 후 산가지통(中)과 산가지(筭)를 물리는 것으로 끝난다. 즉 처음부터 끝까지 모든 절차를 「향사례」의 절차에 따른다는 뜻이다.

6_ 군주가 활쏘기에 참여하면 : [향사례05 : 記—73] 참조.

7_ 용전을 들어 올린다 : [향사례05 : 記—79] 참조.

8_ 曰 : 이여규의 『의례집석』에는 '曰'이 '云'으로 되어 있지만, 대진의 校勘記에서는 '云'자는 衍文이라고 하였다. 이곳에서는 대진의 설에 따라 번역한다. 『의례주소』, 324쪽 참조.

「빈잉고공위사거여도賓媵觚公爲士擧旅圖」

(淸), 『흠정의례의소』

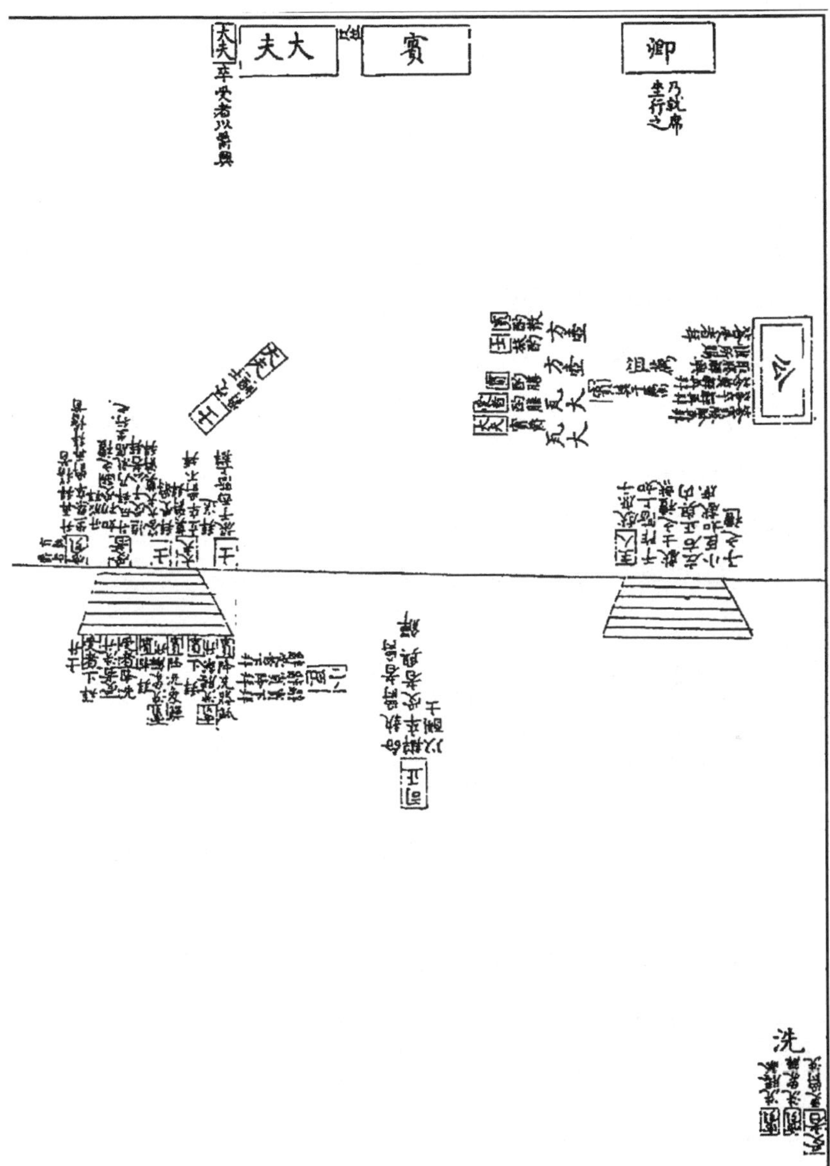

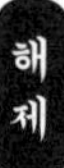

經—128에서 經—138까지는 빈이 군주에게 술잔을 들어서 올리고, 군주가 그 술잔으로 사를 위해 여수旅酬의 예를 거행하는 절차이다.

[燕禮06 : 經—128]

빈은 당에서 내려와 술잔(角觶)을 씻은 후 다시 당 위로 올라가 군주에게 술잔을 들어서 올리고자 한다.[1] 이에 빈은 신하의 술동이(散)에서 술을 떠서 술잔에 채운 후 당에서 내려와 군주에게 배례를 한다.[2] 군주는 한 계단 내려온다. 소신小臣은 군주의 명으로 빈이 당 아래에서 배례하는 것을 사양한다. 빈은 다시 당 위로 올라가 머리를 바닥에 대면서 군주에게 재배를 한다. 군주는 답례로 재배를 한다.

賓降洗, 升媵觚于公. 酌散, 下拜. 公降一等. 小臣辭. 賓升, 再拜稽首. 公答再拜.

정현주 이곳에서는 마땅히 '잉치媵觶'라고 말해야 하니, 여수旅酬의 예에서는 술잔으로 모두 '치觶'(3승 용량)를 사용하기 때문이다. '고觚'(2승 용량)라고 한 것은 글자의 잘못이다. 옛날에 '觶'자는 혹 '角' 옆에 '氏'를 붙인 글자로 쓰기도 하였으니, 이로 말미암아서 잘못된 것이다. 此當言'媵觶', 酬之禮皆用'觶'. 言'觚'者, 字之誤也. 古者'觶'字或作角旁氏, 由此誤爾.

[燕禮06 : 經-129]

빈은 서쪽 계단 위쪽에 앉아서 술로 고수레를 하고 술잔의 술을 다 마신 후 머리를 바닥에 대면서 군주에게 재배를 한다. 군주는 답례로 재배를 한다. 빈은 당에서 내려와 군주의 대광주리(膳篚) 안에서 군주의 술잔(象觶)을 꺼내어 씻은 후 당 위로 올라가 군주의 술동이(瓦大)에서 술을 떠서 술잔에 채우고, 군주의 자리 앞에 앉아서 말린 고기와 고기젓갈의 남쪽에 술잔을 내려놓은 후 당에서 내려와 군주에게 배례를 한다. 소신小臣은 군주의 명으로 빈이 당 아래에서 배례하는 것을 사양한다. 빈은 당 위로 올라가 배례를 완성하고(成拜), 군주는 답례로 재배를 한다. 빈은 본래 위치로 돌아온다.

賓坐祭, 卒爵, 再拜稽首. 公答再拜. 賓降洗象觶, 升酌膳, 坐奠于薦南, 降拜. 小臣辭. 賓升成拜, 公答再拜. 賓反位.

정현주 '본래 위치로 돌아온다'(反位)는 것은 자신의 자리(席)로 돌아온다는 뜻이다. 금문본에는 '洗象觚'(상고를 꺼내어 씻는다)라고 하였다. '反位', 反席也. 今文曰'洗象觚'.

[燕禮06 : 經-130]

군주는 앉아서 빈이 들어서 올린 술잔을 집어 들고 일어나는데, 누구에게 먼저 수酬의 술잔을 하사할 것인지는 오직 군주의 뜻에 따라 정해진다.[3]

公坐取賓所媵觶, 興, 唯公所賜.

정현주 이곳에 이르러 또 '일어난다'(興)라고 한 것은 군주가 예를 숭상하여 게을리하지 않음을 밝히는 것이다. 금문본에는 '觶'가 또 '觚'로 되어 있다. 至此又言'興'者, 明公崇禮不倦也. 今文'觶'又爲'觚'.

[燕禮06 : 經-131]

군주에게 수酬의 술잔을 하사받는 사람은 빈이 처음 군주에게 수의 술잔을 받을 때와 동일한 절차로 한다.[4] 수의 술잔을 하사받은 사람은 술잔의 술을 다 마신 후에 당에서 내려와 술잔(象觶)을 군주의 대광주리 안에 넣어 두고 다른 술잔으로 바꾸어서 씻은 후 다시 당 위로 올라가 군주의 술동이(瓦大)에서 술을 떠서 술잔에 채우고, 당에서 내려와 배례를 한다. 소신小臣은 군주의 명으로 수의 술잔을 하사받은 사람이 당 아래에서 배례하는 것을 사양한다. 수의 술잔을 하사받은 사람은 다시 당 위로 올라가 배례를 완성한다. 군주는 답례로 배례한다. 이어서 수의 술잔을 하사받은 사람은 자리로 나아가 앉은 채로 여수旅酬의 예를 행한다.

受者如初受酬之禮. 降, 更爵洗, 升, 酌膳, 下拜. 小臣辭. 升成拜. 公答拜. 乃就席, 坐行之.

정현주 '앉은 채로 여수의 예를 행한다'(坐行之)는 것은 마치 오늘날 앉아서 서로 술을 권하는 것과 같이 하는 것이다. '坐行之', 若今坐相勸酒.

[燕禮06 : 經-132]

이때부터는 술잔을 잡고 술을 따라 주는 사람이 별도로 있다.
有執爵者.

정현주 사士 가운데에 손을 씻고 당 위로 올라가 술을 떠서 술잔에 채운 후 건네주는 일을 주관하는 사람이 있다는 뜻이다.[5] 士有盥升主酌授之者.

[燕禮06 : 經-133]

오직 군주에게 수의 술잔을 하사받는 사람만이 군주에게 배례를 한다.
唯受于公者拜.

정현주 군주에게 술잔을 하사받은 사람만이 배례를 하는 것이니, 그 나머지는 배례를 하지 않는다. 公所賜者也, 其餘則否.

[燕禮06 : 經-134]

사정司正은 술잔을 잡고 술을 따라 주는 사람에게 당 위에 있는 사람들에게 두루 술잔을 돌리도록 명하고, 마지막으로 술잔을 받은 대부에게는 일어나서 사士에게 술을 권하여 수酬의 예를 행하도록 명한다.
司正命執爵者爵辯, 卒受者興, 以酬士.

정현주 은혜를 고르게 하고자 하는 것이다. 欲令惠均.

[燕禮06 : 經-135]

대부 가운데 마지막으로 술잔을 받은 사람은 술잔을 들고 일어나 서쪽 계단 위쪽에서 사士에게 술을 권하여 수酬의 예를 행한다. 사는 당 위로 올라가 술잔을 받는다. 대부는 술잔을 내려놓고 배례를 한다. 사는 답배를 한다.

大夫卒受者以爵興, 西階上酬士. 士升. 大夫奠爵拜. 士答拜.

정현주 '일어나 사에게 수의 예를 행한다'(興酬士)고 한 것은 사는 당 아래에 서 있어서 앉을 위치가 없기 때문이다. '興酬士'者, 士立堂下, 無坐位.

[燕禮06 : 經-136]

대부는 선 채로 술잔의 술을 다 마시는데 배례는 하지 않으며, 다시 술잔에 술을 채워 사士에게 건네준다. 사는 배례를 한 후에 술잔을 받는다. 대부는 술잔을 건네준 후에 배례를 한다. 당 아래에 있던 사士들은 서쪽 계단 위쪽으로 올라가 순서에 따라 여수의 술잔을 받는데, 두루 받는다.

大夫立卒爵, 不拜, 實之. 士拜受. 大夫拜送. 士旅于西階上, 辯.

정현주 축사祝史·소신小臣 그리고 사로서 무리지어 관부에서 초식을 받는 사람(旅食)들까지 모두 여기에 참여한다. 祝史·小臣, 旅食皆及焉.

[燕禮06 : 經-137]

사士들은 순서에 따라 서로 술을 권하여 여수旅酬의 예를 행한다.
士旅酌.

정현주 '여旅'는 순서(序)의 뜻이다. 사들이 순서에 따라 스스로 술을 따르고 서로 술을 권하는 것은 별도로 술잔을 잡고 술을 따라 주는 일을 담당하는 사람이 없기 때문이다. '旅', 序也. 士以次序自酌相酬, 無執爵者.

[燕禮06 : 經-138]

이렇게 하여 여수旅酬의 예禮가 끝난다.
卒.

주

1_ 군주에게 술잔을 들어서 올리고자 한다 : 군주에게 술잔을 들어서 올리는 것은 하대부의 일인데, 이곳에서 빈이 술잔을 들어서 올리는 것은 감히 빈으로 자처하지 않는 것으로 지극히 공경히 하는 것이다. 『의례정의』, 748쪽, 오계공의 설 참조.

2_ 당에서 내려와 군주에게 배례를 한다 : 당에서 내려와 서쪽 계단 아래에서 배례를 하는 것이다. 『의례정의』, 748쪽, 오계공의 설 참조.

3_ 누구에게 먼저 ~ 정해진다 : 오계공은 이곳의 '旅酬'의 예는 士를 위한 것이지만 실제로 군주는 士들에게 술잔을 내려 주지 않는데, 士는 그 신분이 낮은 데다 당 아래에 있기 때문이라고 하였다.(此酬主於士, 而所賜則不及之, 以其賤而在下也) 학경도 "이는 군주가 士를 위해 旅酬의 예를 거행하는 것이지만, 곧바로 사에게 술잔을 내려 주지 않는 것은 귀한 사람으로부터 천한 사람에게 미치는 것이기 때문이다. 이에 앞서 군주는 세 차례 旅酬의 예를 거행하였다. 첫 번째는 賓을 위해서([經—66]~[經—76]), 두 번째는 卿을 위해서([經—87]~[經—88]), 세 번째는 大夫를 위해서([經—102]~[經—103]) 거행하였다. 士 이하에까지는 미치지 않았기 때문에 賓이 들어서 올린 술잔을 사용하여 다시 여수의 예를 거행하여 은혜를 끝맺는 것이다"(此君爲士擧旅, 而不卽賜士, 由貴逮賤也. 前此君三擧旅, 一爲賓, 再爲卿, 三爲大夫. 未及士以下, 故因賓媵之爵, 再擧旅以終惠也)라고 하였다. 따라서 士를 위해 거행하는 旅酬의 예에서는 군주가 먼저 경이나 대부에게 酬의 술잔을 내려 주고, 이어서 다시 차례대로 수의 술잔을 돌려 사에게까지 미침으로써 여수의 예가 진행되는 것이다. 『의례정의』, 750쪽 참조.

4_ 군주에게 수의 술잔을 ~ 한다 : [經—66]~[經—68] 참조.

5_ 사 가운데에 ~ 뜻이다 : 이여규는 "이전에 여수의 예를 행할 때에는 모두 술을 권하는 사람이 직접 술동이에서 술을 떠서 술잔에 채웠는데, 이때부터는 술잔을 잡고 술을 따라 주는 역할을 하는 士가 따로 있다는 뜻이다"(前擧旅皆酬者自酌, 至此有士執爵行之)라고 하였고, 오계공은 "앉아서 술을 권하기 때문에 반드시 술잔을 잡고 대신 술을 떠서 따라 주는 사람이 있어야 한다"(坐而行酒, 故須有執爵者代酌授之)라고 하였다. 『의례정의』, 750쪽 참조.

經―139는 주인이 서자 등에게 조계 위쪽에서 '헌獻'의 예를 행하는 절차이다.

[燕禮06 : 經―139]

주인은 술잔(角觶)을 씻은 후 서쪽 계단을 통해 당 위로 올라가 조계 위쪽에서 서자庶子들에게 술을 올려 '헌'의 예를 행하는데, 사士들에게 '헌'의 예를 행할 때와 동일한 절차로 한다.[1] 주인은 서자들에게 두루 헌의 예를 행한 후에 당에서 내려와 술잔을 씻고, 이어서 좌우정左右正과 내소신內小臣에게 모두 조계 위쪽에서 '헌'의 예를 행하는데, 서자들에게 '헌'의 예를 행할 때와 동일한 절차로 한다.

主人洗, 升自西階, 獻庶子于阼階上, 如獻士之禮. 辯, 降洗, 遂獻左右正與內小臣, 皆於阼階上, 如獻庶子之禮.

정현주 '서자庶子'는 여섯 가지 희생의 몸체 및 춤추는 위치를 바로잡아 국자國子로 하여금 품덕品德을 닦고 도예道藝를 익히게 하는 일을 관장하는데,[2] 세자世子의 속관으로 선재膳宰·악정樂正과 일이 관련된다. '악정樂正' 역시 국자에게 춤을 가르친다. '좌우정左右正'은 악정과 복인정을 가리킨다. 소악정小樂正은 서현西縣(서쪽에 걸어 둔 악기)의 북쪽에 서 있고, 복인정僕人正·복인사僕人師·복인사僕人士는 그 북쪽에 서는데 북쪽을 윗자리로 삼는다. 내악정大樂正은 동현東縣(동쪽에 걸어 둔 악기)의 북쪽에 선다. 만약 활쏘기를 거행할 경우 복인정과 복인사는 악공(工) 뒤에 배석한다. '내소신內小臣'은 엄인奄人으로서 군주의 음사陰事와 음령陰令을 관장하는데 후부인后夫人의 속관이니,[3] 모두 조계 위쪽에서 '헌'의 예를 행하여 외신外臣·내신內臣과 구별한다.[4] 정하正下 및 내소신에게 '헌'의 예를 행한다면 경인磬人·종인鍾人·박인鑮人·고인鼓人·복인僕人 등에게도 모두 '헌'의 예를 행한다는 사실을 알 수 있다. 무릇 '헌'의 예를 행한 후에는 모두 말린 고기와 고기젓갈을 올린다. '庶子', 掌正六牲之體及舞位, 使國子脩德學道, 世子之官也, 而與膳宰·樂正聯事. '樂正'亦學國子以舞. '左右正'謂樂正·僕人正也. 小樂正立于西縣之北, 僕人正·僕人師·僕人士立于其北, 北上. 大樂正立于東縣之北. 若射, 則僕人正·僕人士陪于工後. '內小臣', 奄人掌君陰事陰令, 后夫人之官也, 皆獻于阼階上, 別於外·內臣也. 獻正下及內小臣, 則磬人·鍾人·鑮人·鼓人·僕人之屬盡獻可知也. 凡獻皆薦也.

주

1_ 사들에게 ~ 한다 : [經—121]~[經—124] 참조.

2_ '서자'는 ~ 관장하는데 : 이는 『주례』 「하관 · 제자」의 인용문이다. 『주례』 「하관 · 사마」에는 "큰 제사에 여섯 가지 희생의 몸체를 바로잡는다. 무릇 음악의 일이 있을 때에는 춤추는 위치를 바로잡아 정하고, 춤에 필요한 기물을 지급한다. 무릇 나라에 요역 등의 일이 있으면 國子의 무리들로 부대를 편성하고 그들로 하여금 품덕을 닦고 도예를 익히게 한다"(大祭祀, 正六牲之禮. 凡樂事, 正舞位授舞器. … 凡國之政事, 國子存遊倅, 使之脩德學道)라고 하였다. '여섯 가지 희생의 몸체를 바로잡는다'는 것은 匕(숟가락)를 사용하여 희생을 鼎(세발솥) 안에서 꺼내고 그것을 俎(희생고기를 올려놓는 제기) 위에 바르게 올려놓는 것을 가리킨다. 정현 주는 천자의 경우에는 太子의 속관인 '諸子'가 공 · 경 · 대부 · 사의 適子로 구성되는 國子들의 戒令 · 教治 · 等級 · 朝位 등의 일을 관장하는데, 제후의 경우에는 世子의 속관인 '庶子'가 같은 일을 관장한다는 뜻이다.

3_ '내소신'은 ~ 속관이니 : '內小臣'은 관직명으로, 王后의 司令을 관장한다. 奄人이지만 上士로 칭해지는 자이다. 天官 冢宰에 속한다. 『주례』 「천관 · 내소신」에 "內小臣. 이 관직은 王后의 명령을 관장하여 그 복장과 위치를 바르게 한다. 왕후가 출입할 때에는 앞에 서서 인도한다. … 왕의 陰事와 陰令을 관장한다"(掌王后之命, 正其服位. 后出入, 則前驅. … 掌王之陰事陰令)라고 하였다. 정현은 "'陰事'는 群妃들이 왕을 모시는 일이다. … '陰令'은 왕후의 궁에서 왕에게 필요한 옷 등을 만들게 하는 것을 말한다"('陰事', 群妃禦見之事. '陰令', 王所求爲於北宮)라고 하였다. 또한 『주례』 「천관」의 '序官'에 "내소신은 엄인으로서 上士인 사람 네 명을 둔다"(上士內小臣, 奄上士四人)라고 한 것에 대해 정현은 "엄인인데도 士라고 칭한 것은 그들의 현명함을 특별하게 대한 것이다"(奄稱士者, 異其賢)라고 하였다. 『삼례사전』, 176쪽 참조.

4_ 외신 · 내신과 구별한다 : 장이기에 따르면 鄕 · 遂의 采地에 있는 자를 '外臣'이라 하고 조정에 있는 자를 '內臣'이라 하는데, 庶子 이하는 모두 군주의 측근 신하이기 때문에 내 · 외신과 구별하는 것이라고 하였다.(在鄕 · 遂采地者爲'外臣', 在朝廷者爲'內臣.' 庶子以下, 皆人君近習, 故云'別於外 · 內臣也) 『의례정의』, 756쪽 참조.

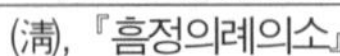

「무산작도無算爵圖」

(淸), 『흠정의례의소』

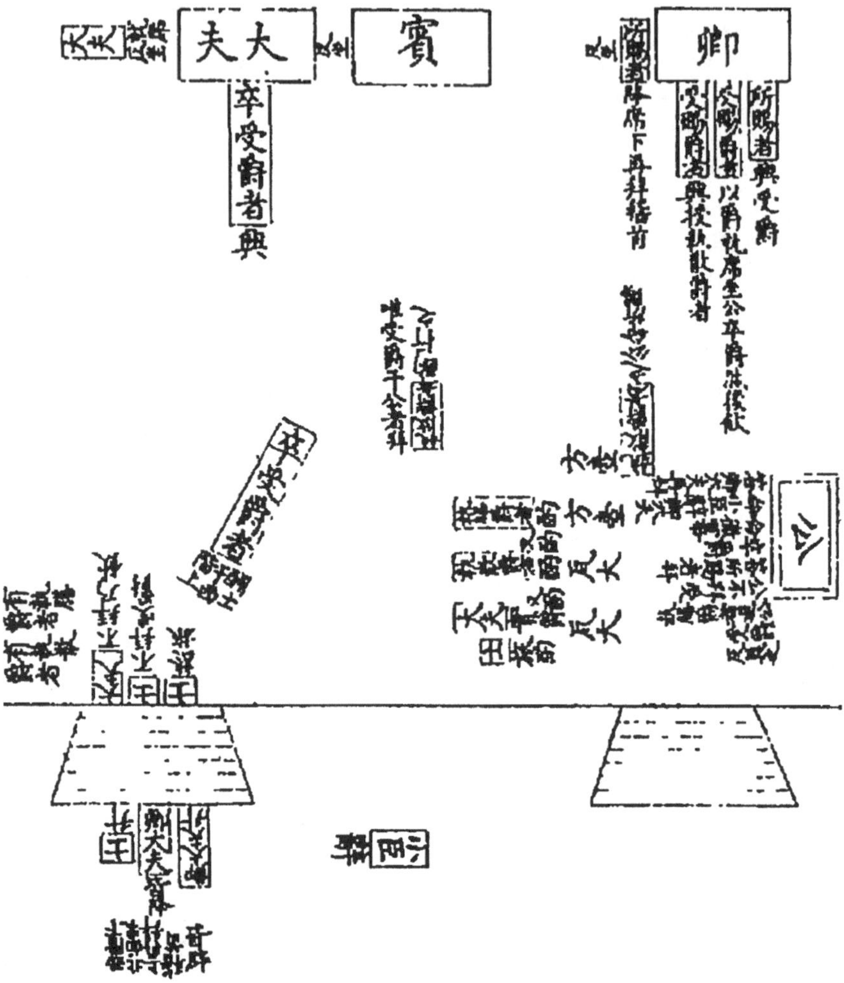

經-140에서 經-148까지는 연례의 마지막에 무산작無算爵과 무산악無算樂을 거행하는 절차이다.

[燕禮06 : 經-140]

순서도 없이 횟수도 없이 서로 술잔을 권하여 마시는 무산작無算爵을 거행한다.

無算爵.

정현주 '산算'은 헤아린다(數)는 뜻이다. 술잔이 도는데 차례도 없고 횟수도 없이 오직 마음대로 권하고, 취하면 그친다. '算', 數也. 爵行無次無數, 唯意所勸, 醉而止.

[燕禮06 : 經-141]

사士 가운데에는 군주의 술잔(象觶)을 잡는 사람이 있고, 신하의 술잔(角觶)을 잡는 사람이 있다. 군주의 술잔을 잡는 사람은 군주의 술동이(瓦大)에서 술을 떠서 술잔에 채운 후 그것을 가지고 군주에게 올리는데, 군주는 배례를 하지 않고 받는다. 신하의 술잔을 잡는 사람은 신하의 술동이(方壺)에서 술을 떠서 술잔에 채운 후 그것을 들고 군주가 하사하라고 지명한 사람의 자리 앞으로 가서 올린다. 군주에게 술잔을 하사받는 사람은 일어나서 술잔을 받은 후 자리에서 내려와 자리 아래에 술잔을 내려놓고 머리를 바닥에 대면서 군주에게 재배를 한다. 군주는 답배를 한다.
士也, 有執膳爵者, 有執散爵者. 執膳爵者酌以進公, 公不拜, 受. 執散爵者酌以之公命所賜. 所賜者興, 受爵, 降席下, 奠爵, 再拜稽首. 公答拜.

정현주 '자리 아래'(席下)는 자리의 서쪽이다.[1] 고문본에는 '公答再拜'(군주는 답례로 재배를 한다)라고 하였다. '席下', 席西也. 古文曰, '公答再拜'.

[燕禮06 : 經-142]

군주에게 술잔을 하사받은 사람은 술잔을 들고 자리로 나아가서 앉는데, 군주가 술잔의 술을 다 마신 후에 마신다.
受賜爵者以爵就席坐, 公卒爵, 然後飮.

정현주 감히 먼저 술잔을 비우지 못하는 것은 이 은혜를 권한 것이 존귀한 자로부터 온 것임을 밝히는 것이다. 不敢先虛爵, 明此勸惠從尊者來也.

[燕禮06 : 經-143]

군주의 술잔을 잡는 사람은 군주의 빈 술잔을 받아들고 다시 술을 떠서 채운 후 군주의 자리 앞으로 돌아와 술잔을 내려놓는다.

執膳爵者受公爵, 酌, 反奠之.

정현주　　연회의 기쁨은 술을 마시는 데에 있으니, 그 뜻을 이루어주는 것이다.[2] 宴歡在於飮酒, 成其意.

[燕禮06 : 經-144]

군주에게 술잔을 하사받은 사람은 술을 마신 후 일어나서 신하의 술잔을 잡는 사람에게 빈 술잔을 건네준다. 신하의 술잔을 잡는 사람은 신하의 술동이에서 술을 떠서 술잔에 채운 후 다음 사람에게 술잔을 돌린다.

受賜爵者興, 授執散爵. 執散爵者乃酌行之.

정현주　　권할 사람에게 주는 것이다.[3] 予其所勸者.

[燕禮06 : 經-145]

오직 군주에게 술잔을 하사받은 사람만이 군주에게 배례를 한다. 마지막으로 술잔을 받은 대부는[4] 일어나서 서쪽 계단 위쪽에서 사士에게 수酬의 예를 행한다. 사는 서쪽 계단 위쪽으로 올라가는데, 대부는 배례를 하지 않고 술잔의 술을 다 마신 후 술잔에 술을 채워 사에게 건네준다.

唯受爵於公者拜. 卒受爵者興, 以酬士于西階上. 士升, 大夫不拜, 乃飮實爵.

정현주 'ㄴ乃'는 이而의 뜻과 같다. '乃'猶而也.

[燕禮06 : 經-146]

사는 배례를 하지 않고 술잔을 받는다. 대부는 술잔을 건네준 후에 자리 위로 올라간다. 사들은 순서에 따라 서로 술을 권하여 여수旅酬의 예를 행하는데, 또한 대부가 사에게 수酬의 예를 행할 때와 동일한 절차로 한다.[5] 군주가 군주의 술동이(瓦大) 덮개보를 거두어내도록 명을 내리는 경우,[6] 경·대부들은 모두 당에서 내려와 서쪽 계단 아래에서 북쪽을 향해 서는데 동쪽을 윗자리로 삼으며, 머리를 바닥에 대면서 군주에게 재배를 한다. 군주는 소신小臣에게 명하여 경·대부가 당 아래에서 배례하는 것을 사양하게 한다. 군주가 답례로 재배를 하면, 대부들은 모두 피하여 사양한다.[7]

士不拜, 受爵. 大夫就席. 士旅酌, 亦如之. 公有命徹冪, 則卿·大夫皆降, 西階下, 北面, 東上, 再拜稽首. 公命小臣辭. 公答再拜, 大夫皆辟.

정현주 '덮개보를 거두어내도록 명한다'(命徹冪)는 것은 군주의 마음이 은근하여 반드시 술을 다 마시게 하고자 하는 것이다.[8] 소신小臣에게 명하여 당 아래에서의 배례를 사양하게 하였는데 경·대부가 당 위로 올라가 배례를 완성하지 않는 것은 비록 취하였지만 신하의 예를 바로 함을 밝히는 것이다.[9] 경문에서 빈을 언급하지 않은 것은 빈이 더욱 신하와 같아졌기 때문이다.[10] 군주가 당 위에서 답배를 하는 것은 이유 없이 받지 않음을 보여 주는 것이다.[11] '命徹冪'者, 公意殷勤必盡酒也. 小臣辭, 不升成拜, 明雖醉, 正臣禮也. 不言賓, 賓彌臣也. 君答拜於上, 示不虛受也.

[燕禮06 : 經-147]

이어서 경·대부들은 당 위로 올라가 자리로 돌아와 앉는다. 사들은 서쪽 계단 위쪽에서 다시 여수의 예를 행하여 마치는데, 처음 사들이 여수의 예를 행할 때와 동일한 절차로 한다.[12]

遂升, 反坐. 士終旅於上, 如初.

정현주 경·대부들이 당에서 내려왔을 때에 술잔 돌리는 일이 중지되었는데, 그들이 자리로 되돌아가 앉았을 때에 사들은 다시 여수의 예를 행하여 마치는 것이다. 卿·大夫降而爵止, 於其反席卒之.

[燕禮06 : 經-148]

순서나 횟수를 정하지 않고 노래하고 연주하는 무산악無算樂을 거행한다.

無算樂.

정현주 승가升歌(당 위에서 슬의 연주에 맞추어 노래하는 것)·간가間歌(당 위에서 슬의 연주에 맞추어 노래를 한 후에 당 아래에서 생을 불어 연주하는 것)·합악合樂(당 위에서 슬의 연주에 맞추어 노래하고 동시에 당 아래에서 생을 불어 연주하며 합주하는 것)에 정해진 횟수가 없이 기쁨을 취할 뿐이니,[13] 그 악장樂章도 마찬가지이다.[14] 升歌·間·合無數也, 取歡而已, 其樂章亦然.

주

1_'자리 아래'는 자리의 서쪽이다 : 가공언에 따르면 빈과 경·대부들의 자리는 모두 머리 부분이 남쪽을 향하고 있어 군주에게 통섭되는데, 모두 동쪽을 윗자리로 삼기 때문에 자리 아래는 자리의 서쪽이 된다.(賓與卿大夫席皆南面統於君, 皆以東爲上, 故知席下爲席西也) 『의례주소』, 329쪽 및 『흠정의례의소』「無算爵圖」 참조. 또 '군주가 하사하는 술잔을 받는 사람'은 賓과 卿·大夫를 가리킨다.

2_연회의 기쁨은 ~ 것이다 : 가공언은 군주의 마음은 모든 사람이 취하기를 바라는데, 이제 군주의 술잔을 잡는 사람이 돌아와 군주 앞에 술잔을 내려놓는 것은 군주의 마음에 부합하고자 하는 것이라고 하였다.(君意欲得皆醉, 今執膳者酌, 反奠於君前, 望當君心, 故云'宴歡在於飮酒, 成其意'也) 『의례주소』, 329쪽. 그러나 성세좌는 군주의 자리 앞에 술잔을 내려놓는 것은 군주의 술잔(象觶)은 신하가 마실 수 있는 것이 아니기 때문이라고 하였다.(反奠于君所者, 象觶非臣所飮也) 또 가공언과 성세좌는 술잔을 내려놓는 장소를 군주의 앞이라고 하였는데, 오계공은 이 역시 말린 고기와 고기젓갈의 남쪽에 놓아두는 것이 아닐까 추측하였다. 『의례정의』, 758쪽 참조.

3_권할 사람에게 주는 것이다 : 군주에게 술잔을 하사받은 사람이 賓일 경우 신하의 술잔을 잡는 사람은 먼저 諸公이나 卿에게 술잔을 권하고, 군주에게 술잔을 하사받은 사람이 諸公이나 卿·大夫일 경우 술잔을 잡는 사람은 술잔을 먼저 빈에게 권하고, 이어서 그 나머지 사람들에게 차례대로 술잔을 권하는 것이다. 『의례정의』, 758쪽, 오계공의 설 참조.

4_마지막으로 술잔을 받은 대부는 : 경문에는 마지막으로 술잔을 받은 자가 누구인지를 밝히지 않았지만 아래에서 '大夫不拜乃飮, 實爵'이라고 하였으므로 '大夫'를 가리킨다. 『의례정의』, 759쪽, 호배휘의 설 참조.

5_사들은 ~ 한다 : 서쪽 계단 위쪽에서 여수의 예를 행하는데, 배례를 하지 않는다. 앞의 [經—145] 참조.

6_군주가 ~ 경우 : 오계공은 경문에 '有命'(명을 내리다)이라고 말하고 또 아래에 '則'(그렇다면)이라고 말했으므로 군주가 덮개보를 거두는 명을 내리는 경우도 있고 그렇지 않은 경우도 있다고 하였다.(『儀禮集說』 권6, "云'有命', 又云'則', 見其然否不定也") 『의례정의』, 759쪽 참조.

7_군주가 ~ 사양한다 : 卿·大夫가 堂 아래로 내려와 배례를 하려고 하면, 군주는 小臣을 시켜 堂 위로 올라와 배례를 하도록 명한다. 그러나 명에 따르지 않고 끝내 당 아래에서 배례를 마치자, 小臣이 이를 군주에게 복명하고 군주가 답례로 재배를 하는

것이다.

8_'덮개보를 거두어내도록 명한다'는 ~ 것이다 : 군주의 술동이 즉 瓦大에만 덮개보(冪)가 있는데, 군주가 이를 거두어내라고 명하는 것은 신하들과 이 술동이의 술을 함께 마시고자 하는 것이다. 『의례정의』, 760쪽 이여규의 설 참조.

9_소신에게 ~ 것이다 : 가공언은 "신하는 당 아래에서 배례하는 것이 正禮이다. 이제 '당 위로 올라가 배례를 완성한다'(升成拜)라고 말하지 않은 것은 당 아래에서 이미 배례를 완성했기 때문이다. 이는 비록 無算爵을 행하여 이미 술이 취한 상태이지만 게을리 하지 않고 신하의 예를 행하는 것이니, 예의 올바름이다"(臣之禮當下拜爲正. 今不言'升成拜'者, 於下已拜. 是雖無算爵, 已醉而不倦, 行臣禮, 禮之正也)라고 하였다. 『의례주소』, 330쪽. 『예기』「연의」에 "군주가 빈을 위해 여수의 예를 행하거나 군주가 술잔을 하사할 경우, 모두 당에서 내려가 머리를 바닥에 대면서 재배를 한 후 당 위로 올라가 배례를 완성하는 것은 신하의 예를 밝히는 것이다"(君擧旅於賓及君所賜爵, 皆降, 再拜稽首, 升成拜, 明臣禮也)라고 하였다.

10_빈을 언급하지 ~ 때문이다 : 호배휘는 경문에서 '경·대부가 모두 당에서 내려온다'(卿·大夫皆降)라고 하여 '빈'을 언급하지 않은 것은 빈이 더욱 스스로를 낮추어 신하와 똑같아졌기 때문이라고 하였다.(賓彌自卑, 同於臣也) 『의례정의』, 760쪽.

11_군주가 ~ 것이다 : 『예기』「연의」에 "신하가 힘을 다하고 능력을 다하여 나라에 공을 세우면, 군주는 반드시 작위와 봉록으로 그에 보답한다. 그러므로 신하들은 모두 힘을 다하고 능력을 다하여 공을 세운다. 이 때문에 나라는 안정되고 군주는 평안하다. 예에 답례가 없을 수 없는 것은 군주가 신하에게 이유 없이 공을 취하지 않음을 말한다. … 그러므로 '燕禮는 군주와 신하의 의리를 밝히기 위한 것이다'라고 말하는 것이다"(臣下竭力盡能以立功於國, 君必報之以爵祿. 故臣下皆務竭力盡能以立功. 是以國安而君寧. 禮無不答, 言上之不虛取於下也. … 故曰'燕禮者, 所以明君臣之義也')라고 하였다.

12_처음 사들이 ~ 한다 : 사들이 다시 서쪽 계단 위쪽에서 여수의 예를 행한다는 뜻이다. 앞의 [經—146] 참조

13_승가·간가·합악에 ~ 뿐이니 : 앞에서는 升歌, 笙奏, 間歌, 合樂을 할 때 각각 순서에 따라 3편의 시를 노래하고 연주를 하여 순서가 있고 횟수가 있었는데, 이곳에서는 군주의 마음에 따라 하여 순서도 없고 횟수도 없다는 뜻이다. 『의례주소』, 330쪽, 가공언의 소 및 [經—109]의 주석 5) 참조.

14_ 그 악장도 마찬가지이다 : 호배휘는 "사용하는 음악이 鄕樂뿐만이 아니라는 뜻이다"(明所用者, 不但鄕樂已也)라고 하였고, 가공언은 "『詩』의 악장을 노래하고 연주할 때에도 순서와 횟수가 정해져 있지 않다는 뜻이다"(『詩』樂章亦然, 亦無次無數)라고 하였다. 『의례정의』, 760쪽 및 『의례주소』, 330쪽 참조.

經－149에서 經－154까지는 연례가 끝나고 빈이 나가는 절차이다.

[燕禮06 : 經－149]

밤이 되면 서자庶子는 횃불을 들고 조계 위쪽에 서고, 사궁司宮은 횃불을 들고 서쪽 계단 위쪽에 서고, 전인甸人은 큰 횃불을 들고 뜰에 서는데, 혼인閽人은 침문 밖에서 큰 횃불을 만들어 진설한다.
宵, 則庶子執燭於阼階上, 司宮執燭於西階上, 甸人執大燭於庭, 閽人爲大燭於門外.

정현주 '소宵'는 밤(夜)의 뜻이다. '촉燭'은 횃불(燋)이다. '전인甸人'은 땔감나무를 공급하는 일을 관장하는 사람이다. 뜰에서 큰 횃불을 들고 있는 것은 자리가 넓기 때문이다. '혼인閽人'은 문을 지키는 사람이다. '위爲'는 만든다(作)는 뜻이니, 큰 횃불을 만들어 빈객이 나오기를 기다리는 것이다. '宵', 夜也. '燭', 燋也. '甸人', 掌共薪蒸者. 庭大燭, 爲位廣也. '閽人', 門人也. '爲', 作也, 作大燭以俟賓客出.

조燋
(淸), 『흠정의례의소』

[燕禮06 : 經-150]

빈은 술이 취하면 자리의 남쪽에서 북쪽을 향해 앉고, 자리 앞에 진설된 말린 고기를 집어 들고서 당에서 내려온다.

賓醉, 北面坐取其薦脯以降.

정현주 말린 고기를 집어 드는 것은 군주의 하사품을 받게 된 것을 중히 여기기 때문이다. 取脯, 重得君賜.

[燕禮06 : 經-151]

악공은 빈이 침문을 나갈 때 「해陔」를 연주한다.

奏「陔」.

정현주 「해」는 「해하陔夏」[1]이니, 악장樂章이다. 빈이 나갈 때 「해하」를 연주하여 걸음의 절도로 삼게 하는 것이다. 무릇 「하夏」는 종과 북으로 연주한다. 「陔」, 「陔夏」, 樂章也. 賓出奏「陔夏」, 以爲行節也. 凡「夏」, 以鍾鼓奏之.

[燕禮06 : 經-152]

빈은 침문 안쪽의 낙수물받이(門內霤)[2]에 이르렀을 때 들고 있던 말린 고기를 종인鍾人에게 선물로 주고, 이어서 침문 밖으로 나간다.

賓所執脯, 以賜鍾人于門內霤, 遂出.

정현주 반드시 종인에게 선물로 주는 것은 종인이 종과 북으로 「구하九夏」를 연주해 주었기 때문이다. 이제 「해陔」를 연주하여 자신을 절제시켜 주었기 때문에 말린 고기를 선물로 줌으로써 그에 보답하는 것은 비록 취하였지만 예를 잊지 않음을 밝히는 것이다. 고문본에는 '賜'가 '錫'으로 되어 있다. 必賜鍾人, 鍾人掌以鍾鼓奏「九夏」. 今奏「陔」, 以節己, 用賜脯以報之, 明雖醉不忘禮. 古文'賜'作'錫'.

[燕禮06 : 經-153]

경·대부들도 모두 침문 밖으로 나간다.

卿·大夫皆出.

정현주 빈을 따라 나가는 것이다. 隨賓出也.

[燕禮06 : 經-154]

군주는 전송하지 않는다.

公不送.

정현주 빈은 예가 끝나면 신하가 되기 때문이다. 賓禮訖, 是臣也.

주

1_「해하」: 「陔夏」는 음악 이름으로, 九夏 가운데 하나이다. 「해하」는 곧 「祴夏」로서, 빈을 전송할 때에 연주한다. 천자와 제후는 종과 북으로 연주하고, 대부와 사의 경우에는 북을 사용한다. 『주례』「춘관 · 종사」에 "무릇 음악을 사용할 때에는 종과 북으로 九夏를 연주한다. '구하'는 「王夏」, 「肆夏」, 「昭夏」, 「納夏」, 「章夏」, 「齊夏」, 「族夏」, 「祴夏」, 「驁夏」이다"라고 하였는데, 정현은 "'祴'는 '陔鼓'라고 할 때의 '陔'로 읽는다" ('祴'讀爲'陔鼓'之陔)라고 하였다.

2_침문 안쪽의 낙수물받이 : 묘문 안의 서쪽 당(西塾) 지붕에 있는 낙수물받이를 가리킨다.

經–155에서 經–161까지는 군주가 외국의 사신들과 연음燕飮을 행하는 절차이다.

[燕禮06 : 經–155]

군주는 빈객들과 연음燕飮을 행한다.[1]

公與客燕.

정현주　　빈객은 사방에서 찾아온 사자使者를 가리킨다. 謂四方之使者.

[燕禮06 : 經–156]

주국의 사자使者는 "과군(주국의 군주)에게 변변치 않은 술이 있는데, 그대가 과군과 잠시 동안 연음을 즐기기를 바라시어 아무개(사자의 이름)를 보내어 참석해 주시기를 청하도록 하셨습니다"라고 말한다.[2]

曰, "寡君有不腆之酒, 以請吾子之與寡君須臾焉, 使某也以請."

정현주　　군주가 사자를 보내어 빈객에게 알리고 참석해 줄 것을 청하는 말이다. 예에 있어 사람을 보낼 때에는 각각 대등한 작위의 사람을 보낸다.[3] '과寡'는 적다(鮮)는 뜻으로 '덕이 적다'고 말하는 것과 같으니, 겸사이다. '전腆'은 좋다(善)는 뜻이다. 빈객의 상개上介가 대문 밖으로 나가서 무슨 일로

왔는지 묻고, 들어와서 빈객에게 보고한다. 고문본에는 '腆'이 모두 '殄'으로 되어 있고, 금문본에는 모두 '不腆酒'로 되어 있어 '之'가 없다. 君使人戒客辭也. 禮使人各以其爵. '寡', 鮮也, 猶言'少德', 謙也. '腆', 膳[4]也. 上介出請入告. 古文'腆'皆作'殄', 今文皆曰'不腆酒', 無'之'.

[燕禮06 : 經—157]

빈객은 "과군(빈국의 군주)께서는 그대의 군주에게 홀로 두터운 은혜를 입었습니다. 군주께서는 욕되게 사신에게까지 술을 하사하실 필요는 없으니, 신은 감히 사양하도록 하겠습니다"라고 대답한다.
對曰, "寡君, 君之私也. 君無所辱賜于使臣, 臣敢辭."

정현주 상개上介가 대문 밖으로 나아가 주국의 사자에게 대답하는 말이다. '사私'는 홀로 두터운 은혜를 입었다는 뜻이다. '군주께서 욕되게 사신에게까지 술을 내려 주실 필요는 없다'(君無所爲辱賜於使臣)고 말하는 것은 겸손히 하여 감히 감당하지 못하겠다는 뜻이다. '감敢'은 두려워하면서도 기세를 이용하여 결정하는 말이다. 上介出答主國使者辭也. '私'謂獨有恩厚也. '君無所爲辱賜於使臣', 謙不敢當也. '敢'者, 怖懼用勢決之辭.

[燕禮06 : 經—158]

주국의 사자는 "과군께서는 거듭 '변변치 않은 술'이라고 하시면서 아무개(사자의 이름)를 보내어 참석해 주시기를 거듭 청하도록 하셨습니다"라고 말한다. 빈객은 "과군(빈국의 군주)께서는 그대의 군주에게 홀로 두터운 은혜를 입었습니다. 군주께서 욕되게 사신에게까지 술을 하사하실 필요는 없으니, 신은 감히 거듭 사양하겠습니다"라고 대답한다.
"寡君固曰'不腆', 使某固以請." "寡君, 君之私也, 君無所辱賜于使臣, 臣敢固辭."

정현주 거듭 명을 전하는 것이다. '고固'는 이전과 같이 한다(如故)는 뜻이다. 重傳命. '固', 如故.

[燕禮06 : 經-159]

주국의 사자는 "과군(주국의 군주)께서 거듭 '변변치 않은 술'이라고 하시면서 아무개(사자의 이름)를 보내어 참석해 주시기를 거듭 청하도록 하셨습니다"라고 말한다. 빈객은 "아무개(빈객의 이름)는 거듭 사양하였지만 허락하는 명을 받지 못하였으니, 감히 따르지 않을 수 있겠습니까!"라고 말한다.
"寡君固曰'不腆', 使某固以請." "某固辭, 不得命, 敢不從!"

정현주 허락하는 것이다. 이에 빈객이 대문 밖으로 나가서 주국의 사자를 만나 허락받음으로써 명을 얻게 되었다고 사례한다. 금문본에는 '使某' 두 글자가 없다. 許之也. 於是出見主國使者, 辭以見許爲得命. 今文無'使某'.

[燕禮06 : 經-160]

주국의 사자는 빈객에게 군주의 명을 바치면서 "과군(주국의 군주)께서 아무개(사자의 이름)를 보내어, 변변치 않은 술이 있는데 그대가 과군과 함께 잠시 동안 연음을 즐기기를 바라시어 참석해 주시기를 청하도록 하셨습니다"라고 말한다.
致命曰, "寡君使某, 有不腆之酒, 以請吾子之與寡君須臾焉."

정현주 친히 상견했을 때 군주의 명을 바치는 말이다. 親相見, 致君命辭也.

[燕禮06 : 經-161]

빈객은 주국의 사자에게 "군주께서 과군에게 베푸신 은혜가 많은데, 또 욕되게도 사신에게까지 술을 하사해 주시니, 신은 감히 하사하신 명에 배례를 올립니다"라고 말한다.
"君貺寡君多矣, 又辱賜于使臣, 臣敢拜賜命."

정현주 '황貺'은 하사한다(賜)는 뜻이니, 사랑한다(愛)는 뜻과 같다. '감히 하사하신 명에 배례를 올립니다'(敢拜賜命)라고 말하는 것은 사자의 말에 따라 군주의 하사하는 명에 배례를 하는 것이니, 오히려 겸손히 하여 반드시 사양하지는 못한다는 뜻이다. '貺', 賜也, 猶愛也. '敢拜賜命', 從使者拜君之賜命, 猶謙不必辭也.

주

1_군주는 ~ 행한다 : 이 이하는 군주가 외국의 사신에게 연회를 거행하여 술을 마시게 하고자 경·대부를 擯者(使者)로 삼아서 빈객의 숙소에 보내어 연회에 참석할 것을 청할 때의 말과 절차를 기록한 것이다. 외국의 사신에게 연회를 베푸는 절차는 국내의 경·대부에게 연회를 베풀 때와 동일한데, 다만 빈에게 연회에 참여할 것을 청하는 戒賓의 절차만 다르다. 이 때문에 연례의 끝머리에 특별히 이 절차를 기록하여 보여 준 것이다. 『의례주소』, 331쪽, 가공언의 소 참조.

2_주국의 사자는 ~ 말한다 : 이곳에서 [經—159]까지에 있는 주국의 사자와 빈객의 말은 모두 빈객의 上介가 중간에서 왕래하면서 전달해 주는 말이다.

3_예에 있어 ~ 보낸다 : [공사대부례09 : 經—01]에 "대부를 보내어 알리고 참여해 줄 것을 청하는데, 각각 빈과 작위가 동등한 자를 보낸다"(使大夫戒, 各以其爵)라고 하였다.

4_膳 : 『의례정의』, 765쪽에는 '膳'이 '善'으로 되어 있다. 이에 따라 번역한다.

무릇 '기記'는 경經에 갖추어지지 않은 것을 후대에 기록하여 보충한 것으로, 이 「연례」의 경문에는 연례를 행할 때의 복장과 장소에 대한 언급이 없기 때문에 이를 설명하여 기록한 것이다.

[燕禮06 : 記-01]

기記.

연례는 조복朝服을 입고 노침路寢에서 거행한다.

記.

燕, 朝服於寢.

정현주 '조복朝服'은 제후가 신하들과 날마다 조회를 볼 때 입는 복장으로, 검은색 비단으로 만든 관(玄冠)을 쓰고, 검은색 베로 만든 웃옷(玄端)을 입고, 검은색 비단의 가선 장식을 한 허리띠(緇帶)와 흰색 무릎가리개(素韠)를 착용하고, 흰색 신발(白屨)을 신는 복장을 가리킨다. 노침에서 연례를 거행하는 것은 서로 친밀해지기 위함이다. 오늘날 벽옹辟雍[1]에서 10월에 이 연례를 거행할 때 현관玄冠을 쓰고 피변복皮弁服을 입으니, 예禮의 규정과 다른 것이다. '朝服'者, 諸侯與其群臣日視朝之服也, 謂冠玄端・緇帶・素韠・白屨也. 燕於路寢, 相親昵也. 今辟雍十月行此燕禮, 玄冠而衣皮弁服, 與禮異也.

[燕禮06 : 記—02]

연례의 희생으로는 개(狗)를 사용한다.

其牲, 狗也.

정현주 개를 희생으로 사용하는 것은 개가 사람을 가려서 따르는 성정을 취한 것으로, 그 올바른 사람이 아니면 더불어 예를 행하지 않는 의리를 밝히는 것이다. 狗取擇人也, 明非其人不與爲禮也.

[燕禮06 : 記—03]

희생은 침문寢門 밖의 동쪽에서 삶는다.[2]

亨于門外東方.

정현주 침문 밖에서 삶는 것은 신하가 관장하기 때문이다. 亨於門外, 臣所掌也.

[燕禮06 : 記—04]

만일 외국의 빈과 연례를 행할 경우, 군주는 대문 안에서 빈을 맞이한 후 읍을 하고 양보를 하면서 당 위로 올라간다.

若與四方之賓燕, 則公迎之于大門內, 揖讓升.

정현주 ‘사방의 빈’(四方之賓)은 빙문하러 온 자를 가리킨다. ‘기일을 알려서 연례에 참여할 것을 청하는 일’[3]에서부터 ‘빈이 와서 이르게 된 것에 배례를 하는 일’[4]까지는 모두 「공사대부례」와 동일한 절차로 한다.[5] 또한 음식이 갖추어졌음을 보고한[6] 이후에 군주가 자리로 나아가며,[7] 소신小臣이 군주의 술동이 덮개보를 잡는 사람과 군주의 음식을 올리는 사람을 누구로 할 것인지 청하여 물은[8] 후에 군주가 비로소 빈을 맞이한다.[9] ‘四方之賓’謂來聘者也. 自‘戒’至於‘拜至’, 皆如「公食」. 亦告饌具而後公卽席, 小臣請執冪·請羞者, 乃迎賓也.

[燕禮06 : 記─05]

외국의 빈은 구경苟敬[10]의 신분이 되므로 조계의 서쪽에 자리를 펼쳐 놓는데, 자리의 머리 부분이 북쪽을 향하도록 하여 놓는다. 빈(구경)의 자리 앞에 희생고기의 뼈를 잘라서 올려놓은 희생제기를 진설하지만, 빈(구경)은 허파를 맛보지 않고 술을 맛보지 않는다. 빈(구경)의 상개上介를 정빈正賓으로 삼는다.

賓爲苟敬, 席于阼階之西, 北面. 有脀, 不嚌肺, 不啐酒. 其介爲賓.

정현주 ‘구苟’는 우선(且)의 뜻이며, 임시(假)의 뜻이다. 주국의 군주는 외국의 빈에게 향례饗禮를 베풀어 줄 때에 친히 빈에게 예주(醴)를 올려 주는데, 이제 연례燕禮에서도 마땅히 술을 올려 헌獻의 예를 행해야 한다. 그러나 외국의 신하는 감히 주국의 군주를 무람하고 번거롭게 하지 못하고 이때에 이르러 당 위로 올라가 사양을 하니, 신하의 예로 연례에 참여함으로써 공경함을 보이고자 하는 것이다. 이에 주국의 군주는 제공諸公에게 헌獻의 예를 행할 때와 같은 자리에 빈의 자리를 펼쳐 놓도록 한다. '구경苟敬'이라고 말한 것은 외국의 빈은 실로 주국主國에서 공경해야 할 사람이기 때문이다. '증脀'은 희생고기의 뼈를 잘라서 올려놓은 희생제기(折俎)이다. '허파와 술을 맛보지 않는다'(不嚌啐)는 것은 존자尊者인 듯이 한다는 뜻이다.[11] 개介들은 침문 서쪽에서 북쪽을 향하는데, 서쪽을 윗자리로 삼는다. 군주는 당에서 내려와 빈(구경)의 상개를 맞이하여 정빈으로 삼고, 읍을 하고 서로 양보하면서 당 위로 오르는데 처음 빈(구경)을 맞이할 때와 동일한 절차로 한다. 주인은 정빈에게 술을 올려 헌의 예를 행하고, 군주에게 술을 올려 헌의 예를 행하고, 이어서 구경苟敬에게 술을 올려 헌의 예를 행한 이후에 비로소 술잔(角觶)을 들어서 올리면, 신하들은 자리로 나아가는데, 자국의 신하들에게 연례를 베풀어 줄 때와 동일한 절차로 한다. '苟', 且也, 假也. 主國君饗[12]時, 親進醴于賓, 今燕, 又宜獻焉. 人臣不敢褻煩尊者, 至此升堂而辭讓, 欲以臣禮燕, 爲恭敬也. 於是席之如獻諸公之位. 言'苟敬'者, 賓實主國所宜敬也. '脀', 折俎也. '不嚌啐', 似若尊者然也. 介門西北面, 西上. 公降迎上介以爲賓, 揖讓升, 如初禮. 主人獻賓・獻公, 旣獻苟敬, 乃媵觚, 群臣卽位, 如燕也.

[燕禮06 : 記-06]

군주의 술동이(瓦大)도 진설하지 않으며, 군주의 술잔(象觶)도 진설하지 않는다.

無膳尊, 無膳爵.

정현주

존귀함을 낮추어 신분이 낮은 자에게 나아가는 의리이다. 降尊以就卑也.

[燕禮06 : 記－07]

자기 나라의 경들과 연례를 거행할 경우에는 대부를 정빈正賓으로 삼으며, 대부들과 연례를 거행할 경우에도 대부를 정빈으로 삼는다.

與卿燕則大夫爲賓, 與大夫燕亦大夫爲賓.

정현주 연례에 참여하는 사람을 정빈으로 삼지 않는 것은 연례는 기쁜 마음을 펼치기 위한 것으로 정빈은 공경함을 위주로 해야 하기 때문이다. 공보문백公父文伯이 남궁경숙南宮敬叔을 초청하여 술을 마실 때, 노도보路堵父를 정빈正賓으로 삼은 것이 이러한 경우이다.[13] 군주가 항상 대부로 정빈을 삼는 것은 대부는 신분이 낮아서 비록 높여 주더라도 오히려 군주와 신분차이가 멀기 때문이다. 금문본에는 '則'이 없고, 아래에 '燕'이 없다. 不以所與燕者爲賓者, 燕爲序歡心, 賓主敬也. 公父文伯飮南宮敬叔酒, 以路堵父爲客, 此之謂也. 君恒以大夫爲賓者, 大夫卑, 雖尊之, 猶遠于君. 今文無'則', 下無'燕'.

[燕禮06 : 記－08]

군주의 음식을 올리는 사람과 군주의 술동이 덮개보를 잡는 사람은 모두 사士이다.[14]

羞膳者與執冪者, 皆士也.

정현주 군주를 높이는 것이다. 선재膳宰는 사士보다 신분이 낮다.[15] 尊君也. 膳宰卑於士.

[燕禮06 : 記—09]

경들에게 음식 올리는 일은 소선재小膳宰가 관장한다.

羞卿者, 小膳宰也.

정현주 소선재는 선재의 보좌관이다.[16] 膳宰之佐也.

[燕禮06 : 記—10]

만약 음악을 연주하면서 빈을 맞아들이는 경우라면, 빈이 뜰 앞에 이르렀을 때에[17] 「사하肆夏」를 연주하기 시작한다. 빈이 술을 마시게 해 준 것에 배례를 하고, 이에 주인이 답배를 할 때,[18] 음악이 그친다. 군주가 배례를 하고 술잔을 받을 때에[19] 「사하」를 연주하기 시작하고, 군주가 술잔의 술을 다 마시고, 주인(宰夫)이 당 위로 올라가 군주가 비운 술잔을 받아 들고 당을 내려올 때,[20] 음악이 그친다.

若以樂納賓, 則賓及庭, 奏「肆夏」. 賓拜酒, 主人答拜而樂闋. 公拜受爵而奏「肆夏」, 公卒爵, 主人升受爵以下而樂闋.

정현주 「사하」는 악장樂章인데, 오늘날에는 망실되었다. 종鍾과 박鎛으로 연주하고 북(鼓)과 경磬으로 반주를 넣으니, 이른바 금주金奏이다. 기記에 "문 안으로 들어간 후에 걸어 놓은 악기가 연주된다"[21]고 하였고, "화평하고 편안한 가운데에서도 공경함을 보인다"[22]고 하였다. 경·대부가 나라에 공을 세웠을 때 이 음악을 연주한다.[23] 「肆夏」, 樂章也, 今亡. 以鍾鎛播之, 鼓磬應之, 所謂

金奏也. 記曰“入門而縣興”, “示易以敬也.” 卿·大夫有王事之勞, 則奏此樂焉.

[燕禮06 : 記—11]

노래 부르는 악공은 당 위로 올라가 「녹명鹿鳴」을 노래로 읊고, 당에서 내려와 관管으로 「신궁新宮」을 연주하는데 이때 생을 부는 악공(笙)이 당 아래로 들어와서 함께 연주하여 세 번 완성한다.[24]

升歌「鹿鳴」, 下管「新宮」, 笙入三成.

정현주 「신궁」은 「소아小雅」의 일편逸篇이다. 관을 부는 악공이 들어와서 연주하여 세 번 완성한다는 것은 '삼종三終'을 한다는 뜻이다.[25] 「新宮」, 「小雅」逸篇也. 管之入三成謂三終也.

[燕禮06 : 記—12]

드디어 합악合樂의 형식으로 향악鄕樂을 연주한다.

遂合鄕樂.

정현주 '향악'은 「주남周南」과 「소남召南」의 여섯 편이다. '드디어'(遂)라고 말한 것은 간가間歌를 하지 않는다는 뜻이다.[26] 鄕樂, 「周南」·「召南」六篇. 言'遂'者, 不間也.

[燕禮06 : 記—13]

만약 춤을 출 경우에는 「작勺」을 연주한다.

若舞, 則「勺」.

정현주 「작」은 『시경』 「주송周頌」의 편명으로, 위대한 무공을 이루었음을 고하는 악가樂歌이다. 그 시에 "아, 아름다운 무왕의 군사여, 도를 따르고 힘을 기르면서 때때로 위대함을 감추시었네[27]"라고 하였고, 또 "실로 그대 무왕의 업적이시니, 진실로 군사를 활용하는 도를 얻으셨네"라고 하였다. 향악을 합악으로 연주하고 나서 만무萬武의 춤을 추어 연주하니, 왕후를 찬미하고 공 있는 사람을 권면하는 까닭이다. 「勺」, 「頌」篇, 告成大武之樂歌也. 其詩曰, "於鑠王師, 遵養時晦", 又曰, "實維爾公允師." 旣合鄕樂, 萬武而奏之, 所以美王侯, 勸有功也.

[燕禮06 : 記—14]

오직 군주와 빈의 자리 앞에만 희생고기의 뼈를 잘라서 올려놓은 희생제기(折俎)를 진설한다.[28]

唯公與賓有俎.

정현주 편안히 술 마시는 것을 위주로 하기 때문에 그 나머지 사람들에게는 희생고기의 뼈를 잘라서 올려놓은 희생제기를 진설하지 않아도 괜찮다. 主於燕, 其餘可以無俎.

[燕禮06 : 記-15]

주인이 군주에게 술을 올려 '헌獻'의 예를 행할 때에 "신이 감히 술잔을 올리고자 하오니, 명을 듣고자 하나이다"라고 말한다.

獻公, 曰, "臣敢奏爵以聽命."

정현주　　군주에게 술잔을 올릴 때 이 말을 하는 것은 감히 군주가 그 술잔을 받을지 기필할 수 없기 때문이다. 授公釋此辭, 不敢必受之.

[燕禮06 : 記-16]

무릇 군주가 당 아래에서 배례하는 것을 사양하면, 경·대부들은 모두 한 발로 한 층계씩 계단을 밟고 올라간다.[29]

凡公所辭, 皆栗階.

정현주　　'율栗'은 재촉한다(蹙)는 뜻이니, 한 발로 한 층계씩 밟고 넘어서 급히 군주의 명에 달려가는 것을 말한다. '栗', 蹙也, 謂越等急趨君命也.

[燕禮06 : 記-17]

무릇 한 발로 한 층계씩 밟고 계단을 올라가며 두 층계를 넘어 밟으면 안 된다.[30]

凡栗階, 不過二等.

정현주 처음 계단을 올라갈 때에는 오히려 두 발을 모으고 발이 서로 이어지게 밟고서 올라간다. 마지막 두 층계를 넘어갈 때에만 왼발과 오른발로 각각 한 층계씩 밟고서 당 위로 올라간다. 其始升, 猶聚足連步. 越二等, 左右足各一發而升堂.

[燕禮06 : 記—18]

무릇 군주에게 수酬의 술잔을 받은 사람은 군주에게 배례를 한 후 시신侍臣들에게 여수의 예를 행하고자 한다고 청한다.[31]

凡公所酬, 旣拜, 請旅侍臣.

정현주 '배례를 한 후'(旣拜)란 군주에게 수의 술잔을 받은 사람이 스스로 술동이에서 술을 떠서 술잔에 채우고 당 위로 올라가서 군주에게 배례를 한 후를 가리킨다. 빈자擯者는 조계 아래에서 군주에게 고하고, 서쪽 계단 아래로 돌아와 여수의 예를 행하고자 하는 사람에게 군주가 허락하였음을 알려준다. '여旅'는 행한다(行)는 뜻으로, 신하들에게 술잔을 돌리고자 한다고 청하는 것이다. 반드시 청하는 것은 은례를 독점하지 못하기 때문이다. '旣拜'謂自酌升拜時也. 擯者阼階下告于公, 還西階下告公許. '旅', 行也, 請行酒于群臣. 必請者, 不專惠也.

[燕禮06 : 記—19]

무릇 말린 고기(脯)와 고기젓갈(醢), 여러 가지 맛난 음식(庶羞)을 올리는 일은 소선재小膳宰가 관장한다.
凡薦與羞者, 小膳宰也.

정현주 경·대부 이하에게 올리는 일을 가리켜서 말한 것이다. 앞에서 단지 '경에게 음식 올리는 일은 소선재가 관장한다'[32]고 말한 것은 빈에서 끊고자 하는 뜻이다. 빈에게 음식을 올리는 사람도 또한 사이다. 謂於卿·大夫以下也. 上特言'羞卿者, 小膳宰者', 欲絶於賓. 羞賓者亦士.

[燕禮06 : 記-20]
방 안의 음식을 내와서 올린다.[33]
有內羞.

정현주 나무제기(豆)에 담아 놓았던 고기죽(酏食)과 나물죽(糝食)을 올리고,[34] 대나무제기(籩)에 담아 놓았던 미숫가루(糗餌)와 인절미(粉餈)를 올린다는 뜻이다.[35] 謂羞豆之實, 酏食·糝食, 羞籩之實, 糗餌·粉餈.

[燕禮06 : 記-21]
군주가 활쏘기에 참여할 경우 군주는 빈의 하사下射[36]가 되는데, 왼팔의 겉옷 소매를 걷어서 붉은 색의 속옷이 드러나게 하며, 음악이 연주된 후에 사대(物)[37]로 나아간다.

君與射, 則爲下射, 袒朱襦, 樂作而后就物.

정현주

군주는 존귀하기 때문이다.[38] 君尊.

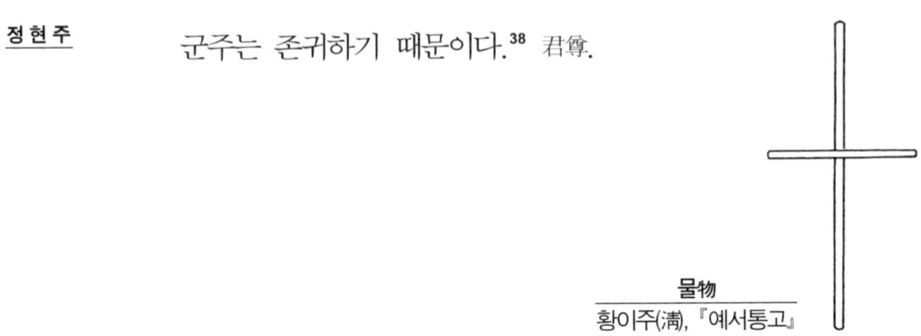

물物
황이주(淸), 『예서통고』

[燕禮06 : 記—22]

소신小臣은 수건으로 화살을 감싸서 군주에게 건네주는데, 군주가 한 발을 쏜 후에 다시 이어서 한 발을 건네준다.[39]

小臣以巾授矢, 稍屬.

정현주

군주는 존귀하여 화살을 허리춤에 꽂지 않기 때문이다. 君尊, 不搢矢.

[燕禮06 : 記—23]

군주가 활을 쏠 때에는 악기소리로 활쏘기의 신호를 삼지 않는다.[40]

不以樂志.

정현주

군주를 피하는 것이다. 辟不敏也.

[燕禮06 : 記-24]

군주가 활을 쏜 후에[41] 소신小臣은 군주의 활을 받아서 궁인弓人에게 건네준다.

既發, 則小臣受弓以授弓人.

정현주 다시 쏘기를 기다리는 것이다. 대사정大射正에게 시키지 않고 궁인에게 건네주는 것은 연례에서의 활쏘기는 그 의례가 가볍기 때문이다.[42] 俟復發也. 不使大射正, 燕射輕.

[燕禮06 : 記-25]

상사上射는 활을 쏘기 전에는 사대(物)에서 화살대의 길이만큼 물러나 서고,[43] 활쏘기를 마친 후에는 군주를 마주하고 서서 군주가 활쏘기를 기다린다.

上射退于物一笴, 既發, 則答君而俟.

정현주 '답答'은 마주한다는 뜻이다. 答, 對.

[燕禮06 : 記-26]

만약 군주에게 벌주를 마시게 할 경우, 연례에서 빈이 군주에게 술잔을 들어서 올릴 때와 동일한 절차로 하고, 또 협작夾爵[44]을 한다.

若飮君, 燕, 則夾爵.

정현주　　군주가 이기지 못한 편에 속해 있어 빈이 군주에게 벌주를 마시게 할 때에는 연례에서 술잔을 들어서 올릴 때처럼 하는데 이때에는 또 협작을 한다는 뜻이다. 謂君在不勝[45]之黨, 賓飮之如燕媵觚, 則又夾爵.

[燕禮06 : 記-27]

군주가 자리에 있을 경우, 대부는 활을 쏠 때에 왼팔의 겉옷과 속옷 모두 벗어서 어깨가 드러나게 한다(肉袒).[46]

君在, 大夫射, 則肉袒.

정현주　　훈유纁襦를 하지 않는 것은 군주에게 눌리기 때문이다.[47] 不纁襦, 厭於君.

[燕禮06 : 記-28]

만약 외국의 빈과 연음燕飮을 거행할 경우, 빈[48]은 주국의 군주에게 술잔을 올리면서[49] "신은 이미 하사하신 술잔을 받았습니다. 신은 청컨대 술잔을 잡고 술을 따라 주는 일을 담당하는 사람을 도와서 술잔을 올리고자 하나이다"라고 말한다.

若與四方之賓燕, 媵爵, 曰, "臣受賜矣. 臣請贊執爵者."

정현주 　'하사한 술잔을 받았다'(受賜)는 것은 군주가 지난번에 권한 술잔을 받았다는 뜻이다. 연음을 행할 때에 이르러 주인이 빈을 섬기는 예가 강쇄되었기 때문에 빈이 당에서 내려가 술잔을 씻은 후 당 위로 올라가 군주에게 술잔(觶)을 올려서 은혜에 보답을 한다. '受賜'謂公鄉者酬之. 至燕, 主人事賓之禮殺, 賓降洗, 升媵觶于公, 答恩惠也.

[燕禮06 : 記-29]
주국의 군주는 상자相者(군주의 예를 돕는 자)를 통해서 빈에게 "그대께서는 스스로를 욕되게 하실 필요는 없습니다"라고 대답한다.[50]
相者對曰, "吾子無自辱焉."

정현주 　사양하는 것이다. '대對'는 답한다는 뜻이다. 이 또한 군주의 예를 돕는 자가 군주에게 빈의 말을 고한 후 군주의 명을 가지고서 대답하는 것이다. 辭之也. '對', 答也. 亦告公, 以公命答之也.

[燕禮06 : 記-30]
방중房中의 음악[51]을 연주한다.[52]
有房中之樂.

정현주 　현악기의 연주에 맞추어 「주남周南」과 「소남召南」의 시를 노래로 읊지만, 종鍾과 경磬으로 연주하여 반주를 넣지는 않는다.[53] 이를 '방중房中'

이라고 한 것은 후后와 부인夫人이 풍송諷誦하여 자신의 군자를 섬기는 음악이기 때문이다. 弦歌「周南」·「召南」之詩, 而不用鍾·磬之節也. 謂之'房中'者, 后·夫人之所諷誦, 以事其君子.

주

1_ 벽옹 : 太學을 '辟雍'이라고 하며, 明堂을 또한 '辟雍'이라 칭하기도 한다. 사방 주위에 물이 돌게 만들어서 璧玉과 유사하기 때문에 '辟雍'이라고 한 것이다.

2_ 희생은 ~ 삶는다 : 오계공은 다음과 같이 설명한다. "침문 밖의 동쪽은 부뚜막(爨)이 있는 곳이다. 그러므로 이곳에서 삶는다. 옛날에 寢廟 밖에는 모두 부뚜막이 있었는데, 길한 일에는 동쪽에 두고 흉한 일에는 서쪽에 두었다."(門外東方, 爨所在也. 故於焉享之. 古者寢廟之門外, 皆有爨, 吉則在東, 凶則在西) 『의례정의』, 767쪽 참조.

3_ 기일을 ~ 청하는 일 : [經—01] 참조.

4_ 빈이 ~ 하는 일 : [經—25] 참조.

5_ '기일을 알려서 ~ 한다 : 燕禮에서는 개(狗)를 희생으로 사용하지만 公食大夫禮에서는 太牢(牛·羊·豕)를 사용하고, 燕禮에서는 빈에게 알려서 참여할 것을 청할 때(戒賓) 빈이 두 번 사양하지만 公食大夫禮에서는 세 번 사양하고, 경·대부가 서 있는 위치도 양자가 모두 다르다. 그러나 이 이외에는 두 의례의 절차가 모두 같다. 『의례주소』, 333쪽, 가공언의 소 참조.

6_ 음식이 갖추어졌음을 보고한 : [經—02] 참조.

7_ 군주가 자리로 나아가며 : [經—08] 참조.

8_ 소신이 ~ 청하여 물은 : [經—19] 참조.

9_ 또한 음식이 ~ 맞이한다 : 이는 군주가 자신의 신하와 연례를 행하는 방식으로 외국의 빈과 연례를 행한다는 뜻이며, 또 「공사대부례」의 절차와 달리한다는 뜻이다. 「공사대부례」에는 군주의 자리가 없고, 또 寢廟에 들어가는 일도 없으며, 덮개보나 음식 올릴 자를 청하여 묻는 절차도 없기 때문이다. 『의례주소』, 333쪽, 가공언의 소 참조.

10_ 구경 : '苟敬'에 대한 해석은 다양하여 정론이 없다. ① '진실로 혹은 실질적으로 빈을 공경한다'는 뜻으로 해석하는 설.(오계공, 성세좌) ○ 오계공은 "'苟'는 '진실' '실질'의 뜻으로, '苟敬'은 주국의 군주가 외국의 사신으로서 연례에 참여한 자를 부르는 칭호이다. 연례는 주로 빈을 위해 베푸는 것인데, 이때에 賓은 비록 正賓이 되지는 않지만 진실로 주국의 군주가 공경해야 할 대상이므로 빈을 苟敬으로 삼는다. 조계의 서쪽은 諸公의 위치인데, 이곳에 苟敬의 자리를 펼쳐 놓고 희생고기의 뼈를 잘라서 올려놓은 희생제기(脀)를 진설하여 빈을 높이고 총애한다"('苟', 誠也, 實也, '苟敬'

者, 國君於外臣所燕者之稱號也. … 此燕主爲賓而設, 賓於是時, 雖不爲正賓, 而實爲主君之所敬, 故以賓爲苟敬也. … 阼階之西, 諸公之位也, 席苟敬於是, 皆有脀, 皆尊異之)라고 하였다. ○ 성세좌도 "燕禮는 饗禮보다 그 예가 가볍고 또 외국의 신하는 자기 나라의 신하와 차이가 있는데, 빙문하러 온 외국의 빈을 연례의 빈으로 삼을 경우 군주가 직접 술을 올려 '獻'의 예를 행하면 빈의 뜻에 이미 편안하지 못한 바가 생기게 되고 또 정성과 곡절함을 펼쳐 은근한 마음을 다하는 방식이 아니다. 宰를 시켜서 '獻'의 예를 행하게 하면 자기 나라의 신하를 대우하는 것과 차이가 없게 되니, 또한 빈을 높여 주는 방식이 아니다. 이 때문에 군주의 옆 제공의 자리에 빈의 자리를 펼쳐 놓는다. 외국의 빈은 허파를 맛보지 않고 술을 맛보지 않으므로 그 예가 자기나라의 빈보다 줄이는 것 같지만, 희생고기의 뼈를 잘라서 올려놓은 희생제기(折俎)를 진설해 주므로 또한 자기 나라의 제공이 얻을 수 있는 바가 아니다. 그 공경하는 방식이 문식적인 것으로 하지 않고 실질적인 것으로 한다. 이 때문에 '苟敬'이라고 이름한 듯하다"(蓋燕禮輕於饗, 而外臣與己國之臣又有間, 若以聘賓爲燕賓, 公親獻與? 則賓意旣有所不安, 且非所以申款曲, 致殷勤也. 使宰獻與? 則與待己國之臣無異, 又非所以尊賓也. 於是席之於君側諸公之位. 不嚌, 不啐, 其禮似殺於賓, 而折俎之設, 又有非己國諸公所得同者, 則其敬之也不以文, 以實矣. 故以是名之與)라고 하였다. ② '스스로 급히 경계하여 빈을 공경한다는 설'(대진, 옹방강, 진수기, 홍이훤 등). ○ 대진은 『설문』에 "'茍'는 스스로 급히 경계한다는 뜻이다"(茍, 自急敕也)라고 한 것에 의거하여 '苟且'(우선, 잠시)라는 글자의 뜻과 다르다고 하였다. ③ '공경함(敬 : 엄숙함)을 줄이고 은혜(恩 : 친밀함)를 높인다는 뜻'으로 해석하는 설(이여규, 왕인지, 호조흔). ○ 이여규는 '苟'를 '잠시 간략하게 한다'는 뜻으로 보고 '공경함을 줄이는 것'이라고 해석한다. "饗禮와 食禮는 廟에서 거행하는데 燕禮는 寢에서 거행하니, 향례는 중하고 연례는 가볍다. 향례에서 이미 군주가 직접 '獻'의 예를 행하였다. 그러므로 연례에서는 賓의 上介를 正賓으로 삼고 諸公의 자리에 빈의 자리를 펼쳐 놓는다. 상개를 정빈으로 삼은 후에 군주는 직접 '헌'의 예를 행하지 않을 수 있게 된다. '苟'는 잠시 간략히 한다는 뜻이니, '苟敬'은 '공경함을 줄인다'라고 말하는 것과 같다"(饗食在廟, 燕在寢, 饗重而燕輕. 饗旣親獻也, 故燕以介爲賓, 而席賓於諸公之坐. 以介爲賓, 而後公可以無親獻也. … '苟'者, 聊且粗略, '苟敬', 猶曰'殺敬'也)라고 하였다. ○ 왕인지는 『경의술문』에서, 주인은 외국의 빈에게 전적으로 공경함만을 위주로 해서도 안 되지만 완전히 공경하지 않아서도 안 되는데, 이것이 '苟敬'이라고 하였다. "연례의 목적은 기쁜 마음을 펼치기 위한 것인데, 賓은 공경함을 위주로 한다. 이 때문에 주인은 빈에 대해서 단지 공경함만을 위주로 하여 기쁜 마음이 적어진다. 이제 빈이 이미 정빈이 되는 것을 사양하고 諸公의 위치로 나아갔으니, 기쁜 마음은 많아졌고 공경하는 마음은 적어졌다. 이미 전적으로 공경함만을 일삼을 수도 없게 되었고, 또 완전히 공경하지 않을 수도 없게 되었다. 그러므로 '苟敬'이라고 한 것이다. [빙례08 : 記—85]에 '빈에게 연례를 베풀어 줄 때에는 上介로 正賓을 삼고 賓으로 苟敬을 삼는다'라고 한 것에 대해 정현 주에서는 '연례는 사적으로 즐기는 예이니, 은혜를 높이고 공경함을 줄인다. 賓은 주국의 군주가 다시 의례의 절차를 거행하여 자신을 예우하기를 바라지 않는다. 이에 正賓이 되는 것을 사양한다. 주국의 군주는 그 청을 받아들이고, 諸公의 자리를 따르게 하고 苟敬이라 칭한다. 苟敬이란 주인이 공경함을 작게 하는 것이다'라고 하였다. 이렇듯 '苟敬'에는 은혜를 높이고 공경함을 줄이는 뜻이 있으며, '苟敬'이라 칭하는 것은 正賓에게는 완전히 공경함만을 위주로 하는 것과 구별하기 위한 것이다. '주국의 군주가 진실로 공경하는 대상이 된다'(오계공의 설)라고 해석하거나, '스스로 급히 마음을 가다듬어 빈을 공경한다'(대진의 설)라고 해석한다면 완전히 공경함만을 위주로 하는 正賓과 차이가 없게 되니, 경문의 뜻이 아니다."(燕爲序歡心, 賓主敬也. 是主人於賓, 惟主恭敬, 而少歡心. 今賓旣辭爲賓而就諸公之位, 歡心多而敬少. 旣不可專事恭敬, 又不可全不恭敬. 故謂之'苟敬'也. 「聘禮」記, '燕則上介爲賓, 賓爲苟敬', 注曰, '燕, 私樂之禮, 崇恩殺敬也. 賓不欲主君復擧禮事禮己. 於是辭爲賓. 君聽之, 從諸公之席, 命爲苟敬. 苟敬者, 主人之所以小敬也.' 是'苟敬'有崇恩殺敬之義, 命爲'苟敬'者, 所以別於正賓之全主敬也. 若訓'爲主君之所誠敬', 及'自急敕而敬賓', 則與正賓之全主敬者無以異矣, 非經意也) ○ 호조흔은 오계공의 해석은 견강부회한 것이고 대진의 해석은 새롭기는 하지만 경문의 뜻과 부합하지 않는다고 하면서, 왕인지의 해석이 經文과 정현 주의 뜻을 치밀하게 분석하여 맥락에 부합한다고 보아, "빈의 자리를 제공의 자리에 펼쳐 놓는 것은 그 예가 이미 줄어든 것이므로, 그 공경함 또한 줄어든 것이다"(蓋賓席於諸公之位, 其禮已殺, 其敬亦殺)라고 하였다. 『의례정의』, 768~769 참조.

11_ '허파와 술을 맛보지 않는다'는 ~ 뜻이다 : 호조흔은 정현 주의 '尊者'를 「향음주례」 등에서 말하는 '遵者'로 보고, 음주의 예에서 '遵者'는 허파를 맛보지 않고 술을 맛보지 않는데 이곳에서 외국의 빈도 마치 자신이 遵者인 듯이 하는 것이라고 하였다. 『의례정의』, 769쪽 참조. '遵者'는 향리의 사람으로서 대부가 된 사람으로 禮樂으로 백성을 교화하는데, 이들을 따라 행하여 모범으로 삼고자 하여 '遵者'라고 칭한다. [향사례05 : 經—77]의 정현 주 참조.

12_ 鄕 : '鄕'은 徐本, 『集釋』, 『釋文』, 『通解』, 楊復本에 모두 '饗'으로 되어 있다. 『의례주소』, 334쪽 校勘記 참조. 이에 따라 번역한다.

13_ 공보문백이 ~ 경우이다 : 『국어』 「노어하」의 문장이다. 공보문백은 魯나라의 대부로, 공보목백의 아들 公父歜이다. 남궁경숙은 노나라 대부로 맹희자(仲孫貜)의 아들 남궁열이다. 노도보는 노나라의 대부이다. '客'은 上客으로 正賓을 뜻한다.

14_ 군주의 음식을 ~ 사이다 : 경문에서는 군주의 술동이 덮개보를 잡고 군주의 음식

올리는 사람을 누구로 할 것인지만 묻고([經—19]), 그들의 작위를 말하지 않았기 때문에 記文에서 보충한 것이다.

15_ 선재는 사보다 신분이 낮다 : 성세좌는 이곳 기문의 '士'는 上士를 가리키며, 정현 주에서 '선재는 사보다 신분이 낮다'고 한 것은, 膳宰는 『주례』에서 말하는 '膳夫'와 같은 일을 관장하는데, '膳夫'는 上士이므로 이곳의 膳宰는 上士가 아님을 밝히기 위한 것이라고 하였다. 호광충도, 천자의 膳夫에는 상사, 중사, 하사가 있지만 제후의 膳宰는 中士를 우두머리로 삼고 下士를 그 보좌관인 小膳宰으로 삼는다고 하였다. 『의례정의』, 770~771쪽 참조.

16_ 소선재는 선재의 보좌관이다 : 호광충에 따르면 小膳宰는 下士이다. 앞의 주 참조.

17_ 빈이 뜰 앞에 이르렀을 때에 : 射人이 빈을 인도하여 寢門 안으로 들어오는 '納賓'의 절차에서, 빈이 뜰에 이르렀을 때를 말한다. [經—23] 참조.

18_ 빈이 술을 ~ 할 때 : 주인(宰夫)이 빈에게 술을 올려 '獻'의 예를 행하는 '主人獻賓'의 절차에서, 빈이 술을 맛본 후에 주인에게 배례를 하면서 맛있다고 고하면 주인이 이에 답배를 하는 때를 말한다. [經—35] 참조.

19_ 군주가 ~ 받을 때에 : 주인(宰夫)이 군주에게 술을 올려 獻의 예를 행하는 '主人獻公'의 절차에서, 주인이 술잔을 올리면 군주가 배례를 한 후에 술잔을 받는 때를 말한다. [經—48] 참조.

20_ 군주가 술잔의 술을 ~ 내려올 때 : 주인(宰夫)이 군주에게 술을 올려 獻의 예를 행하는 '主人獻公'의 절차에서, 군주가 선채로 술잔의 술을 다 마시면 주인이 군주의 빈 술잔을 받아들고 당에서 내려와 군주의 대광주리 안에 술잔을 넣어 두는 때를 말한다. [經—49]에서 [經—50] 참조.

21_ 문 안으로 ~ 연주된다 : 『예기』 「중니연거」에 "두 군주가 서로 만날 때 읍을 하고 양보를 하면서 문 안으로 들어간다. 문 안으로 들어간 후에 걸어 놓은 악기가 연주된다. 읍을 하고 양보를 하면서 당 위로 오르고, 당 위로 오른 후에 음악이 그친다"(兩君相見, 揖讓而入門. 入門而縣興. 揖讓而升堂, 升堂而樂闋)라고 하였다.

22_ 화평하고 ~ 보인다 : 『예기』 「교특생」에 "빈이 대문 안으로 들어간 후에 「肆夏」를 연주하는데, 화평하고 편안한 가운데에서도 공경함을 보이는 것이다. 술잔의 술을 다 마신 후에 음악이 그친다"(賓入大門而奏「肆夏」, 示易以敬也. 卒爵而樂闋)라고 하였다.

23_ 경 · 대부가 ~ 연주한다 : 정현은 군주가 자신의 신하들과 연례를 거행할 경우 빈을 맞이할 때 음악을 연주하지 않는 것이 常禮이지만 경 · 대부가 나라에 큰 공을 세웠을 경우에는 특별히 음악을 연주하여 빈을 높여 주는 것으로 해석한 것이다. 그러나 성세좌는 이곳의 記文은 외국의 사신과 연례를 거행하는 경우를 가리켜 말한 것이라고 하여 정현의 해석을 비판한다. "음악으로 빈을 맞이하는 것은 또한 사방에서 외국의 빈과 연례를 거행하는 경우를 가리켜 말한 것이다. 이곳의 '賓'은 賓의 上介를 가리킨다. 외국의 賓은 苟敬의 신분이 되는데, 군주는 그를 대문 안에서 맞이하지만 음악을 연주하면서 맞이하지는 않는다. 賓의 上介로서 正賓이 된 사람에 대해서는 擯者(예의 진행을 돕는 주인 쪽의 사람)가 맞아들이고 뜰에 이르렀을 때 군주가 한 계단을 내려와 그에게 읍을 하는데, 음악을 연주하여 맞이하니 정빈을 높여 주는 까닭이다."(以樂納賓, 亦謂與四方之賓燕也. 賓, 卽其上介也. 聘賓爲苟敬, 公迎之于大門內, 而不以樂. 其介爲賓, 則亦擯者納之, 及庭, 公降一等揖之, 而以樂, 所以寵異之也) 『의례정의』, 772쪽 성세좌의 설 참조.

24_ 당 위로 올라가 ~ 완성한다 : 이 [記—11]은 역대로 다양한 해석과 논란의 대상이 되었는데, 주요 논점을 정리하면 다음과 같다. ① 오계공의 해석은 다음과 같다. a. '升歌「鹿鳴」'은 「鹿鳴」뿐 아니라 「鹿鳴之什」의 「鹿鳴」 · 「四牡」 · 「皇皇者華」 3편의 시를 노래로 읊는다는 뜻이다. b. '下管「新宮」'은 당 위에서 노래 부르는 악공이 당에서 내려와 管을 불어 「新宮」을 연주하는데 또한 '3終'을 한다는 뜻이다. c. '笙入三成'의 '三成'은 「南陔」 · 「白華」 · 華黍」 3편을 연주한다는 뜻이다. 한 편의 시를 노래하거나 연주하여 한 번 마치는 것을 1終(종료)이라고 한다. 따라서 3편의 시를 노래하거나 연주한다면 각 편마다 한 번씩 마쳐서 종료되므로 총 '3終'이 된다. 한 편의 시를 노래하거나 연주하는 경우에는 한 편의 시를 3번 반복함으로써 三終이 된다. "「鹿鳴(之什)」 3편의 시를 노래로 읊는 것이니, 「대사의」에서 '三終을 한다'([대사의07 : 經—109])라고 한 것이 그것이다. 무릇 당 위로 올라가 노래를 할 때에는 모두 3편의 시를 노래로 읊으니, 1편에만 머물 뿐이 아니다. 노래하는 악공이 당에서 내려와 管으로 「新宮」을 연주하는데 또한 3終을 한다. 「대사의」에서 '大師 및 少師 그리고 上工은 모두 당에서 내려와 鼓의 북쪽에 서 있고, 여러 악공들은 그 뒤에 배석하여 선다. 이어서 管으로 「新宮」을 연주하는데 3終을 한다'([대사의07 : 經—115 · 116])라고 하였으니, 충분히 증명될 수 있다. '三成'은 「南陔」 · 「白華」 · 「華黍」를 연주한다는 뜻이다. 노래 부르는 것(歌)과 관으로 연주하는 경우(管)에는 편명만을 언급하고 생으로 연주하는 경우(笙)에는 '三成'이라고 한 것은 互文으로 보인 것이다."(歌「鹿鳴」之三也, 「大射」云'三終', 是也. 凡升歌皆歌三篇, 不止一篇而已. 歌者降而以管奏「新宮」, 亦三終. 「大射儀」曰 '大師及少師 · 上工皆降, 立于鼓北, 群工陪于後, 乃管「新宮」三終', 足以明之矣. 三成謂奏「南陔」 · 「白華」 · 「華黍」也. 於歌與管, 但言篇名, 於笙言三成, 文互見也) ② 저인량은 이 記文은 음악을 연주하면서 빈을 맞이할 때에 연주하는

시와 악기를 기록한 것으로 본다. 통상적인 연례의 경우라면 a '升歌'는 당 위로 올라가 瑟의 연주에 맞추어 「鹿鳴」·「四牡」·「皇皇者華」 3편의 시를 노래로 읊어 3終을 하고, b '笙奏'는 당 아래에서 笙으로 「南陔」·「白華」·「華黍」 3편의 시를 연주하여 3終을 한다. 그러나 음악을 연주하면서 빈을 맞이하는 이곳에서는 a '升歌'는 통상적인 연례와 마찬가지로 하지만 b의 당 아래에서 연주하는 '笙奏'는 笙뿐 아니라 管의 악기가 추가되며 연주하는 시 또한 「鹿鳴」·「四牡」·「皇皇者華」 3편이 아니라 「新宮」을 3번 반복해서 연주하여 3終을 하는 것으로 해석한다. 즉, a. '升歌「鹿鳴」'은 노래하는 악공이 당 위로 올라가 「鹿鳴」·「四牡」·「皇皇者華」 3편의 시를 노래로 읊는다는 뜻이다. b. '下管「新宮」, 笙入三成'은 노래하는 악공이 당 아래로 내려와 管으로 「新宮」을 연주하는데 이때에 笙을 연주하는 악공이 들어와 함께 「新宮」을 3번 반복해서 연주하여 3終을 한다는 뜻이다. "이 記文은 음악으로 빈을 맞이할 때 통상적인 燕禮와 다름을 보이는 것이다. 통상적인 燕禮에서는 노래 부르는 악공(工)이 「鹿鳴」 3편의 시를 노래로 읊고 생을 부는 악공(笙)이 「南陔」 3편의 시를 연주하는데, 이곳에서는 당 위로 올라가서 노래로 읊는 것은 동일하지만 당 아래에서 연주하는 시와 사용하는 악기가 다르므로 이를 구별하여 말한 것이다. 『주례』 「생사」를 살펴보면, '관을 부는 악공(管)과 생을 부는 악공(笙) 등은 모두 笙師가 관장한다'고 하였으므로, 관을 부는 악공(管)은 또한 笙師의 속관이다. 그러므로 '笙入'(생을 부는 악공이 들어온다)은 '下管'(내려와서 관을 분다)의 문장을 이어받은 것이다. '管'은 악기를 가리키고, '笙'은 연주하는 사람을 가리키는 것으로, 동시에 연주하는 것이다. 만약 '管으로 「신궁」을 연주한 후에 (笙을 부는 악공이) 비로소 들어오는 것'으로 해석한다면, 管을 부는 사람은 누구인가? 세 번 연주하는 것은 어떤 시인가? 모두 통할 수 없게 된다."(此見納賓以樂之異於常燕也. 常燕則工歌「鹿鳴」之三, 而笙奏「南陔」三詩, 此則升歌同, 而堂下所奏之詩, 所用之樂不同, 故別言之. 考「周官」笙師, 管笙等皆其所掌, 則管奏亦屬笙師. 故'笙入'承'下管'之文. 管指器, 笙指職, 一也. 若謂管「新宮」後而始入, 則吹管者何人? 三成者何詩? 俱不可通) ③ 江筠은 기본적으로 오계공의 해석에 따르면서 그 의미를 더욱 보충한다. a. '升歌「鹿鳴」'은 노래하는 악공이 당 위로 올라가 「鹿鳴之什」의 3편, 즉 「鹿鳴」·「四牡」·「皇皇者華」 3편을 노래로 읊어 3終을 한다는 뜻이다. 「記文」의 '升歌「鹿鳴」' 뒤에 '三終'이 생략된 것이다. b. '下管「新宮」, 笙入三成'에서는 '下管'과 '笙入'이 두 가지의 절차인데, '下管「新宮」'은 '노래하는 악공이 당에서 내려와 管으로 「新宮」을 연주하는데 또한 3終을 하는 것'이고, '笙入三成'은 '생을 부는 악공이 들어와 「南陔」·「白華」·「華黍」를 연주하여 3종하는 것'이다. "경문에서 '升歌'를 말한 것이 네 곳인데, 그 문장은 동일하지 않다. [연례06 : 經—95]와 [향음주례04 : 經—81]에서는 모두 '악공은 「녹명」·「사모」·「황황자화」를 노래로 읊는다'라고 하였고, [대사의07 : 經—109]에서는 '이어서 「녹명」을 노래로 읊는데 3終을 한다'라고 하였고, 이곳의 [연례06 : 記—11]에서는 '당 위로 올라가 「녹명」을 노래로 읊는다'라고 하였다. 정현은 이곳 [연례06 : 記—11]에서는 주를 달지 않았지만, [대사의07 : 經—109]의 주에서는 '「녹명」을 노래로 읊는데 3終을 하고, 「사모」와 「황황자화」는 노래로 읊지 않는다'고 하였다. 오계공은 이곳의 [연례06 : 記—11]에서 '「녹명」의 3편을 노래로 읊는 것이니, [대사의07 : 經—109]에서 〈3終을 한다〉라고 한 것이 그것이다'라고 하였고, [대사의07 : 經—109]에서는 '「鹿鳴之什」의 3편을 노래로 읊는데 편마다 각각 1終을 하는 것을 가리키니, 『춘추전』에서 말한 〈악공이 「녹명」의 3시를 노래로 읊는다〉라고 한 것 같은 것이 그것이다. [향음주례04 : 經—81]에서 〈「녹명」·「사모」·「황황자화」를 노래로 읊는다〉라고 하였는데 그 의미는 〈악공은 노래로 읊는데 3종을 한다〉라는 것이다. 그렇다면 「녹명」의 3시를 노래로 읊어 3終을 하는 것임을 더욱 알 수 있다'라고 하였다. 살펴보건대, 오계공은 정현의 잘못을 명확하게 바로잡은 것이다. 그러나 정현의 주는 [대사의07 : 經—109]에서는 오계공의 해석과 다르며, 이곳의 [연례06 : 記—11]에서는 오계공의 해석과 동일하다. 이곳의 [연례06 : 記—11]에 정현의 주가 없는 것은 記文에서 사용하는 篇數는 經文과 다르지 않으며, 이미 [연례06 : 經—95]에서 상세하게 주를 달았으므로 이곳에서 설명하지 않아도 알 수 있기 때문이다. … 이곳 [연례06 : 記—11]은 [대사의07 : 經—109]에 비해 '三終' 두 글자가 적은데, 정현은 오히려 經과 記를 나누어서 설명할 수는 없었기 때문에 도리어 [대사의07 : 經—109]에서는 다른 설을 말하고, 이곳 [연례06 : 記—11]의 주를 통해서 [대사의07 : 經—109] 주의 잘못을 바로잡았고, 또 이곳 [연례06 : 記—11]의 記文에 입각하여 [대사의07 : 經—109]의 經文의 의미를 밝힌 것이다. … 음악으로 빈을 맞이할 때에는 '笙奏'·'升歌'·'間歌'·'合樂'의 4절차가 있는데, 4개의 절차 이외에 별도로 '下管'의 절차가 있다. 經에서 '下管'이라 한 것이 두 곳 있는데, 이곳 [연례06 : 記—11]의 '下管「新宮」'과 [대사의07 : 經—109]의 '乃管「新宮」三終'이 그것이다. 이곳 [연례06 : 記—11]에서 음악은 모두 4개의 절차로 구성되는데, 처음 '升歌'를 하고, 다음으로 '下管'을 하고, 다음으로 '笙入'을 하고, 다음으로 '合樂'을 한다. … 오계공은 '管''과 '「新宮」'을 두 가지 절차로 파악하고, 이곳 [연례06 : 記—11]에서 '노래하는 악공이 당에서 내려와 管으로 「新宮」을 연주하는데 또한 3終을 한다', '〈생을 부는 악공이 들어와 연주하여 3번 완성한다〉는 것은 「南陔」·「白華」·「華黍」를 연주한다는 뜻이다'라고 하였다. … 오계공의 설이 옳다."(經言升歌者四, 而文有不同. 此經與「鄕飮酒禮」皆云, '「鹿鳴」·「四牡」·「皇皇者華」', 「大射」云, '乃歌「鹿鳴」三終', 此記云'升歌「鹿鳴」.' 於此無注, 於「大射」則謂'歌「鹿鳴」三終, 而不歌「四牡」·「皇皇者華」.' 敖氏於此云, '歌「鹿鳴」之三也', 「大射」云'三終', 是也. 於「大射」云, '謂歌「鹿鳴」之什三篇, 篇各一終, 如『春秋傳』所謂工歌鹿鳴之三, 是也, 鄕飮酒之禮, 歌「鹿鳴」·「四牡」·「皇皇者華」, 其義曰工歌三終, 則益可見矣.' 案敖正鄭之失命矣. 然鄭於「大射」與敖說異, 其於此記, 當與敖說同. 蓋其所以無注者, 以記所用之篇數與經不殊, 注已詳於經, 則於此不言可知也. … 樂賓有笙歌間合四節, 四節之外, 別有下管. 經言'下管'者二, 此記'下管「新宮」', 「大射」'乃管「新宮」三終', 是也. 此記樂共四節, 始升歌, 次下管, 次笙入, 次合樂. … 敖氏謂管與「新宮」爲二, 於此云, '歌

者降而以管奏「新宮」, 亦三終, 笙入三成者, 奏「南海」·「白華」·「華黍」也.' … 案檠說是也) 『의례정의』, 774~775쪽 참조.

25_ '삼종'을 한다는 뜻이다 : 「新宮」 한 편의 시를 3번 반복해서 연주하여 마친다는 뜻이다.

26_ '드디어'라고 ~ 뜻이다 : 통상적인 연례에서는 升歌 → 笙奏 → 間歌 → 合樂의 순서로 진행되는데, 이곳에서는 升歌와 笙奏를 마친 후 間歌를 생략하고 곧바로 合樂을 행한다는 뜻이다. '升歌'는 당 위에서 瑟의 연주에 맞추어 노래하는 것을 말하고, '笙奏'는 당 아래에서 생을 불면서 연주하는 것을 말하고, '間歌'는 당 위에서 瑟의 연주에 맞추어 노래를 한 후에 당 아래에서 笙을 불면서 연주하여 하는 것을 말하고, '合樂'은 당 위에서 瑟의 연주에 맞추어 노래를 하고 동시에 당 아래에서 笙을 불면서 연주를 하여 합주하는 것을 말한다. 이 과정을 한 번 마치는 것을 '正歌'라고 한다. 이렇게 보면 [記—11]의 '升歌「鹿鳴」'은 '升歌'에 해당하고, '下管「新宮」, 笙入三成'은 '笙奏'에 해당하는데 다만 笙뿐 아니라 管도 연주되는 것임을 알 수 있겠다. [經—109]의 주석 5) '正歌' 참조.

27_ 도를 따르고 ~ 감추시었네 : 武王이 천하의 2/3를 차지하고도 여전히 은나라를 섬긴 것을 말한다.

28_ 오직 ~ 진설한다 : 연례에서는 군주와 빈에게만 희생고기의 뼈를 잘라서 올려놓은 희생제기(折俎)를 진설한다는 것은 [經—34]와 [經—48]에서 이미 언급하였는데, 이곳에서 이를 다시 말한 것은 커다란 공을 세운 경·대부를 위해 특별히 거행하는 연례에서도 경·대부들에게는 희생고기를 올려 주지 않음을 밝히는 것이다. 大射儀에서는 공·경의 자리 앞에도 모두 희생고기를 진설해 준다.

29_ 무릇 ~ 올라간다 : 오계공은 "한 발로 한 층계를 밟고 올라가는 것을 '栗階'라고 하고 내려오는 것을 '躇階'라고 하니, '栗'과 '歷'은 발음이 서로 가깝다"(越等而上曰'栗階', 下曰'躇階', '栗'與'歷'聲相近)라고 하였다. 즉 계단을 올라갈 때에는 한 발로 한 층계씩 밟고 급히 올라가고, 내려올 때에는 주저하듯이 천천히 내려온다는 뜻이다. 학경은 "'栗階'는 '歷階'와 같은 뜻이다. 무릇 계단을 오를 때, 두 발이 한 층계 위에 나란히 있다가 다시 한 층계를 올라가서 두 발이 나란히 있는 것을 '拾'이라 하고, 한 발로 한 층계씩 밟고 올라가는 것을 '歷'이라 한다"('栗階', 猶'歷階'. 凡升階, 兩足並一級, 更進曰'拾', 一足一級曰'歷')라고 하였다. 호배휘은 계단을 오르는 常法은 두 발을 나란히 하여 올라가는 '拾階'인데, 군주의 명에 급히 달려갈 때에는 한 발로 한 층계씩 밟고 올라가는 '歷階'를 한다고 하였다. 『의례정의』, 778~779쪽 참조.

30_ 무릇 ~ 못한다 : 무릇 堂과 계단은, 존귀한 자는 당이 높고 계단이 많으며 비천한 자는 낮고 적다. 『예기』「예기」에는 "천자의 당은 9척이고, 제후는 7척이고, 대부는 5척이고, 사는 3척이다"라고 하였다. [사관례01 : 經—59]에서 "빈은 서쪽 계단으로 세 계단을 내려와 爵弁을 받는다"(賓降三等, 受爵弁)라고 한 것에 대해 정현은 "'세 계단을 내려온다'는 것은 아래로 지면에 이른다는 뜻이다"('降三等', 下至地)라고 하였다. 이에 따르면 士의 계단은 3층계의 계단이다. 이상으로 추산해 보면, 1척으로 1층계를 만드는데, 대부는 총 5척으로 5층계의 계단이고, 제후는 총 7척으로 7층계의 계단이고, 천자는 총 9척으로 9층계의 계단이다. 이 경문에서 '무릇'(凡)이라고 말한 것은 천자에서 사에 이르기까지 모두 한 발로 한 층계씩 밟고 계단을 오르는 '栗階(歷階)의 법'이 있다는 뜻이다. '栗階는 두 계단을 초과하지 못한다'는 것은 맨 위의 층계를 기준으로 말한 것으로, 처음 아래 층계에서 올라갈 때에는 두 발을 나란히 하여 오르는 '拾階'를 하다가, 마지막 두 층계에서만 한 발로 한 층계씩 밟고 오르는 '栗階'(歷階)를 한다는 뜻이다. ○ 가공언은 계단을 오르는 방법을 聚足連步 · 栗階 · 歷階 · 越階의 4가지로 구분한다. '聚足'은 앞발이 한 층계를 밟으면 뒷발이 이에 따라 올라서 한 계단 위에 두 발을 나란히 모으는 것을 말하고, '連步'는 두 발이 서로 뒤따라 오르되 서로 넘지 않는 것을 말한다. '栗階'는 마지막의 두 층계만 남기고 한 발이 한 층계씩을 밟고서 올라가는 것을 말한다. '歷階'는 아래 층계에서부터 마지막 층계까지 모두 한 발이 한 층계씩 밟고서 올라가는 것을 말한다. '越階'는 좌우의 두 발이 세 층계씩 밟고 올라가는 것을 말하는데, '躇階'라고도 한다. 그러나 호배휘는 발을 모아서 한 계단씩 오르는 聚足連步의 통상적인 법과 군주의 명이 있을 경우 두 발을 서로 교차하여 움직여 올라가는 栗階 · 歷階의 2가지로 분류하였고, 凌廷堪은 계단의 층계를 건너뛰어 오르는 것을 '躇階'라고 하는 가공언의 해석을 비판하였다. 『의례정의』, 777쪽~778쪽 참조.

31_ 무릇 ~ 청한다 : 燕禮에서 군주는 각각 賓을 위해([經—66]~[經—76]), 卿를 위해([經—87]~[經—88]), 大夫를 위해([經—102]~[經—103]), 士를 위해([經—128]~[經—138]) 모두 4차례 旅酬의 禮를 거행한다. 군주가 거행하는 4차례의 여수의 예에서 군주의 酬의 술잔을 받은 사람은 그 술잔으로 旅酬의 예를 행하고자 한다고 청하는데, 經文에서는 모두 생략되었기 때문에 記文에서 이를 보충하여 기록한 것이다. '배례를 한다'는 것은 군주가 권하는 여수의 술잔을 받는 사람이 군주의 빈 술잔을 받아서 당 아래로 내려와 술잔을 씻고, 이어서 당 위로 올라가 술동이에서 술을 떠서 술잔에 채운 후 군주에게 머리를 바닥에 대면서 재배를 한다는 뜻이다. '侍臣'은 경 · 대부 · 사를 가리킨다. '청한다'는 것은 실제로는 擯者(예의 진행을 돕는 주인 쪽의 사람)에게 청하면 擯者가 다시 군주에게 고하는 것을 말한다. [經—70]의 정현 주 참조.

32_ 경에게 ~ 관장한다 : [記—09] 참조.

33_ 방 안의 음식을 내와서 올린다 : 학경은 "內羞는 방 안에서 내오는 음식인데, 女工이 꺼내온다. 바깥 주방에서 달이고 조미한 것을 '庶羞'라고 한다"('內羞', 自中饋, 女工出者. 外庖所煎和曰'庶羞')라고 하였다.

34_ 나무제기에 ~ 올리고 : 『주례』「천관 · 해인」에 대해서 정중은 "'酏食'은 단술을 넣어 만든 떡이고 '糝食'은 나물을 쪄서 만든 죽이다"('酏食', 以酒酏爲餅. '糝食', 菜餗蒸)라고 하였고, 정현은 "'酏食'에서의 '酏'는 '餰'의 잘못으로, '餰食'은 볍쌀과 이리의 가슴 비계를 반죽하여 만든 죽이다"(『예기』「內則」의 정현 주, "此'酏'當爲'餰', 以稻米與狼臅膏爲餰, 是也")라고 하였다. '糝'은 『예기』「내칙」에 "소 · 양 · 돼지의 고기를 잡는데, 세 고기의 분량은 동일하다. 고기를 잘게 썰고 거기에 쌀가루를 뿌린다. 쌀가루 2/3, 고기 1/3의 비율로 배합하여 완자를 만들고 그것을 달인다"(糝, 取牛 · 羊 · 豕之肉, 三如一. 小切之. 與稻米, 稻米二, 肉一, 合以爲餌, 煎之)라고 하였다. 이렇게 본다면, '酏食'와 '糝食'는 모두 죽의 종류임을 알 수 있다.

35_ 대나무제기에 ~ 뜻이다 : 『주례』「천관 · 변인」에 대해서 정중은 "'糗'는 콩과 쌀을 볶은 것이고 '粉'은 콩가루이며 '餈'는 완자를 말려서 떡으로 만든 것이다"('糗', 熬大豆與米也. '粉', 豆屑也. '茨'字或作'餈', 謂乾餌餅之也)라고 하였고, 정현은 "이 두 가지는 모두 쌀이나 기장을 빻아서 만든 음식인데, 합쳐서 찐 것을 '餌'라고 하고, 그것을 떡으로 만든 것을 '餈'라고 한다"(此二物皆粉稻米黍米所爲也. 合蒸曰'餌', 餅之曰'餈')라고 하였다. 또 『예기』「내칙」에 "籩과 豆에 담는 음식은 糗餌와 粉酏이다"(羞, 糗餌 · 粉酏)라고 한 것에 대해서 정현은 "'糗'는 곡물을 찧고 볶은 것으로, 그것으로 분말가루와 인절미를 만든다"(糗, 擣熬穀也, 以爲粉餌與餈)라고 하였다.

36_ 하사 : 활을 쏠 때에는 2인이 한 짝이 되는데, 上射와 下射로 구분한다. 上射가 먼저 한 발을 쏜 후에 下射가 이어서 한 발을 쏘고, 上射 다시 한 발을 쏜다. 이렇게 서로 이어서 활을 쏘아서 각각 4발의 화살을 쏘게 된다.

37_ 사대 : '物'은 활을 쏘는 사람이 서 있는 곳으로, 땅에 붉은 색이나 검은 색으로 남북 3척, 동서 1척 2촌의 십자형을 그린다. 上射와 下射 두 사람이 각각 1物에 서는데, 2物의 거리는 6척이다. 上射는 오른쪽의 物에 서고, 下射는 왼쪽의 物에 선다. 『삼례사전』, 505~506쪽 참조.

38_ 군주는 존귀하기 때문이다 : 빈이 먼저 物로 나아가고, 군주는 존귀하기 때문에 음악이 연주된 후에 비로소 物로 나아간다.

39_ 군주가 한 발을 ~ 건네준다 : 경문의 '稍屬'에 대해서, 학경은 네 발의 화살을 점차적으로 이어서 끊이지 않게 군주에게 주는 것이라고 하였고(稍屬, 四矢稍稍連屬不絶, 以授君也), 장이기는 한 발을 쏜 후에 다시 한 발의 화살을 주는 것이라고 하였고(稍屬者, 發一矢, 復授一矢也), 성세좌는 '稍'는 점차(漸)의 뜻이고 '屬'은 준다(付)는 뜻이니 '稍屬'은 네 발의 화살을 한꺼번에 주지 않고 점차적으로 군주에게 주는 것이라고 하였다.(稍猶漸也, 屬猶付也, 稍屬, 謂以四矢稍稍付公, 不幷授也) 호배휘는 아래의 記文과 「大射儀」를 통해서 보면, 군주가 한 발의 화살을 쏘고 나면 반드시 사람을 시켜서 활을 잡고 있게 하여 같은 짝을 기다리는데, 짝이 또한 한 발의 화살을 쏜 후에 군주가 다시 쏘는 것이므로 장이기의 해석이 타당하다고 하였다.(蓋以下記及「大射儀」考之, 公旣發一矢, 必使人執弓以俟其耦, 耦亦一發, 而後公再發, 則以爲接續而授者, 誤矣) 『의례정의』, 789쪽 참조.

40_ 군주가 ~ 않는다 : 군주 이외에는 모두 북소리의 장단에 맞추어서 활을 쏘아야 하는데, 북소리의 장단에 맞추지 않으면 과녁을 맞혔다 하더라도 맞힌 것으로 계산하지 않는다. 이것이 이른바 '不鼓不釋'이다. 군주의 경우에는 북소리의 장단에 맞추지 않더라도 맞힌 것으로 계산한다. 성세좌에 의하면 이는 군주를 우대하기 때문이라고 한다.('不以樂志'者, 謂雖不與鼓節相應, 亦得釋算也. 凡射者不鼓不釋, 而君獨否, 所以優之也) 『의례정의』, 779쪽 참조.

41_ 군주가 활을 쏜 후에 : 經文의 '旣發'에 대해서 성세좌는 '화살 한 발을 쏠 때마다'(發一矢)라고 하였고, 학경은 '네 발의 화살을 모두 쏜 후'(發畢)라고 하였다. 오계공은 활을 弓人에게 준다는 것은 활쏘기를 마친다는 뜻이므로(卒射), '旣發'의 다음에 脫文이 있을지도 모른다고 하였다. 『의례정의』, 779쪽 참조.

42_ 대사정에게 ~ 때문이다 : [대사의07 : 經—207]에서는 "군주가 화살을 쏜 후에, 大射正이 활을 받아서 기다린다"(公旣發, 大射正受弓而俟)라고 하였다.

43_ 화살대의 길이만큼 물러나 서고 : '笴'는 화살대로서 그 길이는 3尺이다.

44_ 협작 : '夾爵'은 군주에게 벌주를 마시게 할 때, 빈이 먼저 한 잔을 마시고, 군주가 한 잔을 마신 후에 또 다시 빈이 스스로 한 잔을 마시는 것을 말한다.('夾爵'者, 將飮君, 先自飮, 及君飮訖, 又自飮爲'夾爵') 『의례주소』, 339쪽, 가공언의 소.

45_ 媵 : 호배휘의 『의례정의』에는 '媵'이 '勝'으로 되어 있다. 정현 주는 아마 뒤의 '媵觚'로 인해서 잘못된 듯하다. 『의례정의』에 따라 번역한다.

46_ 왼팔의 겉옷과 ~ 한다 : '肉袒'은 왼팔의 겉옷과 속옷 모두 벗어서 어깨가 드러나게 하는 것으로, 존경을 표현하는 최고의 예이다. '肉袒'과 '袒'은 다르다. '袒'은 왼팔의 겉옷을 벗어서 속옷을 드러내는 것이고, '肉袒'은 왼팔의 겉옷과 속옷을 모두 벗는 것이다. 또 오른쪽의 肉袒을 하는 경우가 있는데, 오른팔의 속옷과 겉옷을 벗는 것으로 죄를 청하는 예를 뜻한다. 『삼례사전』, 376쪽 참조.

47_ 훈유를 ~ 때문이다 : '纁襦'는 왼팔의 겉옷 소매를 걷어서 붉은 색의 짧은 속옷이 드러나게 하는 것을 말한다. [향사례05 : 記—48]에 "대부가 사와 짝을 이루어 활을 쏠 경우, 왼팔의 겉옷 소매를 벗어서 붉은 색의 짧은 속옷이 드러나게 한다"(大夫與士射, 袒纁襦)라고 하였다. 이곳의 경문은 대부가 군주와 함께 활을 쏘는 경우로서, 대부가 왼팔의 겉옷과 속옷을 모두 벗어 어깨가 드러나게 하는 肉袒을 하는 것은 '군주에게 눌리기 때문'이다. 『의례정의』, 780쪽 참조.

48_ 빈 : 오계공에 의하면 이때의 '賓'은 '介로서 正賓이 된 자'를 가리킨다.('賓'謂介爲賓者也) 『의례정의』, 781쪽.

49_ 술잔을 올리면서 : 이때에 賓이 군주에게 올리는 술잔은 '觶'인데, 경문에서 '媵觶于公'(군주에게 치의 술잔을 들어서 올리다)이라고 직접 말하지 않은 것은 술잔을 잡고 술을 따라 주는 일을 담당하는 사람이 군주에게 올리고, 빈은 그것을 도울 뿐이기 때문이다. 『의례정의』, 781쪽, 오정화의 설 참조.

50_ 주국의 군주는 ~ 대답한다 : 오계공에 따르면, 이 기문 아래에 賓이 다시 청하고 相者가 이를 허락하는 말이 있어야 한다. 『의례정의』, 781쪽 참조.

51_ 방중의 음악 : 정현은 '현악기의 연주에 맞추어 「周南」과 「召南」의 시를 노래로 읊는 음악'이라고 하였다. 그러나 오계공은 "房에서 연주하기 때문에 '방중의 음악'이라 한 것으로, 堂上과 堂下에서 연주하는 음악과 구별된다"(奏之于房, 故云'房中之樂', 蓋別於堂上·堂下之樂也)라고 하였고, 학경은 房中의 음악은 이른바 '縵樂'으로서 鐘·鼓를 치지 않고 관현악기만으로 房中에서 연주하는 것이라고 하면서도 「周南」과 「召南」의 시를 노래한다는 정현의 설은 잘못이라고 하였다.(房中之樂, 所謂縵樂也. 無鐘·鼓而有管絃, 奏之房中. … 鄭必以「二南」當之, 亦非也) 『의례정의』, 781쪽 참조.

52_ 방중의 음악을 연주한다 : 가공언은 외국의 빈과 연음의 예를 행할 때에만 房中의 음악을 연주한다고 하였지만(此上文承四方之賓, 燕下而云'有', 明爲四方之賓而有之), 장이기는 통상적인 燕禮에는 無算樂이 있으므로 반드시 외국의 빈과 연음의 예를 행할 때에만 사용하는 것은 아니라고 하였다.(疏云'承上文與四方之賓燕乃有之', 愚謂

常燕有無算樂, 恐亦未必不有也)『의례주소』, 340쪽 및『의례정의』, 781쪽 참조.

53_ 현악기의 연주에 ~ 않는다 : 진석은『주례』「춘관 · 경사」에 "磬師는 縵樂과 燕樂에 사용하는 鍾磬을 가르친다"(敎縵樂 · 燕樂之鍾磬)라고 하고 또『시경』에서 "窈窕淑女, 鐘鼓樂之"라고 한 것을 근거로 房中의 음악에도 鐘 · 磬을 사용하지 않는 것은 아니라고 하여 정현을 비판하였다. 정현에 의하면 '縵樂'은 雜樂을 가리키고, '燕樂'은 鄕樂 · 房中之樂과 같은 것으로 모두「召南」과「周南」을 노래한다고 하였다. 모장 · 후포 · 손육 등도 진석의 설에 동의한다. 그러나 가공언 · 학경 · 성세좌 등은 정현의 설을 지지하였는데, 가공언은 房中의 음악에도 鐘 · 磬이 있기는 하지만 그것은 제사를 지낼 때에 한정하여 사용한다고 하였다.(房中樂得有鍾 · 磬者, 彼據敎房中樂, 待祭祀而用之, 故有鍾 · 磬也. 房中及燕, 則無鍾 · 磬也)『의례정의』, 781~782쪽 및『의례주소』, 340쪽 참조.

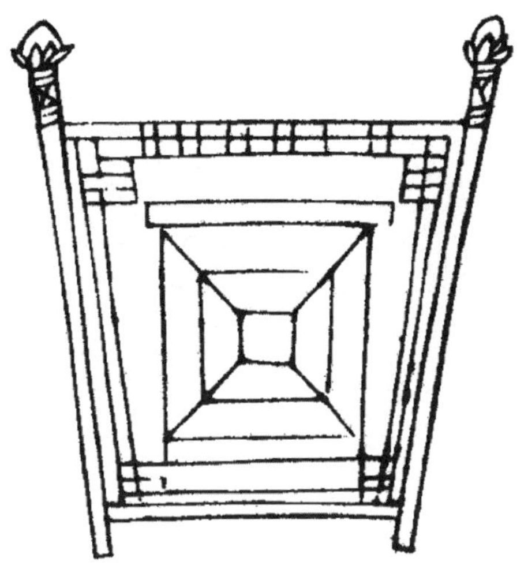

大射儀

第七

역주 이원택

 儀禮 

大射儀[1] 第七

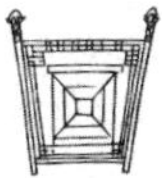

소 정현鄭玄(127~200)의 『삼례목록三禮目錄』에서 말한다. "「대사大射」라고 이름 지은 것은 제후가 장차 제사의 일이 있을 때, 그의 여러 신하들과 활쏘기를 하여 그 예禮를 살피는 것이기 때문이다. 자주 명중시킨 자는 제사에 참여할 수 있고, 자주 명중시키지 못한 자는 제사에 참여할 수 없다. 사의射義는 오례五禮 가운데 가례嘉禮에 속한다.[2] 대대본大戴本의 『의례』에는 제13으로 되어 있고, 소대본小戴本의 『의례』 및 유향劉向(BC 77~BC 6)의 『별록別錄』에는 모두 제7로 되어 있다."

【疏】 鄭『目錄』云, "名曰「大射」者, 諸侯將有祭祀之事, 與其群臣射以觀其禮. 數中者, 得與於祭, 不數中者, 不得與於祭. 射義[3]於五禮屬嘉禮. 『大戴』此第十三, 『小戴』及『別錄』皆第七."

주

1_儀 : '儀'가 있는 본과 없는 본이 있는데(『儀禮注疏』, 341쪽 교감주 참조), 경문이 "大射之儀"로 시작하므로 '儀'를 넣었다. 『의례주소』에는 「大射」라고 하였다.

2_사의는 오례 가운데 가례에 속한다 : 五禮는 예를 다섯 범주로 나눈 것으로, 吉禮 · 凶禮 · 軍禮 · 賓禮 · 嘉禮를 가리킨다. 『주례』 「춘관 · 소종백」에 "오례의 금령과 희생에 사용되는 기물의 차등을 관장한다"(掌五禮之禁令與其用等)라고 한 것에 대해 정현은 정사농의 말을 인용하여 "오례는 길례 · 흉례 · 군례 · 빈례 · 가례를 말한다"(五禮, 吉 · 凶 · 軍 · 賓 · 嘉)라고 하였고, 『수서』 「예의지」에 "길례로 귀신을 공경하고, 흉례로 나라의 흉사를 애도하고, 빈례로 빈객을 친애하고, 군례로 위반자를 주벌하고, 가례로 姻戚과 화합한다. 이것을 오례라고 한다"(以吉禮敬鬼神, 以凶禮哀邦國, 以賓禮親賓客, 以軍禮誅不虔, 以嘉禮合姻好, 謂之五禮)라고 하였다.

3_義 : 『의례주소』의 교감주에 "'義', 浦鏜校改爲'儀'"라고 하여 '義'가 '儀'의 잘못이라고 본 경우를 소개하고 있다. 『의례주소』, 341쪽 참조.

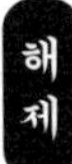

經–01에서 經–03까지는 '계백관戒百官' 즉 대사大射에 참여할 사람들에게 행사를 고지하는 절차이다.

[大射儀07 : 經–01]

대사지의大射之儀.[1] 군주가 활쏘기 행사를 알리도록 명한다.

大射之儀. 君有命戒射.

정현주 장차 제사祭祀의 일이 있으면 마땅히 활쏘기 행사를 하게 되는데,[2] 재宰[3]가 군주에게 보고하면 군주가 곧 그것을 명한다. '군주가 명한다'(君有命)고 말한 것은 정교政敎가 존자尊者에게서 나오는 것이 마땅하기 때문이다. 將有祭祀之事, 當射, 宰告於君, 君乃命之. 言'君有命', 政敎宜由尊者.

[大射儀07 : 經–02]

재宰가 백관에게 활쏘기 행사에 일이 있을 것임을 알린다.

宰戒百官有事於射者.

정현주 '재宰'는 천자의 경우에는 총재冢宰이며, 치관治官의 경卿이다. 대사를 거행할 경우 군주의 명을 백관에게 알리는 것을 담당한다.[4] '宰', 於天子冢宰, 治官卿也. 作大事, 則掌以君命, 戒於百官.

[大射儀07 : 經-03]

사인射人은 제공諸公·경卿·대부大夫에게 활쏘기 행사를 알린다. 사사司士는 사士에게 활쏘기 행사를 알리고 더불어 찬자贊者에게도 알린다.

射人戒諸公·卿·大夫射. 司士戒士射與贊者.

<u>정현주</u> '사인射人'은 사법射法으로 사의射儀를 다스리는 것을 관장하고,[5] '사사司士'는 국중國中의 사士를 관장하여 명을 알리는 것을 다스리는데,[6] 모두 사마司馬에 속한 직이다. 공·경·대부와 사士에게 달리 알리는 것은 귀천을 변별하기 위해서이다. '찬贊'은 돕는다(佐)는 뜻으로 사士로서 집사執事를 보좌하면서 활을 쏘지 않는 자를 말한다. '射人'掌以射法治射儀, '司士'掌國中之士, 治凡其戒命, 皆司馬之屬也. 殊戒公卿大夫與士, 辨貴賤也. '贊', 佐也, 謂士佐執事不射者.

주

1_ 대사지의 : 가공언의 소에 "'大射之禮'라고 하지 않고 '大射之儀'라고 한 것은 활쏘기 행사의 예가 성대하고 威儀가 많기 때문에 儀라고 말한 것이다"(不言禮言儀者, 以射禮盛, 威儀多, 故以儀言之)라고 하였다. 『의례주소』, 341쪽 참조.

2_ 장차 ~ 되는데 : 『예기』「사의」에 "천자가 제사를 거행하려 할 때 반드시 먼저 澤宮에서 사례를 익히게 한다. 澤이란 士를 선발하려는 것이다. 택궁에서 사례를 익힌 뒤에 射宮에서 사례를 거행한다. 활을 쏘아서 맞춘 사람은 제사에 참여할 수 있고, 맞추지 못한 사람은 제사에 참여하지 못한다"(天子將祭, 必先習射於澤. 澤者, 所以擇士也. 已射於澤, 而后射於射宮. 射中者得與於祭, 不中者不得與於祭)라고 하였다.

3_ 재 : 宰는 천자의 경우 冢宰에 해당하는데 실상은 제후가 겸하며, 冢宰가 없을 때는 司徒를 세워 겸직하게 한다. 제후의 경우에는 司徒를 세워 총재의 일을 겸하게 한다. 『의례주소』, 341~342쪽 참조.

4_ 대사를 ~ 담당한다 : 『주례』「천관 · 대재」에 "큰일이 생기면 백관에게 알려 왕의 명을 돕는다"(作大事, 則戒於百官, 贊王命)라고 하였다.

5_ '사인'은 ~ 관장하고 : 『주례』「하관 · 사인」의 문장이다.

6_ '사사'는 ~ 다스리는데 : 『주례』「하관 · 사인」의 문장이다. '治凡其戒命'의 '命'이 『주례』에는 '令'으로 되어 있다.

經－04에서 經－06까지는 활쏘기 행사 3일 전에 재宰에게 알리고 기물과 사궁射宮의 청소 상태 및 과녁과의 거리를 측정하고 과녁을 설치하는 절차이다.

[大射儀07 : 經－04]

활쏘기 행사 3일 전에 재부宰夫가 재宰 및 사마司馬에게 거듭 알린다.[1] 사인射人은 거듭 알리고[2] 기물器物과 사궁射宮의 청소 상태를 살핀다.

前射三日, 宰夫戒宰及司馬. 射人宿視滌.

정현주 '재부宰夫'는 총재冢宰에 속한 직으로 백관을 부르는 명을 관장하는 자이다.[3] '사마司馬'는 천자의 경우에 정관政官의 경卿인데 무릇 대사大射에서는 육우六耦를 이룬다.[4] '척滌'은 기물器物을 씻는 것을 말하며, 사궁射宮[5]을 청소하는 것에까지 미친다. '宰夫', 冢宰之屬, 掌百官之徵令者. '司馬', 於天子政官之卿, 凡大射則合其六耦. '滌', 謂漑器, 埽除射宮.

[大射儀07 : 經－05]

사마司馬는 양인量人에게 과녁과 활 쏘는 사람 사이의 거리(侯道)와 화살막이(乏)를 설치할 곳을 이보貍步[6]로써 재도록 명한다. 대후大侯의 과녁과 활 쏘는 사람 사이의 거리는 90보, 삼후參侯는 70보, 간후

干侯는 50보이다. 화살막이를 설치할 곳은 각각 그 과녁(侯)으로부터 서쪽으로 10보 북쪽으로 10보이다.
司馬命量人量侯道與所設乏以貍步. 大侯九十, 參七十, 干五十. 設乏, 各去其侯西十·北十.

정현주 '양인量人'은 사마에 속한 관직으로 도로와 거리의 리수里數를 측정하고 도로의 숫자를 헤아려 기록하는 일을 관장한다.[7] '후侯'(과녁)는 활을 쏘는 포布를 말한다. 존자尊者는 순종하지 않는 제후를 위협하기 위하여 활을 쏘고[8] 비자卑者는 활쏘기를 하여 제후가 되는 것을 구한다.[9] '과녁과 활 쏘는 사람 사이의 거리(侯道)를 잰다'(量侯道)는 것은 당堂에서부터 과녁까지의 멀고 가까움을 말한다. 화살막이(容)[10]를 '핍乏'[11]이라고 하는데, 획자獲者(화살의 명중 여부를 알려 주는 사람)[12]가 화살을 피할 수 있도록 설치한 것이다. '삵'(貍)이 먹이감을 살필 때는 발을 들 때마다 거리를 바로잡고 움직이면 반드시 잡는다. 이 때문에 과녁과 활 쏘는 사람 사이의 거리(侯道)를 재는데 그 형상을 취한 것이다. 「향사례」의 기記에서 "과녁과 활 쏘는 사람 사이의 거리(侯道)가 50궁이다"[13]라고 하였고, 「고공기」에서 "궁弓의 최하 규격(下制)[14]이 6척"이라고 하

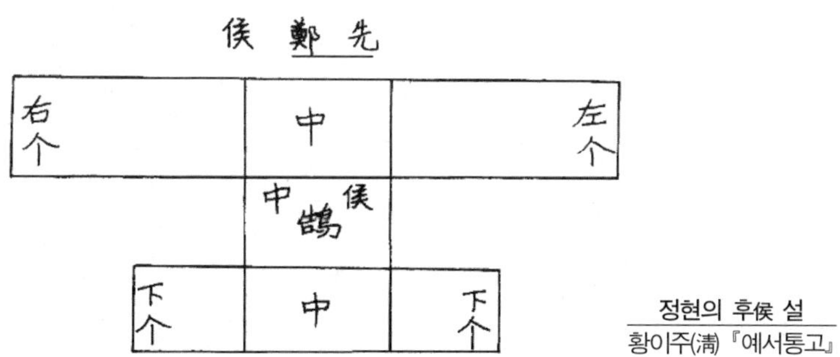

정현의 후侯 설
황이주(淸)『예서통고』

였으니,[15] 이곳의 이보貍步는 6척임이 분명하다. '대후大侯'는 웅후熊侯인데, 대大라고 말한 것은 천자의 웅후熊侯와 같기 때문이다. '삼參'은 삼糝으로 읽는데, 삼糝은 섞는다(雜)는 뜻이다. 잡후雜侯[16]는 정곡正鵠을 표범 가죽으로 만들고 장식을 사슴 가죽(麋)으로 만드는데 천자의 대부보다 낮은 신분이 사용한다. '간干'은 '간豻'의 뜻으로 읽어야 하나, 간후豻侯는 정곡을 개 가죽으로 만들고 장식도 개 가죽으로 한다. 대부가 장차 제사를 지내려 할 때 자신의 활쏘기에서는 미후麋侯[17]를 사용하고, 사士는 신하가 없으므로 제사를 지내려 할 때 활쏘기를 하지 않는다. '量人', 司馬之屬, 掌量道巷塗數者. '侯', 謂所射布也. 尊者射之以威不寧侯, 卑者射之以求爲侯. '量侯道', 謂去堂遠近也. 容謂之'乏', 所以爲獲者之禦矢. '貍'之伺物, 每擧足者, 止視遠近, 爲發必中也. 是以量侯道取象焉. 「鄕射」記曰, "侯道五十弓", 「考工記」曰, "弓之下制六尺", 則此貍步六尺明矣. '大侯', 熊侯, 謂之大者, 與天子熊侯同. '參', 讀爲糝, 糝, 雜也. 雜侯者, 豹鵠而麋飾, 下天子大夫也. '干', 讀爲豻, 豻侯者, 豻鵠豻飾也. 大夫將祭, 於己射麋侯, 士無臣, 祭不射.

[大射儀07 : 經-06]

드디어 양인量人과 건거巾車에게 세 개의 과녁을 펼치도록 명하는데, 대후大侯는 위로 올려 정곡正鵠이 삼후參侯 위에 보이도록 하고, 삼후는 정곡이 간후干侯 위에 보이도록 하며, 간후는 아래쪽 설舌(과녁의 상하 부분 양 끝)[18]이 땅에 닿지 않도록 1무武를 띄운다. 과녁의 왼편 아래쪽 줄(下綱)[19]을 묶지 않는다. 화살막이를 설치하는 곳은 서쪽으로 10보 북쪽으로 10보가 되도록 한다. 무릇 화살막이는 가죽으로 만든다.

遂命量人·巾車張三侯, 大侯之崇, 見鵠於參, 參見鵠於干, 干不及地武. 不繫左下綱. 設乏, 西十·北十. 凡乏用革.

정현주 '건거巾車'는 천자의 경우 종백宗伯에 속한 직으로 의복과 수레를 꾸미는 것을 관장하는 자인데,[20] 또 과녁을 펼치는 것도 관장한다. '후侯'(과녁)는 건巾의 부류이다. '숭崇'은 높이다(高)의 뜻이다. 올려서 반드시 정곡이 보이도록 해야 한다. '곡鵠'은 활을 쏘는 핵심이다. 「사의射義」에서 "남의 군주가 된 사람은 군주 됨을 정곡으로 삼고, 남의 신하가 된 사람은 신하 됨을 정곡으로 삼고, 남의 아버지가 된 사람은 아버지 됨을 정곡으로 삼고, 남의 자식이 된 사람은 자식 됨을 정곡으로 삼는다"[21]라고 하였는데, 활을 쏘아 이것을 맞추면 곧 자신의 지위를 감당할 수 있음을 말한 것이다. '곡鵠'이 교교의 의미가 되는 것은, 교교가 곧다(直)는 뜻을 가지고 있기 때문이다. 활쏘기는 자신의 뜻을 곧게 하는 것이다. 혹자는 "곡鵠은 새의 이름으로, 활을 쏘아 맞추기 어려운데 맞추면 준俊이 되며, 이는 과녁에 활을 쏘는 것으로써 그 새의 이름을 취했다"라고 하였다. 『회남자』에 "간곡鳱鵠은 미래를 안다"[22]라고 했다. 그런데 이른바 (정곡의) 정正은 정正으로, 또한 새의 이름이다. 제나라와 노나라 사이에서는 제견題肩[23]에 이름 짓기를 정正이라고 한다. 정正과 곡鵠은 모두 빠르고 영리한 새이다. 「고공기」에 "재인梓人은 과녁을 만드는데, 너비와 높이가 방형이며, 너비를 셋으로 나누어 곡鵠이 하나를 차지한다"[24]고 하였으니, 대후大侯의 곡鵠은 사방 6척이고, 삼후의 곡鵠은 사방 4척 6촌에서 반촌이 더 크고, 간후의 곡鵠은 사방 3척 3촌에서 반촌이 작다. '급及'은 이르다(至)의 뜻이다. '무武'는 적跡(발자국)이다. 중인中人의 발은 길이가 1척 2촌이니, 간후를 가지고 계산해 보면 삼후는 땅으로부터 1장 5촌에서 반촌이 모자라고, 대후는 땅으로부터 2장 5촌에서 반촌이 모자란다. 무릇 과녁은 북쪽을 향하니, 서쪽을 '좌左'라고 한다. 활쏘기 행사 3일 전에 과녁을 펼치고 화살막이(乏)를 설치하는 것은 유사자有事者로 하여금 미리 알고 있도록 하고자 함이다. '巾車', 於天子宗伯之屬, 掌裝衣車者, 亦使張侯. '侯', 巾類. '崇', 高也. 高必見鵠. '鵠', 所射之主. 「射義」曰, "爲人君者以爲君鵠, 爲人臣者以爲臣鵠, 爲人父者以爲父鵠, 爲人子者以爲子鵠", 言射中此乃能任己位也. '鵠'之言較, 較, 直也. 射者所以直己志. 或曰, "鵠, 鳥名, 射之難中, 中之爲俊, 是以所射於侯取名也." 『淮南子』曰, "鳱鵠知來." 然則所云正者正也, 亦鳥名. 齊·魯之間, 名題肩爲正. 正·鵠皆鳥之捷黠者. 「考工記」曰, "梓人爲侯, 廣與崇方, 參分其廣而鵠居一焉", 則大侯之鵠方六尺, 糝侯之鵠方四尺六寸大半寸, 豻侯之鵠方三尺三寸少半寸. '及', 至也. '武', 迹也. 中人之足, 長尺二寸, 以豻侯計之, 糝侯去地一丈五寸少半寸, 大侯去地二丈二尺五寸少半寸. 凡侯北面, 西方謂之'左'. 前射三日, 張侯設乏, 欲使有事者豫志焉.

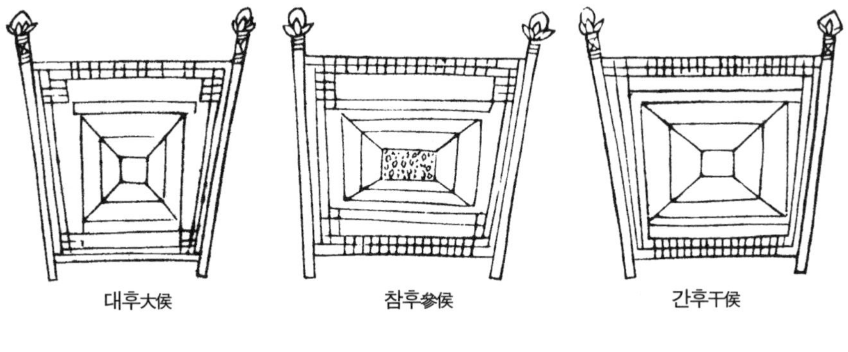

대후大侯　　참후參侯　　간후干侯

섭숭의(宋), 『삼례도』

주

1_ 거듭 알린다 : 가공언에 따르면, 경문에 宿이라고 하지 않고 戒라고 했으나 바로 아래에 宿이라고 했으니, 중복을 피한 것으로 또한 거듭 알리는 것이라고 한다. 『의례주소』, 343쪽 참조.

2_ 거듭 알리고 : 가공언에 따르면, 이때의 宿은 夕宿으로 행사 하루 전날이라고 한다. 『의례주소』, 343쪽 참조. 한편 양천우는 경문의 "射人"을 앞으로 붙여 읽고서, "행사 3일 전에 재부가 재, 사마, 사인에게 '행사 하루 전에 기물과 사궁의 청소 상태를 점검하라'고 알린다"라고 해석하였다. 양천우, 『의례역주』, 267쪽 참조.

3_ 백관을 부르는 명을 관장하는 자이다 : 『주례』 「천관 · 재부」의 문장이다.

4_ 무릇 대사에서는 육우를 이룬다 : 『주례』 「하관 · 대사마」에 "大射의 경우는 제후를 모아 六耦를 만든다"(若大射, 合諸侯之六耦)라고 하였다. 鄕射에서는 三耦를 갖춘다.

5_ 사궁 : 射宮은 활쏘기를 하는 건물이다.

6_ 이보 : 射禮에서 侯道의 거리를 재는 단위로 '弓'이라고도 하는데, 길이가 6尺이다. 『삼례사전』, 1020쪽 참조.

7_ '양인'은 ~ 관장한다 : 『주례』 「하관 · 양인」의 문장이다.

8_ 존자는 ~ 활을 쏘고 : 『주례』 「동관 · 재인」에 "너처럼 왕명에 복종하지 않아 왕이 있는 곳에 조회하지 않는 자가 있어서는 안 되기 때문에 너를 들어 쏘노라"(毋或若女不寧侯, 不屬于王所, 故抗而射女)라고 하였다.

9_ 비자는 ~ 구한다 : 『예기』 「사의」에 "천자의 대사례는 射侯라고 한다. 사후란 활을 쏘아 제후가 되는 것이다. 쏘아서 명중하면 제후가 될 수 있지만, 쏘아서 명중하지 못하면 제후가 되지 못하는 것이다"(天子之大射, 謂之射侯. 射侯者, 射爲諸侯也. 射中則得爲諸侯, 射不中則不得爲諸侯)라고 하였다.

10_ 화살막이 : 『이아』 「석궁」 형병의 疏에 "'容'은 射禮를 행할 때 화살의 명중 여부를 신호하는 사람(獲者)이 자신의 몸을 가리는 물건이다. 일명 '防'이라고도 하는데, 몸을 감추고 화살을 방어하는 것을 말한다. 일명 '乏'이라고도 한다"('容'者, 射禮唱獲者蔽身之物也. 一名'防', 言所以容身防矢也. 一名'乏')라고 하였다.

11_ 핍 : 화살을 막는 가리개를 '乏'이라 하는데, '容'이라고도 한다.

12_ 획자 : '獲者'는 화살이 과녁의 중앙 부분을 맞추었을 경우 깃발을 들어 '獲'(명중)이라고 외치는 사람으로, 명중 여부를 알려 주는 자이다. '唱獲'이라고도 한다.

13_ 과녁과 ~ 50궁이다 : [향사례05 : 記一69]의 정현 주에 "무릇 향사례의 과녁은 베 16丈을 사용하는데, 그 숫자는 과녁과 활 쏘는 사람 사이의 거리(侯道) 50弓에서 계산한 것이다"(凡鄕侯用布十六丈, 數起侯道五十弓以計)라고 하였다.

14_ 최하 규격 : 弓에는 上制, 中制, 下制의 세 가지 규격이 있다. 상제는 6尺 6寸이고, 중제는 6척 3촌이며, 하제는 6척이다. 『주례』「동관 · 궁인」 참조.

15_「고공기」에서 ~ 하였으니 : 『주례』「동관 · 궁인」에 "弓의 길이가 6척이 되는 것을 下制라고 일컫는데, 下士가 착용한다"(弓長六尺, 謂之下制, 下士服之)라고 하였다.

16_ 잡후 : 여러 가지 동물 가죽을 사용하여 과녁의 측면을 장식한 것으로 參侯를 말한다.

17_ 미후 : 사슴 가죽으로 측면을 장식한 과녁이다.

18_ 설 : 上躬의 위쪽과 下躬의 아래쪽에 각각 한 폭의 베를 이어 붙이는데, 이를 '舌'이라고 한다. 綱으로 上舌과 下舌의 양 끝을 묶고 동 · 서 양쪽의 과녁지지대(植)에 매어서 과녁을 펼치고 아울러 고정시켜 준다.

19_ 과녁의 왼편 아래쪽 줄 : 과녁을 지지대에 묶는 끈이다.

20_ '건거'는 ~ 관장하는 자인데 : 『주례』「춘관 · 건거」의 문장이다.

21_ 남의 군주가 ~ 삼는다 : 『예기』「사의」에는 글의 순서가 약간 바뀌어 "남의 아버지가 된 사람은 아버지 됨을 정곡으로 삼고, 남의 자식이 된 사람은 자식 됨을 정곡으로 삼고, 남의 군주가 된 사람은 군주 됨을 정곡으로 삼고, 남의 신하가 된 사람은 신하 됨을 정곡으로 삼는다"라고 되어 있다.

22_ 간곡은 미래를 안다 : 『회남자』「도응훈」에 "성성이는 지나간 일은 알지만 앞으로 올 일을 모르고, 乾鵲은 앞으로 올 일을 알지만 지나간 일은 모른다"(猩猩知往而不知來, 乾鵲知來而不知往)라고 하였다.

23_ 제견 : 새의 이름으로 鷂鷹의 일종이다. 『예기』「월령」 "季冬之月, 征鳥厲疾"에 대한 정현의 주에 "征鳥는 題肩이다. 제나라 사람들은 擊征 혹은 名鷹이라고 한다. 仲春에

변화하여 鳩가 된다"(征鳥, 題肩也. 齊人謂之擊征, 或名鷹. 仲春化爲鳩)라고 하였다.

24_ 재인은 ~ 차지한다 : 『주례』 「동관 · 재인」의 문장이다.

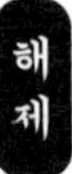

經-07에서 經-12까지는 활쏘기 하루 전에 악기를 걸어 두는 절차이다.

[大射儀07 : 經-07]

악인樂人은 하루 전에 조계 동쪽에 악기를 걸어놓는데, 생경笙磬은 앞면이 서쪽을 향하도록 하고, 그 남쪽에 생종笙鍾, 그 남쪽에 박鑮의 순서로[1] 모두 남쪽으로 진설한다.

樂人宿縣于阼階東, 笙磬西面, 其南笙鍾, 其南鑮, 皆南陳.

정현주 '생笙'[2]은 생生과 같다. 동東은 양陽의 가운데이니, 만물이 그로써 생장한다. 『춘추전』에 "태주大蔟는 금金에 속하는 악기로써 연주하는 것으로 양의 기운을 북돋아 겨울잠을 자던 생물을 깨어나게 하고, 고선沽洗은 만물을 정결히 하여 신神에게 제사하고 빈객을 접대한다"[3]고 하였다. 그래서 동쪽의 종鍾과 경磬을 생笙이라 하는데, 모두 엮어서 걸어 놓는다. 『주례』에 "무릇 종鍾과 경磬을 걸어 놓는데, 종만 걸거나 경만 걸어 하나의 가架면 도堵라 하고 종과 경을 모두 걸어 두 개의 가架면 사肆라고 한다"[4]고 하였는데, 종鍾이 있고 경磬이 있어야 온전한 것이다. '박鑮'은 종과 같으나 크니, 음악을 연주할 때는 박鑮을 치는 것으로 절도를 삼는다. '笙'猶生也. 東爲陽中, 萬物以生. 『春秋傳』曰, "大蔟, 所以金奏, 贊陽出滯, 沽洗, 所以脩絜百物, 考神納賓." 是以東方鍾磬謂之笙, 皆編而縣之. 『周禮』曰, "凡縣鍾磬, 半爲堵, 全爲肆", 有鍾有磬爲全. '鑮'如鍾而大, 奏樂以鼓鑮爲節.

[大射儀07 : 經—08]

건고建鼓는 조계의 서쪽에 진설하며, 치는 면이 남쪽을 향하도록 한다. 응비應鼙는 그 동쪽에 진설하는데, 치는 면이 남쪽을 향하도록 한다.
建鼓在阼階西, 南鼓. 應鼙在其東, 南鼓.

정현주 '건建'은 세우다(樹)의 뜻이다. 나무로 북을 관통시켜 얹어 놓고, 받침대(跗)에 세운다. '남고南鼓'는 치는 면이 남쪽을 향하도록 한다는 말이다. '응비應鼙'란 삭비朔鼙[5]에 응하는 것이다. 먼저 삭비를 치면 응비가 그것에 응한다. '비鼙'는 작은 북이다. 동쪽에 두는 것은 먼저 작은 북을 치고 나중에 큰 북을 치는 데 편하게 하고자 함이다. 북을 동현東縣의 남쪽에 진설하지 않는 것은 군주를 위해서이다.[6] '建'猶樹也. 以木貫而載之, 樹之跗也. '南鼓', 謂所伐面也. '應鼙', 應朔鼙也. 先擊朔鼙, 應之. '鼙', 小鼓也. 在東, 便其先擊小後擊大也. 鼓不在東縣南, 爲君也.

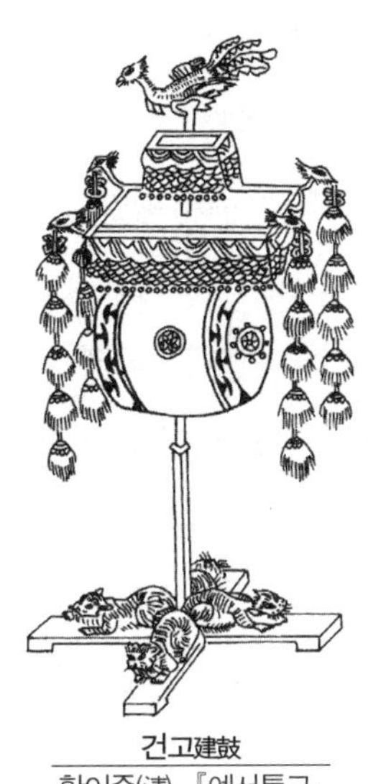
건고建鼓
황이주(淸), 『예서통고』

[大射儀07 : 經—09]

송경頌磬은 서쪽 계단의 서쪽에 앞면이 동쪽을 향하도록 진설하고,

그 남쪽에 종鍾, 그 남쪽에 박鑮의 순서로 모두 남쪽으로 진설한다. 건고建鼓 하나를 그 남쪽에 진설하는데 치는 면이 동쪽을 향하도록 한다. 삭비朔鼙는 그 북쪽에 진설한다.

西階之西, 頌磬東面, 其南鍾, 其南鑮, 皆南陳. 一建鼓在其南, 東鼓. 朔鼙在其北.

정현주 공功을 이룸을 찬양하는 것을 '송頌'이라고 한다. 서쪽은 음陰의 가운데가 되니, 만물이 완성되는 곳이다. 『춘추전』에 "이칙夷則은 구칙九則[7]을 노래하여 평민들에게 사특함이 없도록 하는 것이다. 무역無射은 철인哲人의 아름다운 덕을 선창하여 백성들에게 기준이 되는 의리를 보이는 것이다"[8]라고 하였다. 그래서 서쪽의 종경鍾磬을 '송頌'이라 일컫는다. '삭朔'은 처음(始)이다. 음악을 연주함에 먼저 서쪽의 비鼙를 치는 것은 악樂이 빈賓을 위해 연주됨을 의미한다. 종鍾에 송頌을 말하지 않고, 비鼙에 치는 면이 동쪽을 향하도록 한다(東鼓)는 것을 말하지 않는 것은 뜻이 같으므로 문장을 생략한 것이다. 고문본에는 '頌'이 '庸'으로 되어 있다. 言成功曰'頌'. 西爲陰中, 萬物之所成. 『春秋傳』曰, "夷則, 所以詠歌九則, 平民無忒. 無射, 所以宣布哲人之令德, 示民軌儀." 是以西方鍾磬謂之'頌'. '朔', 始也. 奏樂先擊西鼙, 樂爲賓所由來也. 鍾不言頌, 鼙不言東鼓, 義同, 省文也. 古文'頌'爲'庸'.

[大射儀07 : 經-10]

건고 하나는 서쪽 계단의 동쪽에 진설하는데, 치는 면이 남쪽을 향하도록 한다.
一建鼓在西階之東, 南面.

정현주 '면面'을 말한 것은 국군國君은 그의 여러 신하들에게 삼면에만 갖추어 놓기 때문이다.[9] 종경鍾磬은 없고 북(鼓)만 있을 뿐이다. 제후인 경우에는 헌현軒縣[10]을 설치한다. 言'面'者, 國君於其群臣, 備三面爾. 無鍾磬, 有鼓而已. 其爲諸侯則軒縣.

[大射儀07 : 經-11]
탕簜은 건고建鼓의 사이에 설치한다.
簜在建鼓之間.

정현주 '탕簜'은 대나무로 만든 악기로서, 생소笙簫에 속한 악기이며,[11] 당堂에 기대어 놓는다. '簜', 竹也, 謂笙簫之屬, 倚於堂.

[大射儀07 : 經-12]
도鼗는 송경頌磬의 서쪽에 진설하는데 굉紘에 기대어 놓는다.
鼗倚于頌磬西紘.

정현주 '도鼗'는 북(鼓)과 같은데 작고 자루가 있다. 빈賓이 이르면 그것을 흔들어 음악을 연주한다. '굉紘'은 경磬을 묶어 놓은 줄이니, 도鼗를 경磬

의 서쪽에 진설하는데 굉紘에 기대어 놓는 것이다. 「왕제王制」에 "천자가 제후에게 음악을 하사할 때는 축柷으로 전달한다.[12] 백·자·남에게 음악을 하사할 때는 도鼗로 전달한다"고 하였다. '鼗'如鼓而小, 有柄. 賓至, 搖之以奏樂也. '紘', 編磬繩也, 設鼗於磬西, 倚於紘也. 「王制」曰, "天子賜諸侯樂, 則以柷將之. 賜伯·子·男樂, 則以鼗將之."

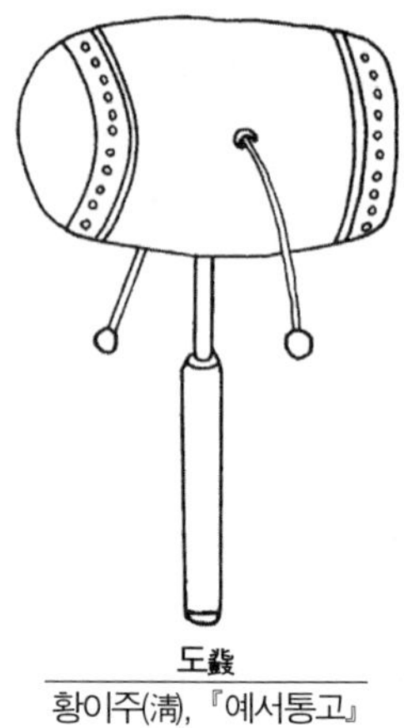
도鼗
황이주(淸), 『예서통고』

주

1_그 남쪽에 생종 ~ 순서로 : 笙鍾과 鑮 모두 笙磬처럼 앞면이 서쪽을 향하도록 설치하는 것은 같다.

2_생 : 笙은 원래 악기 이름으로, 형태가 '竽'와 비슷하다. 그러나 여기서는 동쪽에 설치한 악기라는 뜻으로 사용되었다.

3_태주는 금에 ~ 접대한다 : 『국어』「주어하」에 나온 문장인데, 『국어』를 『춘추외전』이라고도 한다. 정현이 이 문장을 인용한 것은 동쪽의 鍾磬을 笙이라고 하는 증거를 제시하기 위함이다.

4_무릇 종과 ~ 사라고 한다 : 『주례』「춘관 · 소서」의 문장이다.

5_삭비 : 정현의 주에 따르면 朔은 처음이라는 뜻으로, 이것은 서쪽에 있는데 음악을 연주할 때 먼저 서쪽에 있는 鼙를 치므로 '朔鼙'라고 부른다. 양천우, 『의례역주』, 271쪽 참조.

6_북을 ~ 위해서이다 : 장이기는 군주가 조계의 위쪽에 있으므로 군주 가까이 북을 설치한 것이라고 해석한다. 『의례정의』, 802쪽 참조.

7_구칙 : 六府와 三事의 구공의 덕으로, 財用이 나오는 6가지의 '府'를 잘 다스리고 사람이 당연히 해야 할 3가지의 '事'를 잘 정비하는 등 제왕의 9가지 善政을 말한다. 육부는 火 · 水 · 木 · 金 · 土 · 穀이고, 삼사는 正德 · 利用 · 厚生이다. 『의례주소』, 349쪽 참조.

8_이칙은 구칙을 ~ 것이다 : 『국어』「주어하」에 나온 문장인데, 『국어』를 『춘추외전』이라고도 한다.

9_삼면에만 갖추어 놓기 때문이다 : 호배휘는 "軒縣은 삼면에 모두 걸고 북쪽 면에는 一肆가 있어야 하지만 여러 신하들과 활쏘기기를 하므로 활 쏘는 자리를 피하기 위하여 비워 두고 建鼓 하나만을 진설한다"라고 하였다. 호배휘, 『의례정의』, 804쪽 참조.

10_헌현 : 장이기에 따르면, 王은 宮縣을 설치하고, 天子의 諸侯는 軒縣을 설치하고, 천자의 卿 · 大夫는 判縣을 설치하고, 천자의 士는 特縣을 설치한다. 궁현은 사면에 鐘과 磬을 모두 설치하는데, 헌현은 거기에서 南面에는 설치하지 않고, 판현은 다시 거기에서 北面에는 설치하지 않고, 특현은 거기서 다시 西面에는 설치하지 않는 것이다. 『의례정의』, 438쪽 참조.

11_ 생소에 속한 악기이며 : 笙과 簫는 둘 다 대나무로 만들지만 만드는 방식은 다르다. 여기서는 모두 대나무로 만든 악기라는 뜻을 취한 것이다. 『의례주소』, 349~350쪽 참조.

12_ 천자가 제후에게 ~ 전달한다 : 이는 천자가 실제로 음악을 하사한다는 말이 아니다. 천자가 사자를 통해 궁시, 부월, 규찬 등을 제후나 백 · 자 · 남에게 하사할 때 축이나 도의 음악을 수반하면서 전달한다는 뜻이다. 『예기』, 「왕제」 참조.

經-13에서 經-20까지는 활 쏘는 당일에 연회에 사용할 기구와 자리를 마련하는 절차이다.

[大射儀07 : 經-13]

다음날 날이 밝으면, 사궁司宮은 동영東楹(동쪽 기둥)의 서쪽에 술동이(尊)를 진설하는데 두 개의 방형 술동이(方壺)[1]로써 하며[2], 군주의 술동이(膳尊)로 두 개의 질그릇 술동이(甒)[3]를 방형 술동이의 남쪽에 두고, 두 개의 질그릇 술동이 아래에 모두 술동이 받침대(豐)[4]를 둔다. 덮개보(冪)는 가는 베(錫)나 가는 칡베(絺)를 사용하는데, 양편에 가는 대나무를 묶어 만든다. 덮개보로 술동이를 덮고 그 위에 술국자(勺)를 놓은 다음 덮개보의 늘어진 부분을 다시 접어 술 국자를 덮는다. 두 개의 방형 술동이와 두 개의 질그릇 술동이에는 모두 물(玄酒)[5]을 담은 술동이(玄尊)가 하나씩 있다. 술을 담은 술동이는 모두 물을 담은 술동이(玄尊)의 북쪽에 둔다.

厥明, 司宮尊于東楹之西, 兩方壺, 膳尊兩甒在南, 有豐. 冪用錫若絺, 綴諸箭. 蓋冪, 如勺, 又反之. 皆玄尊. 酒在北.

정현주 　'선준膳尊'은 군주를 위한 술동이이다. 나중에 진설하는 것은 높이는 것이다. '풍豐'(술동이 받침대)으로 술동이를 받친다. 혹자는 우물의 도르래와 같다고 여기는데, 그 글자는 나무제기(豆)의 의미를 따르고 풍豐을 발음으로 하여 나무제기(豆)와 비슷하나 크고 낮다. '멱冪'(덮개보)은 술동이를 덮는 수건巾이다. '석錫'은 가는 베이고, '치絺'는 가는 칡베(細葛)이다. '전箭'은 가는 대나무(筱)이다. 덮개보를 만드는 법은 주름지게 접어서 덮고, 양 끝변을 가는 대나무에 묶어 횡으로 펼친다. '다시 그것을 접는다'(又反之)는 것은 술국자(勺)를 덮는다는 것이다. '모두 물을 담은 술동이'(皆玄尊)란 두 가지 모두에 물(玄酒)을 담은 술동이가 있다는 뜻으로, 근본을 중시하는 것이다. '술을 담은 술동이를 북쪽에 둔다'(酒在北)는 것은 술동이가 군주에게 통섭되며, 남쪽이 윗자리가 되기 때문이다. 오직 군주만이 술동이를 마주 대하는 것은 은혜를 독점적으로 베푼다는 것을 말한다. 금문본에 '錫'이 혹 '緆'으로, '絺'가 혹 '綌'로 되어 있으며, 고문본에 '箭'이 '晉'으로 되어 있다. '膳尊', 君尊也. 後陳之, 尊之也. '豐'以承尊也. 說者以爲若井鹿盧, 其爲字從豆, 曲聲, 近似豆, 大而卑矣. '冪', 覆尊巾也. '錫', 細布也, '絺', 細葛也. '箭', 筱也. 爲冪, 蓋卷辟, 綴於篠, 橫之也. '又反之', 爲覆勺也. '皆玄尊', 二者皆有玄酒之尊, 重本也. '酒在北', 尊統於君, 南爲上也. 唯君面尊, 言專惠也. 今文'錫'或作'緆', '絺'或作'綌', 古文'箭'作'晉'.

진상도(宋), 『예서』 / 황이주(淸), 『예서통고』 / 섭숭의(宋), 『삼례도』

[大射儀07 : 經－14]

서쪽 박鎛의 남쪽에 사士로서 무리 지어 관부에서 초식稍食을 받는 사람(士旅食)을 위하여 술동이가 북쪽을 향하게 하여 진설하는데, 두 개의 원형 술동이(圜壺)[6]로써 한다.

尊士旅食于西鎛之南, 北面, 兩圜壺.

정현주　'려旅'는 무리(衆)이다. 사士로서 무리 지어 관부에서 초식稍食을 받는 사람은 정록正祿을 얻지 못하였으니, 서인庶人으로서 관직에 있는 자를 일컫는다. '환호圜壺'(원형 술동이)는 방형 술동이(方壺)에서 변형된 것이다. 지위가 낮은 무리에게는 물을 담은 술동이가 없다. '旅', 衆也. 士衆食未得正祿, 謂庶人在官者. '圜壺', 變於方也. 賤無玄酒.

[大射儀07 : 經－15]

또 대후大侯의 화살막이(乏) 동북쪽에 예복인隸僕人·건거巾車·삼후糝侯와 간후豻侯의 획자獲者(화살의 명중 여부를 알려 주는 사람)를 위하여 술동이를 진설하는데, 두 개의 술동이(壺)로써 하되 사주獻酒를 담는다.

又尊于大侯之乏東北, 兩壺獻酒.

정현주　예복인, 건거, 삼후와 간후의 획자를 위함이다. '헌獻'은 사沙로 읽어야 한다. 사주沙酒[7]는 탁하므로 특별히 걸러야 하는데 반드시 마사摩沙로 해야 한다. 두 개의 술동이(壺)에 모두 사주가 들어 있다. 「교특생」에 "울창술은 앙제盎齊[8]를 섞어 손으로 비벼 거른다"라고 하였다. 복불服不[9]의 술동이는 때를 기다려 과녁의 남쪽에 진설하는데, 과녁에 통섭되는 것은 모두 동쪽을 향한다. 爲隸僕人·巾車·糝侯豻侯之獲者. '獻', 讀爲沙. 沙酒濁, 特泲之, 必摩沙者也. 兩壺皆沙酒. 「郊特牲」曰, "汁獻涗於醆酒." 服不之尊, 俟時而陳於南, 統於侯, 皆東面.

[大射儀07 : 經-16]

조계의 동남쪽에 물받이 항아리(洗)[10]를 진설하고, 물 항아리(罍)[11]에 담은 물은 물받이 항아리의 동쪽에 두며, 대광주리(篚)는 물받이 항아리의 서쪽에 두는데, 남쪽으로 늘어놓는다.[12] 군주의 대광주리(膳篚)는 그 북쪽에 진설하는데 서쪽을 향하게 한다.

設洗于阼階東南, 罍水在東, 篚在洗西, 南陳. 設膳篚在其北, 西面.

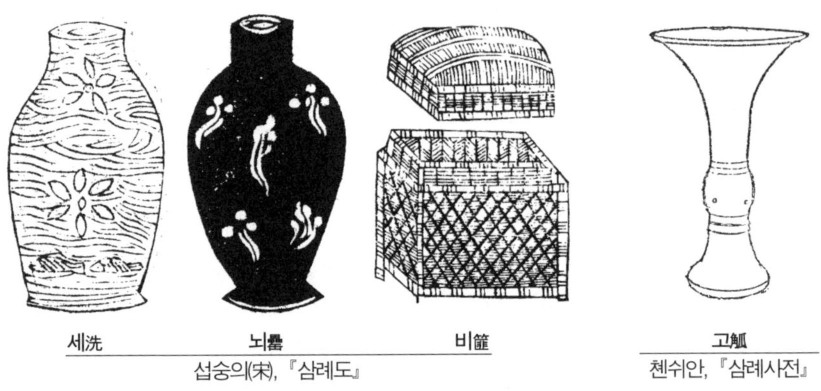

세洗 뇌罍 비篚
섭숭의(宋), 『삼례도』

고觚
첸쉬안, 『삼례사전』

정현주 어떤 것은 '남쪽으로 늘어놓는다'(南陳)고 말하고, 어떤 것은 '서쪽을 향하게 한다'(西面)고 말하는데, 그 표현을 다르게 한 것이다.[13] 或言'南陳', 或言'西面', 異其文也.

[大射儀07 : 經-17]

또 획자를 위한 술동이[14]의 서북쪽에 물받이 항아리를 진설하고, 물은 물받이 항아리의 북쪽에 두며, 대광주리는 세의 남쪽에 두되, 동쪽으로 늘어놓는다.[15]

又設洗于獲者之尊西北, 水在洗北, 篚在南, 東陳.

정현주 또한 과녁에 통섭되는 것들이다. 술잔(爵)이 없으니, 복불服不을 위하여 진설한 기물들이기 때문이다. 대광주리가 있는 것은 빈 술잔을 놓기 위함이다. 복불을 위한 물받이 항아리는 또한 때를 기다려 그 남쪽에 늘어놓는다. 亦統於侯也. 無爵, 因服不也. 有篚, 爲奠虛爵也. 服不之洗, 亦俟時而陳於其南.

[大射儀07 : 經-18]

소신小臣은 조계의 위쪽에 군주(公)[16]의 자리(席)를 진설하는데, 머리 부분이 서쪽을 향하도록 한다. 사궁司宮은 문(戶)[17]의 서쪽에 빈賓의 자리(席)를 진설하는데, 자리의 앞면이 남쪽을 향하도록 하며, 덧까는 자리(加席)[18]를 둔다. 경卿의 자리는 빈의 동쪽에 진설하는데, 머리 부분이 동쪽을 향하도록 하여 놓는다. 소경小卿의 자리는 빈의 서쪽에 진설하는데, 머리 부분이 동쪽을 향하도록 하여 놓는다. 대부大夫의 자리는 소경에 이어서 진설하는데, 머리 부분이 동쪽을 향하도록 하여 놓는다. 만약 자리의 앞면이 동쪽을 향하는 것이 있으면, 머리 부분이 북쪽을 향하도록 하여 놓는다. 악공樂工을 위한 자리는 서쪽 계단의 동쪽에 진설하는데, 머리 부분이 동쪽을 향하도록 하여 놓는다. 제공諸公을 위한 자리는 조계 서쪽에 진설하는데, 북쪽을 향하게 하되 머리 부분이 동쪽을 향하도록 하여 놓는다.
小臣設公席于阼階上, 西鄕. 司宮設賓席于戶西, 南面, 有加席. 卿席賓東, 東上. 小卿賓西, 東上. 大夫繼而東上. 若有東面者, 則北上. 席工於西階之東, 東上. 諸公阼階西, 北面, 東上.

정현주 오직 빈과 군주의 자리만 펼쳐 놓는 것이니, 그 나머지는 제자리 뒤쪽에 세워 둔다. '소경小卿'은 그의 군주에게 명을 받은 자이다. '빈賓의 서쪽'에 소경의 자리를 진설한 것은 사례射禮가 귀천貴賤을 변별하는 것이기 때문이다. '제공諸公'은 대국大國에는 고경孤卿 1인이 있어[19] 군주와 더불어 도道를 논하지만, 또한 전직典職[20]이 아닌 점은 공公과 같다. 唯賓及公席布之也, 其餘樹之於位後耳. '小卿', 命於其君者也. 席於'賓西', 射禮辨貴賤也. '諸公', 大國有孤卿一人, 與君論道, 亦不典職如公矣.

[大射儀07 : 經-19]

백관을 위한 음식물도 그들의 자리 앞에 진설한다.

官饌.

정현주 백관은 각각 그들이 마땅히 공급받아야 할 음식물을 찬饌으로 한다. 百官各饌其所當共之物.

[大射儀07 : 經-20]

고깃국(羹)[21]은 미리 익혀 놓는다.

羹定.

정현주 고기를 삶아 익히는 것이다. 「사의射義」에 "제후의 활쏘기 행사에는 반드시 먼저 연례를 행한다"고 하였는데, 연례에서 희생으로는 개를 사용한다. 亨肉孰也. 「射義」曰, "諸侯之射也, 必先行燕禮", 燕禮牲用狗.

주

1_방형 술동이 : '壺'는 술을 담는 동이이다. '方壺'는 경 · 대부 · 사를 위해 진설하고, 圜壺는 서인으로서 관직에 있는 자를 위해 진설한다. 황이주의 『예서통고』에 의하면, 입구와 다리가 모두 방형이기 때문에 '方壺'이라는 이름이 붙여졌다고 한다. 섭숭의의 『삼례도』에 인용된 『舊圖』에 의하면 '方壺'는 용량이 1斛(10말)이며 배 부위는 둥글고 다리와 입구는 모두 방형이라고 한다.

2_두 개의 방형 술동이로써 하며 : 신하를 위해 두 개의 方壺를 진설하는데, 散尊이라고도 한다.

3_질그릇 술동이 : 탁주를 담그는 질그릇의 술 단지로 '瓦大', '瓦甒'라고도 한다. 섭숭의의 『삼례도』에 인용된 『舊圖』에 따르면, 醴甒는 질그릇으로 만드는데 용량이 5斗이고 입구의 직경이 1척, 목 부분의 높이는 2촌이며, 아랫부분이 좁고 밑바닥은 평평하다고 한다.

4_술동이 받침대 : 술동이나 술잔을 받치는 그릇으로 형태는 豆와 같은데 높이가 낮다. 『주례』 및 『예기』의 정현 주에 의하면 '豆'는 나무로 만드는데 용량이 4升이며 입은 둥글고 직경 1척 2촌으로 덮개가 있다고 한다.

5_물 : 玄酒는 물이다. 상고시대에는 술을 진설할 때에 대부분 두 통의 술 단지를 사용하여 한 통에는 玄酒를 넣어서 옛것을 잊지 않는다는 뜻을 보여 주었다. 『예기』 「옥조」에서 "술동이는 반드시 현주를 숭상한다"(凡尊必尙玄酒)라고 한 것은 바로 그러한 의미이다.

6_원형 술동이 : 섭숭의의 『삼례도』에 인용된 『舊圖』에 의하면 '圜壺'는 용량이 1斛(10말)이고 배 부위는 방형이며 입구와 다리가 모두 둥글다고 한다.

7_사주 : 가는 모래로 거른 술이다.

8_앙제 : 五齊 즉 다섯 가지 탁한 술 가운데 하나이다. 『주례』 「천관 · 주정」에서 泛齊 · 醴齊 · 盎齊 · 醍齊 · 沈齊를 '五齊'라고 하였다.

9_복불 : 司馬에 속한 관직으로, 猛獸를 기르고 훈련시키는 것을 관장한다.

10_물받이 항아리 : 洗는 씻은 물을 받는 것으로, 물을 버리는 그릇이다. 士의 경우 철로 만든 것을 사용한다. 가공언에 의하면 손을 씻거나 술잔을 씻을 때 물이 지면을 더럽히지 않도록 씻은 물을 洗로 받아서 버리기 때문에 '물을 버리는 그릇'(棄水器)이라고

한 것이다.(『의례주소』, 20쪽) 한편 『한예기제도』에 따르면, 士는 鐵로 만든 것을 사용하고, 大夫는 銅으로 만든 것을 사용하고, 諸侯는 白銀으로 만든 것을 사용하고, 天子는 黃金으로 만든 것을 사용한다.(『의례주소』, 20쪽, 가공언의 소) 그러나 섭숭의의 『삼례도』에 인용된 『舊圖』에서는, 士는 鐵로 만들고 大夫 이상 諸侯와 天子 모두 銅으로 만드는데, 제후는 白金으로 장식하고 천자는 黃金으로 장식하는 차이가 있을 뿐이라고 하였다.(호배휘, 『의례정의』, 34쪽 참조)

11_ 물 항아리 : 씻을 물을 넣는 항아리이다.

12_ 남쪽으로 늘어놓는다 : 篚의 머리를 북쪽으로 향하게 하고, 꼬리를 남쪽으로 향하게 두는 것을 말한다.

13_ 그 표현을 다르게 한 것이다 : 소에 따르면, 표현을 달리한 것은 군주를 존중하기 때문이라고 하였다. 『의례주소』 352쪽 참조.

14_ 획자를 위한 술동이 : 兩壺를 말한다.

15_ 동쪽으로 늘어놓는다 : 머리를 서쪽으로 두고 꼬리를 동쪽으로 두는 것을 말한다.

16_ 군주 : 경문에는 모두 '公'으로 되어 있는데, 본 번역에서는 '군주'로 통일하도록 하겠다.

17_ 문 : 室의 門을 말한다.

18_ 덧까는 자리 : 자리를 겹으로 포갠 것을 말한다.

19_ 대국에는 고경 1인이 있어 : 『주례』 「춘관 · 전명」의 정중 주에서 "九命의 上公은 孤卿 한 명을 둘 수 있다"(九命上公, 得置孤卿一人)라고 한 것에 근거한 것이다.

20_ 전직 : 政事를 관장하는 직책을 말한다.

21_ 고깃국 : 고기를 넣고 끓인 국을 '羹'이라고 한다.

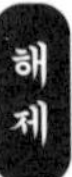

經-21에서 經-32까지는 빈에게 명을 전하고 모시는 절차이다.

[大射儀07 : 經-21]

사인射人은 군주에게 모두 갖추어졌음을 고한다. 군주는 당 위로 올라가 자리로 나아가 서쪽을 향한다. 소신사小臣師는 제공·경·대부를 사궁射宮으로 들어오도록 인도하고, 제공·경·대부는 모두 문의 오른쪽으로 들어와 북쪽을 향해 서는데, 동쪽을 윗자리로 삼는다. 사士는 뜰의 서쪽에서 동쪽을 향해 서는데, 북쪽을 윗자리로 삼는다. 태사大史는 간후干侯의 동북쪽에 북쪽을 향해 서는데, 동쪽을 윗자리로 삼는다. 사여식자士旅食者는 사士의 남쪽에서서 북쪽을 향해 서는데, 동쪽을 윗자리로 삼는다. 소신사와 종자從者는 동당東堂의 아래에서 남쪽을 향해 서는데, 서쪽을 윗자리로 삼는다.

射人告具于公. 公升卽位於席, 西鄕. 小臣師納諸公卿大夫, 諸公卿大夫皆入門右, 北面, 東上. 士西方, 東面, 北上. 大史在干侯之東北, 北面, 東上. 士旅食者在士南, 北面東上. 小臣師·從者在東堂下, 南面, 西上.

정현주 '태사는 간후의 동북쪽에 선다'라고 하고, '사여식자는 사의 남쪽에 선다'라고 한 것은 과녁이 있어 뜰 깊숙이 들어간 것이다. '소신사小臣

師'[2]는 소신정小臣正의 보좌이다. 소신정은 군주를 도와 군주의 대명大命을 출납한다. '大史在干侯東北', '士旅食者在士南', 爲有侯, 入庭深也. '小臣師', 正之佐也. 正相君, 出入君之大命.

[大射儀07 : 經-22]

군주는 당에서 내려와 조계의 동남쪽에서 남쪽을 향해 선다. 소신사小臣師가 군주께서 읍揖을 하여 제공과 경에게 조금 앞으로 나올 것을 청하신다고 고하면, 제공과 경은 조금 북쪽으로 나아가 서쪽을 향해 서는데 북쪽을 윗자리로 삼는다. 군주께서 읍을 하여 대부들에게 조금 앞으로 나올 것을 청하신다고 고하면, 대부는 모두 조금 앞으로 나아간다.

公降, 立于阼階之東南, 南鄕. 小臣師詔揖諸公卿大夫, 諸公卿大夫西面, 北上. 揖大夫, 大夫皆少進.

정현주 '조詔'는 고告이다. '이爾'를 바꾸어 '읍揖'이라고 한 것[3]은 또한 그들이 뜰 깊이 들어가기 때문이다. 앞에 '대부大夫'라고 한 것[4]은 잘못하여 끼어든 말이다. '詔', 告也. 變爾言'揖', 亦以其入庭深也. 上言'大夫', 誤衍耳.

[大射儀07 : 經-23]

대사정大射正이 빈자擯者[5]가 된다.

大射正擯.

정현주 ‘대사정大射正’은 사인射人의 우두머리이다. ‘大射正’, 射人之長.

[大射儀07 : 經-24]

빈자擯者는 군주에게 빈을 정하여 줄 것을 청한다. 군주는 “아무개(某) 대부가 빈이 될 것을 명한다”고 말한다.

擯者請賓. 公曰, “命某爲賓.”

정현주 ‘아무개’(某)는 대부의 이름이다. ‘某’, 大夫名.

[大射儀07 : 經-25]

빈자가 아무개(某)가 빈이 되라는 명을 전하면, 빈은 조금 나아가서 예사禮辭[6]한다.

擯者命賓, 賓少進, 禮辭.

정현주 빈에게 명을 전하는 자는 동쪽을 향하여 있다가 남쪽을 돌아보며 전하는 것이다. ‘사辭’는 불민不敏하다고 사양하는 것이다. 命賓者, 東面南顧. ‘辭’, 辭以不敏.

[大射儀07 : 經-26]

빈자는 빈의 사양하는 뜻을 군주에게 복명한다.

反命.

정현주 빈이 사양한 말로 군주에게 고하는 것이다. 以賓之辭告於君.

[大射儀07 : 經─27]

다시 군주의 명으로 빈에게 명을 내린다. 빈은 머리를 바닥에 대면서 재배를 하고 군주의 명을 받는다.

又命之. 賓再拜稽首, 受命.

정현주 '우又'는 다시(復)이다. '又', 復.

[大射儀07 : 經─28]

빈자는 빈의 허락하는 뜻을 군주에게 복명한다. 빈은 사궁의 문을 나가 문 밖에서 북쪽을 향해 선다. 군주는 경·대부에게 읍揖을 하고 당 위로 올라가 자리(席)로 나아간다. 소신小臣은 조계 아래에서 북쪽을 향하여, 집멱자執冪者와 수선자羞膳者를 정해 줄 것을 군주에게 청한다.

擯者反命. 賓出, 立于門外, 北面. 公揖卿大夫, 升就席. 小臣自阼階下北面, 請執冪者與羞膳者.

정현주 군주의 두 술동이(兩甒) 덮개보를 잡고, 또 군주에게 말린 고기

(脯)와 고기젓갈(醢) 및 여러 가지 음식을 바치도록 시킬 만한 사士를 정할 것을 청한 것이다. 방형 술동이(方壺)와 원형 술동이(圜壺)의 헌주獻酒에는 덮개보가 없다. 請士可使執君兩甒之冪, 及羞脯醢庶羞於君者. 方圜壺獻無冪.

[大射儀07 : 經-29]

이에 군주의 명으로 집멱자執冪者를 명한다. 집멱자들은 서쪽 계단을 통해 당 위로 올라가 술동이의 남쪽에서 북쪽을 향해 서는데, 동쪽을 윗자리로 삼는다.

乃命執冪者. 執冪者升自西階, 立于尊南, 北面, 東上.

정현주 명을 말한 자는 서쪽 계단 앞에서 군주의 명으로 명한 것이고, '동쪽을 윗자리로 삼는다'(東上)는 것은 물을 담은 술동이(玄尊)의 덮개보를 담당한 자가 윗자리가 되는 것이다. 수선자羞膳者는 집멱자執冪者를 따라 동쪽에 서는데, 동당東堂의 아래를 통해 북쪽 계단을 통해 올라와 방房의 중앙에서 서쪽을 향해 서되 남쪽을 윗자리로 삼는다. 명자命者에 대해 말하지 않은 것은 그가 당에 오르지 않기 때문에 생략한 것이다. 命者於西階前以公命命之, '東上', 執玄尊之冪爲上. 羞膳者從而東, 由堂東升自北階, 立于房中, 西面南上. 不言命者, 不升堂, 略之.

[大射儀07 : 經-30]

선재膳宰는 군주에게 제공과 경에게 술과 음식을 올릴 자를 정하여 줄 것을 청한다.

膳宰請羞于諸公卿者.

정현주 '선재가 청한다'(膳宰請)는 것은 군주에게 술과 음식을 올릴 자를 정하여 줄 것을 청한 것과 달리한 것이다.[7] '膳宰請'者, 異於君也.

[大射儀07 : 經-31]

빈자擯者는 빈을 사궁으로 들어오도록 인도하는데, 빈이 사궁에 들어와 뜰에 이르면, 군주는 한 계단 내려와 빈에게 읍을 하고[8], 빈은 군주의 읍을 피한다.

擯者納賓, 賓及庭, 公降一等揖賓, 賓辟.

정현주 '급及'은 이르다(至)이다. '피辟'는 뒷걸음쳐 숨는 것으로, 감히 성대한 예禮를 감당하지 못하는 것이다. '及', 至也. '辟', 逡遁, 不敢當盛.

[大射儀07 : 經-32]

군주는 당 위로 올라가 자리(席)로 나아간다.

公升, 卽席.

정현주 빈賓이 장차 주인[9]과 더불어 예를 행할 것이기 때문에, 군주는 거기에 참여하지 않는 것이다. 以賓將與主人爲禮, 不參之.

주

1_ 종자 : 小臣師의 屬吏이다.

2_ 소신사 : 「燕禮」의 주에서 정현은 "師는 우두머리의 뜻이다. 小臣의 우두머리 1인은 천자의 태복과 같은 것으로 군주의 복장과 위치를 바로잡는다"라고 하였다.

3_ '이'를 바꾸어 '읍'이라고 한 것 : 군주가 공경들에게 가까이 오라고 할 때는 爾(가깝다)를 쓰는데, 여기서는 공경들이 뜰 깊숙이 있기 때문에 爾라고 하지 않고 揖을 하였다는 것이다. 군주가 공경들에게 揖을 한 것은 가까이 오라는 뜻이다.

4_ 앞에 '대부'라고 한 것 : 경문 "小臣師詔揖諸公卿大夫, 諸公卿大夫西面"에서 나온 두 번의 大夫는 잘못 끼어 들어간 글자라는 것이다.

5_ 빈자 : 擯者는 有司 가운데 예의 진행을 돕는 자이다. 주인 쪽의 사람을 '擯'이라고 하고, 빈객 쪽의 사람을 '介'라고 한다.

6_ 예사 : 예로써 사양하는 것으로 첫 번째 사양을 禮辭라고 한다. 두 번째 사양하는 것이 固辭이다.

7_ 달리한 것이다 : 제공 · 경이 군주보다 지위가 낮기 때문에 膳宰가 명을 청한 것이다.

8_ 읍을 하고 : 賓에게 堂에 오를 것을 청하는 뜻이다.

9_ 주인 : 主人은 宰夫인데, 또 빈객에게 음식을 바치는 것을 관장한다.

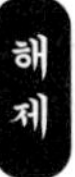 經-33에서 經-46까지는 주인이 빈에게 술을 권하는 절차이다.

[大射儀07 : 經-33]

빈賓이 뜰에 이르렀을 때, 「사하肆夏」[1]를 연주하기 시작한다.

奏「肆夏」.

정현주 '「사하」'는 악장의 이름인데, 지금은 망실되었다. 여숙옥呂叔玉은 "「사하」는 「시매時邁」이다"라고 하였는데, 「시매」[2]는 태평한 시대에 순수巡守하여 산천에 제사지내는 악가이다. 그 시의 내용에 "밝은 주나라가 지위에 있는 이들을 차례로 도열시키네"라 하였고, 또 "나 아름다운 덕을 구하여 이 중하에 베푸네"라고 하였다. 이것을 연주하여 빈을 이끈 것은 왕의 덕을 드러내고 펴서 현자를 권면하려는 것인가? 『주례』에 "빈이 출입할 때 「사하」를 연주한다"[3]고 하였다. '「肆夏」', 樂章名, 今亡. 呂叔玉云, "「肆夏」, 「時邁」也", 「時邁」者, 大平巡守, 祭山川之樂歌. 其詩曰, "明昭有周, 式序在位", 又曰, "我求懿德, 肆于「時夏」." 奏此以延賓, 其著宣王德, 勸賢與? 『周禮』曰, "賓出入, 奏「肆夏」."

[大射儀07 : 經-34]

빈은 서쪽 계단을 통해 당 위로 올라가고, 주인은 빈을 따라 서쪽 계단을 통해 당 위로 올라간다. 주인은 빈의 오른쪽에서 북쪽을 향하여 있다가 빈이 와준 것에 대해 재배하고, 빈은 답례로 재배한다.
賓升自西階, 主人從之. 賓右北面至再拜, 賓答再拜.

정현주 '주인主人'은 재부宰夫인데, 또 빈객에게 음식을 바치는 것을 관장한다. 군주가 신하에게, 신하가 비록 빈이 되었을지라도, 그 빈에게는 직접 음식을 바치지 않는 것이니, 그 누구도 감히 군주와 대등하게 예를 주고받지 못하기 때문이다. '主人', 宰夫也, 又掌賓客之獻飮食. 君於臣雖爲賓, 不親獻, 以其莫敢亢禮.

[大射儀07 : 經-35]
주인은 당에서 내려와 물받이 항아리(洗)로 가서[4] 물받이 항아리의 남쪽에서 서북쪽을 향해 선다.
主人降洗, 洗南, 西北面.

정현주 빈이 장차 주인을 따라 당에서 내려와 그를 마주하고 서게 되므로 주인이 물받이 항아리의 북쪽에 서지 않는데, 이는 정식의 주인을 피하는 것이다.[5] 賓將從降, 鄉之, 不於洗北, 辟正主.

[大射儀07 : 經-36]
빈은 당에서 내려와 서쪽 계단의 서쪽에서 동쪽을 향해 선다. 주인

이 빈에게 당에서 내려올 필요가 없다고 사양을 하면, 빈은 응답을 한다.
賓降階西, 東面. 主人辭降, 賓對.

정현주 '대對'는 응답한다는 뜻이다. '對', 答.

[大射儀07 : 經-37]

주인은 북쪽을 향하여 손을 씻고, 앉아서 술잔(觚)을 들고 씻는다. 빈은 조금 앞으로 나와 주인에게 술잔을 씻어줄 필요가 없다고 사양을 한다. 주인은 앉아서 술잔을 대광주리에 놓고, 일어나서 응답을 한다. 빈은 본래 위치로 돌아간다.
主人北面盥, 坐取觚, 洗. 賓少進, 辭洗. 主人坐奠觚於篚, 興對. 賓反位.

정현주 '빈은 조금 앞으로 나온다'(賓少進)는 것은 사양하는 대상이 다르므로, 자신의 위치를 벗어나야 하기 때문이다.[6] 헌獻의 예를 행하는데, 작爵의 술잔을 사용하지 않는 것은 정식 주인이라는 혐의를 피하려는 것이다. '賓少進'者, 所辭異, 宜違其位也. 獻不用爵, 辟正主.

[大射儀07 : 經-38]

주인은 술잔을 다 씻는다. 빈은 읍을 하고 당 위로 올라간다.

主人卒洗. 賓揖, 升.

정현주 빈은 매번 먼저 당 위로 올라가는데, 존귀하기 때문이다. 賓每先升, 尊也.

[大射儀07 : 經-39]

주인이 당 위로 올라가면, 빈은 주인이 술잔을 씻은 것에 대하여 배례를 한다. 주인은 빈의 우측에 술잔을 놓고 답례로 배례를 하고, 당에서 내려와 손을 씻는다. 빈이 당에서 내려오자, 주인은 빈에게 당에서 내려올 필요가 없다고 사양하고, 빈은 응답을 한다. 주인은 손 씻는 것을 마친다. 빈은 읍을 하고 당 위로 올라간다. 주인은 당 위로 올라가 앉아서 술잔을 든다.

主人升, 賓拜洗. 主人賓右奠觚答拜, 降盥. 賓降, 主人辭降, 賓對. 卒盥. 賓揖升. 主人升, 坐取觚.

정현주 '술잔을 드는 것'(取觚)은 장차 질그릇 술동이(瓦甒)가 있는 곳으로 가 술을 떠서 권하려는 것이다. '取觚', 將就瓦甒酌膳.

[大射儀07 : 經-40]

집멱자執冪者가 덮개보를 들면, 주인은 군주의 술동이(膳尊)에서 술을 떠서 잔에 채우고, 집멱자는 덮개보를 덮는다. 술을 따르는 자가 술 국자를 덮개보 위에 올려놓으면, 집멱자가 다시 그것을 덮는다.
執冪者擧冪, 主人酌膳, 執冪者蓋冪. 酌者加勺, 又反之.

정현주 '반지反之'는 술 국자를 덮는 것이다. '反之', 覆勺.

[大射儀07 : 經-41]

자리(筵)[7] 앞에서 빈에게 술을 올린다. 빈은 서쪽 계단 위쪽에서 배례를 하고, 자리(筵) 앞에서 술잔을 받아 본래 위치로 돌아간다. 주인은 빈의 오른쪽에서 배례를 한 후 술잔을 건네준다.
筵前獻賓. 賓西階上拜, 受爵于筵前, 反位. 主人賓右拜送爵.

정현주 빈은 배례를 마치고, 자리 앞에서 술잔을 받아 물러나 본래 위치로 돌아간다. 賓既拜, 於筵前受爵, 退復位.

[大射儀07 : 經-42]

재서宰胥는 말린 고기와 고기젓갈을 올린다.
宰胥薦脯醢.

정현주 '재서宰胥'는 재관宰官의 관리이다. 선재膳宰로 하여금 올리도록 하지 않는 것은 음주를 위주로 하는 것이 아니기 때문이니, 연례에서 변형된 것이다. '宰胥', 宰官之吏也. 不使膳宰薦, 不主於飮酒, 變於燕.

[大射儀07 : 經-43]

빈은 자리(筵)에 오른다. 서자庶子는 희생고기의 뼈를 잘라서 올려놓은 희생제기(折俎)[8]를 진설한다.

賓升筵. 庶子設折俎.

정현주 '서자庶子'[9]는 사마司馬에 속한 관직으로, 여섯 가지 희생의 몸체를 바로잡는 일[10]을 담당한다. 「향사례」의 기記에 "빈의 희생제기 위에는 등뼈(脊)·갈비뼈(脅)·앞다리 뼈의 위쪽 부위(肩)·허파(肺)를 올려놓는다"[11]라고 하였다. 선재膳宰[12]로 하여금 희생제기(俎)를 진설하지 못하게 하는 것은 사례射禮는 연례에서 변형되었기 때문이다. '庶子', 司馬之屬, 掌正六牲之體者也. 「鄕射」記曰, "賓俎, 脊·脅·肩·肺." 不使膳宰設俎, 爲射變於燕.

[大射儀07 : 經-44]

빈은 앉은 다음, 왼손으로 술잔을 들고 오른손으로 말린 고기와 고기젓갈을 고수레 하고, 술잔을 말린 고기와 고기젓갈의 오른쪽에 놓고, 일어서서 허파를 들고 앉아서 떼어내 고수레 하고 그것을 맛본 다음, 일어나 희생제기에 올려놓고 앉아서 손을 닦고 술잔을 들고 드디어 술을 고수레 하고, 일어서서 자리의 끝에 앉아 술을 맛보고 자리에서 내려와 앉아 술잔을 놓고 배례를 하고 술이 맛나다고 고한(告旨)[13] 뒤, 술잔을 들고 일어선다. 주인은 답례로 배례를 한다.
賓坐, 左執觚, 右祭脯醢, 奠爵于薦右, 興取肺, 坐絶祭, 嚌之, 興加于俎, 坐挩手, 執爵, 遂祭酒, 興, 席末坐啐酒, 降席, 坐奠爵, 拜, 告旨, 執爵興. 主人答拜.

정현주 '자리에서 내려온다'(降席)는 것은 자리의 서쪽을 통해 내려온다는 것이다. '지旨'는 맛있다는 뜻이다. '降席', 席西也. '旨', 美也.

[大射儀07 : 經-45]

음악이 그친다.
樂闋.

정현주 '결闋'은 그친다는 뜻이다. 음악이 그치는 것은 빈을 높이는 예가 당상에 있는 자들보다 성대하기 때문이다. '闋', 止也. 樂止者, 尊賓之禮盛於上也.

[大射儀07 : 經-46]

빈은 서쪽 계단 위쪽에서 북쪽을 향하여 앉아 술잔을 다 비우고, 일어섰다가 앉아서 술잔을 놓고 배례를 하고 술잔을 들고 일어선다. 주인은 답례로 배례한다.
賓西階上北面坐, 卒爵, 興, 坐奠爵, 拜, 執爵興. 主人答拜.

주

1_「사하」 : 賓이 사궁으로 들어갈 때 연주하는 악곡. 周나라 때의 궁중음악인 九夏의 한 곡으로, 死者 대신 제사를 받는 尸가 廟門에 들어설 때와 나갈 때 이를 연주했다고 한다. 『주례』 「대사악」과 『예기』 「옥조」에서는 옛날의 군자는 "采齊의 곡에 맞추어 달려가고 肆夏의 곡에 맞추어 걸었다"(趨以采齊 行以肆夏)라고 하였다.

2_「시매」 : 『시경』 「주송」의 편명이다. 천자가 때때로 邦國을 순행하고 方岳의 밑에 이르러 封禪하는 것을 노래하였다.

3_빈이 ~ 연주한다 : 『주례』 「대사악」에 나오는 말이다.

4_물받이 항아리로 가서 : 빈을 접대코자 觚를 씻기 위해서이다.

5_정식의 주인을 피하는 것이다 : 군주를 대신하여 宰夫가 주인 노릇을 하고 있으므로, 정식의 주인인 군주를 피하는 것이다.

6_자신의 위치를 ~ 때문이다 : 이전에 빈은 당을 내려와 西階 아래에 있었는데, 이제 조금 남쪽으로 나아가서 주인이 술잔을 씻어 주는 곳에 와 있다. 『예기』 「곡례상」에 "남에게 揖을 할 때에는 반드시 자기 자리를 벗어나서 한다"(揖人必違其位)라고 하였다.

7_자리 : 대나무나 부들로 엮어서 만든다. 筵을 땅에 깔고 그 위에 席을 펼친다. 筵은 크고, 席은 작다. 때로 '筵'과 '席'의 두 글자는 통용되기도 한다. 『삼례사전』, 935쪽. 섭숭의의 『삼례도』에 인용된 『舊圖』에는 "士는 蒲筵을 사용하는데, 길이가 7척이고 너비가 3척 3촌으로, 가선을 두르지 않는다"라고 하였다. 그러나 『의례』 「향사례」의 記文에는 "蒲筵은 緇布로 가선을 두른다"(蒲筵, 用緇布純)라고 하였고, 『의례』 「공사대부례」에는 "蒲筵은 길이는 1丈 6尺"(蒲筵常)이라고 하였다.

8_희생고기의 뼈를 ~ 희생제기 : 희생의 사지를 떼어내 마디를 잘라서 담아 놓은 희생제기(俎)를 말한다.

9_서자 : 관직명으로서, 國子의 戒令・敎治・等級・朝位 등의 일을 관장한다. 下大夫로서 夏官 司馬에 속한다. '庶子官' 혹은 '諸子'라고도 칭한다. 『주례』 「하관・제자」에 "諸子. 이 관직은 국자의 부대를 관장한다. 그 戒令과 그 敎治를 관장하여 그들의 등급을 변별하고 그들의 조위를 바로잡는다"(掌國子之倅. 掌其戒令與其敎治. 辨其等正其位)라고 하였다. '國子'는 공・경・대부・사의 자제들로서, 궁중에서 숙위하면서 侍從하는 자들을 말한다. '倅'은 '萃'의 뜻으로 읽는데, 이곳에서는 部隊라는 의미이다. '서자'(제자)는 그들 국자의 부대를 교도하는 책임을 맡는다. 『주례』 「하관・제자」에 "나라에 제사나 會同 등 큰일이 있으면 국자들을 이끌고 태자에게 보내어 그 지휘를 받게

한다. 만약 전쟁이 발생하면 그들에게 거마와 갑옷을 지급하고 대오를 편성하게 하여 지휘관을 두고 군법에 따라 그들을 다스린다"(國有大事, 則帥國子而致於大子, 惟所用之. 若有兵甲之事, 則授之車甲, 合其卒伍, 置其有司, 以軍法治之)라고 하였다. 즉 諸子는 太子의 속관으로, 국자의 부대를 이끄는 것이다. 『예기』「문왕세자」에 "庶子 가운데 군주의 친족과 관련한 政事를 담당하는 자는 孝弟와 睦友(붕우와 화목하게 지내는 것), 子愛(자식 등 아랫사람을 소중히 여기는 것) 등의 도리를 가르치고, 父子의 의리와 長幼의 서열을 밝힌다"(庶子之正於公族者, 敎之以孝弟・睦友・子愛, 明父子之義・長幼之序)라고 한 것에 대해 정현은 "庶子는 司馬의 속관이다. 國子의 부대를 관장하며, 군주의 친족과 관련한 정사를 담당하는 자이다"(庶子, 司馬之屬, 掌國子之倅, 爲政於公族者)라고 하였다. 따라서 '庶子'와 '諸子'가 같은 것임을 알 수 있으며, '庶子'는 '庶子官'이라고도 칭한다. 『예기』「연의」에서도 "옛날에 주나라 천자의 관직에 '庶子官'이 있었다. 庶子官의 관직은 제후・경・대부・사의 서자의 부대를 관장하였다"(古者周天子之官有庶子官. 庶子官職諸侯・卿・大夫・士之庶子之卒)라고 하였다. 여기서도 '庶子官'이 곧 諸子임을 알 수 있다. 『삼례사전』, 1083쪽 참조.

10_ 여섯 가지 ~ 바로잡는 일 : 여섯 가지 희생의 몸체를 바로 잡는다는 것은 匕를 사용하여 희생을 鼎 안에서 꺼내고 그것을 俎 위에 바르게 놓는 것을 가리킨다.

11_ 빈의 희생제기 ~ 올려놓는다 : [향사례05 : 記―12]의 문장이다.

12_ 선재 : 가공언은 다음과 같이 설명한다. "天子에게는 宰夫가 있고 아울러 膳夫가 있는데, 군주의 음식을 관장한다. 제후에게도 宰夫가 있고 또 膳宰가 있는데, 군주의 음식을 관장하며 천자의 膳夫에 해당한다."(『의례주소』, 287쪽) 이여규는 그 신분에 대해 "天子의 宰夫는 下大夫이고 膳夫는 上士인데, 諸侯의 膳宰는 宰夫보다 신분이 낮다"(天子之宰夫, 下大夫, 膳夫, 上士. 諸侯膳宰蓋亦卑於宰夫)라고 하였고, 또 "「燕禮」에서는 膳宰가 음식을 진설하지만 「公食大夫禮」에서는 宰夫가 음식을 진설하는데, 이것은 「公食大夫禮」는 타국의 대부에게 음식을 하사하는 것이기 때문에 그들을 공경하여 자신의 臣子와 달리하는 것이다"(「燕禮」膳宰具饌, 而「公食大夫禮」宰夫具饌者, 彼食異國之大夫, 敬之, 異於己臣子也)라고 하였다. 『의례정의』, 668쪽 참조.

13_ 술이 맛나다고 고한 : '旨'는 맛있다(美)는 의미로 곧 美酒를 가리킨다. '告旨'는 주인에게 배례를 하고 맛있는 술로 대접해 주어서 감사하다는 말을 하는 것이다. 『예기』「향음주의」에서는 "俎에 담긴 肺를 맛보는 것은 주인의 예에 대하여 감상하는 것이다. 술을 맛보는 것은 주인의 예를 이루어 주는 것이다"(嚌肺, 嘗禮也. 啐酒, 成禮也)라고 하였다. 곧 술을 한 모금 목으로 넘겨 맛보고 주인에게 배례하고 감사의 말을 함으로써 예가 성사되는 것이다.

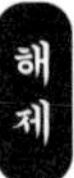

經-47에서 經-54까지는 빈이 주인에게 술을 권하는 절차이다.

[大射儀07 : 經-47]

빈賓은 빈 술잔을 들고 당에서 내려간다.

賓以虛爵降.

정현주

이미 술잔을 다 비웠으니, 장차 술을 떠서 권하기 위함이다.

旣卒爵, 將酢也.

[大射儀07 : 經-48]

주인은 당에서 내려온다. 빈은 물받이 항아리(洗)의 남서쪽에서 북쪽을 향하여 앉아 술잔(觚)을 놓고, 조금 나아가 주인에게 내려올 필요가 없다고 사양한다. 주인은 서쪽 계단의 서쪽에서 동쪽을 향하고 있다가 조금 앞으로 나아가 응답한다. 빈은 앉아서 술잔을 들어 대광주리(篚)의 남쪽에 놓고 손을 씻고 술잔을 씻을 준비를 한다.

主人降. 賓洗南西北面坐奠觚, 少進, 辭降. 主人西階西·東面, 少進, 對. 賓坐取觚, 奠于篚下, 盥洗.

정현주 '비하(篚下)'는 대광주리(篚)의 남쪽이다. '篚下', 篚南.

[大射儀07 : 經-49]

주인은 빈에게 술잔을 씻어줄 필요가 없다고 사양을 한다. 빈은 앉아서 술잔을 대광주리에 놓고 일어나 대답하고 술잔을 다 씻고, 계단에 이르러 읍을 하고 당 위로 올라간다. 주인은 당 위로 올라가서 빈이 술잔을 씻은 것에 대해 배례하기를 빈례(賓禮)와 동일한 절차로 한다. 빈은 당에서 내려와 손을 씻으면, 주인이 당에서 내려온다. 빈은 주인에게 당에서 내려올 필요가 없다고 사양하고 씻기를 마친 다음 읍을 하고 당 위로 올라간다. 군주의 술동이(膳尊)에서 술을 뜨는데 덮개보(冪)를 담당한 자는 처음과 동일한 절차로 하며, 빈은 서쪽 계단 위쪽에서 주인에게 술을 떠서 권한다. 주인은 북쪽을 향하여 배례하고 술잔을 받는다. 빈은 주인의 왼쪽에서 배례하고 술잔을 건네준다.

主人辭洗. 賓坐奠觚于篚, 興對, 卒洗, 及階, 揖升. 主人升, 拜洗如賓禮. 賓降盥, 主人降. 賓辭降, 卒盥, 揖升. 酌膳, 執冪如初, 以酢主人于西階上. 主人北面拜受爵. 賓主人之左拜送爵.

정현주 빈은 남쪽을 향하여 술잔을 주고, 이어서 왼쪽에서 배례한다. 무릇 술잔을 줄 때는 받는 자를 향한다. 賓南面授爵, 乃於左拜. 凡授爵, 鄉所受者.

[大射儀07 : 經-50]

주인은 앉아서 고수레를 하고, 술을 맛보지 않는다.

主人坐祭, 不啐酒.

정현주 정식의 주인이라는 혐의를 피하는 것이다. 말린 고기와 고기 젓갈을 올리지(薦) 않는 것은 주인이 군주의 신하이기 때문이다. 辟正主也. 未薦者, 臣也.

[大射儀07 : 經-51]

주인은 술에 배례하지 않는다.

不拜酒.

정현주 주인의 법도이다. 「연례」에 "주인은 술을 마시게 해 준 것에 배례를 하지 않고, 맛나다고 고하지도 않는다"[1]고 하였다. 主人之義. 「燕禮」曰, "不拜酒, 不告旨."

[大射儀07 : 經-52]

주인은 드디어 술잔을 비우고 일어섰다가 앉아서, 술잔을 놓고 배례하고, 술잔을 들고 일어선다. 빈은 답례로 배례를 한다. 주인은 술을 채우지 않고 빈 술잔을 가지고 당에서 내려와서 대광주리에 놓는다.
遂卒爵, 興, 坐奠爵, 拜, 執爵興. 賓答拜. 主人不崇酒, 以虛爵降, 奠于篚.

정현주 '술을 채우지 않는다'(不崇酒)는 것은 정식의 주인이라는 혐의를 피하는 것이다. '숭崇'은 채운다는 뜻으로 술이 맛이 없는데도 보태어 가득 채운 것에 대해 감사해 한다. '不崇酒', 辟正主也. '崇', 充也, 謂謝酒惡相充實.

[大射儀07 : 經-53]

빈은 당에서 내려와 서쪽 계단의 서쪽에서 동쪽을 향해 선다.
賓降, 立于西階西, 東面.

정현주 이미 술을 올리는 헌獻의 예를 받았으므로 감히 성대한 예를 편안히 여기지 않는 것이다. 既受獻矣, 不敢安盛.

[大射儀07 : 經-54]

빈자擯者는 군주의 명으로 빈이 당 위로 올라오도록 인도한다. 빈은 당위로 올라가 당 위 서쪽 벽에서 동쪽을 향해 선다.
擯者以命升賓. 賓升, 立于西序, 東面.

<u>정현주</u> '명命'은 군주의 명이다. 동쪽과 서쪽의 담장을 '서序'[2]라고 한다. '命', 公命也. 東西牆謂之'序'.

주

1_ 주인은 술을 ~ 않는다 : [연례06 : 經—43]의 문장이다.

2_ 서 : 堂上에서 東堂과 西堂을 가로막는 벽을 '序'라고 하는데, 동쪽에 있는 것이 '東序', 서쪽에 있는 것이 西序이다. 堂上의 담장을 '序'라고 하고, 堂下의 담장은 '壁'이라고 한다. 『의례정의』, 36쪽 참조.

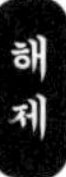

經-55에서 經-59까지는 주인이 군주에게 술을 권하는 절차이다.

[大射儀07 : 經-55]

주인은 손을 씻고 상고象觚(코끼리뼈 장식을 한 군주의 술잔)를 씻은 후, 당 위로 올라가 군주의 술동이(膳尊)에서 술을 떠서 동북쪽을 향하여 군주에게 올린다.
主人盥, 洗象觚, 升酌膳, 東北面獻于公.

정현주 '상고象觚'는 고觚에 코끼리뼈 장식이 있는 것이다. 군주의 술잔(象觚)을 들고 동쪽을 향하는데, 술을 채운다고 말하지 않는 것은 연례燕禮에서 변형된 것이기 때문이다. '象觚', 觚有象骨飾者也. 取象觚東面, 不言實之, 變於燕.

[大射儀07 : 經-56]

군주는 배례하고 술잔을 받으면, 곧바로 「사하肆夏」를 연주한다.
公拜受爵, 乃奏「肆夏」.

정현주 '곧바로'(乃)라고 말한 것은 그 절차가 빈과는 다르기 때문이다. 言'乃'者, 其節異於賓.

[大射儀07 : 經-57]

주인은 서쪽 계단을 통해 내려와 조계 아래에서 북쪽을 향하여 배례하고 술잔을 보낸다. 재서宰胥는 말린 고기와 고기젓갈을 올리는데 동쪽 방에서 꺼내온다. 서자庶子는 희생고기의 뼈를 잘라서 올려놓은 희생제기(折俎)를 진설하는데 서쪽 계단을 통해 올라온다.

主人降自西階, 阼階下北面拜送爵. 宰胥薦脯醢, 由左房. 庶子設折俎, 升自西階.

정현주 '자自'는 경유한다는 뜻이다. '좌방左房'은 동쪽 방이다. 군주에게는 좌우에 방이 있다. 「향사례」의 기記에 "주인의 희생제기 위에는 등뼈·갈비뼈·앞다리 뼈의 중앙 부위·허파를 올려놓는다"[1]라고 하였다. '自', 由也. '左房', 東房也. 人君左右房. 「鄕射」記曰, "主人俎, 脊·脅·臂·肺也."

[大射儀07 : 經-58]

군주는 고수레를 하는데 빈례賓禮와 동일한 절차로 하고, 서자는 군주를 도와 허파(肺)를 떼어 준다. 술을 마시게 해 준 것에 배례를 하여 감사를 표하지 않고,[2] 서서 술잔의 술을 다 마시고, 다시 앉아서 술잔을 내려놓고 배례를 하며,[3] 술잔을 들고 다시 일어난다.

公祭, 如賓禮, 庶子贊授肺. 不拜酒, 立卒爵, 坐奠爵, 拜, 執爵興.

정현주 무릇 의절을 달리한 것들은 군주가 존귀하기 때문에 빈례에서 변형한 것이다. 凡異者, 君尊, 變於賓.

[大射儀07 : 經—59]

주인은 답례로 배례를 한다. 음악이 그치면, 당 위로 올라가 술잔을 받고 내려와 대광주리에 놓는다.

主人答拜. 樂闋, 升受爵, 降奠于篚.

주

1_ 주인의 희생제기 ~ 올려놓는다 : [향사례05 : 記—12]의 문장이다.

2_ 술을 ~ 표하지 않고 : '拜酒'는 술을 마실 수 있게 해 준 것에 배례를 하여 감사를 표한다는 뜻인데, 이곳의 술은 군주 자신의 물건이기 때문에 감사를 표하지 않는 것이다.

3_ 서서 ~ 배례를 하며 : 남자가 앉아서 술잔을 비우는 경우에는 술잔을 내려놓고 배례를 하고, 婦人 가운데 존귀한 자는 선 채로 술잔을 비우고 술잔을 들고서 배례를 한다. 이 경문에서 선 채로 술잔을 비운 뒤 술잔을 내려놓고 배례를 하는 것은 군주의 예이기 때문이다. 『의례정의』, 694쪽 참조.

經-60은 주인이 군주의 작酢을 받는 절차이다.

[大射儀07 : 經-60]

술잔을 바꾸어서 씻고, 당 위로 올라가 방형 술동이(方壺)에 담긴 술을 떠서 그것을 갖고 내려와 조계 아래서 술을 올려 작酢의 예를 행하고, 북쪽을 향하여 앉아 술잔을 놓고 머리를 바닥에 대면서 재배를 한다. 군주는 답례로 배례를 한다. 주인은 앉아서 고수레를 하고 드디어 술잔을 비우고, 일어났다가 앉아서 술잔을 놓고 머리를 바닥에 대면서 재배를 한다. 군주는 답례로 배례를 한다. 주인은 술잔을 대광주리에 놓는다.

更爵洗, 升酌散以降, 酢于阼階下, 北面坐奠爵, 再拜稽首. 公答拜. 主人坐祭, 遂卒爵, 興, 坐奠爵, 再拜稽首. 公答拜. 主人奠爵于篚.

정현주 '경更'은 바꾼다는 뜻이다. 술잔을 바꾸는 것은 감히 지존至尊을 답습하지 못하는 것이다. 고문본에 '更'이 '受'로 되어 있다. '更', 易也. 易爵, 不敢襲至尊. 古文'更'爲'受'.

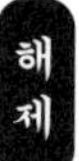
經－61에서 經－65까지는 주인이 빈에게 거듭 술을 권하는 절차이다.

[大射儀07 : 經－61]

주인은 손을 씻고 술잔을 씻어 당 위로 올라가서 빈에게 술잔을 보내고, 방형 술동이(方壺)의 술을 떠서 서쪽 계단 위쪽에 앉아 술잔을 놓고 배례를 한다. 빈은 서쪽 계단 위쪽에서 북쪽을 향하여 답례로 배례를 한다.

主人盥洗, 升媵觚於賓, 酌散, 西階上坐奠爵, 拜. 賓西階上北面答拜.

정현주 '잉媵'은 보낸다는 뜻이다. '산散'은 방형 술동이(方壺)의 술이다. 고문본에 '媵'은 모두 '騰'으로 되어 있다. '媵', 送也. '散', 方壺之酒也. 古文 '媵'皆作'騰'.

[大射儀07 : 經－62]

주인은 앉아서 고수레를 하고 드디어 마신다. 빈은 사양한다. 주인은 술잔을 비우고 일어섰다가 앉아서 술잔을 놓고, 배례를 하고 술잔을 들고 일어선다. 빈이 답례로 배례를 한다.

主人坐祭, 遂飲. 賓辭. 卒爵興, 坐奠爵, 拜, 執爵興. 賓答拜.

정현주 '사양한다'(辭)는 것은 주인은 군주를 대신하여 술을 권하여 수酬[1]의 예를 행하는 것이므로 서지 않고 앉아서 마시는 것을 사양한다는 뜻[2]으로, 정식의 주인이 술을 권하여 수酬의 예를 행하는 것에 비견되기 때문이다. '辭'者, 辭其代君行酒不立飮也, 比於正主酬也.

[大射儀07 : 經-63]

주인은 당에서 내려와 술잔을 씻으려 하면, 빈도 당에서 내려온다. 주인은 빈에게 당에서 내려올 필요가 없다고 사양하고, 빈은 주인에게 술잔을 씻어줄 필요가 없다고 사양을 한다. 주인이 술잔을 다 씻는다. 빈은 읍을 하고 당 위로 올라가는데, 술잔을 씻어 준 것에 배례를 하여 감사를 표하지 않는다.
主人降洗, 賓降. 主人辭降, 賓辭洗. 卒洗. 賓揖升, 不拜洗.

정현주 '술잔을 씻어 준 것에 배례를 하여 감사를 표하지 않는다'(不拜洗)는 것은 술을 권하여 수酬의 예를 행하여 예가 간략해졌기 때문이다.[3] '不拜洗', 酬而禮殺也.

[大射儀07 : 經-64]

주인은 군주의 술동이(膳尊)에서 술을 뜬다. 빈은 서쪽 계단 위쪽에서 배례하고 자리(筵)의 앞에서 술잔을 받아 본래 위치로 돌아간다. 주인은 배례하고 술잔을 보낸다. 빈은 자리로 올라가 앉아서 술을 고수레 하고, 앉은 채로 말린 고기와 고기젓갈의 동쪽에 술잔을 놓는다.
主人酌膳. 賓西階上拜, 受爵于筵前, 反位. 主人拜送爵. 賓升席, 坐祭酒, 遂奠于薦東.

정현주 '수遂'라고 한 것은 앉은 채로 술잔을 놓고 북쪽을 향하지 않는 것이다. '술잔을 내려놓는다'(奠之)는 것은 술을 권하여 수酬의 예를 행하지 않는다는 것이다. '遂'者, 因坐而奠之, 不北面也. '奠之'者, 酬不擧也.

[大射儀07 : 經-65]

주인은 당에서 내려와 본래 위치로 돌아간다. 빈은 자리(筵)의 서쪽으로 자리에서 내려와 동남쪽을 향하여 선다.
主人降, 復位. 賓降筵西, 東南面立.

정현주 빈은 당 위 벽(序)의 안쪽에 서지 않는데, 지위가 더 높기 때문이다. 賓不立於序內, 位彌尊.

주

1_수 : 獻은 주인이 빈에게 술을 올리는 것이고, 酢은 빈이 주인이 술을 준 것에 보답해서 술을 올리는 것이며, 酬는 주인이 빈에게 재차 술을 권하는 것이다.

2_'사양한 것'은 ~ 한다는 뜻 : 주희는 정식 주인이 행하는 酬의 禮에서는 모두 앉아서 술을 마셔 술잔을 비우지만 이곳은 군주를 대신하여 酌의 禮를 행하는 것이므로 마땅히 예를 낮추어 서서 마셔야 하는데, 이제 앉아서 마시고 있는 것은 빈이 이를 사양한 것이라고 하였다. 『의례정의』, 697쪽 참조.

3_술을 권하여 ~ 때문이다 : 호배휘에 의하면 獻의 禮는 성대하여 술잔을 씻어 준 것에 대해 배례를 하여 감사를 표한다고 한다. 『의례정의』, 697쪽 참조.

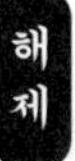

經—66에서 經—74까지는 두 사람의 잉작자媵爵者가 빈을 위해 여수旅酬의 예를 거행하는 것이다.

[大射儀07 : 經—66]

소신小臣이 조계 아래로부터 군주에게 잉작자媵爵者[1]를 정할 것을 청하면, 공公은 하대부下大夫 중에 장자長者로 잉작자를 정하라고 명한다.

小臣自阼階下請媵爵者, 公命長.

정현주 장유의 가운데서[2] 선택하도록 명하는 것이다. 경卿은 존귀하고, 사士는 낮다. 命之使選於長幼之中也. 卿則尊, 士則卑.

[大射儀07 : 經—67]

소신은 군주의 명으로 하대부 2인에게 잉작자가 되도록 명한다.

小臣作下大夫二人媵爵.

정현주 '작作'은 시킨다(使)는 뜻이다. '作', 使.

[大射儀07 : 經-68]

잉작자는 조계 아래에서 모두 북쪽을 향하여 머리를 바닥에 대면서 재배를 한다. 군주는 답례로 배례를 한다.

媵爵者阼階下皆北面再拜稽首. 公答拜.

정현주 '머리를 바닥에 대면서 재배한다'(再拜稽首)는 것은 군주의 명에 배례하는 것이다. '再拜稽首', 拜君命.

[大射儀07 : 經-69]

잉작자는 물받이 항아리(洗)의 남쪽에서 서쪽을 향해 서는데, 북쪽을 윗자리로 삼고, 차례로 나아가 손을 씻고 각치角觶(뿔로 장식한 술잔)[3]를 씻은 다음, 서쪽 계단을 통해 당 위로 올라간다. 순서대로 나아가 신하의 술동이(散)[4]에서 술을 떠서 채우는데, 당 위 기둥(楹)[5]의 북쪽에서 교차하여 나아간다. 당에서 내려와 조계의 아래에서 모두 뿔로 장식한 술잔(角觶)을 내려놓고 머리를 바닥에 대면서 재배를 하고, 다시 술잔을 집고 일어난다. 군주는 답례로 재배를 한다.

媵爵者立于洗南, 西面北上, 序進, 盥洗角觶, 升自西階. 序進, 酌散, 交于楹北. 降, 適阼階下, 皆奠觶, 再拜稽首, 執觶興. 公答拜.

정현주 '서序'는 차례의 뜻이니, 교대로 한다(代)는 뜻과 같다. 앞 사람이 이미 술을 떠서, 오른쪽으로 돌아 되돌아와서, 뒤에 술을 뜬 자와 당 위 서쪽 기둥(西楹)의 북쪽에서 교차하는데 서로 좌측으로 하며, 서쪽 계단 위쪽에서 기다렸다가 이에 당에서 내려오는데, 왕래에는 오른쪽을 윗자리로 삼는다. 고문본에는 '降造阼階下'로 되어 있다. '序', 次第也, 猶代也. 先者旣酌, 右還而反, 與後酌者交於西楹北, 相左, 俟於西階上, 乃降, 往來以右爲上. 古文曰, '降造阼階下'.

[大射儀07 : 經-70]

잉작자媵爵者들은 모두 앉아서 술로 고수레를 하고 그대로 앉은 채로 술잔을 비우고 일어난다. 다시 앉아서 술잔을 내려놓고 머리를 바닥에 대면서 재배를 하고 다시 술잔을 가지고 일어난다. 군주는 답례로 재배를 한다.

媵爵者皆坐祭, 遂卒觶, 興. 坐奠觶, 再拜稽首, 執觶興. 公答再拜.

[大射儀07 : 經-71]

잉작자는 술잔을 가지고 물받이 항아리(洗)의 남쪽에서 군주의 명을 기다린다.

媵爵者執觶待于洗南.

정현주 '대待'는 군주의 명을 기다리는 것이다. '待', 待君命.

[大射儀07 : 經-72]

소신小臣이 치자致者[6]를 정해 줄 것을 군주에게 청한다.

小臣請致者.

정현주 군주에게 한 사람을 시킬 것인지 두 사람을 시킬 것인지 청하는 것으로 군주의 명을 기필하지 못하기 때문이다. 請君使一人與? 二人與? 不必君命.

[大射儀07 : 經-73]

만약 군주가 두 명 모두에게 술잔을 바치게 하라고 명을 내리면, 두 사람은 순서대로 군주의 대광주리(膳篚)[7]가 있는 곳으로 나아가 그 안에 술잔을 넣고, 조계의 아래에서 모두 북쪽을 향하여 재배를 하고 머리를 땅에 댄다. 군주는 답례로 배례를 한다. 잉작자들은 군주의 술잔(象觶)[8]을 씻은 후 당 위로 올라가 술을 채운다. 순서대로 나아가 앉아서 말린 고기(脯)·고기젓갈(醢)의 남쪽에 술잔을 내려놓는데 북쪽을 윗자리로 삼는다. 당에서 내려와 조계의 아래에서 모두 머리를 바닥에 대면서 재배를 한 후 술잔을 군주에게 바친다. 군주는 답례로 배례를 한다.

若命皆致, 則序進, 奠觶于篚, 阼階下皆北面再拜稽首. 公答拜. 媵爵者洗象觶, 升實之. 序進, 坐奠于薦南, 北上. 降, 適阼階下, 皆再拜稽首送觶. 公答拜.

정현주 술을 뜬 다음 교대로 나아가는데 술동이(尊)의 북쪽을 경유하고 왕래하며, 당 위 동쪽 기둥(東楹)의 북쪽에서 교차하되 또한 서로 좌측으로 통행하며, 말린 고기(脯)와 고기젓갈(醢)의 남쪽에 놓는데 감히 군주가 들 것을 기필하지 못하는 것이다. 旣酌而代進, 往來由尊北, 交於東楹北, 亦相左, 奠於薦南, 不敢必君擧.

[大射儀07 : 經-74]

잉작자媵爵者는 모두 물러나 본래 위치로 되돌아간다.

媵爵者皆退反位.

정현주 문의 오른쪽 북쪽을 향한 본래 위치로 돌아간다. 反門右北面位.

주

1_ 잉작자 : '媵爵'은 燕禮에서 獻·酬의 禮가 끝난 후 旅酬를 행하기 전의 의식절차를 말한다. 이여규는 "媵爵은 獻·酬의 禮가 끝나면, 다시 公에게 술을 올려 旅酬의 시작을 삼는다"(媵爵者, 獻·酬禮成, 更擧酒於公, 以爲旅酬之始)라고 하였다. '媵'은 보낸다(送)는 뜻이다. 두 명의 대부가 公에게 술잔을 올리면, 군주는 빈에게 그 술을 따라주고, 이어서 衆賓에게 따라 준다. 이 때문에 '媵爵'은 본격적으로 旅酬의 禮를 거행하기 이전의 의식절차가 된다. '旅酬'는 衆賓들이 나이의 순서에 따라 서로 술잔을 돌리는 것을 말한다. 『삼례사전』, 906쪽 참조.

2_ 장유의 가운데서 : 대부를 말한다.

3_ 각치 : 角觶는 신하들을 위해 준비한 술잔이다. 술 3升이 들어가는 술잔으로, 나무로 만드는데, 청동제도 있다. 입의 직경은 5촌, 가운데의 깊이는 4촌, 바닥의 직경은 3촌이다. 공영달에 의하면, '觶'는 '適'의 뜻으로 술은 적당히 마셔야 한다는 의미이다. 섭숭의, 『삼례도』, 372쪽 참조.

4_ 신하의 술동이 : 散은 신하를 위한 술동이를 말하는데 方壺이다.

5_ 당 위 기둥 : 당 위에는 東楹과 西楹 두 기둥이 있다. 『의례』 「士昏禮」에 "주인이 빈과 더불어 당에 올라가 서쪽을 향해 서는데, 빈은 西階로 올라간다. … 楹間에서 술잔을 건네주고, 남쪽을 향해 선다"(主人以賓升, 西面, 賓升西階, … 授于楹間, 南面)라고 하였다. '楹間'은 두 기둥의 사이로 당의 동서의 중앙을 가리킨다. '楹間'을 '楹內'라고도 칭한다. 『삼례사전』, 916쪽 참조.

6_ 치자 : 군주에게 술을 받은 자가 군주에게 술을 되레 권하는 것이다.

7_ 군주의 대광주리 : 군주의 술잔을 넣어 놓는 대광주리이다.

8_ 군주의 술잔 : 코끼리뼈로 장식한 술잔이다.

거려擧旅

장혜언(淸), 『의례도』

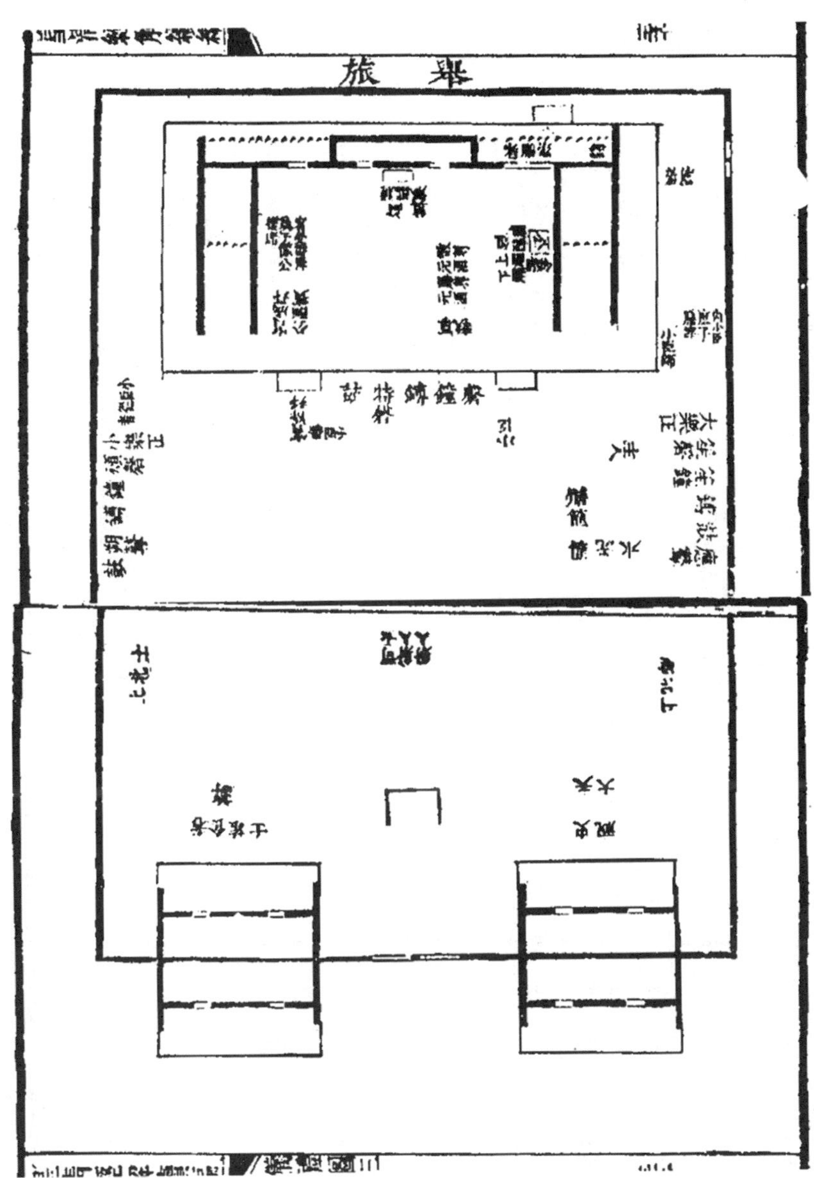

행수行酬

장혜언(清), 『의례도』

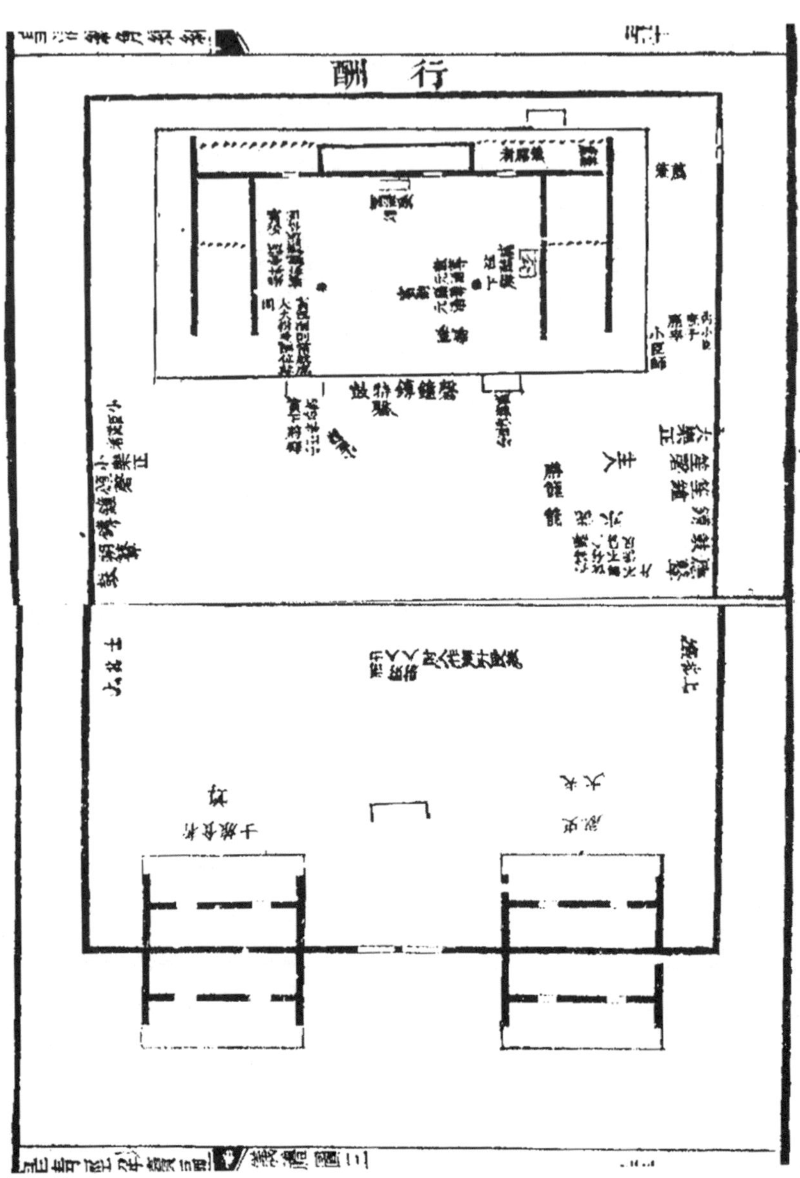

經—75에서 經—84까지는 군주가 잔을 보내 빈들에게 술을 권하고 여수旅酬의 예를 거행하는 절차이다.

[大射儀07 : 經—75]

군주는 앉아서 대부가 올린 술잔을 가지고 일어나서 빈에게 술잔을 돌리려고 하면, 빈은 당에서 내려와 서쪽 계단 아래에서 머리를 바닥에 대면서 재배를 한다. 소신정小臣正이 군주를 대신하여 빈의 배례에 대해 사양하면, 빈은 당 위로 올라가 배례를 마친다.

公坐取大夫所媵觶, 興以酬賓, 賓降, 西階下再拜稽首. 小臣正辭, 賓升成拜.

정현주 군주가 일어나 서쪽 계단에서 빈에게 술을 권하는 것은 존귀함을 낮추어 지위가 낮은 자에게 나아간 것이다. '정正'은 우두머리(長)이다. 소신小臣의 우두머리가 사양하는 것은 연례에서 변형된 것이다. '당 위로 올라가 배례를 마친다'(升成拜)는 것은 다시 머리를 바닥에 대면서 재배를 한다는 뜻이다. 앞서 군주가 사양을 하여 예에 있어서 아직 끝내지 못하였기 때문이다. 公起酬賓於西階, 降尊以就卑也. '正', 長也. 小臣長辭, 變於燕. '升成拜', 復再拜稽首. 先時君辭之, 於禮若未成然.

[大射儀07 : 經-76]

군주는 앉아서 술잔을 내려놓고 답례로 재배를 한 후 술잔을 가지고 일어나서 선 채로 술잔을 비운다. 빈이 당 아래에서 배례를 하려고 하면 소신정小臣正은 그렇게 하지 말라고 사양한다. 빈은 당 위로 올라가 머리를 바닥에 대면서 재배를 한다.

公坐奠觶, 答拜, 執觶興, 公卒觶. 賓下拜, 小臣正辭. 賓升, 再拜稽首.

정현주 '배례를 마친다'(成拜)라고 말하지 않은 것은 배례를 하기 위해 당에서 내려왔지만 실은 아직 배례를 하지 않았기 때문이다. 당에서 내려와 곧바로 배례를 하지 않는 것은 예가 간략하기 때문이다. '하下'는 또한 내려오는 것이다. 시작할 때 '당에서 내려와 배례하는 것'(降拜)을 말하였고, 올라가는 일로 인하여 '당 아래에서 배례하는 것'(下拜)을 말한 것이다. 不言'成拜'者, 爲拜故下, 實未拜也. 下不輒拜, 禮殺也. '下'亦降也. 發端, 言'降拜', 因上事, 言'下拜'.

[大射儀07 : 經-77]

군주는 앉아서 술잔을 내려놓고 답례로 빈에게 배례를 한 후 술잔을 가지고 일어난다. 빈은 나아가 빈 술잔을 받아서 당에서 내려와 군주의 대광주리(膳篚) 안에 넣은 후 술잔을 바꾸고(易)[1] 일어나 그것을 씻는다.

公坐奠觶, 答拜, 執觶興. 賓進受虛觶, 降奠于篚, 易觶, 興洗.

정현주 빈이 나아가는 것에는 신하의 도리로써 하며 군주에게 가서 빈 술잔을 받는데, 군주는 친히 술을 뜨지 않기 때문이다. 무릇 술잔은 이어서 사용하지 않는다. 존귀한 것으로 바꿀 때에는 '경更'이라고 말하고, 대등한 것 이하로 바꿀 때에는 '역易'이라고 말한다. '경更'은 새롭게 한다는 뜻이고, '역易'은 이전부터 그래왔다는 말이다. '군주가 서쪽 계단 위쪽에서 빈에게 술잔을 돌린다' 및 '군주는 본래 위치로 돌아온다'라고 말하지 않은 것은 또한 군주를 높이는 것으로 그 문장을 비워둔 것이다. 賓進以臣道, 就君受虛爵, 君不親酌. 凡爵不相襲者. 於尊者言'更', 自敵以下言'易'. '更', 作新, '易', 有故之辭也. 不言公酬賓於西階上及公反位者, 尊君, 空其文也.

[大射儀07 : 經-78]

군주는 군주의 술잔(象觶)을 사용하라고 명을 내리면 술잔을 바꾸지 않고 씻지 않으며, 돌아와 당 위로 올라가 군주의 술잔(膳觶)[2]에 술을 따른 후 당에서 내려와 배례를 한다. 소신정은 그렇게 하지 말라고 사양을 한다. 빈이 당 위로 올라가 머리를 바닥에 대면서 재배를 한다. 군주는 답례로 배례를 한다.

公有命, 則不易不洗, 反升酌膳, 下拜. 小臣正辭. 賓升, 再拜稽首. 公答拜.

정현주 '바꾸지 않는다'(不易)는 것은 군주의 의리이다. '씻지 않는다'(不洗)는 것은 신하의 예이다. '不易', 君義也. '不洗', 臣禮也.

[大射儀07 : 經-78]

군주는 군주의 술잔(象觶)을 사용하라고 명을 내리면 술잔을 바꾸지 않고 씻지 않으며, 돌아와 당 위로 올라가 군주의 술잔(膳觶)[3]에 술을 따른 후 당에서 내려와 배례를 한다. 소신정은 그렇게 하지 말라고 사양을 한다. 빈이 당 위로 올라가 머리를 바닥에 대면서 재배를 한다. 군주는 답례로 배례를 한다.

公有命, 則不易不洗, 反升酌膳, 下拜. 小臣正辭. 賓升, 再拜稽首. 公答拜.

[大射儀07 : 經-79]

빈은 빈자擯者에게 고하여 여러 신하들에게 술을 권할 것(旅)을 청한다. 빈자는 군주에게 고하고, 군주는 허락한다.

賓告于擯者, 請旅諸臣. 擯者告于公, 公許.

정현주 '여旅'는 차례(序)의 뜻이다. 빈이 순서대로 여러 신하들에게 술을 권하고자 하는 것이다. '旅', 序也. 賓欲以次序勸諸臣酒.

[大射儀07 : 經-80]

빈은 서쪽 계단 위쪽에서 순서에 따라 대부에게 술잔을 돌린다(旅).

빈자는 부들로 하여금 장유의 순서에 따라 당 위로 올라가 술잔을 받도록 한다.
賓以旅大夫于西階上. 擯者作大夫長升受旅.

정현주 '작作'은 시킨다는 뜻이다. 장유의 차서로써 하도록 하는 것이니, 고경孤卿에게 먼저 하고 대부에게는 뒤에 한다는 것이다. '作', 使也. 使之以長幼之次, 先孤卿, 後大夫.

[大射儀07 : 經-81]

빈은 대부의 오른쪽에 앉아 술잔을 내려놓고 배례를 한 다음, 술잔을 가지고 일어선다. 대부는 답례로 배례를 한다.
賓大夫之右坐奠觶, 拜, 執觶興. 大夫答拜.

정현주 빈이 오른쪽에 있는 것은 서로 술을 마시는 위치이기 때문이다.[4] '賓在右', 相飮之位.

[大射儀07 : 經-82]

빈은 앉아서 술로 고수레를 한 후 일어나 술잔을 비우는데, 배례는 하지 않는다.
賓坐祭, 立卒觶, 不拜.

정현주　　술을 권하여 수酬의 예를 행할 때에는 예가 줄어들기 때문이다.[5] 酬而禮殺.

[大射儀07 : 經-83]

만약 빈이 사용한 술잔이 군주의 술잔(膳觶)이었다면,[6] 당에서 내려와 술잔을 바꾼 후 그 술잔을 씻고,[7] 다시 당 위로 올라가 신하의 술동이(散)에서 술을 떠서 채운 후 대부에게 건네준다. 대부는 배례를 하고 술잔을 받는다. 빈은 배례를 하고 술잔을 건네주고,[8] 드디어 자리(席)로 나아간다.

若膳觶也, 則降, 更觶, 洗, 升實散. 大夫拜受. 賓拜送, 遂就席.

정현주　　'치로 바꾼다'(更觶)는 것은 경卿이 존귀하기 때문이다.[9] 경을 높이는 것이니, 빈의 예가 줄어든 것이다. 言'更觶', 尊卿. 尊卿則賓禮殺.

[大射儀07 : 經-84]

대부들은 순서에 따라 골고루 권하는 술잔을 받는데, 빈이 권하는 술잔을 받을 때의 절차대로 하며[10] 술로 고수레를 하지는 않는다. 마지막으로 술잔을 받은 자는 빈 술잔을 들고 당에서 내려와 대광주리 안에 넣어놓고 본래 위치로 돌아간다.

大夫辯受酬, 如受賓酬之禮, 不祭酒. 卒受者以虛觶降, 奠于篚, 復位.

정현주 '졸卒'은 이已의 뜻과 같다. 금문본에 '辯'은 '遍'으로 되어 있다.

'卒'猶已也. 今文'辯'作'徧'.

주

1_ 술잔을 바꾸고 : '象觶'에서 '角觶'로 바꾸는 것이다. 角觶는 뿔로 장식한 석 되들이 술잔으로 신하의 술잔이다.

2_ 군주의 술잔 : 군주의 술잔인 象觶를 뜻한다.

3_ 군주의 술잔 : 군주의 술잔인 象觶를 뜻한다.

4_ 빈이 ~ 때문이다 : 가공언은 다음과 같이 설명한다. "'賓이 오른쪽에 있다'는 것은 賓이 西階 위에서 卿(대부의 우두머리)에게 술잔을 돌린다는 뜻으로, 賓은 卿과 나란히 북쪽을 향해 있다. 賓은 동쪽(오른쪽)에 있고, 卿은 서쪽(왼쪽)에 있으니, 빈은 대부의 오른쪽에 있는 것이다. 빈의 위치는 보통 서쪽에 있는데, 이제 동쪽에 있게 되었다. 그러므로 '빈이 오른쪽에 있는 것은 서로 술을 마시는 위치이기 때문이다'라고 말한 것이다."(言'賓在右'者, 賓在西階上酬卿, 賓與卿並北面. 賓在東, 卿在西, 是賓在大夫之右. 賓位合在西, 今在東, 故云'賓在右者, 相飮之位'也) 『의례주소』, 307쪽 참조.

5_ 수의 예를 ~ 때문이다 : '酢'의 禮를 행할 때에는 앉아서 술을 마시고 술잔을 비운 후에 배례를 행하는 데에 반해서, 이 '旅酬'의 禮에서는 서서 술을 마시고 술잔을 비운 후 배례를 행하지 않기 때문에 '예가 줄어든다'고 한 것이다. 『의례주소』, 307쪽, 가공언의 소 참조.

6_ 만약 ~ 술잔이었다면 : 오계공은 "公이 酬의 예를 행할 때 賓을 예우할 경우 象觶를 사용하게 할 수도 있지만, 경 이하에게까지 미칠 수 없기 때문에 대부에게는 角觶로 바꾸어 사용하게 한다"(公優所酬者, 或使得用象觶, 而不可以及他, 是以更用角觶)라고 하였다. 장이기는 군주의 술잔인 '象觶'는 군주가 특별히 명을 내리면 한 번은 사용할 수 있지만, 그 밖의 사람들은 사용할 수 없다고 한다. "膳觶(象觶)는 본래 신하가 그것을 이어받아서 사용할 수 있는 바가 아닌데, 군주의 명이 있었기 때문에 한 번은 사용할 수 있었다. 다른 사람에게 이르면 반드시 바꾼다."(膳觶, 本非臣所可襲, 以君命故得一用. 至於他人, 則必更矣) 『의례정의』, 708쪽 참조.

7_ 당에서 내려와 ~ 씻고 : 앞의 [연례06 : 經—69]에서 "군주가 술잔(象觶)을 바꾸지 말고 그대로 사용하라고 명을 내리면, 빈은 술잔을 바꾸지 않고 술잔을 씻지 않는다"(公有命, 則不易, 不洗)라고 했으므로, 賓이 들고서 스스로 마신 술잔은 군주의 술잔인 象觶 즉 '膳觶'이다. 이제 빈이 다른 사람에게 나아가 술잔을 돌리게 되었으므로, 다시 군주의 술잔인 膳觶를 사용할 수 없기 때문에 새로운 술잔 즉 角觶로 바꾸는 것이다.

8_ 빈은 배례를 ~ 건네주고 : 고유는 [經—73]에서 [經—77]까지에 대해 "이곳은 賓이

觶에 담긴 술을 따라서 스스로 마시고 이어서 大夫를 인도하여 마시게 하는 절차로서, 대개 賓이 마시는 두 번째 술잔이다"(此賓酌觶自飮, 而因以導大夫飮, 蓋賓飮之第二爵也)라고 하였다. 『의례정의』, 709쪽 참조.

9_ '치로 바꾼다'라고 ~ 때문이다 : 호배휘는 앞의 경문에서 술잔을 바꾸는 것을 '易'이라고 하였는데 이 경문에서 '更'이라고 한 것에 대해서 卿은 大夫보다 신분이 존귀하기 때문이라고 정현의 설을 부연 설명한다. 즉 신분이 낮은 자에게 술잔을 바꾸어 줄 때는 '易'이라고 칭하고 신분이 존귀한 자에게 술잔을 바꾸어 줄 때에는 '更'이라고 칭하는데, 卿은 大夫로서의 賓보다 신분이 존귀하다는 것이다.(『의례정의』, 708쪽, "注云'言更觶卿尊'者, 與卑者爵稱'易', 與尊者爵稱'更'. 賓爲大夫卑於卿, 故言'更觶者卿尊'也.")

10_ 빈이 권하는 ~ 하며 : 오계공은 [연례06 : 經一72]의 "射人은 대부의 우두머리에게 당 위로 올라가 旅酬의 술잔을 받도록 명한다"(射人作大夫長升受旅) 이하의 절차대로 한다는 뜻이라고 하였고, 방포는 賓이 권하는 술잔을 公卿이 받는 절차와 동일하게 하는 것이라고 하였다. 『의례정의』, 709쪽 참조.

헌경獻卿

장혜언(淸), 『의례도』

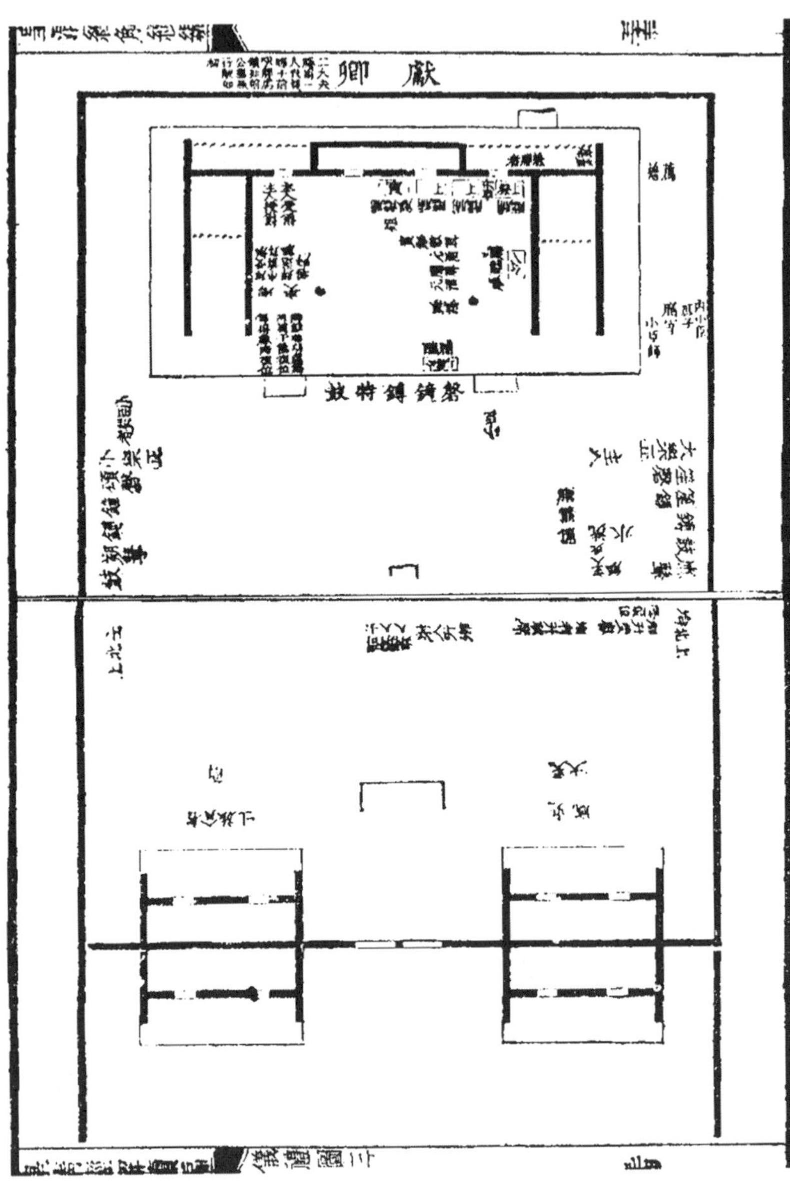

經—85에서 經—91까지는 주인이 경에게 술을 권하는 절차이다.

[大射儀07 : 經—85]

주인은 술잔(觚)을 씻고 당 위로 올라가 신하의 술동이(散)에서 술을 떠서 술잔을 채운 후 서쪽 계단 위쪽에서 경卿에게 술을 올려 헌獻의 예를 행한다.

主人洗觚, 升, 實散, 獻卿于西階上.

정현주 여수旅酬의 예禮를 행한 후에 주인이 경卿에게 술을 올려 헌의 예를 행하는 것은 술을 마시는 예가 술을 권하여 수酬의 예를 행하는 것에서 완성되기 때문이다.[1] 酬賓而後獻卿, 飮酒禮成於酬.

[大射儀07 : 經—86]

사궁司宮은 두 겹의 자리(重席)를 함께 말아서 빈의 왼쪽에 진설하는데 동쪽을 윗자리로 삼는다.

司宮兼卷重席, 設于賓左, 東上.

정현주 '함께 만다'(兼卷)는 것은 경卿마다 자리를 달리하기 때문이다. '두 겹의 자리'(重席)는 부들을 엮어서 만든 이중의 자리로, 검은 베로 가선을 두른다. 경이 앉을 때 동쪽을 윗자리로 삼는 것은 군주에게 통섭된다는 뜻이다. 자리는 방에서 가져온다. 言'兼卷', 則每卿異席. '重席', 蒲筵緇布純. 席卿言東上, 統於君. 席自房來.

[大射儀07 : 經-86]

사궁司宮은 두 겹의 자리(重席)를 함께 말아서 빈의 왼쪽에 진설하는데 동쪽을 윗자리로 삼는다.

司宮兼卷重席, 設于賓左, 東上.

[大射儀07 : 經-87]

경은 당 위로 올라가 배례를 하고 뿔장식의 술잔(角觶)을 받으며, 주인은 배례를 하고 뿔장식의 술잔을 건네준다. 경은 두 겹의 자리(重席)를 사양하고, 사궁은 그것을 치운다.

卿升, 拜受觚, 主人拜送觚. 卿辭重席, 司宮徹之.

정현주 '철徹'은 거去와 같은 뜻이다. 두 겹의 자리(重席)는 비록 덧까는 자리(加席)는 아니지만[2] 여전히 거듭 겹치는 것이므로 사양하여 군주의 존엄함을 피하는 것이다. '徹'猶去也. 重席雖非加, 猶爲其重累, 辭之, 辟君.

[大射儀07 : 經−88]

이에 말린 고기(脯)와 고기젓갈(醢)을 올린다. 경이 자리에 올라가면, 서자庶子가 희생고기의 뼈를 잘라서 올려놓은 희생제기(折俎)를 진설한다.

乃薦脯醢. 卿升席, 庶子設折俎.

정현주 경에게 희생고기의 뼈를 잘라서 올려놓은 희생제기(折俎)를 진설하는 것은 듣지 못하였으나, 대개 등뼈(脊) · 갈비뼈(脅) · 앞다리 뼈의 아래쪽 부위(臑) · 희생고기의 뼈(折) · 허파(肺) 사용한다. 경에게 희생제기(俎)를 올리는 것은 사례射禮는 존귀하기 때문이다. 卿折俎未聞, 蓋用脊 · 脅 · 臑 · 折 · 肺. 卿有俎者, 射禮尊.

[大射儀07 : 經−89]

경이 앉아서 왼손으로 술잔을 들고 오른손으로 말린 고기(脯)와 고기젓갈(醢)로 고수레를 한다. 술잔을 말린 고기와 고기젓갈의 오른쪽에 놓고, 일어서서 허파(肺)를 들고 앉아서 떼어내서 고수레를 하는데(絶祭) 허파를 맛보지 않으며 일어서서 허파를 희생제기(俎)에 올려놓고 앉아서 손을 문질러 닦고 술잔을 들고 드디어 술을 고수레 하고 술잔을 들고 일어서서 자리를 내려와서 서쪽 계단 위쪽에서 북쪽을 향하여 앉아 술잔을 비우고, 일어섰다가 앉아서 술잔을 놓고 배례하고 술잔을 들고 일어선다.

卿坐, 左執爵, 右祭脯醢. 奠爵于薦右, 興取肺, 坐絶祭, 不嚌肺, 興, 加于俎, 坐捝手, 取爵, 遂祭酒, 執爵興, 降席, 西階上北面坐卒爵, 興, 坐奠爵, 拜, 執爵興.

정현주 술과 안주를 늘어놓는 것은 군주의 은혜이다. 맛을 보지 않는 것은 일이 활쏘기에 있기 때문이니, 신하의 뜻이다. 陳酒肴, 君之惠也. 不嚌啐, 事在射, 臣之意.

[大射儀07 : 經-90]

주인은 답례로 배례를 한 후 술잔을 받는다. 경은 당에서 내려와 본래 위치로 돌아간다.

主人答拜, 受爵. 卿降, 復位.

정현주 서쪽을 향한 본래 위치로 돌아가고, 술을 올려 작酢의 예를 행하지 않는 것은 군주의 존엄함을 피하는 것이다. 復西面位, 不酢, 辟君.

[大射儀07 : 經-91]

순서대로 경들에게 두루 술을 올린 후 주인은 빈 술잔을 들고 당에서 내려와 그것을 대광주리에 넣어 둔다. 빈자擯者가 경에게 당 위로 올라가도록 명하고, 경들은 모두 당 위로 올라가 자리로 나아간다. 만약 제공諸公이 있을 경우 경보다 먼저 그들에게 술잔을 올리는데 경에게 술잔을 올릴 때와 동일한 절차로 한다. 제공들을 위해 조계의 서쪽에 자리를 설치하는데 북쪽을 향하게 하고 동쪽을 윗자리로 삼으며, 덧까는 자리(加席)는 없다.

辯獻卿, 主人以虛爵降, 奠于篚. 擯者升卿, 卿皆升, 就席. 若有諸公, 則先卿獻之, 如獻卿之禮. 席于阼階西, 北面, 東上, 無加席.

정현주 '공公'은 고孤이다. 고孤를 위해 자리를 설치하는데 북쪽을 향하도록 하는 것은 그가 너무 존귀하기 때문에 굽히게 하는 것이다. 또한 조계의 서쪽 위치로 인해서 군주와 가까워지니, 군주와 가까우면 굽히게 되므로 친애하고 총애하여 조금 공경함을 낮추어(苟敬)[3] 사사로이 친밀히 할 수 있는 자리이다. '公', 孤也. 席之北面, 爲大尊, 屈之也. 亦因阼階上近君, 近君則親寵, 苟敬私昵之坐.

주

1_ 여수의 예를 ~ 때문이다 : 가공언은 다음과 같이 말한다. "이곳의 '酬'는 보통의 獻酬가 아니라 군주가 賓에게 술잔을 들어 순서대로 술을 따라 주어 旅酬의 禮를 행하는 것이다. 주인이 군주에게 술잔을 올려 '獻'의 禮를 행하면 군주는 주인에게 술을 따라 주어 '酢'의 禮를 행하는데, 주인은 감히 군주에게 술잔을 올려 '酬'의 禮를 행하지 못하기 때문에 두 명의 대부로 하여금 公에게 술잔을 바치게 하여 '酬'를 하는 것에 해당시킨다. 그러므로 다시 '獻'의 예로 되돌아간다. 다만 군주의 은혜가 이미 커서 賓에게 나이의 순서대로 술을 권하는 '旅酬'에서 飮酒의 禮는 끝난다. 이 때문에 '酬'의 禮를 행하고 나서 나이의 순서대로 卿에게 술을 올리는데, 군주는 존귀하고 卿은 신분이 낮기 때문에 군주의 예가 끝난 후에 비로소 卿이 '獻'의 예를 받을 수 있다. 이 때문에 鄭玄이 '신분의 존비를 구별한다'라고 한 것이다."(此酬非謂尋常獻酬, 乃是君爲賓擧旅行酬, 以其主人獻君, 君酢主人, 主人不敢酬君, 故使二大夫媵爵於公以當酬處, 所以覆獻也. 但君恩旣大, 爲賓擧旅, 飮酒之禮成於酬, 故酬辨乃獻卿, 以君尊卿卑, 是以君禮成, 卿乃得獻, 故云'別尊卑'也) 『의례주소』, 308쪽 참조.

2_ 두 겹의 자리는 ~ 아니지만 : 장이기는 '重席'은 단지 한 종류의 자리를 겹으로 진설하는 것이고, '加席'은 자리 위에 별도의 자리를 덧까는 것이라고 구별한다.("重席, 但一種席重設之, 故注云'重蒲筵緇布純'也. 加席則於席上設異席, 如「公食大夫」記云, '司宮具几, 與蒲筵常, 緇布純, 加萑席尋, 玄帛純', 是也.") 『의례정의』, 710쪽 참조.

3_ 조금 공경함을 낮추어 : 『의례』 「聘禮」에 "연례를 행할 때에는 上介가 賓이 되고, 賓은 구경의 신분이 된다"(燕則上介爲賓, 賓爲苟敬)라고 한 것에 대해 정현은 "연례는 사적으로 즐기는 예이므로, 은혜를 높이고 공경함을 줄인다. 賓은 주인국의 군주가 다시 예를 거행하기를 바라지 않기 때문에 예를 행하는 것이 끝나면 이에 빈이 되는 것을 사양하고, 군주는 이를 허락한다. 諸公의 자리에 앉게 하는데, 이를 '苟敬'이라고 칭한다. '구경'이란 주인이 공경함을 줄이는 방법이다"(燕, 私樂之禮, 崇恩殺敬也. 賓不欲主君復擧禮, 事禮已, 於是辭爲賓, 君聽之. 從諸公之席, 命爲苟敬. '苟敬'者, 主人所以小敬也)라고 하였다.

經-92에서 經-95까지는 두 사람이 다시 잔을 보내는 절차이다.

[大射儀07 : 經-92]

소신小臣은 군주에게 다시 누구를 잉작자媵爵者로 삼을 것인지 명을 청한다. 소신은 군주의 명을 받아 두 명의 대부로 하여금 잉작을 하게 하는데 처음과 동일한 절차로 한다.[1] 소신은 두 사람 가운데 누구에게 술잔을 바치게 할 것인지를 청한다. 만약 연장자에게 바치라고 명을 하면, 군주의 술잔(象觶)을 바치게 된 자는 술잔을 군주의 대광주리(膳篚)에 넣어 둔다.
小臣又請媵爵者. 二大夫媵爵如初. 請致者. 若命長致, 則媵爵者奠觶于篚.

정현주 '연장자에게 술잔을 바치도록 명을 한다'(命長致)는 것은 군주가 혹 때때로 술잔을 들지 않는 경우가 있으니 스스로 군주를 우대하여 여유를 주는 것이다.[2] '命長致'者, 使長者一人致也, 公或時未能擧, 自優暇.

[大射儀07 : 經-93]

술잔을 바치지 않는 한 사람은 물받이 항아리(洗)의 남쪽에서 대기

한다.
一人待于洗南.

정현주 술잔을 바치지 않는 사람이다. 不致者.

[大射儀07 : 經-94]
술잔을 바치는 연장자는 조계의 아래에서 머리를 바닥에 대면서 재배를 한다. 군주는 답례로 재배를 한다.
長致者阼階下再拜稽首. 公答拜.

정현주 '머리를 바닥에 대면서 재배를 한다'(再拜稽首)는 것은 군주의 명에 배례하는 것이다. '再拜稽首', 拜君命.

[大射儀07 : 經-95]
술잔을 바치는 자는 군주의 술잔(象觶)을 씻고 당 위로 올라가 술을 채운 후 앉아서 말린 고기(脯) · 고기젓갈(醢)의 남쪽에 술잔을 내려놓고, 당에서 내려온다. 물받이 항아리(洗)의 남쪽에 있는 자와 함께 서서 머리를 바닥에 대면서 재배를 한 후 술잔을 바친다. 군주는 답례로 배례를 한다.
洗象觶, 升實之, 坐奠于薦南, 降. 與立于洗南者二人皆再拜稽首送觶. 公答拜.

정현주 '말린 고기 · 고기젓갈의 남쪽에 내려놓는다'(奠於薦南)는 것은 먼저 술을 올린 사람이 술잔을 올린 곳이다. 두 사람이 모두 처음처럼 배례를 하는 것은 함께 군주에게 술을 마시도록 권하는 것이다. '奠於薦南', 先媵者上觶之處也. 二人皆拜如初, 共勸君飮之.

주

1_처음과 동일한 절차로 한다 : '二人媵爵於公' 즉 두 명의 하대부가 公에게 술잔을 바칠 때처럼 한다는 뜻이다.

2_'연장자에게 ~ 것이다 : 이여규는 군주를 우대하는 말이라고 하였다. "전에 바친 두 잔의 술잔 가운데 한잔은 賓에게 旅酬를 하는 데에 사용하고, 다른 한잔은 卿에게 旅酬하는 데에 사용하였고, 이제 바친 한잔으로 大夫에게 旅酬를 하는 데에 사용한다. 사용되는 술잔은 단지 이 세 술잔인데 '만약 연장자에게 바치라고 명을 하면'이라고 말한 것은 군주를 우대하는 말이다."(前所媵二觶, 上觶以爲賓擧旅, 下觶以爲卿擧旅, 今所媵一觶, 以爲大夫擧旅, 所用唯此三觶, 而言'若命長致者', 優君之辭) 오계공은 '長'은 두 명 가운데 존귀한 자인데, '만약'(若)이라고 한 이상 두 명 모두에게 술잔을 바치게 하는 경우도 있다고 하였다. 술잔을 올리는 자는 신발을 벗고 당위에 올라가 앉은 후 군주에게 나아가는데, 군주는 모두 3번의 旅酬를 행하므로 대부가 올리는 술잔은 3잔이 있어야 한다. 그러나 대부가 술잔을 바치는 절차는 단지 두 번에서 그친다. 이 때문에 군주가 술잔을 바치라고 명할 때 혹 전에 많았다면 후에는 적게 하고, 혹 전에 홀수로 하였다면 후에는 짝수로 해서 모두 서로 진퇴하여 3잔의 수에 맞추도록 한다. 이때 바치는 자에게는 정해진 수가 있는데, 그럼에도 小臣이 오히려 요청한 것은 군주의 명에 따라야 하고 스스로 마음대로 할 수 없기 때문이라고 하였다. 『의례정의』, 716쪽 참조.

헌대부獻大夫

장혜언(淸), 『의례도』

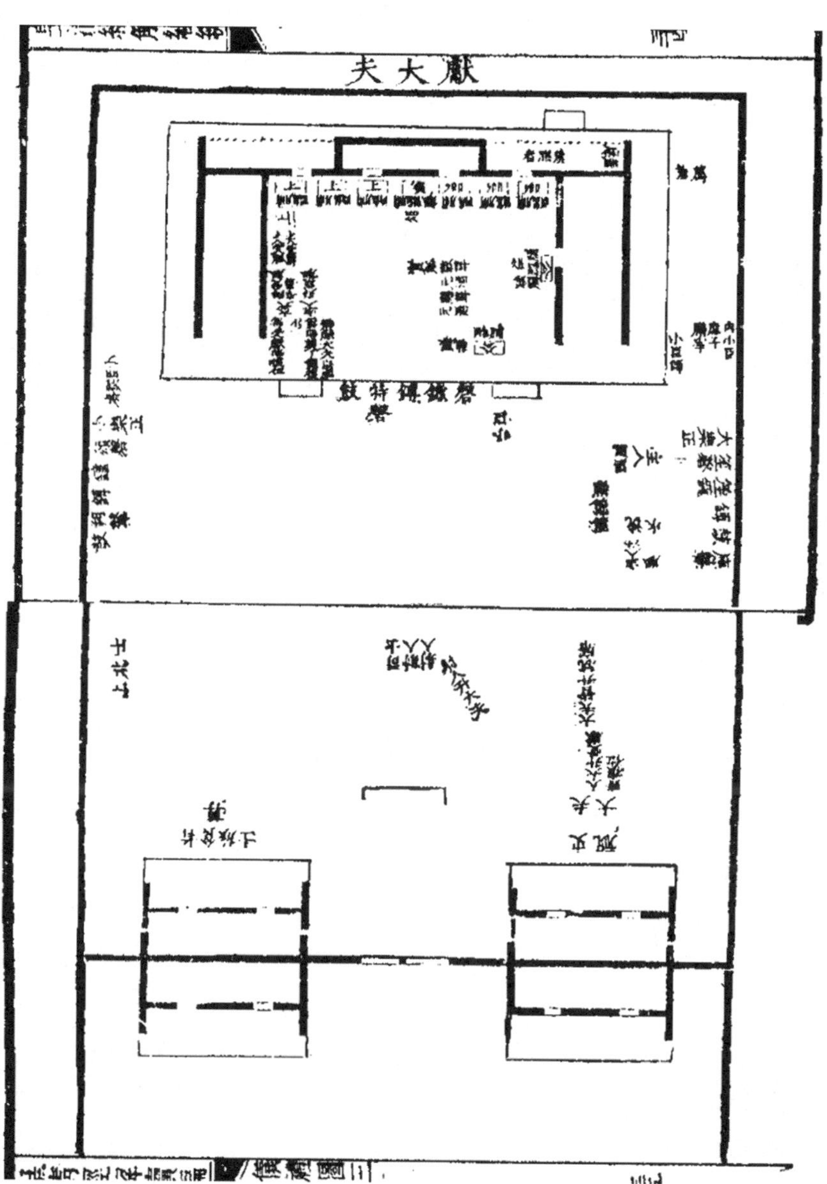

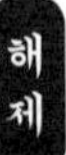

經-96에서 經-100까지는 군주가 다시 하나의 술잔으로 경을 위해 여수旅酬의 예를 행하는 절차와 주인이 대부에게 술을 권하는 절차이다.

[大射儀07 : 經-96]

군주는 또 한 개의 술잔을 가지고 여수旅酬의 예를 행한다. 혹은 빈들에게 먼저 하기도 하고 혹은 공·경 가운데 존귀한 자들에게 먼저 하기도 하는데, 오직 군주가 결정하여 술잔을 하사한다.

公又行一爵. 若賓若長, 唯公所賜.

정현주 '한 개의 술잔'(一爵)은 앞서 두 명의 대부가 술을 올릴 때 아랫자리에 놓았던 술잔이다.[1] '혹은 빈들에게 먼저 술잔을 권하기도 하고 혹은 공경 가운데 존귀한 자들에게 먼저 술잔을 권하기도 한다'(若賓若長)는 것은 빈에게 행하는 예가 줄어들었다는 뜻이다.[2] '장長'은 고孤·경卿 가운데 존귀한 자이다.[3] 여기에서 '하사한다'(賜)고 말한 것은 사례射禮가 존비를 밝히는 것이기 때문이다. '一爵', 先媵者之下觶也. '若賓若長', 禮殺也. '長', 孤卿之尊者也. 於是言'賜', 射禮明尊卑.

[大射儀07 : 經-97]

이렇게 하여 서쪽 계단 위쪽에서 여수의 예를 행하는데, 처음과 동일한 절차로 한다.
以旅于西階上, 如初.

정현주 빈에게 하사하면 장長에게 술을 권하여 수酬의 예를 행하고, 장에게 내려주면 빈에게 술을 권하여 수酬의 예를 행하는데, 대부의 우두머리가 당 위로 올라가 이어받아 두루 여수례旅酬禮를 행한다. 賜賓則以酬長, 賜長則以酬賓, 大夫長升受旅以辯.

[大射儀07 : 經-98]

대부 가운데 마지막으로 술잔을 받은 자는 빈 술잔을 들고 계단을 내려와 대광주리에 넣어 둔다. 주인은 술잔을 씻어 당 위로 올라가 술동이에서 술을 떠서 담은 후 서쪽 계단 위쪽에서 대부에게 술을 올린다. 대부는 올라가 배례를 하고 술잔을 받는다. 주인은 배례를 하고 술잔을 건네준다. 대부는 앉아서 술로 고수례를 하고 서서 술잔의 술을 다 마시는데, 술잔의 술을 다 마신 후 배례를 하지 않는다. 주인은 술잔을 받는다. 대부는 내려와 본래 위치로 돌아간다.
大夫卒受者以虛觶降, 奠于篚. 主人洗觚, 升, 獻大夫于西階上. 大夫升, 拜受觚. 主人拜送觚. 大夫坐祭, 立卒爵, 不拜旣爵. 主人受爵. 大夫降復位.

정현주 '기旣'는 다하다(盡)는 뜻이다. 대부가 술잔을 비우고 배례를 하여 감사를 표시하지 않는 것은 신분이 낮은 자는 예禮를 다 갖추지 않기 때문이다. '旣', 盡也. 大夫卒爵不拜, 賤不備禮.

[大射儀07 : 經-99]

서胥는 물받이 항아리(洗)의 북쪽에서 주인에게 음식을 올리고 서쪽을 향해 서는데, 말린 고기(脯)와 고기젓갈(醢)을 올리지만 희생고기(脀)는 없다.

胥薦主人于洗北, 西面, 脯醢, 無脀.

정현주 '서胥'는 재관宰官의 이吏이다. '주인主人'은 하대부下大夫이다. 대부보다 먼저 음식을 올려 주는 것은 그를 높이기 때문이다. 당 위에서 음식을 올리지 않는 것은 정식의 주인이라는 혐의를 피하기 위함이다. '증脀'은 희생제기(俎)에 올리는 희생물이다. '胥', 宰官之吏. '主人', 下大夫也. 先大夫薦之, 尊之也. 不薦于上, 辟正主. '脀', 俎實.

[大射儀07 : 經-100]

두루 대부에게 술을 올리고 나서 비로소 말린 고기(脯)와 고기젓갈(醢)을 올리며, 대부의 자리는 빈의 서쪽으로 이어서 설치하는데 동쪽을 윗자리로 삼는다. 만약 동쪽을 향한 자가 있으면 북쪽을 윗자리로 삼는다. 말린 고기와 고기젓갈을 올리는 것이 끝나면, 빈자擯者가 대부를 당 위로 올라가도록 하는데, 대부는 모두 당 위로 올라가서 자리로 나아간다.

辯獻大夫, 遂薦之, 繼賓以西, 東上. 若有東面者, 則北上. 卒, 擯者升大夫, 大夫皆升, 就席.

정현주 두루 술을 올린 후에 비로소 말린 고기와 고기젓갈을 올리는 것은 간략히 하고 천하게 여기기 때문이다. 또한 술을 올린 후에 자리를 펼친다. 辯獻乃薦, 略賤也. 亦獻後布席也.

주

1_ '한 개의 술잔'은 ~ 술잔이다 : 이전에 하대부 두 사람이 술잔을 올릴 때 모두 脯·醢의 남쪽에 내려놓았는데, 그 가운데 윗자리에 놓았던 한잔으로 빈에게 旅酬의 예를 행했고 이제 또 한잔으로 旅酬의 예를 행하는 것이므로, 이 술잔은 두 명의 하대부가 올린 술잔 가운데 아랫자리에 내려놓았던 술잔임을 알 수 있다. 그 후에 올린 한 개의 술잔은 남겨 두었다가 후에 大夫에게 旅酬의 예를 행할 때 사용한다. 『의례주소』, 312쪽, 가공언의 소 참조.

2_ "혹은 빈들에게 ~ 뜻이다 : 가공언은 다음과 같이 설명한다. "전에 빈에게 旅酬의 예를 거행할 때에 '若賓若長'(빈에게 먼저 권하기도 하고 공·경 가운데 존귀한 자에게 먼저 권하기도 한다)이라고 하지 않은 것은 오로지 빈만을 위한 것으로 그 예가 성대하다. 이곳에서 卿에게 旅酬의 예를 거행하는 것은 오로지 빈을 위해서 거행하는 것이 아니기 때문에 그 예가 줄어들었다." 『의례주소』, 312쪽 참조.

3_ "'장'은 고·경 가운데 존귀한 자이다 : 諸公이 있는 경우에는 諸公이 존귀한 사람이 되고, 없을 경우에는 卿이 존귀한 사람이 된다. 그러나 諸公과 三卿 가운데서도 스스로 존귀한 자가 있다.

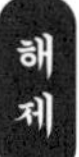

經-101에서 經-117까지는 음악을 연주하여 빈을 즐겁게 하는 절차로 활을 쏘기 전 연례가 완비된다.

[大射儀07 : 經-101]

이어서 서쪽 계단 위쪽에 악공(工)의 자리를 설치하는데 조금 동쪽으로 한다. 소신小臣은 악공을 인도하여 들어오도록 한다. 악공은 여섯 사람인데, 그 가운데 네 사람이 슬을 타는 악공(瑟)이다.
乃席工于西階上, 少東. 小臣納工. 工六人, 四瑟.

정현주 '악공'(工)은 소경 중에서 풍요를 잘 부르고 시를 잘 낭송하는 자이다. '육인六人'은 태사大師·소사少師 각 한 사람과 상공上工 네 사람이다. '사슬四瑟'이라고 한 것은 예가 성대하고 악공이 많기 때문이다. '工', 謂瞽矇善歌諷誦詩者也. '六人', 大師·少師各一人, 上工四人. '四瑟'者, 禮大樂衆也.

[大射儀07 : 經-102]

복인정僕人正은 빈손으로 태사大師를 돕고, 복인사僕人師는 소사少師를 돕고, 복인사僕人士는 상공上工을 돕는다.
僕人正徒相大師, 僕人師相少師, 僕人士相上工.

정현주 ‘도徒’는 빈손(空手)이다. ‘복인정僕人正’은 복인의 장長이다. ‘사師’는 그의 보좌이다. ‘사士’는 그의 이吏이다. 천자는 상자相者(악공을 돕는 사람)와 악공樂工을 나누지만, 제후는 겸관이므로 복인이 관장한다. 태사大師·소사少師는 악공의 장이다. 무릇 나라의 소경이 ‘정正’이 된다. 두괴는 “광曠은 태사이다”라고 하였는데, 이때 악공과 상자가 나누어졌다. 사례射禮는 귀천을 밝히는 것이다. ‘徒’, 空手也. ‘僕人正’, 僕人之長. ‘師’, 其佐也. ‘士’, 其吏也. 天子視瞭相工, 諸侯兼官, 是以僕人掌之. ‘大師’·‘少師’, 工之長也. 凡國之瞽矇正焉. 杜蒯曰, “曠也, 大師也”, 於是分別工及相者. 射禮明貴賤.

[大射儀07 : 經-103]

상자相者(악공을 돕는 사람)는 모두 왼쪽어깨로 슬瑟을 매는데, 슬의 머리를 뒤로 하고, 줄(弦)을 안쪽으로 하며, 밑바닥의 구멍(越)으로 잡고, 오른손으로 악공을 인도한다.
相者皆左何瑟, 後首, 內弦, 挎越, 右手相.

정현주 상공上工을 돕는 자가 슬瑟의 머리를 뒤로 한다고 한 것은 활쏘기를 위주로 하기 때문에, 이곳의 음악에서는 간략히 한 것이다. ‘줄을 안쪽으로 하며, 밑바닥의 구멍으로 잡는다’(內弦挎越)는 것은 오른손으로 악공을 인도하기 때문에 편리함을 따른 것이다. ‘월越’은 슬瑟의 아래에 있는 구멍으로 소리가 나오는 곳이다. 고문본에는 ‘後首’가 ‘後手’로 되어 있다. 謂相上工者, 後首, 主於射, 略於此樂. ‘內弦挎越’, 以右手相工, 由便也. ‘越’, 瑟下孔, 所以發越其聲者也. 古文‘後首’爲‘後手’.

[大射儀07 : 經-104]

뒤따른 자들이 빈손으로 태사大師와 소사少師가 들어오는 것을 돕는다.
後者徒相入.

정현주 태사와 소사를 돕는 자를 말한다. 앞에서 관직의 높고 낮음을 나열하였고, 여기서는 선후의 자리를 말하였으니 또한 귀천을 밝힌 것이다. 무릇 상자相者는 악공의 출입 때문에 있는 것이다. 謂相大師·少師者也. 上列官之尊卑, 此言先後之位, 亦所以明貴賤, 凡相者以工出入.

[大射儀07 : 經-105]

소악정小樂正이 태사를 따른다.
小樂正從之.

정현주 태사를 따르는 것이다. 태사가 뒤에 당 위로 올라오는 것은 연례에서 변형된 것이다. 소악정은 천자의 경우 악사樂師이다. 從大師也. 後升者, 變於燕也. 小樂正於天子, 樂師也.

[大射儀07 : 經-106]

악공 여섯 사람이 서쪽 계단을 통해 당 위로 올라가서 북쪽을 향하는데 동쪽을 윗자리로 삼아 앉는다.

升自西階, 北面, 東上.

정현주 악공 여섯 사람을 말한다. 工六人.

[大射儀07 : 經-107]

상자는 앉아서 악공에게 슬瑟을 건네주고, 곧바로 당에서 내려온다.

坐授瑟, 乃降.

정현주 상자를 말하는데, 당에서 내려와 서현西縣의 북쪽에 선다. 相者也, 降立於西縣之北.

[大射儀07 : 經-108]

소악정은 서쪽 계단의 동쪽에 선다.

小樂正立于西階東.

정현주 소악정은 악공에게 통섭되지 않으므로, 악공이 비록 많더라도 그의 위치는 여전히 이곳임을 밝힌 것이다. 不統於工, 明工雖衆, 位猶在此.

[大射儀07 : 經-109]

이어서 「녹명鹿鳴」을 세 번 노래한다.

乃歌「鹿鳴」三終.

정현주 「녹명」은 『시경』 「소아小雅」의 편명으로, 군주와 신하 및 사방의 빈객이 연회를 할 때 도를 강습하고 정사를 닦는 악가樂歌이다. 내용은 '나에게 맛있는 술이 있어 아름다운 빈객을 초빙하여 더불어 마시는 것은 아름다운 빈객이 와서 나에게 훌륭한 도를 보여 준 것을 즐거워하는 것이고, 또 아름다운 빈객에게 본받을 만한 깊고 밝은 명덕이 있음을 즐거워한다'는 것이다. 「녹명」을 세 번 노래하고, 「사모四牡」와 「황황자화皇皇者華」를 노래하지 않는 것은 도道를 강론하는 것을 위주로 하고, 노고와 자문하는 일에 대해서는 줄인 것이다. 「鹿鳴」, 「小雅」篇也, 人君與臣下及四方之賓燕, 講道脩政之樂歌也. 言己有旨酒, 以召嘉賓, 與之飮者, 樂嘉賓之來, 示我以善道, 又樂嘉賓有孔昭之明德, 可則傚也. 歌「鹿鳴」三終, 而不歌「四牡」·「皇皇者華」, 主於講道, 略於勞苦與諮事.

[大射儀07 : 經-110]

주인은 술잔을 씻은 후 당 위로 올라가 잔에 술을 채워 악공에게 올린다. 악공은 일어나지 않고 슬瑟을 왼쪽에 놓는다.

主人洗, 升實爵, 獻工. 工不興, 左瑟.

정현주 악공이 노래를 한 뒤에 술을 올리는 것은 일에 대해 보답하는 것이다. 술잔을 씻어 악공에게 올리는 것은 정식의 주인이라는 혐의를 피한 것이다. 올릴 때 군주의 술잔(觚)을 사용하지 않는 것은 악공이 천하기 때문에 예를 달리한 것이다. 악공이 일어서지 않는 것은 예를 다 갖출 수 없기 때문이며, '슬을 왼쪽에 놓는다'(左瑟)는 것은 오른쪽을 편리하게 여기기 때문이다.[2] 태사는 슬瑟이 없으니, 여기서 '슬을 왼쪽에 놓는다'라고 한 것은 절문節文한 것이다. 工歌而獻之, 以事報之也. 洗爵獻工, 辟正主也. 獻不用觚, 工賤, 異之也. 工不興, 不能備禮, '左瑟', 便其右. 大師無瑟, 於是言'左瑟'者, 節也.

[大射儀07 : 經－111]

태사 한 사람이 배례하고 술잔을 받는다.

一人拜受爵.

정현주 태사를 말한다. '한 사람'(一人)이라고 말한 것은 악공이 천하기 때문에 태사 한 사람으로 동일시한 것이다. 악공은 자리에서 배례를 한다. 謂大師也. 言'一人'者, 工賤, 同之也. 工拜於席.

[大射儀07 : 經－112]

주인은 서쪽 계단 위쪽에서 배례하고 술잔을 보낸다. 곧 말린 고기(脯)와 고기젓갈(醢)을 올린다.

主人西階上拜送爵. 薦脯醢.

정현주 곧바로 말린 고기와 고기젓갈을 올리는 것은 대부의 경우와 다르게 한 것이다.[3] 輒薦之, 變於大夫.

[大射儀07 : 經-113]

사람을 시켜 악공이 고수레 하는 것을 돕도록 한다.

使人相祭.

정현주 '사람을 시켜 돕도록 한다'(使人相)는 것은 악공이 말린 고기(脯)·고기젓갈(醢)로 고수레를 하고 술로 고수레를 하는 것을 돕도록 하는 것이다. '使人相'者, 相其祭薦, 祭酒.

[大射儀07 : 經-114]

술잔을 받아서 다 마시고 비우더라도 배례를 하지 않는다. 주인은 악공이 되돌려준 술잔을 받는다. 슬을 타거나 노래를 부르는 여러 악공(衆工)은 배례를 하지 않고 술잔을 받으며, 앉아서 술로 고수레를 하고 그대로 앉은 채 술잔을 비운다. 두루 말린 고기(脯)와 고기젓갈(醢)을 올려 주지만 이것으로 고수레를 하지는 않는다.

卒爵, 不拜. 主人受虛爵. 衆工不拜, 受爵, 坐祭, 遂卒爵. 辯有脯醢, 不祭.

정현주 상자相者는 그가 술을 고수레 하는 것을 도울 뿐이다. 相者, 相其祭酒而已.

[大射儀07 : 經-115]

주인은 술잔을 받아 들고 당에서 내려와 대광주리에 넣어 두고 본래 위치로 돌아간다. 태사 및 소사와 당 위의 악공(上工)은 모두 당에서 내려와 북(鼓)의 북쪽에 서고, 여러 악공은 그 뒤에 선다.
主人受爵, 降奠于篚, 復位. 大師及少師·上工皆降, 立于鼓北, 群工陪于後.

정현주 '고의 북쪽'(鼓北)은 서현西縣의 북쪽이다. '북(鼓)의 북쪽'이라고 말한 것은 북(鼓)과 나란히 향하는데, 길어서 남은 경우 뒤에 있는 것이다. '여러 악공은 그 뒤에 선다'(群工陪於後)는 것은 세 사람이 열을 짓는 것이다. 이때 소악정小樂正 또한 당에서 내려와 그 남쪽에서 북쪽을 향해 선다. 악공이 서면 복인僕人은 그의 옆에 서며, 앉으면 그의 뒤에 있는다. 「고공기」에 "고인鼓人이 고요皐陶를 담당하는데, 고요의 길이는 6척 6촌이다"[4]라고 하였다. '鼓北', 西縣之北也. 言'鼓北'者, 與鼓齊面, 餘長在後也. '群工陪于後', 三人爲列也. 於是時, 小樂正亦降立於其南, 北面. 工立, 僕人立於其側, 坐則在後. 「考工記」曰, "鼓人爲皐陶, 長六尺有六寸."

[大射儀07 : 經-116]

이어서 「신궁新宮」을 세 번 연주한다.
乃管「新宮」三終.

정현주 '관管'은 대나무로 만든 악기를 불어 「신궁」의 음악을 연주하는 것이다. 그 편이 망실되어 그 뜻을 듣지 못했다. 생을 부는 악공(笙)이 악공을 따라 사궁으로 들어와 이미 연주를 끝냈으나 술을 올리지 않으니, 당 아래의 악공(下樂)에게는 예를 생략한 것이다. 동현東縣의 가운데에 선다. '管', 謂吹簜以播「新宮」之樂. 其篇亡, 其義未聞. 笙從工而入, 旣管不獻, 略下樂也. 立於東縣之中.

[大射儀07 : 經-117]

연주를 마치면, 태사 및 소사 그리고 당 위의 악공(上工)은 모두 당 위 동쪽 모서리에 있는 흙 받침대(東坫)의 동남쪽에서 서쪽을 향하는데, 북쪽을 윗자리로 삼아 앉는다.

卒管, 大師及少師·上工皆東坫之東南, 西面, 北上, 坐.

정현주 '현의 북쪽'(縣北)이라고 말하지 않는 것은 당에 통섭되기 때문이다. 이때 대악정大樂正은 다시 북쪽을 향하여 그 남쪽에 선다. 不言縣北, 統於堂也. 於是時, 大樂正還北面立于其南.

주

1_ 슬 : 현악기로서 琴과 형태가 유사한데 琴보다 크며 줄이 많다. 길이는 7척 2촌이고, 25개의 줄로 이루어져 있다.

2_ '슬을 왼쪽에 놓는다'는 ~ 때문이다 : 악공은 북쪽을 향하고 있기 때문에 서쪽이 왼쪽이 된다. 그 오른쪽은 술잔을 받을 수 있도록 비워 둔다. 술은 동쪽 기둥(東楹)의 서쪽에서 들어오기 때문에 오른쪽으로 편리함을 삼는 것이다. 『의례주소』, 315쪽, 가공언의 소 참조.

3_ 곧바로 ~ 것이다 : 장이기는 "대부의 경우에는 순서에 따라 두루 술을 올린 후에 비로소 脯와 醢를 올렸는데 악공에게는 술을 올리고 곧바로 脯와 醢를 올리는 것은, 예는 달리하는 것을 숭상하기 때문이다"(大夫徧獻乃薦, 此獻一人卽薦, 禮尙異, 故變於大夫也)라고 하였고, 이여규도 "예는 달리하는 것을 숭상하기 때문이지 악공을 귀하게 여기기 때문은 아니다"(禮尙異, 非謂貴工)라고 하였다. 『의례정의』, 729쪽 참조.

4_ 고인이 ~ 6촌이다 : 정현은 鼓人은 '鞠人'이 잘못 쓰인 것이고, 皐陶는 鼓木이라고 하였다. 『의례주소』, 368~369쪽 참조.

입사정立司正

장혜언(淸), 『의례도』

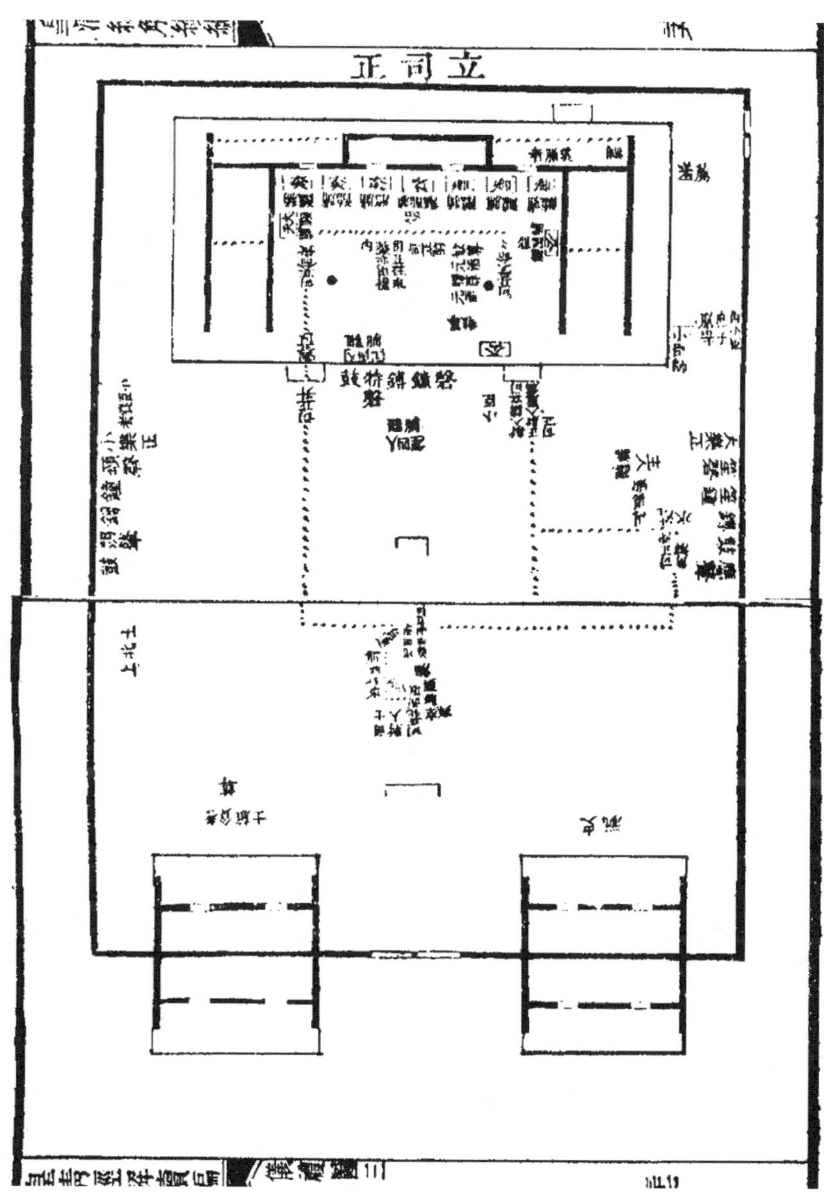

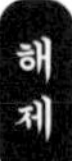
經-118에서 經-123까지는 활을 쏘기 위하여 사정司正을 세우고 빈을 모시는 절차이다.

[大射儀07 : 經-118]
빈자擯者는 조계 아래에서 군주에게 사정司正을 세울 것을 청한다.
擯者自阼階下請立司正.

정현주 삼작三爵이 이미 갖추어졌으므로 당 위와 아래의 음악을 시작하여 군주가 장차 여러 신하들을 머무르게 하고 활쏘기를 하려고 하니, 마땅히 사정을 다시 세워 감독하고 의식절차를 살피도록 하여야 하기 때문이다.
三爵既備, 上下樂作, 君將留群臣而射, 宜更立司正以監之, 察儀法也.

[大射儀07 : 經-119]
군주가 허락하면, 빈자가 드디어 사정이 된다.
公許, 擯者遂爲司正.

정현주 군주가 그의 요청을 허락하고 계속해서 맡도록 하여 바꾸지 않는 것은 모두 예를 돕는 것으로 그 일이 같기 때문이다. 君許其請, 因命用之, 不易之者, 俱相禮, 其事同也.

[大射儀07 : 經-120]

사정은 물받이 항아리(洗)가 있는 곳으로 가서 신하의 술잔(角觶)[1]을 씻은 후 뜰의 중앙(中庭)[2]으로 가서 남쪽을 향해 앉아 술잔을 내려놓는다.

司正適洗, 洗角觶, 南面坐奠于中庭.

정현주 '술잔을 내려놓는다'(奠觶)는 것은 그 위치에 그 일을 보임으로써 위의威儀가 많음을 드러낸 것이다. '奠觶'者, 著其位以顯其事, 威儀多也.

[大射儀07 : 經-121]

이어서 당 위로 올라가 동쪽 기둥(東楹)의 동쪽에서 군주의 명을 받고, 그런 후에 서쪽 계단의 위쪽에서 북쪽을 향해 빈 · 제공 · 경대부들에게 "군주께서는 '나와 더불어 편안히 앉아 있도록 하라'라고 하셨습니다"라고 군주의 명을 전한다. 빈 · 제공 · 경대부들은 모두 "예, 감히 편안히 앉아 있지 않을 수 있겠습니까!"라고 대답한다.

升, 東楹之東受命于公, 西階上北面命賓 · 諸公 · 卿大夫, "公曰, '以我安.'" 賓 · 諸公 · 卿大夫皆對曰, "諾, 敢不安!"

정현주 '이아안以我安'[3]은 군주의 뜻이 은근殷勤하여 그들을 머무르게 하고자 하여 나와 더불어 편안히 앉아 있도록 하라고 한 것이다. '以我安'者, 君意殷勤, 欲留之, 以我故安也.

[大射儀07 : 經-122]

사정은 서쪽 계단을 통해 내려와 남쪽을 향해 앉아 신하의 술잔(角觶)을 가지고 당 위로 올라가서 신하의 술동이(散)[4]에서 술을 떠서 채우고, 서쪽 계단을 통해 내려와 남쪽을 향해 앉아서 술잔을 내려놓는다.

司正降自西階, 南面坐取觶, 升酌散, 降, 南面坐奠觶.

정현주 뜰 중앙의 예전 장소에 놓는다. 奠於中庭故處.

[大射儀07 : 經-123]

일어서서, 오른쪽으로 돌아 북쪽을 향해 잠시 서 있다가 앉아서 술잔을 가지고 일어난다. 다시 앉은 채 술로 고수레를 하지는 않고 술잔을 비운다. 술잔을 내려놓고 일어나 머리를 바닥에 대면서 재배를 한다. 왼쪽으로 돌아 남쪽을 향해 앉아서 술잔을 집은 후 그것을 씻고, 남쪽을 향해 빈 술잔을 본래 자리에 되돌려놓은 뒤 북쪽을 향해 선다.

興, 右還, 北面少立, 坐取觶興. 坐, 不祭, 卒觶. 奠之, 興, 再拜稽首. 左還, 南面坐取觶, 洗, 南面反奠于其所, 北面立.

정현주 모두 스스로 여러 사람들에게 밝게 드러내 보이는 것이다. 장차 술잔의 남쪽에서 북쪽을 향하면 오른쪽으로 돌고, 술잔의 북쪽에서 남쪽을 향하면 왼쪽으로 도는데, 이와 같아야 술잔의 서쪽을 따라 왕래할 수 있기 때문이다. 반드시 술잔의 서쪽을 따라 왕래하는 것은 군주가 조계에 있기 때문에 등지지 않게 하기 위해서이다. 皆所以自昭明於衆也. 將於觶南北面則右還, 於觶北南面則左還, 如是, 得從觶西往來也. 必從觶西往來者, 爲君在阼不背之也.

주

1_ 신하의 술잔 : 뿔로 장식한 술잔으로 신하들이 사용한다.

2_ 뜰의 중앙 : 오계공은 '中庭'을 남북의 중앙으로 '阼階의 앞'이라고 보고, 司正이 계단 사이에 위치하지 않는 것은 燕禮에서는 때로 활을 쏘기도 하므로 그곳을 피해야 하기 때문이라고 하였다.(中庭亦南北之中, 蓋阼階前也. 司正不位於階間者, 以燕亦有時而射, 宜辟之也) 그러나 盛世佐는 司正이 술잔을 놓는 위치는 향음주례, 향사례와 마찬가지로 모두 두 계단의 사이로 '뜰의 중앙'이라고 하여, '阼階의 앞'이라고 한 오계공의 설을 비판하였다.(司正奠觶之處, 與鄉飮酒·鄉射禮同, 皆在兩階之間, 庭之中也) 『의례정의』, 737쪽 참조.

3_ 이아안 : 오계공은 경문의 '我'를 '司正'을 가리키는 말로 보고, '以我安'을 "나를 司正으로 삼은 것은 그대들을 편안히 하기 위함이다"(以我爲司正, 所以安汝也)로 해석하였으며, 방포도 같은 의미로 해석하였다. 그러나 장이기, 학경, 오정화, 호조흔, 성세좌 등은 오계공·방포와 같이 해석할 경우 다음의 "卿大夫皆對曰, '諾. 敢不安!'"의 문장과 연결되지 않는다는 점을 비판하고, 경문의 '我'는 군주를 가리킨다고 주장하였다. 장이기는 "司正이 군주의 말을 기술하여 경·대부에게 명하는 것이다. '我'는 군주가 스스로를 '나'(我)라고 표현한 것이다. '나는 빈들이 머물기를 바라고 있으니, 마땅히 나를 위해 편안히 앉아서 머물러야 할 것이다'라는 뜻이다"(司正述君之言, 以命卿·大夫. '我'者, 君自'我'也, 言'我欲留賓, 當爲我安坐, 以留之'也)라고 하였다. 호조흔은 경문 '以我安'에서 '以'는 '함께'(與)라는 뜻이고, '我'는 군주 스스로를 가리킨다고 하였고, 성세좌도 "군주는 존귀하니, 그 신하들이 혹시라도 자신의 존귀함으로 인해서 감히 오래 머물지 못할까 염려되었다. 이 때문에 司正에게 명하여 '그대 대부들은 나와 더불어 함께 편안히 있도록 하라!'라고 고하게 한 것이다"(君尊, 唯恐其臣或以己故而不敢久留也, 故命司正告之曰, '子大夫其與我而俱安乎!')라고 하였다.

4_ 신하의 술동이 : 신하의 술동이인 方壺이다.

청사請射

(淸), 『흠정의례의소』

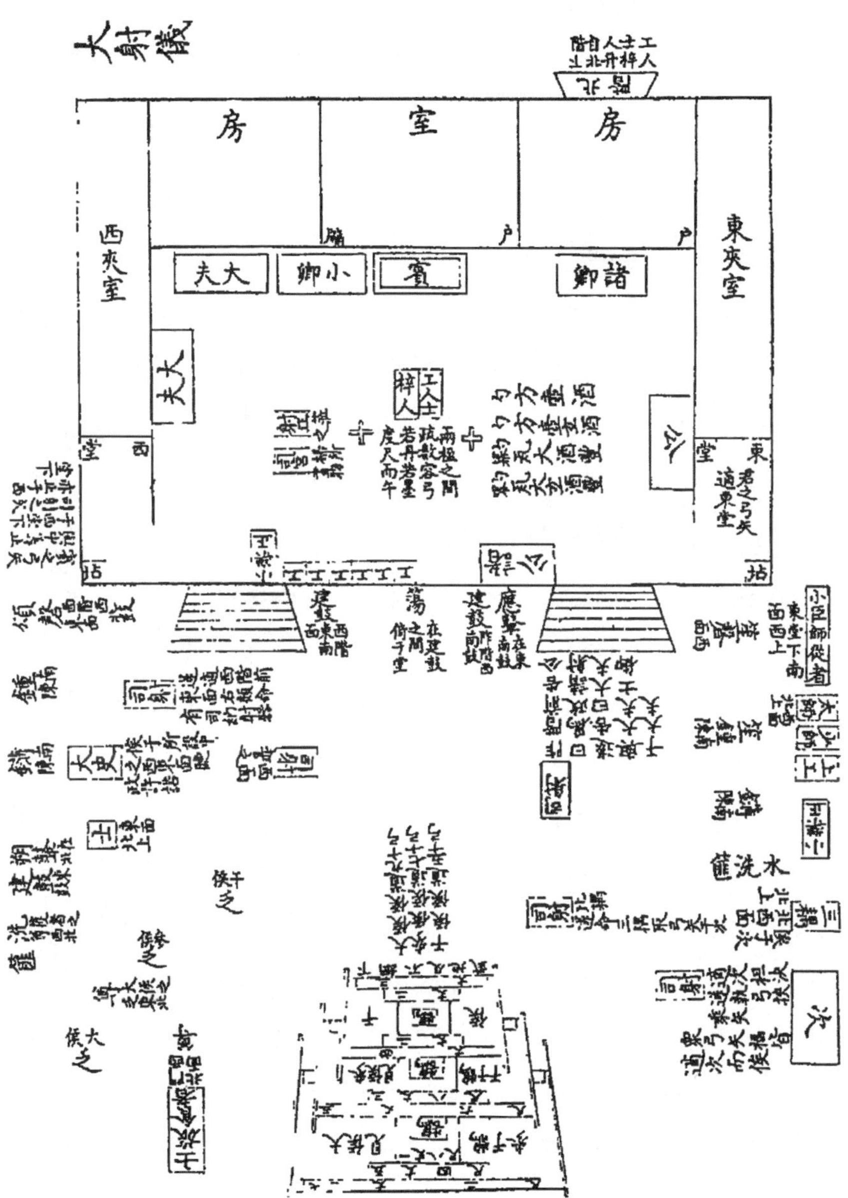

經-124에서 經-135까지는 활쏘기를 시작할 것을 요청하고 필요한 기물을 안으로 들이며 삼우三耦를 뽑는 절차이다.

[大射儀07 : 經-124]

사사司射가 문 밖의 옷 갈아입는 곳(次)으로 가서 왼팔 소매를 벗어 내고(袒), 오른손 엄지손가락에 활깍지(決)[1]를 끼우고, 왼팔에 활팔찌(遂)[2]를 착용한 후 활을 잡고 활 바깥에 네 대의 화살(乘矢)을 끼우고, 활의 줌통(弣 : 활의 중앙 손잡이 부분)에 화살촉을 보이게 하고, 오른손 엄지손가락을 활시위에 건다.

司射適次, 袒·決·遂, 執弓, 挾乘矢於弓外, 見鏃於弣, 右巨指鉤弦.

정현주

'사사司射'는 사인射人이다. '차次'[3]는 요즘의 옷을 갈아입는 곳과 같은데, 휘장(幃)을 치고 자리(席)를 펴서 만든다. 우耦의 옷 갈아입는 곳(次)은 물받이 항아리(洗)의 동남쪽에 있다. '단袒'은 왼팔에서 옷을 걷어 올려 묶는 것이다. '결決'은 개闓(활깍지)와 같으며, 상아나 뼈로 만들어 오른쪽 엄지손가락에 착용하며, 시위에 걸어 계도啓導하는 것이다. '수遂'는 사구射韝(활팔찌)인데, 가죽으로 만들며 왼팔에 착용하여 시위가 몸에 튕기는 것을 막는다. 방형으로 시위에 화살을 메긴 것을 '협挾'이라고 한다. '승시乘矢'는 네 개의 화살이다. '부弣'(활의 줌통)는 궁파弓把(활의 중앙 손잡이 부분)이다. 화살촉을 보이게 하는 것은 활쏘기를 순조롭게 하기 위해서이다. '우거지右巨指'는 오른손 엄지손가락인데 시위를 걸어 시위가 곁에 있으므로 화살을 끼우기가 편하게 된다. 고문본에 '挾'은 모두 '接'으로 되어 있다. '司射', 射人也. '次', 若今時更衣處, 張幃席爲之. 耦次在洗東南. '袒', 左免衣也. '決', 猶闓也, 以象骨爲之, 著右巨指, 所以鉤弦而闓之. '遂', 射韝也, 以朱韋爲之, 著左臂, 所以遂弦也. 方持弦矢曰'挾'. '乘矢', 四矢. '弣', 弓杷也. 見鏃焉, 順其射也. '右巨指', 右手大擘, 以鉤弦, 弦在旁, 挾由便也. 古文'挾'皆作'接'.

[大射儀07 : 經-125]

조계 앞에서 "위정爲政[4]은 활쏘기를 시작할 것을 청합니다"라고 말한다.

自阼階前曰, "爲政請射."

정현주 '위정爲政'은 사마司馬를 말한다. 사마는 정관政官으로 사례射禮를 주관한다. '爲政', 謂司馬也. 司馬, 政官, 主射禮.

[大射儀07 : 經-126]

인하여 군주에게 "대부는 대부와 우耦(짝)가 되었고, 부족하면 사士가 대부를 모시고 우耦가 되었습니다"라고 고한다.

遂告曰, "大夫與大夫, 士御於大夫."

정현주 인하여 군주에게 삼우三耦를 선발한 것을 고한 것이다. '어御'

는 모신다(侍)는 뜻과 같다. 대부는 대부와 더불어 우耦가 되는데, 부족하면 사士가 대부를 모시고 더불어 우耦가 된다. 금문본에는 '於'가 '于'로 되어 있다. 因告選三耦於君. '御'猶侍也. 大夫與大夫爲耦, 不足, 則士侍於大夫, 與爲耦也. 今文'於'爲'于'.

[大射儀07 : 經-127]

드디어 서쪽 계단 앞으로 가서 동쪽을 향하고 오른쪽으로 돌아보며, 유사有司에게 활쏘기에 필요한 기물(射器)을 들여올 것을 명한다. 遂適西階前, 東面右顧, 命有司納射器.

정현주 '납納'은 안으로 들인다는 뜻이다. 納, 內也.

[大射儀07 : 經-128]

활쏘기에 필요한 기물(射器)이 모두 들어온다. 군주의 활과 화살은 동당東堂으로 가져가고 빈賓의 활과 화살은 산가지통(中)[5] · 산가지(籌)[6] · 술잔 받침대(豐)[7]와 함께 모두 서당西堂 아래에 둔다. 나머지 사람의 활과 화살은 메우지 않는다. 모든 무리의 활과 화살 및 화살꽂이 통(楅)[8]은 모두 문 밖의 옷 갈아입는 곳(次)에 갖다 놓고 기다린다. 射器皆入. 君之弓矢適東堂, 賓之弓矢與中 · 籌 · 豐, 皆止於西堂下. 衆弓矢不挾. 總衆弓矢 · 楅, 皆適次而俟.

정현주 '중中'(산가지통)은 여중閭中으로, 산가지(筭)를 넣어놓는 기물이다. '주籌'는 산가지(筭)이다. '술동이 받침대'(豐)는 활쏘기 행사용 술잔(射爵)을 놓을 수 있는 것이다. '중궁시衆弓矢'는 삼우三耦 및 경대부 이하의 활과 화살이다. 사사司射의 화살 또한 서당西堂 아래에 놓아둔다. 중궁시를 메우지 않았다면, 인도하여 들어온 공公과 무리의 활과 화살은 메웠다는 것이다. '복福'(화살꽂이 통)은 화살을 꽂아두는 기물이다. 금문본에는 '俟'가 '待'로 되어 있다. '中', 閭中, 筭器也. '籌', 筭也. '豐', 可奠射爵者. '衆弓矢', 三耦及卿大夫以下弓矢也. 司射矢亦止西堂下. 衆弓矢不挾, 則納公與賓弓矢者挾之. '福', 承矢器. 今文'俟'作'待'.

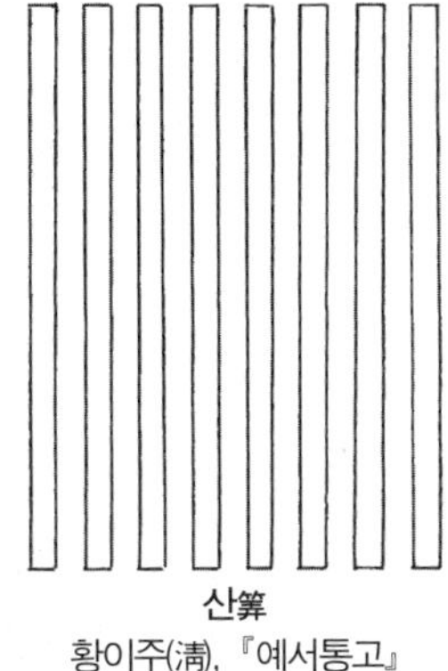

산筭
황이주(淸), 『예서통고』

[大射儀07 : 經-129]

공인工人·사士와 재인梓人이 북쪽 계단(北階)으로부터 올라와 동서 두 기둥(兩楹)의 사이에, 활을 둘 만큼 사이를 두고[9], 붉은 색이나 검은 색으로 사대(物)[10]를 그리는데, 척도를 헤아려 십자형(午)을 그리면, 사정射正이 임한다.

工人·士與梓人升自北階, 兩楹之間, 疏數容弓, 若丹若墨, 度尺而午, 射正莅之.

정현주 '공인工人·사士·재인梓人'은 모두 사공司空에 속한 무리로서 사각형(方)과 원형(圜)을 바르게 할 수 있다. 세로(從) 하나와 가로(橫) 하나를

‘오午’(십자형)라 하는데, 사대(物)를 그리는 것을 일컫는다. ‘사정射正’은 사사司射의 우두머리(長)이다. ‘工人 · 士 · 梓人’, 皆司空之屬, 能正方圜者. 一從一橫曰‘午’, 謂畫物也. ‘射正’, 司射之長.

[大射儀07 : 經-130]

그리는 것을 마치고 북쪽 계단을 통해 내려간다. 사궁司宮이 사대(物)를 그려놓은 곳을 청소하고 북쪽 계단으로 내려간다.

卒畫, 自北階下. 司宮埽所畫物, 自北階下.

정현주 ‘사대를 청소하는 것’(埽物)은 활쏘기의 일을 중시한 것이다. 공인 · 사 · 재인 · 사궁司宮의 위치는 북당北堂(방 중앙에서 북쪽) 아래이다. ‘埽物’, 重射事也. 工人 · 士 · 梓人 · 司宮, 位在北堂下.

[大射儀07 : 經-131]

태사大史는 산가지통(中)을 설치할 곳의 서쪽에서 기다리는데, 동쪽을 향하여 명을 듣는다.

大史俟于所設中之西, 東面以聽政.

정현주 산가지통(中)이 아직 설치되지 않았는데, 태사가 기다리는 것은 장차 일이 있기 때문이다. 「향사례」에 “산가지통(中)을 진설하는데, 남쪽으로 화살꽂이 통(楅)과 마주하고 서쪽으로 당 위 서쪽 벽(西序)과 마주하는 곳에서 머리 부분이 동쪽을 향하도록 하여 놓는다"[11]라고 하였다. 中未設也, 大史俟焉, 將有事也. 「鄕射禮」曰, "設中, 南當楅, 西當西序, 東面."

[大射儀07 : 經-132]

사사司射가 서쪽을 향하여 태사에게 고한다. "공公은 대후大侯를 쏘고, 대부는 삼후參侯를 쏘고, 사士는 간후干侯를 쏩니다. 쏜 것이 각자의 과녁이 아니면, 명중해도 명중한 것(獲)으로 계산하지 않습니다. 낮은 자가 높은 자와 짝(耦)이 된 경우에는 과녁을 달리하지 않습니다." 태사가 허락한다.

司射西面誓之曰, "公射大侯, 大夫射參, 士射干. 射者非其侯, 中之不獲. 卑者與尊者爲耦, 不異侯." 大史許諾.

정현주 '서誓'는 고한다는 뜻과 같다. 고문본에 '異'는 '辭'로 되어 있다. '誓'猶告也. 古文'異'作'辭'.

[大射儀07 : 經-133]

드디어 삼우三耦를 선발한다.

遂比三耦.

정현주 '비比'는 선발하는 것이다. '향하는 곳을 말하지 않는다'(不言面者)는 것은 대부는 문의 오른쪽에서 북쪽을 향하고, 사士는 서쪽에서 동쪽을 향하기 때문이다. '比', 選次之也. '不言面者', 大夫在門右北面, 士西方東面.

[大射儀07 : 經-134]

삼우三耦는 문 밖의 옷 갈아입는 곳(次)의 북쪽에서 기다리되, 서쪽을 향하고 북쪽을 윗자리로 삼는다.

三耦俟于次北, 西面北上.

정현주 그 짝(耦)은 알 수 없다. 금문본에 '俟'가 '立'으로 되어 있다. 未知其耦. 今文'俟'爲'立'.

[大射儀07 : 經-135]

사사司射가 매 일우一耦의 상사上射[12]에게 "아무개(某)[13]가 당신(子)을 따라 활을 쏘게 하시오"라고 명하고, 하사下射[14]에게 "당신(子)은 아무개 분(某子)[15]과 더불어 활을 쏘시오"라고 명한다. 삼우三耦가 모두 짝을 이루면, 드디어 삼우에게 문 밖의 옷 갈아입는 곳(次)에 가서 활과 화살을 취하도록 명한다.

司射命上射曰, "某御於子", 命下射曰, "子與某子射." 卒, 遂命三耦取弓矢于次.

정현주 활과 화살을 취하되 활팔찌(拾)를 하지 않는 것은 문 밖의 옷 갈아입는 곳(次)이 가려진 곳이기 때문이다. 取弓矢不拾者, 次中隱蔽處.

주

1_활깍지 : '決'은 활쏘기를 할 때 손 부위를 보호하기 위하여 엄지손가락에 씌워 끼우는 깍지를 말한다. 상아 뿔, 가죽, 비단 등으로 만든다. '抉', '玦', '韘'이라고도 한다.

2_활팔찌 : '遂'는 가죽으로 만든 팔 보호대로서, 활을 쏠 때 왼쪽 팔에 착용하여 활시위가 몸에 튕기는 것을 막아 주는 도구이다.

3_차 : 본래 '次'는 문 밖의 옷을 갈아입는 곳으로, 베로 만든 휘장(帷幕)과 갈대로 엮은 자리(葦席)로 설치한다. 호배휘는 정현 주의 '大門'을 '庫門' 즉 '外門'으로 해석하고, 주인은 동쪽에 빈은 서쪽에 있는데 '次'는 빈을 위해 설치하는 것이므로 서쪽에 있음을 알 수 있다고 하였다. 『의례정의』 998쪽 참조.

4_위정 : 司馬를 가리킨다.

5_산가지통 : 산가지를 넣어 두는 통을 말한다.

6_산가지 : 筭을 말하며, 명중의 많고 적음을 셈할 때 사용하는 산가지이다.

7_술잔 받침대 : 술동이나 술잔을 받치는 그릇으로 형태는 豆와 같은데 높이가 낮다. 『주례』 및 『예기』의 정현 주에 의하면 '豆'는 나무로 만드는데 용량이 4升이며, 입은 둥글고 직경 1척 2촌으로 덮개가 있다고 한다.

8_화살꽂이 통 : 화살을 나란히 꽂아 두는 기구로 시렁처럼 생겼다.

9_활을 둘 만큼 사이를 두고 : 6척의 거리를 둔다는 뜻이다.

10_사대 : 활을 쏘는 사람이 서는 곳으로, 땅에 붉은 색이나 검은 색으로 남북 3척, 동서 1척 2촌의 십자형을 그린다. 上射와 下射 두 사람이 각각 1物에 서는데 2物의 거리는 6척이다. 上射는 오른쪽의 物에 서고, 下射는 왼쪽의 物에 선다. 『삼례사전』, 505~506쪽 참조.

11_산가지통을 진설하는데 ~ 놓는다 : [향사례05 : 經—188] 참조.

12_상사 : 매 耦의 두 사람 중 尊者를 上射라 하고 卑者를 下射라 하는데, 상사는 오른쪽 物에서 활을 쏘고 하사는 왼쪽 物에서 활을 쏜다.

13_아무개 : 下射의 字를 부른다.

14_하사 : 매 耦의 두 사람 중 卑者를 下射라고 한다. 下射는 왼쪽 物에서 활을 쏜다.

15_아무개 분 : 上射의 氏를 붙여서 부른다.

사사유사司射誘射
(淸), 『흠정의례의소』

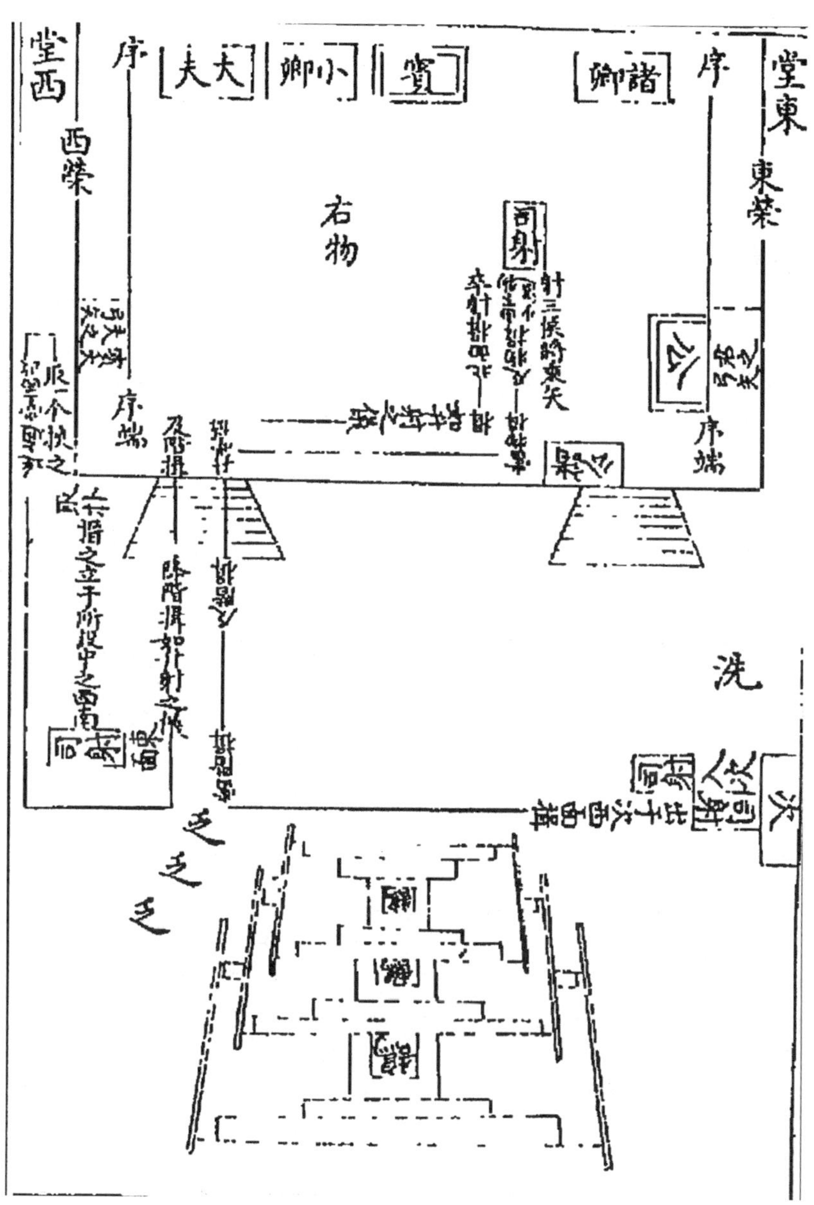

經-136에서 經-140까지는 사사司射가 활쏘기 시범을 보이는 절차이다.

[大射儀07 : 經-136]

사사司射는 문 밖의 옷 갈아입는 곳(次)으로 들어가 화살 세 개를 허리띠(帶)에 꽂고 한 개를 시위에 메우고 문 밖의 옷 갈아입는 곳에서 나와 서쪽을 향하여 읍을 하고, 계단을 마주하는 곳에서 북쪽을 향하여 읍을 하고 계단에 이르면 읍을 하고 당 위로 올라가 읍을 하고 사대(物)를 마주하는 곳에서 북쪽을 향하여 읍을 하고 사대에 이르러 읍을 하고, 하사下射가 밟는 사대(下物)를 경유하여 약간 물러나 활쏘기를 가르친다.

司射入于次, 搢三挾一個, 出于次, 西面揖, 當階北面揖, 及階揖, 升堂揖, 當物北面揖, 及物揖, 由下物少退, 誘射.

정현주 '진搢'은 꽂아둔다(扱)는 뜻이다. '협일개挾一個'는 시위(弦)에 화살 하나를 메우는 것이다. '개個'는 매枚와 같다. '하사下射가 밟는 사대(下物)를 경유하여 약간 물러난다'(由下物而少退)는 것은 겸손함이다. '유誘'는 가르친다는 뜻과 같다. 『논어』에 "공자는 순순循循하게 사람들을 잘 가르치셨다"[1]라고 하였다. '搢', 扱也. '挾一个', 挾於弦也. '個'猶枚也. '由下物而少退', 謙也. '誘'猶教也. "夫子循循然, 善誘人."

[大射儀07 : 經－137]

세 개의 과녁을 쏘는데 네 개의 화살을 가지고 행하며, 처음에 간후干侯 쏘고 다시 삼후參侯을 쏘며 대후大侯에는 두 개를 발사한다.

射三侯, 將乘矢, 始射干, 又射參, 大侯再發.

정현주 '장將'은 시행한다는 뜻이다. 네 개의 화살을 발사하는 것은 사방에 일이 있음을 상징한다. 『시경』「제풍齊風 · 의차猗嗟」에 "네 대의 화살이 겹쳐 꽂히니 그것으로 난리를 막을 수 있겠네"라고 하였다. '將', 行也. 行四矢, 象有事於四方. 『詩』云, "四矢反兮, 以御亂兮."

[大射儀07 : 經－138]

활쏘기를 마치고 북쪽을 향하여 읍을 한다.

卒射, 北面揖.

정현주 사대(物)를 마주하는 곳에서 읍을 하는데, 남쪽을 향하지 않는 것은 경卿을 등지지 않기 위함이다. 揖於當物之處, 不南面者, 爲不背卿.

[大射儀07 : 經－139]

계단에 이르러 읍을 하고 당에서 내려오는데, 활을 쏘기 위해 올라갈 때와 동일한 절차로 한다. 드디어 서당西堂의 아래로 가서 화살

한 개를 별도로 취하여 시위에 메운다.
及階揖, 降, 如升射之儀. 遂適堂西, 改取一个挾之.

정현주 '개改'는 다시(更)라는 뜻이다. 쏘지 않으면서 시위에 화살을 메우는 것은 일이 있음을 보이는 것이다. '改', 更也. 不射而挾矢, 示有事也.

[大射儀07 : 經-140]

드디어 종아리채(扑)를 취하여 허리띠(帶)에 꽂고, 산가지통(中)을 설치한 곳의 서남쪽에서 동쪽을 향해 선다.
遂取扑搢之, 以立于所設中之西南, 東面.

정현주 '종아리채'(扑)는 가르침을 위반한 자에게 회초리를 치는 도구이다. 여기에 '선다'고 한 것은 그의 위치를 나타낸 것이다. 「향사례」의 기記에 "사사司射의 활과 화살 및 종아리채(扑)는 서쪽 계단의 서쪽에 기대어 놓는다"[2]라고 하였다. '扑', 所以撻犯教者也. 於是言立, 著其位也. 『鄕射』記曰 : "司射之弓矢與扑, 倚于西階之西."

복扑
섭숭의(宋), 『삼례도』

1_ 공자는 순순하게 ~ 가르치셨다 : 『논어』「자한」의 문장이다.

2_ 사사의 활과 ~ 놓는다 : [향사례05 : 記—25] 참조.

삼우사三耦射

장혜언(淸), 『의례도』

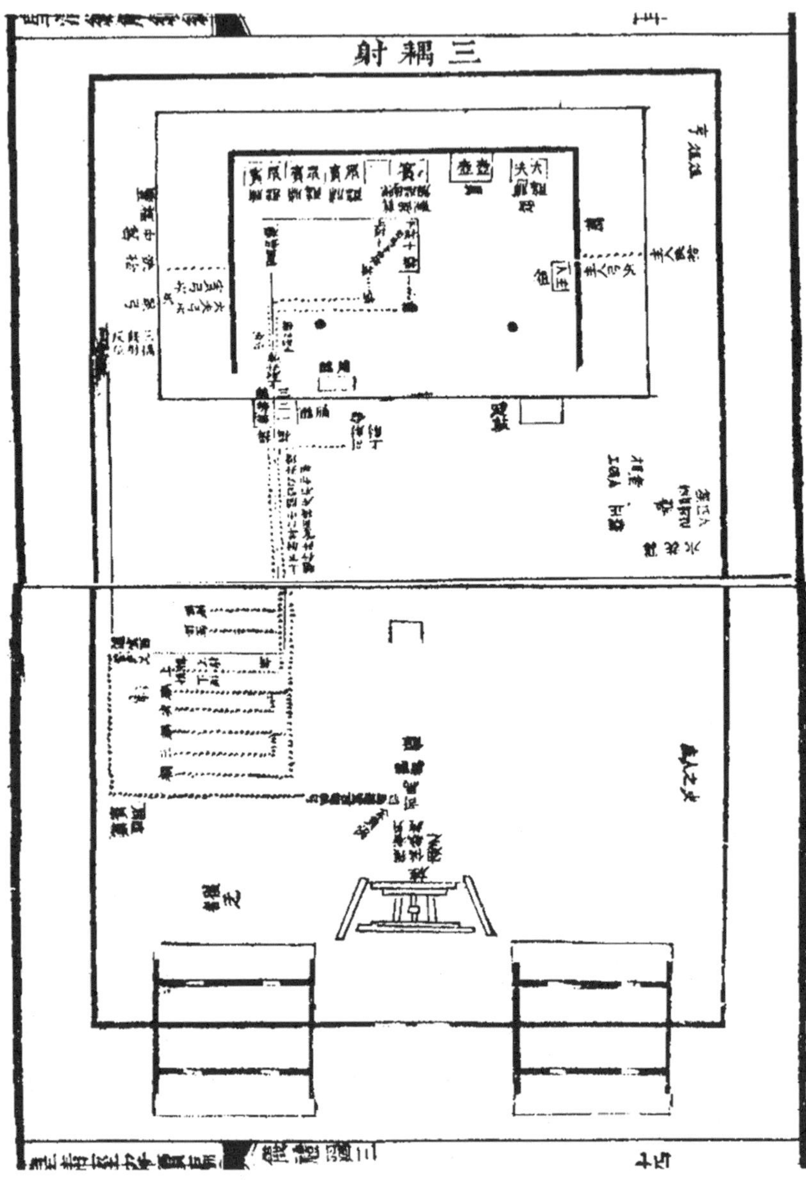

상우출차上耦出次

(淸), 『흠정의례의소』

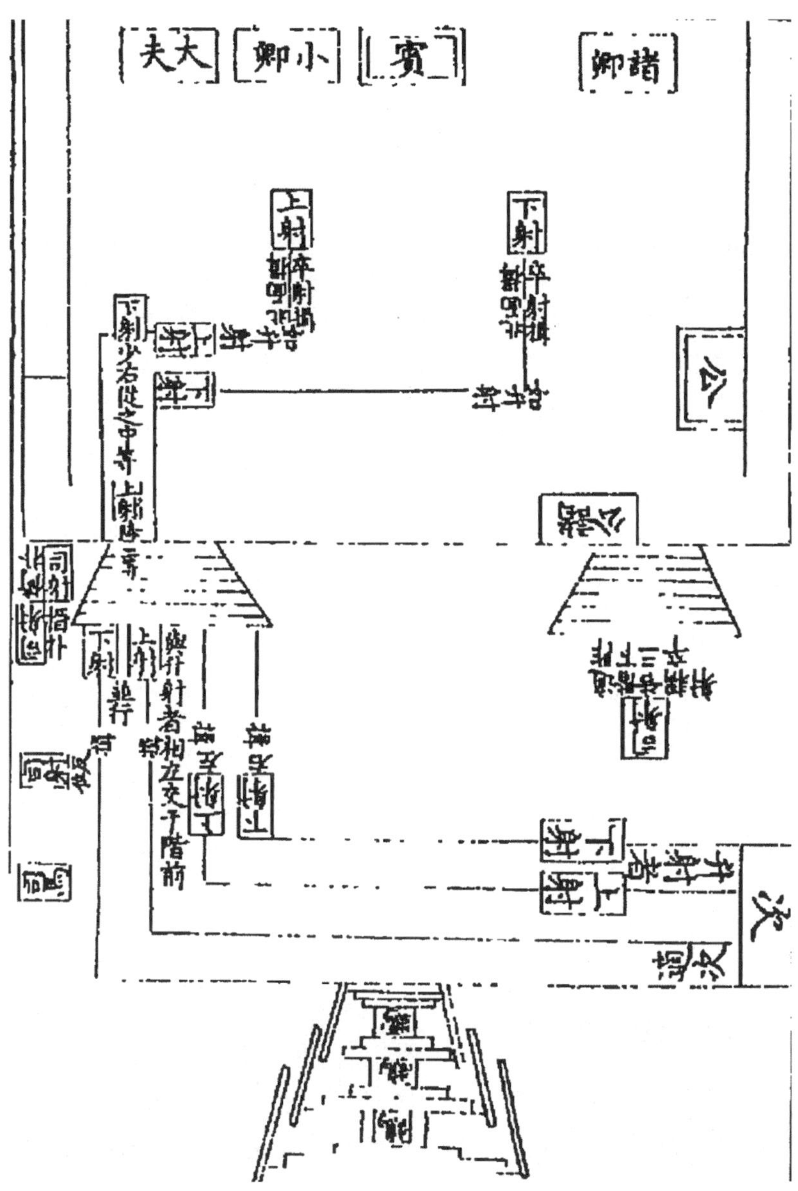

經-141에서 經-158까지는 삼우三耦가 활쏘기를 하는 절차이다.

[大射儀07 : 經-141]

사마사司馬師는 과녁을 등지고 있는 사람에게 "깃발(旌)을 잡고 과녁을 등지시오"라고 명한다.

司馬師命負侯者, "執旌以負侯."

정현주 '사마사司馬師'는 사마정司馬正의 보좌(佐)이다. 사자射者로 하여금 과녁과 깃발(旌)을 보고 과녁의 중앙에 깊은 뜻을 두도록 하고자 한 것이다. '부후負侯'는 획자獲者이다. 천자의 복불씨服不氏는 하사下士가 1인이고 도徒가 4인인데,[1] 깃발을 가지고 화살막이(乏)에 머물면서 명중여부(獲)를 기다리는 것을 관장한다. 석우析羽로 '깃발'(旌)을 만든다. '司馬師', 正之佐也. 欲令射者見侯與旌, 深志於侯中也. '負侯', 獲者也. 天子服不氏, 下士一人, 徒四人, 掌以旌居乏待獲. 析羽爲'旌'.

[大射儀07 : 經-142]

과녁을 등지고 있는 사람(負侯者)은 모두 과녁이 있는 곳으로 가는데, 깃발(旌)을 들고 과녁을 등지고서 명을 기다린다. 사사司射는 문 밖의 옷 갈아입는 곳(次)으로 가서 상우上耦로 하여금 활을 쏘도록 한다.
負侯者皆適侯, 執旌負侯而俟. 司射適次, 作上耦射.

정현주 '작作'은 시킨다는 뜻이다. '作', 使也.

[大射儀07 : 經-143]
사사司射는 본래 위치로 돌아간다.
司射反位.

[大射儀07 : 經-144]
상우上耦가 문 밖의 옷 갈아입는 곳(次)을 나가서 서쪽을 향하여 읍을 하고 앞으로 나아간다. 상사上射는 왼쪽에서 나란히 걸어가다가 계단을 마주하는 곳에서 북쪽을 향하여 읍을 하고 계단에 이르면 읍을 한다. 상사가 먼저 세 계단을 오르면 하사下射가 따라 올라가는데 한 계단을 사이에 둔다.
上耦出次, 西面揖進. 上射在左, 並行, 當階北面揖, 及階揖. 上射先升三等, 下射從之, 中等.

정현주 '상사가 왼쪽에 있다'(上射在左)는 것은 활쏘기를 하기 전에 서는 위치(射位)를 편하게 하려 함이다.[2] '중中'은 사이를 둔다(間)는 뜻과 같다. '上射在左', 便射位也. '中'猶間也.

[大射儀07 : 經-145]

상사上射는 당 위로 올라가서 조금 왼쪽에 선다. 하사下射가 당 위로 올라오면, 상사는 읍을 하고 나란히 걸어간다.

上射升堂, 少左. 下射升, 上射揖, 並行.

정현주 '병並'은 나란하다는 뜻이다. 두 사람이 나란히 동쪽으로 걸어가는 것이다. '並', 併也. 併東行.

[大射儀07 : 經-146]

모두 자기의 사대(物)를 마주하는 곳에서 북쪽을 향하여 읍을 하고, 사대에 이르면 읍을 한다. 모두 왼쪽 발로 사대를 밟고 몸을 돌려 과녁의 중앙(中)을 보고 발을 합하고 명을 기다린다.

皆當其物北面揖, 及物揖. 皆左足履物, 還視侯中, 合足而俟.

정현주 '시후중視侯中'은 각기 자기 과녁의 중앙(中)을 보는 것이다. 대부의 우耦는 삼후參侯의 중앙을 보는데, 삼후의 중앙은 14척이다.[3] 사士의 우耦는 간후의 중앙을 보는데, 간후의 중앙은 10척이다. '視侯中', 各視其侯之中. 大夫

耦則視參中，參中十四尺．士耦則視干中，干中十尺．

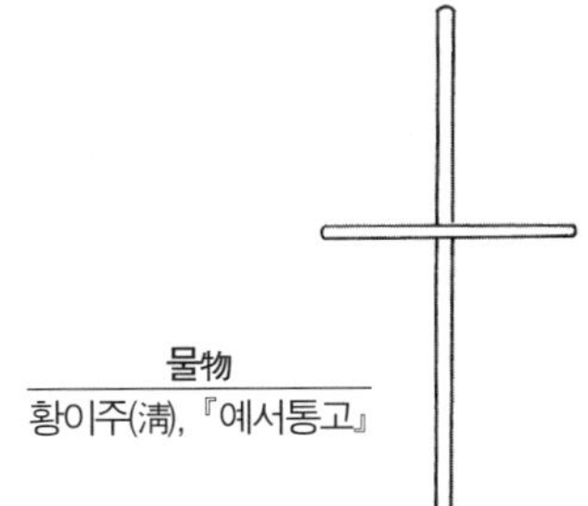
물物
황이주(淸),『예서통고』

[大射儀07 : 經—147]

사마정司馬政은 문 밖의 옷 갈아입는 곳(次)으로 가서 왼팔 소매를 벗어내고(袒), 오른손 엄지손가락에 활깍지(決)를 끼우고, 왼팔에 활팔찌(遂)를 착용한 후 활을 들고 오른손 검지를 시위에 걸고, 문 밖의 옷 갈아입는 곳을 나가서 서쪽 계단을 통해 당 위로 올라가 하사下射가 밟는 사대(下物)가 있는 곳으로 가서 두 사대(物)의 사이에 서서 왼손으로 활의 줌통(弣)을 잡고 오른손으로 활고자(簫)를 잡고 남쪽으로 활을 들면서, 과녁을 등지고 있는 사람에게 과녁으로부터 떨어지라고 명한다.

司馬政適次, 袒·決·遂, 執弓, 右挾之, 出, 升自西階, 適下物, 立于物間, 左執弣, 右執簫, 南揚弓, 命去侯.

정현주 '사마정司馬正'[4]은 정관政官에 속한다. '소簫'는 활고자이다. '활을 든다'(揚弓)는 것은 아래쪽 끝을 잡는다는 것이다. '양揚'은 거擧와 같다. '하물(下射가 밟는 사대)이 있는 곳으로 간다'(適下物)는 것은 상사를 경유한 뒤에 동쪽으로 지나가는 것이다. '과녁으로부터 떨어지라고 명한다'(命去侯)는 것은 장차 활쏘기가 명중한 것을 계산(獲)할 때가 되었기 때문이다. 「향사례」에 "2개의 사대(物) 사이에 이르러 서남쪽을 향해 선다"[5]라고 하였다. '司馬正', 政官之屬. '簫', 弓末. '揚弓'者, 執下末. '揚'猶擧也. '適下物', 由上射後東過也. '命去侯'者, 將射當獲也. 「鄕射禮」曰, "西南面, 立于物間."

[大射儀07 : 經-148]

과녁을 등지고 있는 사람이 모두 허락하는데, 궁성宮聲으로 높게 대답하면서 빠르게 서쪽으로 가서 화살막이(乏)의 남쪽에 이르면 또 상성商聲으로 낮게 대답하다가, 화살막이에 이르면 소리가 그친다.

負侯皆許諾, 以宮趨, 直西, 及乏南, 又諾以商, 至乏, 聲止.

정현주 '궁宮'은 군주이고 '상商'은 신하[6]인데, 그 소리가 조화하여 상생한다. 「향사례」에 "획자는 깃발을 들고 응답을 한다"라고 하였다. 고문본에 '聲'이 '磬'으로 되어 있다.[7] 宮爲君, 商爲臣, 其聲和相生也. 「鄕射禮」曰, "獲者執旌許諾." 古文'聲'爲'磬'.

[大射儀07 : 經-149]

깃발(旌)을 획자獲者에게 주고 물러나 화살막이(乏)의 서쪽에 선다. 획자가 일어서서 손을 맞잡고 명을 기다린다.

授獲者, 退立于西方. 獲者興, 共而俟.

정현주 대후大侯에는 복불씨服不氏가 과녁을 등지고 있는데, 도徒 1인이 화살막이(乏)에 거하면서 서로 교대하면서[8] '명중'(獲)이라고 외친다. 삼후參侯와 간후干侯는 도徒가 과녁을 등지고 화살막이에 거하지만 서로 교대하지 않는다. 「향사례」에 "획자는 깃발을 들고 응답을 하는데 그 소리가 끊어지지 않도록 하면서, 화살막이(乏)의 서쪽으로 가서 동쪽을 향해 앉아 깃발을 눕혀 놓고,[9] 일어나서 기다린다"[10]라고 하였다. 고문본에 '獲'이 모두 '護'로 되어 있는데, 잘못이다. 大侯, 服不氏負侯, 徒一人居乏, 相代而獲. 參侯·干侯, 徒負侯居乏, 不相代. 「鄕射禮」曰, "獲者執旌許諾, 聲不絶, 以至于乏, 坐東面偃旌, 興而俟." 古文'獲'皆作'護', 非也.

[大射儀07 : 經-150]

사마정司馬正이 두 사대로부터 하사下射의 남쪽으로 나와, 그의 뒤를 돌아서 서쪽 계단으로 당에서 내려와 드디어 문 밖의 옷 갈아입는 곳으로 가서 활을 풀고 활깍지(決)와 활팔찌(拾)를 벗고, 걷어 올린 소매를 다시 내리고(襲),[11] 본래 위치로 돌아간다.
司馬正出于下射之南, 還其後, 降自西階, 遂適次, 釋弓, 說決·拾, 襲, 反位.

정현주 '습拾'은 활팔찌(遂)이다. 「향사례」에 "사마는 본래 위치로 돌아와 사사의 남쪽에 선다"[12]고 하였다. '拾', 遂也. 「鄕射禮」曰, "司馬反位, 立于司射之南."

[大射儀07 : 經-151]

사사司射가 앞으로 나아가 사마정과 더불어 계단 앞에서 교차하는데 서로 좌측으로 하며, 당 아래를 경유하여 서쪽 계단의 동쪽에서 북쪽을 향하여 상사上射를 본다. "화살막이를 쏘지 말며, 획자 쪽으로 쏘지 마시오"라고 명하면, 상사上射는 읍을 한다. 사사는 물러나 본래 위치로 돌아간다.

司射進, 與司馬正交于階前, 相左, 由堂下, 西階之東, 北面視上射. 命曰, "毋射獲, 毋獵獲", 上射揖. 司射退, 反位.

정현주 '사획射獲'은 화살이 화살막이(乏)에 맞는 것이다. 화살이 곁으로 나가는 것이 '렵獵'이다. '射獲', 矢中乏也. 從旁爲'獵'.

[大射儀07 : 經-152]

이에 활쏘기를 시작한다. 상사上射가 한 발을 발사하고 화살을 메운 뒤에, 하사下射가 한 발을 발사하는데, 두 사람이 교대로 발사하여 각각 네 개의 화살을 발사한다.

乃射. 上射旣發, 挾矢, 而后下射射, 拾發以將乘矢.

정현주 '습拾'은 교대로(更)의 뜻이다. '장將'은 발사한다는 뜻이다. '拾', 更也. '將', 行也.

[大射儀07 : 經-153]

획자는 앉아서 "명중"(獲)이라고 외친다.

獲者坐而獲.

정현주 앉아서 명중(獲)이라고 말하는 것이다. 坐言獲也.

[大射儀07 : 經-154]

깃발(旌)을 들면서 궁성宮聲으로 외치고, 깃발을 눕히면서 상성商聲으로 외친다.

擧旌以宮, 偃旌以商.

정현주 명중이라고 두 번 외치는 것이다. 再言獲也.

[大射儀07 : 經-155]

명중이라고 외치지만, 산가지로 명중시킨 화살의 수를 계산하지 않는다.

獲而未釋獲.

정현주 단지 명중이라고 외치고, 산가지(筭)로 계산하지 않는 것이다. 고문본에 '釋'은 '舍'로 되어 있다. 但言獲, 未釋筭. 古文'釋'爲'舍'.

[大射儀07 : 經-156]

활쏘기가 끝나면, 오른손으로 시위를 잡고 북쪽을 향하여 읍揖을 하는데, 읍하는 것을 당 위로 올라가서 활쏘기를 할 때와 동일한 절차로 한다.

卒射, 右挾之, 北面揖, 揖如升射.

정현주 '우협지右挾之'는 오른손으로 시위를 잡는 것이다. '右挾之', 右手挾弦.

[大射儀07 : 經-157]

상사上射가 세 계단을 내려오면,[13] 하사下射는 계단의 조금 오른쪽에서 따라 내려오는데 한 칸의 간격을 두고 내려온 다음, 나란히 걸어간다. 상사가 왼쪽에서 기다리다가 계단 앞에서 당 위로 올라가 활쏘기를 할 자와 서로 좌측으로 교차하는데 서로 읍을 한다. 문 밖의 옷 갈아입는 곳(次)으로 들어가서 활을 놓고 활깍지(決)와 활팔찌(拾)를 벗고, 걷어 올린 소매를 다시 내리고(襲), 본래 위치로 돌아간다.

上射降三等, 下射少右, 從之, 中等, 並行. 上射于左, 與升射者相左交于階前, 相揖. 適次, 釋弓, 說決·拾, 襲, 反位.

정현주 '상사가 왼쪽에서 기다린다'(上射於左)는 것은 하사가 계단 위의 조금 오른쪽을 경유하도록 곧 계단을 내려와 하사를 기다리는 것이다. '걷어 올린 소매를 다시 내린다'(襲)고 말한 것은 무릇 활쏘기에는 모두 단袒을 하기 때문이다. '上射於左', 由下射階上少右, 乃降待之. 言'襲'者, 凡射皆袒.

[大射儀07 : 經-158]

삼우三耦가 활쏘기를 마치는데 또한 모두 이렇게 한다. 사사司射가 종아리채(扑)를 빼어 서쪽 계단에 기대어 놓고, 조계 아래로 가서 북쪽을 향하여 공公에게 "삼우가 활쏘기를 마쳤습니다"라고 고한다. 돌아와 종아리채(扑)를 허리띠(帶)에 꽂고 본래 위치로 돌아간다.
三耦卒射, 亦如之. 司射去扑, 倚于階西, 適阼階下, 北面告于公, 曰, "三耦卒射." 反, 搢扑, 反位.

주

1_ 천자의 복불씨는 ~ 4인인데 : 제후 또한 과녁이 3개이고 服不氏와 徒를 獲者로 삼는다는 것을 보이고자 한 것이다. 『의례주소』, 375쪽 참조.

2_ 활쏘기를 하기 ~ 하려 함이다 : 「향사례」의 경우도 "上射가 왼쪽에 선다"라고 하였지만 "활쏘기를 하기 전에 서는 위치(射位)를 편하게 하려 한다"라고 말하지 않았다. 이는 鄕射의 경우는 동쪽을 향해 서고 상사가 북쪽에 있기 때문에, 왼쪽에 있다고 하더라도 활쏘기를 하기 전에 서는 위치(射位)를 편하게 하려 한다는 의미를 취하지 않은 것이다. 『의례주소』, 375쪽 참조.

3_ 삼후의 중앙은 14척이다 : 활의 2촌으로 侯中을 삼는다. 參侯는 弓의 70배이므로 후중이 14척이다. 干侯는 궁의 50배이므로 후중이 10척이다. 『의례주소』, 375쪽 참조.

4_ 사마정 : 천자에게는 大司馬로 卿 한 사람이 있고 小司馬로 中大夫 한 사람이 있다. 이 편은 제후의 예이지만 小司馬가 있어야 하므로 사마정이라고 부른 것이다. 『의례주소』, 376쪽 참조.

5_ 2개의 사대 ~ 선다 : [향사례05 : 經—148] 참조.

6_ '궁'은 군주이고 '상'은 신하 : 『예기』 「악기」의 문장이다. 원문은 다음과 같다. "宮은 임금이 되고 商은 신하가 되고 角은 백성이 되고 徵는 일이 되고 羽는 물건이 된다. 다섯 가지가 어지럽지 않으면 조화롭지 않은 음이 없다."(宮爲君, 商爲臣, 角爲民, 徵爲事, 羽爲物. 五者不亂, 則無怗懘之音矣)

7_ 고문본에 ~ 있다 : 호승공은 "고문본에 '聲'이 '磬'으로 되어 있는 것은 글자를 잘못 쓴 것이다"라고 하였다. 『의례정의』, 862쪽 참조.

8_ 서로 교대하면서 : 服不氏에는 下士 1인과 徒 4인이 소속되어 있다. 정현은 大侯는 존귀하므로 복불씨와 徒 1인을 화살막이(乏)에 머물게 하여 서로 교대하게 하고, 나머지 두 과녁에는 도 3인을 분속하여 한 사람이 부족하므로 서로 교대할 수 없다고 본 것이다. 『의례주소』, 376쪽 참조.

9_ 획자는 깃발을 ~ 눕혀 놓고 : 획자는 과녁에서 벗어나 빠른 걸음으로 서쪽으로 향하고, 이어서 북쪽으로 꺾어져 화살막이(乏)의 서쪽으로 나아가 동쪽을 향해 깃발을 눕혀 놓는다. 이때 깃발은 머리가 동쪽을 향하도록 한다. 『의례정의』, 525쪽, 오계공의 설 참조.

10_ 획자는 깃발을 ~ 기다린다 : [향사례05 : 經—149] 참조.

11_ 걷어 올린 소매를 다시 내리고 : 소매를 걷어 올리는 것을 袒이라 하고, 걷어 올린 소매를 다시 내려 원상 복구 시키는 것을 襲이라고 한다. 『삼례사전』, 688쪽 참조.

12_ 사마는 본래 ~ 선다 : [향사례05 : 經—150] 참조.

13_ 상사가 세 계단을 내려오면 : 제후의 계단은 7층계이다.

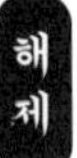

經－159에서 經－165까지는 삼우三耦가 활쏘기를 마친 후 화살을 수습하는 절차이다.

[大射儀07 : 經－159]

사마정司馬正은 문 밖의 옷 갈아입는 곳(次)으로 가서[1] 왼팔 소매를 벗어내고(袒), 오른손 엄지손가락에 활깍지(決)를 끼우고, 왼팔에 활팔찌(遂)를 착용한 후 활을 들고 오른쪽 엄지손가락을 시위에 걸고 문 밖의 옷 갈아입는 곳을 벗어나 계단 앞에서 사사司射와 만나 서로 왼쪽으로 교차하여 간다.

司馬正袒·決·遂, 執弓, 右挾之, 出, 與司射交于階前, 相左.

정현주 '출出'은 문 밖의 옷 갈아입는 곳을 벗어나는 것이다. 단袒을 할 때는 역시 문 밖의 옷 갈아입는 곳으로 간다. '出', 出於次也. 袒時亦適次.

[大射儀07 : 經－160]

서쪽 계단을 통해 당 위로 올라가서 오른쪽 사대(右物 : 上射가 밟는 사대)의 뒤를 돌아가 오른쪽과 왼쪽 사대 사이에 서서, 서남쪽을 향하여 활을 저으며 화살을 취할 것을 명한다.

升自西階, 自右物之後, 立于物間, 西南面, 揖弓, 命取矢.

정현주　'읍揖'은 밀어내는 것이다. '揖', 推之.

[大射儀07 : 經-161]

과녁을 등지고 있는 사람이 허락하고, 처음 했던 것처럼 과녁에서 벗어나는데 모두 깃발(旌)을 들고 과녁을 등지고서 명을 기다린다.
負侯許諾, 如初去侯, 皆執旌以負其侯而俟.

정현주　소신小臣이 화살을 취하기를 기다려, 깃발(旌)로 지시하며 가르친다. 俟小臣取矢, 以旌指教之.

[大射儀07 : 經-162]

사마정은 서쪽 계단을 통해 당에서 내려와 북쪽을 향하여 화살꽂이 통(楅)을 설치할 것[2]을 소신사小臣師에게 명한다.
司馬正降自西階, 北面命設楅.

정현주　이것은 하사의 남쪽으로 나가 그 뒤쪽으로 돌아 서쪽 계단으로 내려온 것이다. 此出于下射之南, 還其後而降之.

[大射儀07 : 經-163]

소신사는 화살꽂이 통(楅)을 설치한다. 사마정이 동쪽을 향하여 활을 지휘봉(畢)으로 사용하여 화살꽂이 통을 설치할 곳을 지정해 준다.
小臣師設楅. 司馬正東面以弓爲畢.

정현주 '필畢'(지휘봉)은 집사자執事者에게 지시하는 것을 돕는 기물이다. 「향사례」의 기記에 "뜰 중앙에 화살꽂이 통을 진설하는데, 남쪽으로 물받이 항아리(洗)와 마주하며, 머리 부분이 서쪽을 향하고 꼬리 부분이 동쪽을 향하도록 하여 놓는다"[3]라고 하였다. '畢', 所以敎助執事者. 「鄕射」記曰, "乃設楅于中庭, 南當洗, 東肆."

[大射儀07 : 經-164]

화살꽂이 통(楅)이 설치되면, 사마정은 문 밖의 옷 갈아입는 곳으로 가서 활을 풀고 활깍지(決)와 활팔찌(拾)를 벗고, 걷어 올린 소매를 다시 내리고(襲), 본래 위치로 돌아간다. 소신小臣은 앉아서 화살꽂이 통에 화살을 횡으로 눕혀 두는데, 오늬(括 : 화살의 끝을 활시위에 끼도록 두 갈래 지게 에어 낸 부분)가 북쪽을 향하게 하며, 사마사司馬師는 앉아서 화살을 네 개씩 세어 놓는다.
旣設楅, 司馬正適次, 釋弓, 說決·拾, 襲, 反位. 小臣坐委矢于楅, 北括, 司馬師坐乘之.

정현주 '승乘'은 네 개씩 세는 것이다. '乘', 四四數之.

[大射儀07 : 經-165]

세는 것을 마친다. 만약 화살이 다 갖추어지지 않았으면, 사마정은 또 왼팔의 겉옷을 벗어서 속옷을 드러내고(袒) 활을 들고, 당 위로 올라가 처음에 했던 것처럼 화살을 취하기를 명하여 "화살을 취하라. 쏜 화살과 맞지 않는다"라고 말한다. 이어 다시 화살을 구하여 화살꽂이 통(楅)에 보탠다. 그 일이 끝나면, 사마정은 앞으로 나아가서 앉아 상사上射와 하사下射의 화살을 좌우로 나누어 놓은 개수를 점검하고,[4] 일어서서 본래 위치로 돌아간다.

卒. 若矢不備, 則司馬正又袒執弓, 升, 命取矢如初, 曰, "取矢不索." 乃復求矢, 加于楅. 卒, 司馬正進坐, 左右撫之, 興, 反位.

정현주 '좌우무左右撫'는 상사와 하사의 화살로 나누는 것인데, 이때 앉는 것은 모두 북쪽을 향한다. '左右撫', 分上下射, 此坐皆北面.

주

1_사마정이 ~ 곳으로 가서 : 오계공은 "司馬正이 次로 간다고 말하지 않은 것은 아래에서 '나가서'라고 하였으므로 次로 갔음을 알 수 있다"라고 하였다. 『의례정의』, 865쪽 참조.

2_북쪽을 향하여 ~ 설치할 것 : 화살꽂이를 뜰 가운데 설치하고 남쪽으로 洗와 가지런하게 하므로, 사마정이 북쪽을 향하여 화살꽂이를 설치하는 사람에게 남쪽을 벗어나지 못하도록 한다. 『의례정의』, 866쪽 참조.

3_뜰 중앙에 ~ 놓는다 : [향사례05 : 經—163] 참조.

4_상사와 하사의 ~ 점검하고 : 司馬師가 화살의 개수를 셀 때 정해진 개수를 넘어선 화살을 화살꽂이 통(福)의 좌우 양쪽에 나누어 놓았는데, 司馬正이 화살을 매만지며 정해진 숫자인지 점검하는 것이다.

經-166에서 經-172까지는 활쏘기를 시작하도록 삼우三耦에게 명령하는 절차이다.

[大射儀07 : 經-166]

사사司射가 서쪽 계단의 서쪽으로 가서, 종아리채(扑)를 허리띠(帶)에서 빼서 기대어 놓고, 서쪽 계단을 통해 당 위로 올라가, 동쪽을 향하여 공公에게 활쏘기를 시작할 것을 청한다.[1]

司射適西階西, 倚扑, 升自西階, 東面請射于公.

정현주 '종아리채를 허리띠에서 빼서 기대어 놓는다'(倚扑)는 것은 장차 군주의 앞으로 가려고 하면, 감히 형벌을 가하는 도구(刑器)를 차고 가지 못하기 때문이다. '당 위로 올라간다'(升堂)는 것은 제공·경·대부가 두루 들을 수 있도록 하고자 함이다. '倚扑'者, 將卽君前, 不敢佩刑器也. '升堂'者, 欲諸公卿大夫徧聞也.

[大射儀07 : 經-167]

군주는 허락한다. 드디어 사사司射가 서쪽 계단 위쪽에서 군주의 명으로 빈에게 군주를 모시고 활쏘기를 할 것을 명하고, 제공·경들에게는 서쪽 계단 위쪽에서 누가 누구의 짝이 되어 활쏘기를 할 것인지 고하고, 대부에게는 계단을 내려와 활쏘기를 하기 전에 서는 위치(射位)로 돌아간 후에, 누가 누구의 짝이 되어 활쏘기를 할 것인지 고한다.

公許. 遂適西階上, 命賓禦于公, 諸公·卿則以耦告于上, 大夫則降, 卽位而后告.

정현주 당 위에서 제공·경들에게 고한 것은 그들을 존중하는 것이다. 告諸公·卿於堂上, 尊之也.

[大射儀07 : 經-168]

사사司射는 서쪽 계단 위쪽에서 북쪽을 향하여 대부에게 "당에서 내려가기를 청합니다"라고 고한다. 사사는 먼저 당에서 내려와 종아리채(扑)를 허리띠(帶)에 꽂고 본래 위치로 돌아간다. 대부들이 사사를 따라 당에서 내려와 문 밖의 옷 갈아입는 곳으로 가서, 삼우三耦의 남쪽에서 서쪽을 향해 서는데 북쪽을 윗자리로 삼는다.

司射自西階上北面告于大夫, 曰, "請降." 司射先降, 搢扑, 反位. 大夫從之降, 適次, 立于三耦之南, 西面, 北上.

정현주 '문 밖의 옷 갈아입는 곳으로 간다'(適次)는 것은 문 밖의 옷 갈아입는 곳의 앞을 경유하여 옷 갈아입는 곳의 북쪽에서 서쪽을 향하여 서는 것이다. '適次', 由次前而北, 西面立.

[大射儀07 : 經－169]

사사司射는 대부의 서쪽에서[2] 동쪽을 향하여 대부들에게 짝을 정하도록 한다. 대부는 대부와 함께 짝이 되게 하는데, 사사가 상사上射에게 명하여 "아무개(某)는 당신을 따라서 활을 쏘시오"라고 하고, 하사下射에게 명하여 "당신은 아무개 분(某子)과 더불어 활을 쏘시오"라고 한다. 대부의 짝을 정하는 것을 마치면, 드디어 중우衆耦를 정해 준다.

司射東面于大夫之西比耦. 大夫與大夫, 命上射曰, "某御於子", 命下射曰, "子與某子射." 卒, 遂比衆耦.

정현주 '중우衆耦'는 사士이다. '衆耦', 士也.

[大射儀07 : 經－170]

중우衆耦는 대부의 남쪽에서 서쪽을 향해 서는데 북쪽을 윗자리로 삼는다. 만약 사士가 대부와 더불어 짝이 되면, 대부의 짝이 된 사士를 윗자리로 삼는다.[3]

衆耦立于大夫之南, 西面北上. 若有士與大夫爲耦, 則以大夫之耦爲上.

정현주 '윗자리로 삼는다'(適次)는 것은 중사衆士의 윗자리에 있도록 하는 것이다. '適次', 居群士之上.

[大射儀07 : 經-171]

사사司射는 대부의 짝이 된 사士[4]에게 명하여 "당신은 아무개 분(某子)과 더불어 활쏘기를 하시오"라고 하고, 대부에게 고하여 "아무개(某)가 당신을 모시고 활쏘기를 합니다"라고 한다.

命大夫之耦曰, "子與某子射", 告於大夫曰, "某御於子."

정현주 사士가 비록 상사가 되더라도, 그 고하는 말은 오히려 대부를 존중하는 것이다. 士雖爲上射, 其辭猶尊大夫.

[大射儀07 : 經-172]

사사司射는 중우衆耦[5]에게 명하는데 삼우三耦에게 명할 때와 동일한 말로 한다. 제공·경들은 모두 당에서 내려가지 않는다.

命衆耦, 如命三耦之辭. 諸公·卿皆未降.

정현주 '내려가지 않는다'(未降)고 말한 것은 그 뜻이 활쏘기에 있음을 보인 것이다. 言'未降'者, 見其志在射.

주

1_ 활쏘기를 시작할 것을 청한다 : 두 번째 활쏘기를 청한 것이다.

2_ 대부의 서쪽에서 : 대부들이 次 속에 있기 때문에 司射는 次의 서쪽에 있는 것이 된다.

3_ 윗자리로 삼는다 : 북쪽을 윗자리로 삼는 것이다.

4_ 대부의 우가 된 사 : 대부의 짝이 된 士가 上射가 된다.

5_ 중우 : 여러 士들이 서로 耦가 된 것을 衆耦라고 한다.

經-173에서 經-181까지는 삼우三耦가 화살통에서 화살을 취하는 절차이다.

[大射儀07 : 經-173]

사사司射는 드디어 삼우三耦에게 명하여 각자 그의 우耦와 더불어 교대로 화살을 취할 것을 명하면, 삼우는 모두 왼팔 소매를 벗어내고(袒), 오른손 엄지손가락에 활깍지(決)를 끼우고, 왼팔에 활팔찌(遂)를 착용한 후, 활을 들고 오른손 엄지손가락을 시위에 건다.
遂命三耦各與其耦拾取矢, 皆袒·決·遂, 執弓, 右挾之.

정현주 이것은 문 밖의 옷 갈아입는 곳(次)으로 들어가서 해야 할 일을 명한 것이다. 사사는 명을 마치고 본래 위치로 돌아가는데, 그것을 말하지 않는 것은 상사가 문 밖의 옷 갈아입는 곳을 나가면 화살을 취하도록 지시하여야 하니 일이 아직 끝나지 않았기 때문이다. 此命入次之事也. 司射旣命而反位, 不言之者, 上射出, 當作取矢, 事未訖.

[大射儀07 : 經-174]

일우一耦가 문 밖의 옷 갈아입는 곳에서 나가 서쪽을 향하여 읍을 하고, 화살꽂이 통(楅)을 마주하는 곳에서 북쪽을 향하여 읍을 하고,

화살꽂이 통에 이르면 읍을 한다.
一耦出, 西面揖, 當楅北面揖, 及楅揖.

정현주 삼우가 함께 문 밖의 옷 갈아입는 곳으로 들어가지만, 옷 갈아입는 곳에서 나갈 때는 한 명의 상사가 나가서 서쪽을 향하여 서는데, 사사가 지시하면, 이에 읍을 하고 걸어간다. '당복當楅'은 화살꽂이 통(楅)의 정남쪽의 동서이다.[1] 三耦同入次, 其出也, 一上射出, 西面立, 司射作之, 乃揖行也. '當楅', 楅正南之東西.

[大射儀07 : 經-175]

상사上射는 화살꽂이 통(楅)의 서쪽에서 동쪽을 향해 서고, 하사下射는 화살꽂이 통의 동쪽에서 서쪽을 향해 선다. 상사는 읍을 하고 화살꽂이 통의 앞으로 나아가, 앉아서 왼손으로 활을 남쪽으로 눕혀서 잡고 시위가 아래쪽으로 향하게 하여 오른손 손바닥을 위쪽을 향하게 펴서 활의 아래쪽을 따라 화살 한 개를 뽑아 왼손으로 활의 줌통(弣)과 함께 잡고,[2] 일어서서 오른손으로 화살의 깃털을 쓰다듬어내려 고르게 하고, 또 몸은 왼쪽으로 도는데 완전히 돌지 않고, 얼굴을 동쪽으로 돌려 읍을 한다.
上射東面, 下射西面. 上射揖進, 坐橫弓, 卻手自弓下取一个, 兼諸弣, 興, 順羽, 且左還, 毋周, 反面揖.

정현주 '횡궁橫弓'은 남쪽으로 활을 눕히는 것이다. '오른손 손바닥을 위쪽으로 향하게 펴서 활의 아래쪽을 따라 화살을 뽑는다'(卻手自弓下取矢)는 것은 왼손을 활의 바깥에 놓고 오른손을 활 속으로 넣어 화살을 뽑는 것으로, 편리함을 따른 것이다. '겸兼'은 병並이다. 화살을 활의 줌통과 함께 잡고, 화살 깃털을 고르게 하여야 하며 조금 있다가 또 시위를 잡아야 한다. '순우順羽'는 손을 펴서 아래로 내려 화살 깃털이 정리되지 않는 것을 대비하는 것이다. '좌환左還'은 그 위치를 반대로 돌리는 것이다. '완전히 돌지 않는다'(毋周)는 것은 오른쪽으로 돌아 동쪽으로 되돌리는 것이다. 군주가 조계에 있는데, 완전히 돌면 하사가 군주를 등지게 된다. 고문본에 '且'가 '阻'로 되어 있다. '橫弓'者, 南踣弓也. '卻手自弓下取矢'者, 以左手在弓表, 右手從裏取之, 便也. '兼', 幷也. 幷矢於弣, 當順羽, 旣又當執弦. '順羽'者, 手放而下, 備不整理也. '左還', 反其位. '毋周', 右還而反東面也. 君在阼, 還周則下射將背之. 古文'且'爲'阻'.

[大射儀07 : 經—176]

하사下射는 화살꽂이 통 앞으로 나아가,[3] 앉아서 왼손으로 활을 남쪽으로 눕혀서 잡고, 오른손 손바닥을 아래로 향하게 하여 활의 위쪽으로 손을 뻗어 화살 한 개를 뽑아, 왼손으로 화살과 활의 줌통(弣)을 함께 잡고, 일어서서 오른손으로 화살의 깃털을 쓰다듬어내려 고르게 하고, 또 몸은 왼쪽으로 도는데[4] 완전히 돌지 않고, 얼굴을 동쪽으로 돌려 읍을 한다.

下射進, 坐橫弓, 覆手自弓上取一个, 兼諸弣, 興, 順羽, 且左還, 毋周, 反面揖.

정현주 '횡궁橫弓'은 역시 남쪽으로 활을 눕히는 것이다. 사람이 동서로 향하고 있으면, 남북이 '횡橫'이 된다. '오른손 손바닥을 아래로 향하게 하여 활의 위쪽으로 손을 뻗어 화살 한 개를 뽑는다'(覆手自弓上取矢)는 것은 왼손을 활 아래에 두고 오른손을 활의 위로 뻗어 화살을 뽑는 것으로 편리함을 취한 것이다. '橫弓', 亦南踣弓也. 人東西鄉, 以南北爲'橫'. '覆手自弓上取矢', 以左手在弓裏, 右手從表取之, 便也.

[大射儀07 : 經-177]

상사上射와 하사下射는 교대로 화살을 취하고 화살을 가지런히 정돈한다.

既拾取矢, 梱之.

정현주 '곤梱'은 가지런히 하는 것이다. 고문본에 '梱'은 '魁'로 되어 있다. '梱', 齊等之也. 古文'梱'作'魁'.

[大射儀07 : 經-178]

오른손으로 네 개의 화살을 아울러 잡고, 모두 안쪽으로 돌아 남쪽을 향하여 읍을 한다.

兼挾乘矢, 皆內還, 南面揖.

정현주 '내환內還'[5]은 상사는 왼쪽으로 돌고, 하사는 오른쪽으로 돌아,

모두가 오른쪽으로 돌지는 않는데, 역시 군주가 조계에 있으므로 하사가 예전처럼 왼쪽으로 돌면 군주를 등지게 되는 것을 혐의한 것이다. 상사는 양陽을 내內로 삼고, 하사는 음陰을 내로 삼으니, 그 마땅함에 따르는 것이 가하다. '內還'者, 上射左, 下射右, 不皆右還, 亦以君在阼, 嫌下射故左還而背之也. 上以陽爲內, 下以陰爲內, 因其宜可也.

[大射儀07 : 經-179]

상사와 하사는 화살꽂이 통의 남쪽으로 가서, 모두 왼쪽으로 돌아 북쪽을 향하여 읍을 하고, 화살 세 개를 허리띠에 꽂고 한 개를 시위에 메운다.

適楅南, 皆左還, 北面揖, 搢三挾一个.

정현주 '화살꽂이 통의 남쪽'(楅南)은 화살꽂이 통을 마주하는 곳을 향하는 위치이다. '楅南', 鄕當楅之位也.

[大射儀07 : 經-180]

다시 읍을 하고, 우耦와 더불어 왼쪽으로 돌아 남쪽을 향한 후에 꺾어서 동쪽으로 가는데, 상사上射는 왼쪽에서 걷는다.

揖, 以耦左還, 上射於左.

정현주 '이以'는 함께(與)의 뜻과 같다. '이以'를 말한 것은 우耦의 일이 여기서 이루어지는 것으로 서로가 다른 사람의 짝이 되었다는 뜻이다. 상사가 돌아서서 왼쪽에 있는 것은 본래 위치로 돌아가기에 편하고자 함이다. 상사는 조금 북쪽으로 가서[6] 동쪽을 향한다. '以'猶與也. 言'以'者, 耦之事成於此, 意相人耦也. 上射轉居左, 便其反位也. 上射少北, 乃東面.

[大射儀07 : 經-181]

동쪽을 향하여 물러나는 상우上耦와 서쪽을 향하여 나아가는 차우次耦는 서로 왼쪽으로 교차하여 지나가는데, 교차할 때 서로 읍을 한다. 상우는 문 밖의 옷 갈아입는 곳으로 물러나 활과 화살을 풀고, 활깍지(決)와 활팔찌(拾)를 벗고, 걷어 올린 소매를 다시 내리고(襲), 본래 위치로 돌아간다. 남은 이우二耦[7]는 모두 교대로 화살을 취하는데, 또한 상우와 똑같은 방식으로 한다. 후자後者[8]는 드디어 사사司射가 활쏘기를 가르치던 화살을 취하고, 네 개의 화살을 아울러 취하여 문 밖의 옷 갈아입는 곳에서 유사有司에게 준다. 모두 걷어 올린 소매를 다시 내리고(襲), 본래 위치로 돌아간다.

退者與進者相左, 相揖. 退, 釋弓矢于次, 說決·拾, 襲, 反位. 二耦拾取矢, 亦如之. 後者遂取誘射之矢, 兼乘矢而取之, 以授有司于次中. 皆襲, 反位.

정현주 '유사有司'는 활쏘기에 필요한 기물(射器)을 받아들이는데, 계속 머물며 활쏘기에 필요한 기물을 주고받는 것을 주관한다. '有司'納射器, 因留, 主授受之.

주

1_ '당복'은 ~ 동서이다 : 楅의 정남쪽에 동서 선상에서 남북과 수직이 되는 곳에 있는 것을 말한다.

2_ 왼손으로 활의 ~ 잡고 : 오른손으로 뽑은 화살을 왼손바닥에 놓고 왼손으로 화살과 활의 줌통(손잡이 부분)을 함께 움켜잡는 것을 말한다.

3_ 하사가 ~ 나아가 : 下射도 또한 서쪽을 향하여 읍을 하고 화살꽂이 통의 앞으로 나아가는 것이다.

4_ 몸은 왼쪽으로 도는데 : 서쪽을 향하는 것이다.

5_ 내환 : 정현은 陰陽으로 內를 설명한다. 한편 양천우는 堂이 북쪽에 있으므로 북쪽을 內로 여기는 것이라고 하였다. 양천우, 『의례역주』, 193쪽 참조.

6_ 조금 북쪽으로 가서 : 상사가 조금 북쪽으로 간 것은 하사의 좌측에서 함께 동쪽으로 나가기 위함이다.

7_ 남은 이우 : 上耦가 이미 물러가고 남아 있는 次耦와 下耦를 말한다.

8_ 후자 : 가장 마지막 사람, 즉 下耦의 下射를 말한다.

(淸), 『흠정의례의소』

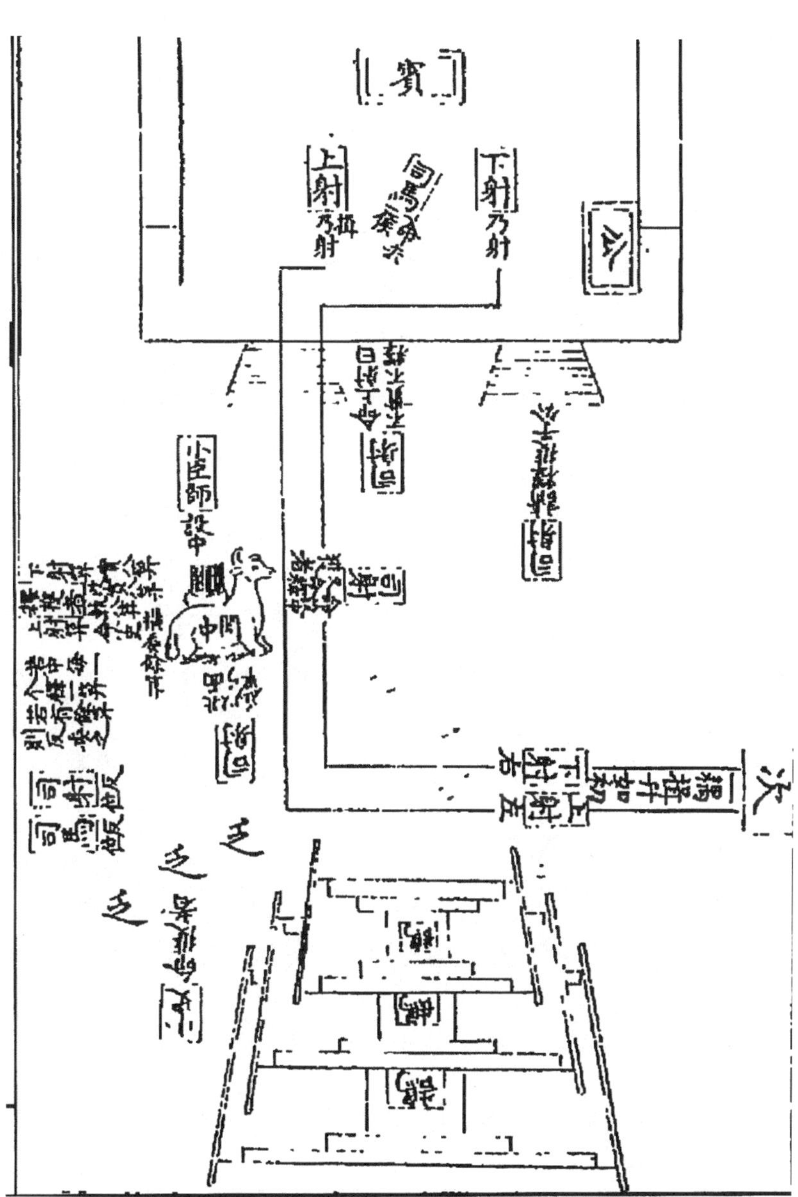

經-182에서 經-191까지는 삼우三耦가 두 번째로 활을 쏘는 절차이다.

[大射儀07 : 經-182]

사사司射는 활을 쏘도록 명하는데, 처음과 동일한 절차로 한다. 일우一耦[1]가 읍을 하고 당 위로 올라가 활쏘기를 시작하는데 처음과 동일한 절차로 한다. 사마司馬[2]는 부후자負侯者에게 과녁에서 벗어나라고 명하고, 부후자는 허락을 하는데 처음과 동일한 절차로 한다. 사마는 서쪽 계단을 통해 당에서 내려와 문 밖의 옷 갈아입는 곳으로 가서 활을 풀고 본래 위치로 돌아간다. 사사는 여전히 오른손에 화살 한 개를 시위에 메우고, 종아리채(扑)를 허리띠에서 빼어 놓고, 사마司馬와 서쪽 계단 앞에서 교차하여 조계 아래로 가서 북쪽을 향하여 군주에게 산가지를 땅에 내려놓고 명중시킨 화살의 수를 계산할 것(釋獲)[3]을 청한다.

司射作射如初. 一耦揖升如初. 司馬命去侯, 負侯許諾如初. 司馬降, 釋弓, 反位. 司射猶挾一个, 去扑, 與司馬交于階前, 適阼階下, 北面請釋獲于公.

정현주 '유猶'는 옛 것을 지킨다(守故)는 말로서, 여기서 '유猶'를 말한 것은 사사가 이미 활쏘기를 가르쳤는데, 항상 활을 들고 화살을 가지고 활쏘기의 일을 관장하니, 여전히 알지 못하는 자를 대비하여 가르쳐야 하기 때문이다. 지금 삼우가 활쏘기를 마쳐서 나머지 사람들이 활쏘기를 알기에 족하지만, 여전히 활과 화살을 들고 있는 것은 군자는 기필하지 않기 때문이다. '猶', 守故之辭, 於此言之者, 司射既誘射, 恒執弓挾矢以掌射事, 備尚未知, 當教之也. 今三耦卒射, 衆足以知之矣, 猶挾之者, 君子不必也.

[大射儀07 : 經－183]

군주는 허락한다. 사사司射는 서쪽 계단 아래로 되돌아가 종아리채를 허리띠에 꽂고, 드디어 석획자釋獲者(명중시킨 화살의 수를 계산하는 사람)에게 산가지통(中)을 설치할 것을 명하고, 산가지통을 설치할 곳의 남쪽에서 활을 지휘봉(畢)으로 삼아 북쪽을 향하여 산가지통을 설치할 곳을 가리킨다.

公許. 反, 搢扑, 遂命釋獲者設中, 以弓爲畢, 北面.

정현주 '북쪽을 향한다'(北面)는 것은 산가지통(中)을 설치할 곳의 남쪽에 서는 것으로, 마땅히 산가지통을 설치하는 것을 살펴야 하기 때문이다. 「향사례」에 "산가지통(中)을 진설하는데, 남쪽으로 화살꽂이 통(楅)과 마주하고 서쪽으로 당 위 서쪽 벽(西序)과 마주하는 곳에 놓는다"[4]라고 하였다. '北面', 立于所設中之南, 當視之也. 「鄉射禮」曰, "設中, 南當楅, 西當西序."

[大射儀07 : 經－184]

태사大史가 석획釋獲을 담당한다. 소신사小臣師는 산가지통을 들고서 산가지통의 머리를 앞으로 하여, 앉아서 그것을 설치하는데 산가지통이 동쪽으로 향하도록 설치하고, 동당東堂 아래로 물러난다. 태사가 여덟 개의 산가지(筭)를 산가지통에 채워 넣고, 그 나머지 산가지는 산가지통의 서쪽에 눕혀 놓고, 일어서서 손을 맞잡고 명을 기다린다.
大史釋獲. 小臣師執中, 先首, 坐設之, 東面, 退. 大史實八筭于中, 橫委其餘于中西, 興, 共而俟.

정현주 '선先'은 전前의 뜻이다. 태사에게 명하면 소신사가 산가지통을 설치하는데, 국군國君에게는 관리가 많기 때문이다. 소신사는 물러나 동당 아래의 본래 위치로 돌아간다. 「향사례」에 "그 나머지는 산가지통의 서쪽에 가로 방향으로 놓아두는데, 산가지의 끝부분이 남쪽을 향하도록 하여 놓는다"[5]라고 하였다. '先'猶前也. 命大史而小臣師設之, 國君官多也. 小臣師退, 反東堂下位. 「鄉射禮」曰, "橫委其餘于中西, 南末."

[大射儀07 : 經-185]

사사司射는 서쪽을 향하여[6] 태사에게 "화살이 과녁을 맞혔으나 과녁의 유維나 강綱 부분을 통과하거나, 화살이 다른 물건을 맞히고 나서 과녁을 맞혔거나(揚觸), 화살이 과녁을 맞혔으나 튕겨 나간 경우(梱復), 공公은 명중한 것으로 계산하고(釋獲), 나머지 무리는 명중한 것으로 계산하지 말라"고 명한다.

司射西面命曰, "中離維綱, 揚觸, 梱復, 公則釋獲, 衆則不與."

정현주 '리離'는 통과하다(過), 지나다(獵)의 뜻과 같다. 과녁에는 위쪽 줄(上綱)과 아래쪽 줄(下綱)이 있는데, 궁躬과 설舌(과녁의 상하 부분 양 끝)의 각角을 비스듬히 만든 것이 '유維'이다. 어떤 이는 '유維'가 '연絹'이 되어야 한다고 한다. 연絹은 강綱이다. '양촉揚觸'은 화살이 다른 물체를 맞히고서 날아가 과녁을 맞힌 것이다. '곤복梱復'은 화살이 과녁에 이르렀으나 꽂히지 않고 튕겨 나간 것이다. '복復'은 되돌아오다(復反)이다. '공公은 명중한 것으로 계산한다'(釋獲)는 것은 군주를 우대하는 것이다. 올바른 것은 정곡正鵠에 명중하여 붙어 있어야 한다. 고문본에 '梱'이 '魁'로 되어 있다. '離'猶過也, 獵也. 侯有上下綱, 其邪制躬舌之角者爲'維'. 或曰'維'當爲'絹'. 絹, 綱耳. '揚觸'者, 謂矢中他物, 揚而觸侯也. '梱復', 謂矢至侯, 不著而還. '復', 復反也. '公則釋獲', 優君也. 正當中鵠而著. 古文'梱'作'魁'.

[大射儀07 : 經-186]

"오직 공公이 명중시킨 것은 삼후三侯[7]를 명중시키더라도 모두 명중시킨 화살의 수로 계산하라"[8]고 명한다.

"唯公所中, 中三侯皆獲."

정현주 하나의 과녁에라도 명중시켰으면 명중시킨 화살의 수로 계산한다. 値中一侯則釋獲.

[大射儀07 : 經-187]

석획자[9]는 사사司射의 명을 소사小史에게 명하고, 소사는 획자에게 명한다.

釋獲者命小史, 小史命獲者.

정현주 전하여 복불服不에게 고하여, 이것이 사사가 명한 것임을 알게 한다. 傳告服不, 使知此司射所命.

[大射儀07 : 經-188]

사사는 드디어 나아가서, 당 아래를 경유하여 북쪽을 향하고 상사上射를 보고 "화살이 과녁을 꿰뚫지 못하면 명중시킨 화살의 수로 계산(釋獲)하지 않습니다"라고 명한다. 상사는 읍을 한다. 사사는 물러나 본래 위치로 돌아간다.

司射遂進, 由堂下北面視上射, 命曰, "不貫不釋." 上射揖. 司射退, 反位.

정현주 '관貫'은 명중(中)의 뜻이다. 활을 쏘아 정곡正鵠에 명중하지 않으면, 산가지(筭)를 계산하지 않는다. 고문본에 '貫'은 '關'으로 되어 있다. 貫猶中也. 射不中鵠, 不釋筭. 古文'貫'作'關'.

[大射儀07 : 經-189]

석획자는 산가지통(中)의 서쪽에 앉아서 산가지통 속에서 여덟 개의 산가지(筭)를 취하고,[10] 별도의 여덟 개의 산가지를 산가지통에 채워 넣고, 일어나서 산가지를 들고 계산할 것을 기다린다.

釋獲者坐取中之八筭, 改實八筭, 興, 執而俟.

정현주 산가지통(中)에서 취한 산가지(筭)를 들고 있는 것이다. 執所取筭.

[大射儀07 : 經-190]

이어서 활쏘기가 시작된다. 만약 명중하면 석획자는 화살 한 개마다 산가지 한 개를 산가지통 옆에 놓아 셈을 하는데, 상사上射는 산가지통의 오른쪽에 놓고 하사下射는 왼쪽에 놓는다. 만약 남은 산가지가 있으면 산가지통의 서쪽에 되돌려 놓아둔다.

乃射. 若中, 則釋獲者每一个釋一筭, 上射於右, 下射於左. 若有餘筭, 則反委之.

정현주 남은 산가지를 되돌려 놓아두는 것은 예는 달리함(異)을 귀하게 여기기 때문이다. 委餘筭, 禮貴異.

[大射儀07 : 經-191]

다시 석획자는 산가지통 속에서 여덟 개의 산가지를 취하고, 별도의 여덟 개의 산가지를 산가지통에 채워 넣고, 일어나서, 산가지를 들고 계산할 것을 기다린다.

又取中之八筭, 改實八筭于中, 興, 執而俟.

주

1_ 일우 : 一耦는 上耦와 같다.

2_ 사마 : 司馬正이다. 아래도 같다.

3_ 산가지를 땅에 ~ 계산할 것 : 화살이 과녁에 명중한 것을 獲이라고 하는데, 獲이 많고 적음을 산가지로 계산하는 일을 釋獲이라 하고, 그 일을 담당한 자를 釋獲者라고 한다.

4_ 산가지통을 진설하는데 ~ 놓는다 : [향사례05 : 經一188] 참조.

5_ 그 나머지는 ~ 놓는다 : [향사례05 : 經一188] 참조.

6_ 사사가 서쪽을 향하여 : 司射가 中의 동쪽에서 서쪽을 향하여 명하는 것이다.

7_ 삼후 : 大侯, 參侯, 干侯를 말한다.

8_ 삼후를 명중시키더라도 ~ 계산하라 : 군주 자신의 侯인 大侯 외에 參侯나 干侯를 명중시키더라도 명중한 것으로 계산한다는 것이다.

9_ 석획자 : 대사가 담당한다.

10_ 여덟 개의 산가지를 취하고 : 여덟 개의 산가지를 가지고 있는 것은, 상사와 하사가 각각 네 개의 화살을 발사하기 때문에 명중 여부를 계산하는 데 여덟 개의 산가지가 필요한 것이다.

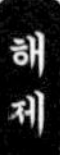

經-192에서 經-209까지는 군주와 빈이 짝을 이루어 활쏘기를 하는 절차이다.

[大射儀07 : 經-192]

삼우三耦가 활쏘기를 마친다. 빈이 당에서 내려와서, 서당西堂의 아래에서 활과 화살을 취한다.

三耦卒射. 賓降, 取弓矢于堂西.

정현주 감히 군주와 나란히 고하기를 기다리지 못하는 것이다. 빈은 활과 화살을 취하여 당 위로 올라가서 군주의 일이 끝나기를 기다린다. 不敢與君並俟告. 取之以升, 俟君事畢.

[大射儀07 : 經-193]

제공과 경은 당에서 내려와 문 밖의 옷 갈아입는 곳으로 가서, 삼우의 남쪽에 이어서 선다.

諸公·卿則適次, 繼三耦以南.

정현주 '계삼우繼三耦'라고 말한 것은 대부의 북쪽에 있음을 밝힌 것이다. 言'繼三耦', 明在大夫北.

[大射儀07 : 經-194]

군주가 장차 활을 쏘려고 하면, 사마사司馬師는 부후자負侯者에게 명하여, 모두 깃발을 들고 과녁을 등지고 기다리도록 한다.

公將射, 則司馬師命負侯, 皆執其旌以負其侯而俟.

<u>정현주</u> 군주는 존귀하기 때문에 처음 시작하듯이 하는 것이다. 君尊, 若始焉.

[大射儀07 : 經-195]

사마사는 본래 위치로 돌아간다. 예복인隸僕人이 과녁과 활 쏘는 사람 사이의 길(侯道)을 청소한다.

司馬師反位. 隸僕人埽侯道.

<u>정현주</u> 새롭게 하는 것이다. 新之.

[大射儀07 : 經-196]

사사司射는 서쪽 계단의 서쪽에서 종아리채(扑)를 허리띠에서 빼놓고, 조계 아래로 가서 군주에게 활을 쏠 것을 고하면, 군주는 허락한다. 사사가 서쪽 계단 동쪽으로 가서 빈에게 활을 쏠 것을 고한다.

司射去扑, 適阼階下, 告射于公, 公許. 適西階東, 告于賓.

정현주 활을 쏘아야 한다고 고하는 것이다. 금문본에는 '阼階下'라고 되어 있고, '適'이 없다. 告當射也. 今文曰'阼階下', 無'適'.

[大射儀07 : 經-197]

사사司射는 드디어 종아리채를 허리띠에 꽂고 본래 위치로 돌아간다. 소사정小射正 한 명이 당 위 동쪽 모서리에 있는 흙 받침대(東坫) 위에서 군주의 활깍지(決)와 활팔찌(拾)를 취한다. 다른 한 명의 소사정은 군주의 활을 대사정大射正에게 주고 대사정은 활의 먼지를 털고, 모두 동당東堂에서 군주의 활쏘기를 기다린다.
遂搢扑, 反位. 小射正一人, 取公之決・拾于東坫上. 一小射正授弓・拂弓, 皆以俟于東堂.

정현주 '수궁授弓'은 마땅히 대사정에게 주는 것이다. '불궁拂弓'은 먼지를 터는 것이다. '授弓', 當授大射正. '拂弓', 去塵.

[大射儀07 : 經-198]

군주가 활을 쏘려고 하면, 빈은 당에서 내려와 서당西堂의 아래로 가서, 왼팔 소매를 벗어내고(袒), 오른손 엄지손가락에 활깍지(決)를 끼우고, 왼팔에 활팔찌(遂)를 착용한 후, 활을 잡고, 화살 세 개를 허리띠에 꽂고 화살 한 개를 시위에 메워 서쪽 계단을 통해 당 위로 올라가 왼쪽 사대(左物 : 下射가 밟는 사대)의 북쪽에서 먼저 기다리는데, 왼쪽 사대에서 화살대 하나의 거리만큼 떨어져 동쪽을 향하여 군주를 기다리며 선다.
公將射, 則賓降, 適堂西, 袒 · 決 · 遂, 執弓, 搢三挾一个, 升自西階, 先待于物北, 一笴, 東面立.

정현주 감히 군주와 나란히 하지 못하는 것이다. '가笴'는 화살대(矢幹)이다. '동쪽을 향하여 선다'(東面立)는 것은 군주를 향하는 것이다. 不敢與君併. '笴', 矢幹. '東面立', 鄉君也.

[大射儀07 : 經-199]

사마司馬는 당 위로 올라가 오른쪽 사대와 왼쪽 사대 사이에 서서 획자獲者에게 과녁으로부터 벗어날 것을 명하는데 처음과 동일한 절차로 하고, 군주의 오른쪽을 돌아 곧 당에서 내려와 문 밖의 옷 갈아입는 곳으로 가서 활을 풀고 본래 위치로 돌아간다.
司馬升, 命去侯如初, 還右, 乃降, 釋弓, 反位.

정현주 '환우還右'는 군주의 오른쪽으로 돌아오는 것이니, 하사의 남쪽에서 나와 그의 뒤를 돌아오는 것과 같다. 금문본에는 '右還'이라고 하였다. '還右', 還君之右也, 猶出下射之南, 還其後也. 今文曰'右還'.

[大射儀07 : 經—200]

군주가 왼쪽 사대로 나아가면, 소사정小射正은 활깍지(決)와 활팔찌(拾)를 넣은 네모진 갈대광주리(笥)[1]를 받들고, 대사정大射正은 활을 들고 모두 왼쪽 사대로 군주를 따라간다.

公就物, 小射正奉決·拾以笥, 大射正執弓, 皆以從於物.

정현주 '사笥'(갈대광주리)는 갈대로 만든 그릇이다. 대사정은 사정司正[2]을 시키지 않고 친히 그 직무를 행한다. '笥', 萑葦器. 大射正舍司正, 親其職.

[大射儀07 : 經—201]

소사정小射正은 앉아서 사대(物)의 남쪽에 네모진 갈대광주리(笥)를 놓고, 드디어 활깍지(決), 활팔찌(遂), 가죽골무(極)를 꺼내 수건으로 닦고, 활깍지를 들고 일어서서 군주가 활깍지를 착용하는 것을 돕고, 군주가 세 개의 손가락에 붉은 가죽골무를 착용하는 것을 돕는다.

小射正坐奠笥于物南, 遂拂以巾, 取決, 興, 贊設決, 朱極三.

정현주 '극極'(가죽골무)은 튕기다(放)의 뜻인데, 손가락을 감싸는 것으로, 시위를 놓는 데 이롭다. 붉은 가죽으로 만든다. '삼三'은 집게손가락(食指)·가운데손가락(將指)·약손가락(無名指)이다. 가죽골무(極)를 착용하지 않으면, 시위를 놓을 때 손가락에 시위가 맞붙게 되니, 화살을 많이 쏘게 되면 통증이 있게 된다. 새끼손가락(小指)은 짧기 때문에 가죽골무를 사용하지 않는다. 極猶放也, 所以韜指, 利放弦也. 以朱韋爲之. '三'者, 食指·將指·無名指. 無極,

放弦契於此指，多則痛．小指短，不用．

[大射儀07 : 經-202]

소신정小臣正은 군주가 왼팔의 겉옷을 벗어서 속옷을 드러내는 것(袒)을 돕는데, 군주는 왼팔의 겉옷 소매를 걷어서 붉은 색의 속옷이 드러나게 하는 것이다. 군주가 왼팔의 겉옷을 벗어서 속옷을 드러내는 것(袒)을 마친다. 소신정은 물러나 동당東堂에서 군주가 활쏘기 하는 것을 기다린다. 소사정 또한 앉아서 갈대광주리에서 활팔찌(拾)를 취하여 일어선다. 군주가 활팔찌를 착용하는 것을 돕고, 갈대광주리를 들고 물러나 갈대광주리를 당 위 동쪽 모서리에 있는 흙받침대(東坫) 위에 놓고, 본래 위치로 돌아간다.

小臣正贊袒，公袒朱襦．卒袒．小臣正退俟于東堂．小射正又坐取拾，興．贊設拾，以笥退奠于坫上，復位．

정현주 왼팔의 겉옷을 벗어서 속옷을 드러내는 것(袒)을 마친 다음 이어 활팔찌(拾)를 착용한다. '활팔찌'(拾)는 마땅히 속옷 위에 덧씌우는 것이다.

既袒乃設拾．'拾'，當以韝襦上．

[大射儀07 : 經-203]

대사정大射正은 활을 들고 옷소매로 활 좌우의 굽은 곳의 먼지를 터는데 안쪽은 두 번 털고 바깥쪽은 한 번 털어서 왼손으로 활의 줌통

(弣)을 잡고 오른손으로 활고자(簫)를 잡고 군주에게 활을 준다. 군주는 활을 받아서 친히 활을 굽혀 본다.
大射正執弓, 以袂順左右隈, 上再下壹, 左執弣, 右執簫, 以授公. 公親揉之.

정현주 '순順'은 털어내는 것이다. '외隈'는 활이 연못처럼 굽은 부분이다. '유揉'는 굽혀 보는 것으로, 그것의 안전과 위험을 살피는 것이다. 금문본에 '順'은 '循'으로 되어 있고, 고문본에 '揉'는 '紐'로 되어 있다. '順', 放之也. '隈', 弓淵也. '揉', 宛之, 觀其安危也. 今文'順'爲'循', 古文'揉'爲'紐'.

[大射儀07 : 經-204]
소신사小臣師는 화살이 자기 몸으로 향하게 하여 수건으로 먼지를 털어내서 군주에게 화살을 주면, 군주는 그것을 받아 화살 한 개를 발사하고 다시 화살 한 개를 받는다.
小臣師以巾內拂矢而授矢于公, 稍屬.

정현주 '화살을 자기 몸으로 향하게 하여 먼지를 털어낸다'(內拂)는 것은 먼지가 군주에게 미칠까 염려한 것이다. '초속稍屬'은 화살을 허리띠(帶)에 꽂지 않는 것이다.[3] '內拂', 恐塵及君也. '稍屬', 不搢矢.

[大射儀07 : 經-205]

대사정은 군주의 뒤에 서서, 화살이 날아간 것을 군주에게 고한다.
大射正立于公後, 以矢行告于公.

정현주 만약 화살이 명중하지 못하면, 군주로 하여금 마땅히 알게 하여 그 도수度數를 바꾸게 하는 것이다. 若不中, 使君當知而改其度.

[大射儀07 : 經-206]

화살이 낮게 날아 과녁에 미치지 못하고 떨어진 것을 '류留'라고 하고, 높이 날아 과녁을 지나친 것을 '양揚'이라 하고, 과녁의 왼쪽과 오른쪽으로 빗나간 것을 방方이라 한다.
下曰留, 上曰揚, 左右曰方.

정현주 '류留'는 과녁에 이르지 못한 것이다. '양揚'은 과녁을 지나쳐 버린 것이다. '방方'은 과녁 곁으로 빗나간 것이다. '留', 不至也. '揚', 過去也. '方', 出旁也.

[大射儀07 : 經-207]

군주는 화살을 한 개 발사를 할 때마다 매번 대사정은 활을 받아 다음 발사를 기다리는데, 군주는 번갈아 네 개의 화살을 발사한다.

公旣發，大射正受弓而俟，拾發以將乘矢.

정현주 군주가 하사下射인데도, 먼저 발사한 것은 존귀한 자를 머물러 있게 할 수 없기 때문이다. 公，下射也，而先發，不留尊也.

[大射儀07 : 經-208]

군주가 활쏘기를 마치면, 소신사小臣師는 수건을 가지고 물러나 본래 위치로 돌아간다. 대사정이 군주에게서 활을 받는다.
公卒射，小臣師以巾退，反位. 大射正受弓.

정현주 대사정은 군주에게 활을 받아서 동당東堂에서 유사에게 준다. 受弓以授有司於東堂.

[大射儀07 : 經-209]

소사정小射正은 갈대광주리를 가지고 활깍지와 활팔찌를 받아서 물러나 당 위 동쪽 모서리에 있는 흙 받침대 위에 놓고 본래 위치로 돌아간다. 대사정은 물러나 원래의 사정司正의 위치로 돌아간다. 소신정은 군주가 걷어 올린 소매를 다시 내리는 것(襲)을 돕는다. 군주가 본래 위치로 돌아간 후에, 빈은 당에서 내려와 서당西堂의 아래에서 활을 풀고 서쪽 계단의 서쪽에 있는 본래 위치로 되돌아가서 동쪽을 향한다.

小射正以笥受決·拾, 退奠于坫上, 復位. 大射正退, 反司正之位. 小臣正贊襲. 公還而后賓降, 釋弓于堂西, 反位于階西, 東面.

정현주 '서쪽 계단의 서쪽에서 동쪽을 향한다'(階西東面)는 것은 빈이 본래 위치로 내려온 것이다. '階西東面', 賓降位.

주

1_ 네모진 갈대광주리 : 갈대로 만든 그릇인데, 군주의 決과 拾 등을 넣어 둔다.

2_ 사정 : 鄕飮酒禮 등에서 손님과 주인 사이의 예를 바르게 되도록 돕는 사람으로 庭長이라고도 부른다. 고정된 담당관은 없고, 주인이 相(예의 집행을 돕는 사람) 가운데 한 사람을 임명한다. 『삼례사전』, 263~4쪽, '司正' 항목 참조.

3_ 화살을 허리띠에 ~ 것이다 : 군주 외에는 누구든지 네 개의 화살 중에 세 개를 帶에 꽂고 한 개를 시위에 메워 활쏘기를 한다.

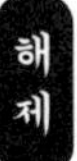

經-210에서 經-211까지는 공 · 경 · 대부와 중우衆耦가 모두 활쏘기를 하는 절차이다.

[大射儀07 : 經-210]

군주가 자리(席)로 나아가면, 사정司正은 군주의 명으로 빈에게 당 위로 올라올 것을 청한다. 빈이 당 위로 올라와 연(筵)으로 복귀한 뒤에 경 · 대부가 이어서 활을 쏜다. 제공과 경은 문 밖의 옷 갈아입는 곳에서 활과 화살을 취하여, 왼팔 소매를 벗어내고(袒), 오른손 엄지손가락에 활깍지(決)를 끼우고, 왼팔에 활팔찌(遂)를 착용한 후, 활을 들고, 화살 세 개를 허리띠에 꽂고 화살 한 개를 시위에 메워 옷 갈아입는 곳을 나가서 서쪽을 향해 읍하는데 읍하기를 마치 삼우三耦와 똑같이 하고, 당 위로 올라가서 활을 쏜다. 활 쏘는 것을 마치면 내려오기를 삼우와 똑같이 한다. 문 밖의 옷 갈아입는 곳으로 가서 활을 풀고 활깍지와 활팔찌를 벗고, 걷어 올린 소매를 다시 내리고(襲), 본래 위치로 돌아간다. 대부 이하의 무리들이 모두 이어서 활쏘기를 하고 명중한 산가지를 계산하는데(釋獲) 모두 처음과 동일한 절차로 한다.

公卽席, 司正以命升賓. 賓升復筵, 而后卿大夫繼射. 諸公卿取弓矢于次中, 袒 · 決 · 遂, 執弓, 搢三挾一个, 出, 西面揖, 揖如三耦, 升射. 卒射, 降如三耦. 適次, 釋弓, 說決 · 拾, 襲, 反位. 衆皆繼射, 釋獲皆如初.

정현주 제공과 경에 대해서는 '활과 화살을 취한다'(取弓矢)고 말하고, 대부 이하의 무리에 대해서는 '명중한 산가지를 계산한다'(釋獲)고 말한 것은 호언互言이다. 諸公卿言'取弓矢', 衆言'釋獲', 互言也.

[大射儀07 : 經-211]

중우衆耦가 활쏘기를 마치면, 석획자釋獲者가 남은 산가지(獲)를 가지고 조계 아래로 가서 북쪽을 향하여 군주에게 "좌우左右가 활쏘기를 마쳤습니다"라고 고한다.

卒射, 釋獲者遂以所執餘獲適阼階下, 北面告于公, 曰, "左右卒射."

정현주 사사가 고하지 않는 것은 석획자가 이때 일이 남아 있어서 마땅히 그 일을 마쳐야 하기 때문이다. '여획餘獲'은 남은 산가지이다. 남은 산가지가 없으면 들고 갈 필요가 없다. 고문본에는 '餘筭'으로 되어 있다. 司射不告者, 釋獲者於是有事, 宜終之也. '餘獲', 餘筭也. 無餘筭則無所執. 古文曰'餘筭'.

주

1_좌우 : 上射와 下射를 말한다.

經-212에서 經-215까지는 활쏘기를 마치고 화살을 수습하는 절차이다.

[大射儀07 : 經-212]

석획자釋獲者는 본래 위치로 돌아가 앉아서 산가지통의 서쪽에 남은 산가지를 두고 일어서서 손을 맞잡고 산가지를 계산하기를 기다린다. 사마司馬[1]는 왼팔의 겉옷을 벗어서 속옷을 드러내고(袒) 활을 들고 당 위로 올라가서 부후자負侯者와 소신小臣에게 화살을 취할 것을 명하는데 처음과 동일한 절차로 한다. 부후자는 큰 소리로 허락을 하고 깃발을 들고 과녁을 등지고 서기를 처음과 동일한 절차로 한다. 사마司馬는 당에서 내려와 문 밖의 옷 갈아입는 곳으로 가서 활을 푸는데 처음과 동일한 절차로 한다. 소신은 화살꽂이 통에 화살을 두는데 처음과 동일한 절차로 한다.

反位, 坐委餘獲于中西, 興, 共而俟. 司馬袒執弓, 升, 命取矢如初. 負侯許諾, 以旌負侯如初. 司馬降, 釋弓如初. 小臣委矢于楅, 如初.

정현주 '사마司馬'는 사마정인데, 이때 사마사도 앉아서 화살을 넷씩 세어 놓는다. '司馬', 司馬正, 於是司馬師亦坐乘矢.

[大射儀07 : 經-213]

빈과 제공 · 경 · 대부의 화살은 모두 띠 풀(茅)로 구별하여 묶는다.[2] 화살 묶는 것을 마치면, 사마정司馬正은 앉아서 화살꽂이 통의 왼쪽과 오른쪽에 있는 화살을 매만지며 개수를 살피고 화살 묶음을 화살꽂이 통 위에 놓고 본래 위치로 돌아간다.

賓 · 諸公 · 卿 · 大夫之矢皆異束之以茅. 卒, 正坐, 左右撫之, 進束, 反位.

정현주 대부의 화살을 달리 묶는 것은 대부를 높여 다르게 묶은 것이다. '정正'은 사마정이다. '진進'은 앞에 바친다는 뜻이다. 다시 '속束'을 말한 것은 정돈하여 묶는 것인데, 직접 함을 보이는 것이다. 異束大夫矢, 尊殊之也. '正', 司馬正也. '進', 前也. 又言束, 整結之, 示親也.

[大射儀07 : 經-214]

빈의 화살은 소신小臣이 서당西堂 아래에서 시인矢人에게 준다.

賓之矢, 則以授矢人于西堂下.

정현주 여기서 말한 '시인矢人'은 활쏘기에 필요한 기물을 출납하는 유사이니, 각기 그 기물의 명칭으로 관직의 이름을 삼은 것이다. 군주의 화살을 말하지 않았으니, 소신이 동당東堂 아래에서 시인에게 주었음을 알 수 있다. 是言'矢人', 則納射器之有司, 各以其器名官職. 不言君矢, 小臣以授矢人于東堂下可知.

[大射儀07 : 經—215]

사마司馬는 문 밖의 옷 갈아입는 곳으로 가서 활을 풀고 본래 위치로 돌아간 뒤에, 경·대부는 당 위로 올라가 자리(席)로 나아간다.
司馬釋弓, 反位, 而後卿·大夫升就席.

정현주 여기서 '그들이 당 위로 올라간다'(其升)고 말한 것은 그 이전에 소신이 화살꽂이 통에 화살을 두었기 때문이다. 此言'其升', 前小臣委矢於楅.

주

1_사마 : 司馬正을 말한다.

2_구별하여 묶는다 : 구별하여 묶는다는 것은 한 사람별로 한 묶음씩 만드는 것이다.

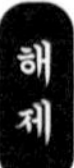

經−216에서 經−229까지는 좌우의 명중한 화살 수를 세어 많고 적음을 계산하는 절차이다.

[大射儀07 : 經−216]

사사司射는 서쪽 계단의 서쪽으로 가서 활을 풀고 종아리채를 허리띠에서 뽑아 놓고, 걷어 올린 소매를 다시 내리고(襲), 산가지통의 동쪽을 경유하여 앞으로 나아가 산가지통의 남쪽에서 북쪽을 향해 서서 석획자가 산가지를 계산하는 것을 살펴본다.

司射適階西, 釋弓, 去扑, 襲, 進由中東, 立于中南, 北面視筭.

정현주 '활을 풀고 종아리채를 허리띠에서 뽑아 놓는다'(釋弓去扑)는 것은 활쏘기의 일이 끝난 것이다. '釋弓去扑', 射事已也.

[大射儀07 : 經−217]

석획자는 산가지통의 서쪽에서 동쪽을 향하여 앉아 먼저 오른쪽 산가지(獲)[1]을 센다.

釋獲者東面于中西坐, 先數右獲.

정현주 석획자는 본래 동쪽을 향하는데, 다시 그것을 말한 것은 조금 남쪽으로 가야만 오른쪽 산가지 쪽으로 갈 수 있기 때문이다. 固東面矣, 復言之者, 少南就右獲.

[大射儀07 : 經-218]

산가지(筭) 두 개를 한 쌍(純)으로 셈한다.

二筭爲純.

정현주 '순純'은 완전하다는 뜻으로, 음과 양을 짝맞춘(耦) 것이다. '純'猶全也, 耦陰陽也.

[大射儀07 : 經-219]

오른손으로 한 쌍(一純)씩 취하여 세면서 왼손에 한 쌍씩 놓는다. 열 쌍이 되면 동서 방향(從)으로 오른편 산가지의 남쪽에 놓는다.

一純以取, 實于左手. 十純則縮而委之.

정현주 '축縮'은 세로(從)이다. 세는 자에게 동서가 세로(從)가 된다. 고문본에 '縮'은 모두 '蹙'으로 되어 있다. '縮', 從也. 於數者東西爲從. 古文'縮'皆作'蹙'.

[大射儀07 : 經-220]

매 열 쌍마다 조금 남쪽으로 구별하여 놓아둔다.

每委異之.

정현주 쉽게 개수를 비교할 수 있게 하기 위해서이다. 易校數.

[大射儀07 : 經-221]

남은 쌍이 있으면 아래에[2] 가로(橫)로 놓는다.

有餘純, 則橫諸下.

정현주 또 다르게 하는 것으로, 가까운 곳부터가 '아래'가 된다. 又異之也, 自近爲'下'.

[大射儀07 : 經-222]

마지막으로 남은 하나의 산가지가 우수리(奇)가 되는데, 우수리(奇)이면 다시 쌍(純)의 아래에 세로(從)로 놓는다.

一筭爲奇, 奇則又縮諸純下.

정현주 다시 세로(從)로 놓는 것이다. 又從之.

[大射儀07 : 經-223]

오른쪽 산가지의 셈을 마친 후에 일어서서, 전에 있던 자리로부터 산가지통의 왼쪽으로 간다.[3]

興, 自前適左.

정현주 산가지통의 앞쪽을 따라 북쪽으로 가는데, 다시 시작하므로 일어서는 것이다. 從中前北也, 更端, 故起.

[大射儀07 : 經-224]

동쪽을 향하여 앉는다.

東面坐.

정현주 전보다 조금 북쪽이다. 少北於故.

[大射儀07 : 經-225]

앉아서 오른손으로 산가지를 거두어 모아 왼손에 채우고 한 쌍(一純)씩 놓는데, 열 쌍(十純)이 되면 다르게 놓는다.

坐, 兼斂筭, 實于左手, 一純以委, 十則異之.

정현주 오른쪽 산가지를 셈하는 것에서 변형된 것이다. 變於右也.

[大射儀07 : 經-226]

그 나머지는 오른쪽 산가지(獲)를 셈하는 것과 같이 한다.

其餘如右獲.

정현주 세로(從)로 놓고 가로(橫)로 놓는 것을 말한다. 謂所縮所橫者.

[大射儀07 : 經-227]

사사는 본래 위치로 돌아가고, 석획자는 드디어 앞으로 나가 이긴 편의 산가지(賢獲)를 취하여 들고 조계 아래에서 북쪽을 향하여 군주에게 고한다.

司射復位, 釋獲者遂進取賢獲執之, 由阼階下北面告于公.

정현주 '현획賢獲'은 이긴 편의 산가지이다. '든다'(執之)는 것은 같은 것은 두고 그 나머지를 취하는 것이다. '賢獲', 勝黨之筭也. '執之'者, 齊而取其餘.

[大射儀07 : 經-228]

만약 오른편이 이겼으면 "오른편이 왼편보다 현명합니다"라고 하고, 만약 왼편이 이겼으면 "왼편이 오른편보다 현명합니다"라고 하면서 쌍(純)의 개수를 보고한다. 만약 우수리(奇)가 있으면 또한 우수리를 보고한다.

若右勝, 則曰, "右賢於左", 若左勝, 則曰, "左賢於右", 以純數告. 若有奇者, 亦曰奇.

정현주 보고하여 말하기를 "아무개(某)가 아무개(某)보다 몇 쌍(若干純)과 몇 우수리(若干奇) 현명합니다"고 한다. 告曰, "某賢於某若干純・若干奇."

[大射儀07 : 經-229]

만약 왼편과 오른편이 얻은 산가지의 개수가 같으면, 왼손과 오른손에 각기 하나의 산가지를 들고 "왼편과 오른편이 얻은 산가지가 같습니다"라고 보고하고, 본래 위치로 돌아가 앉아서 산가지를 걷어 모아 여덟 개의 산가지를 산가지통에 채우고 그 나머지는 산가지통의 서쪽에 놓고 일어서서 두 손을 맞잡고 명을 기다린다.

若左右鈞, 則左右各執一筭以告, 曰, "左右鈞", 還復位, 坐, 兼斂筭, 實八筭于中, 委其餘于中西, 興, 共而俟.

주

1_오른쪽 산가지 : 上射의 獲이다.

2_아래에 : 열 쌍(十純)을 놓아 둔 곳의 아래라는 뜻이다.

3_왼쪽으로 간다 : 왼쪽의 산가지를 계산하기 위해서이다. 왼쪽의 산가지는 下射의 산가지이다.

음불승飮不勝

(淸), 『흠정의례의소』

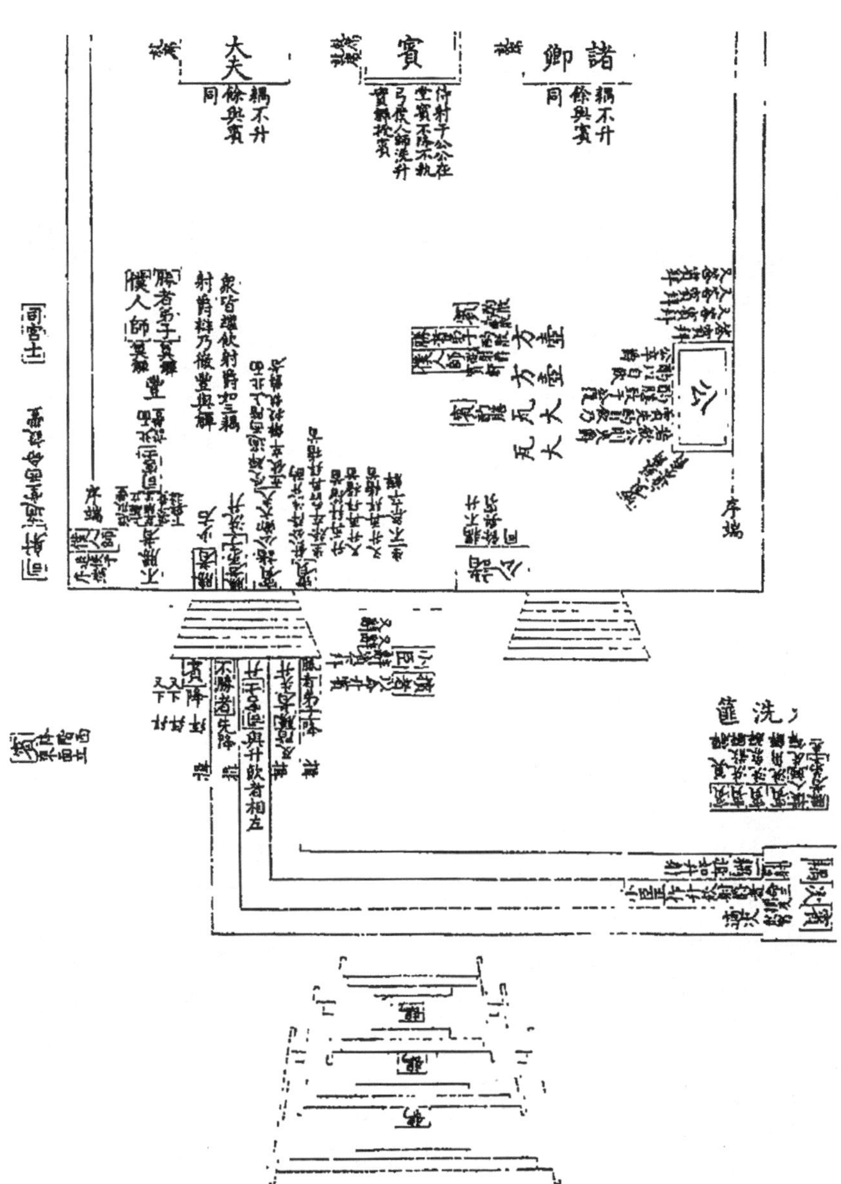

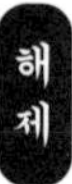
經-230에서 經-247까지는 이기지 못한 사람들에게 술을 먹이는 절차이다.

[大射儀07 : 經-230]

사사司射는 사궁사司宮士에게 술잔 받침대(豐)[1]를 진설할 것을 명한다.

司射命設豐.

정현주 이기지 못한 자에게 벌주(射爵)[2]를 마시게 해야 하기 때문이다.

當飮不勝者射爵.

[大射儀07 : 經-231]

사궁사司宮士가 술잔 받침대(豐)를 받들고 서쪽 계단을 통해 당 위로 올라가 북쪽을 향하여 앉아 서쪽 기둥(西楹)의 서쪽에 술잔 받침대를 진설하고, 당에서 내려와 본래 위치로 돌아간다. 이긴 자의 제자弟子가 잔(觶)을 씻어서 당 위로 올라가 신하의 술동이(散尊)의 술을 잔에 떠 담고 남쪽을 향하여 앉아 술잔 받침대 위에 잔을 놓고 당에서 내려와 본래 위치로 돌아간다.

司宮士奉豐, 由西階升, 北面坐設于西楹西, 降復位. 勝者之弟子洗觶, 升酌散, 南面坐奠于豐上, 降反位.

정현주 '제자弟子'는 젊은 사람이다. 술잔을 주고받지 않는 것은 사작射爵은 벌작罰爵이므로 예를 줄인 것이다. '弟子', 其少者也. 不授者, 射爵猶罰爵, 略之.

[大射儀07 : 經-232]

사사司射는 드디어 왼팔의 겉옷을 벗어서 속옷을 드러내고(袒) 활을 들고, 화살 한 개를 시위에 메우고 종아리채를 허리띠에 꽂고 삼우三耦의 서쪽에서 동쪽을 향하여 삼우와 중사衆射에게 "이긴 자는 모두 왼팔 소매를 벗어내고(袒), 오른손 엄지손가락에 활깍지(決)를 끼우고, 왼팔에 활팔찌(遂)를 착용한 후, 활시위를 메운 활(張弓)을 들어라"고 명한다.

司射遂袒執弓, 挾一个, 搢扑, 東面于三耦之西, 命三耦及衆射者, "勝者皆袒·決·遂, 執張弓."

정현주 '활시위를 메운 활을 든다'(執張弓)는 것은 그것이 능히 사용할 수 있는 것임을 말한 것이다. 오른손은 엄지손가락을 시위에 건다. '執張弓', 言能用之也. 右手挾弦.

[大射儀07 : 經-233]

"이기지 못한 자는 모두 걷어 올린 소매를 다시 내리고(襲), 활깍지와 활팔찌를 벗고, 왼손을 펴서 오른손으로 활시위를 풀어놓은 활(弛弓)을 왼손 위에 올려놓고, 두 손으로 활의 줌통(弣)을 잡아라"라고 명한다.

"不勝者皆襲, 說決·拾, 卻左手, 右加弛弓於其上, 遂以執弣."

정현주 본래 걷어 올린 소매를 다시 내리면(襲), 활깍지와 활팔찌를 벗는 것인데, 거듭 말한 것은 이긴 자를 흥기시키는 것이다. 이기지 못한 자는 활시위를 풀어놓은 활을 드는데, 사용할 수 없는 것임을 말한 것이다. 두 손으로 활의 줌통(弣)을 잡으니, 화살을 시위에 메우지 않은 것이다. 固襲說決·拾矣, 復言之者, 起勝者也. 不勝者執弛弓, 言不能用之也. 兩手執弣, 無所挾也.

[大射儀07 : 經-234]

사사司射가 먼저 본래 위치로 돌아간다.

司射先反位.

정현주 앞에 있으면서 문 밖의 옷 갈아입는 곳으로 들어갔다가 나와서 벌주를 마시게 하라는 명을 하기까지 기다린 것이다. 居前, 俟所命入次而來飮.

[大射儀07 : 經-235]

삼우三耦 및 중사자衆射者가 모두 당 위로 올라가 서쪽 계단 위쪽에서 벌주(射爵)를 마신다.

三耦及衆射者皆升, 飮射爵于西階上.

정현주 이기지 못한 편은 마시지 않는 자가 없다. 不勝之黨無不飮.

[大射儀07 : 經-236]

소사정小射正은 이긴 자가 이기지 못한 자로 하여금 당 위로 올라가 벌주(射爵)를 마시게 시키는데, 활쏘기 때와 동일한 절차로 한다. 일우一耦[3]가 옷 갈아입는 곳을 나가서 읍을 하기를 당 위로 올라가는데 활쏘기를 할 때와 동일한 절차로 한다. 계단에 이르면 이긴 자가 먼저 당 위로 올라가는데, 당 위로 올라가 약간 오른쪽에 선다.

小射正作升飮射爵者, 如作射. 一耦出, 揖如升射. 及階, 勝者先升, 升堂少右.

정현주 '이긴 자가 먼저 당 위로 올라간다'(先升)는 것은 덕행을 갖춘 자(賢者)[4]를 높이는 것이다. '약간 오른쪽에 선다'(少右)는 것은 벌주를 마시는 자를 피하고 또한 인하여 서로 마시는 예처럼 하는 것이다. '先升', 尊賢也. '少右', 辟飮者, 亦因相飮之禮然.

[大射儀07 : 經-237]

이기지 못한 자는 당 위로 올라가 앞으로 나아가 북쪽을 향하여 앉아서 술잔 받침대 위의 잔(觶)을 들고 일어서서 약간 물러나 선 채로 잔을 비우고 앞으로 나아가 앉아서 술잔 받침대 아래에 잔을 놓고 일어서서 읍을 한다.

不勝者進, 北面坐取豐上之觶, 興, 少退, 立卒觶, 進, 坐奠于豐下, 興, 揖.

정현주 '선 채로 잔을 비우고'(立卒觶) 고수레 하지 않으며 배례를 하지 않으니, 벌주를 받으면 예를 갖추지 않는 것이다. 오른손으로 잔을 들고, 왼손으로 활을 잡는다. '立卒觶', 不祭, 不拜, 受罰不備禮也. 右手執觶, 左手執弓.

[大射儀07 : 經-238]

이기지 못한 자가 먼저 당에서 내려온다.

不勝者先降.

정현주 당 위로 늦게 올라가서 먼저 내려오는 것은 예를 간략히 한 것으로, 차서를 따르지 않은 것이다. 당에서 내려와 약간 오른쪽에 있다가 다시 나란히 간다. 後升先降, 略之, 不由次也. 降而少右, 復並行.

[大射儀07 : 經—239]

상우上耦는 당에서 내려온 뒤, 당 위로 올라가 벌주를 마시려는 차우次耦와 서로 왼쪽으로 가서 계단 앞에서 교차하는데 서로 읍을 하고, 문 밖의 옷 갈아입는 곳으로 가서 활을 풀고 걷어 올린 소매를 다시 내리고(襲), 본래 위치로 돌아간다. 복인사僕人師가 이어서 제자를 대신하여 벌주를 따르는데, 잔을 취하여 술을 채운 다음 술잔 받침대 위에 도로 올려놓고 물러나 당 위 서쪽 벽의 남쪽 끝에서 기다린다.

與升飮者相左, 交于階前, 相揖, 適次, 釋弓, 襲, 反位. 僕人師繼酌射爵, 取觶實之, 反奠于豐上, 退俟于序端.

정현주 복인사가 술을 따르는 것은 군주가 그로 하여금 제자弟子를 대신하게 한 것이다. 이 이하는 두루 술을 따른다. 僕人師酌者, 君使之代弟子也. 自此以下, 辯爲之酌.

[大射儀07 : 經—240]

차우次耦는 당 위로 올라가 벌주(射爵)를 마시는 것을 처음에 상우上耦가 했던 것과 동일한 절차로 하는데, 이와 같은 방식으로 삼우三耦가 벌주 마시기를 마친다. 만약 빈과 제공·경·대부가 이기지 못하였더라도 당에서 내려오지 않고 활을 잡지 않으나, 이들의 우耦가 되어서 이긴 편의 사士는 당 위로 올라가지 않는다.

升飮者如初, 三耦卒飮. 若賓・諸公・卿・大夫不勝, 則不降, 不執弓, 耦不升.

정현주 이곳에서의 '우耦'는 사士를 말한다. 제공・경이 혹 부족하여 사士가 그들의 우耦가 된 경우에 사士는 당 위로 올라가지 않는다. 제공・경・대부가 서로 우耦가 된 경우 자리(席)에서 내려오지 않는 것은 존귀한 자를 부끄럽게 하는 것을 무겁게 여긴 것이다. 此'耦'謂士也. 諸公卿或闕, 士爲之耦者, 不升. 其諸公卿大夫相爲耦者不降席, 重恥尊也.

[大射儀07 : 經-241]

복인사僕人師는 잔을 씻어서 당 위로 올라가 잔에 술을 채워 주며, 빈과 제공・경・대부는 자리(席)에서 잔을 받고, 자리에서 내려와 서쪽 계단 위쪽으로 가서 북쪽을 향하여 서서 마시는데, 잔을 비우면 집작자執爵者[5]에게 주고, 되돌아 자리로 나아간다.

僕人師洗, 升實觶以授, 賓・諸公・卿・大夫受觶于席, 以降, 適西階上, 北面立飮, 卒觶, 授執爵者, 反就席.

정현주 비록 존귀하더라도 역시 서쪽 계단의 위쪽에서 서서 마시는데, 자신의 존귀함으로 정당한 벌을 억누르지 못하는 것이다. 잔을 주는데 술잔 받침대 위에 놓지 않는 것은 대부를 존중하는 것이다. 雖尊亦西階上立飮, 不可以己尊枉正罰也. 授爵而不奠豐, 尊大夫也.

[大射儀07 : 經-242]

만약 군주에게 벌주를 마시게 할 경우에는 시사자侍射者[6]인 빈이 당에서 내려와 술잔(角觶)을 씻어 당 위로 올라가 신하의 술동이(散尊)에서 술을 떠서 잔을 채운 후에 당에서 내려와 배례를 한다.

若飮公, 則侍射者降, 洗角觶, 升酌散, 降拜.

정현주 '모시고 활을 쏘는 자'(侍射)는 빈인데, 군주에게 벌주를 마시게 할 경우 감히 벌로 간주하지 못하기 때문에 술잔(爵)을 올릴 때의 예를 따른다. '侍射', 賓也, 飮君則不敢以爲罰, 從致爵之禮也.

[大射儀07 : 經-243]

군주가 한 계단을 내려오려 하면[7] 소신정小臣正이 군주를 대신하여 빈의 배례에 대하여 사양하며, 빈은 당 위로 올라가 머리를 바닥에 대면서 재배를 하고, 군주는 재배로 답례한다. 빈은 서쪽 계단 위쪽에 앉아서 고수레를 하고 술잔(爵)을 비우고 머리를 바닥에 대면서 재배를 한다. 군주는 재배로 답례한다. 빈은 당에서 내려와 군주의 술잔(象觶)을 씻어 당 위로 올라가서 군주의 술동이(膳尊)에서 술을 떠서 군주의 자리(席) 앞으로 보내고 당을 내려가서 배례하면, 소신정은 빈의 배례에 대해 사양하고, 빈은 당 위로 올라가서 머리를 바닥에 대면서 재배를 한다. 군주는 재배로 답례한다. 군주가 술잔을 비우면, 빈은 나아가 빈 술잔을 받아 당에서 내려와 별도로 술잔(散

觶) 하나를 씻어 당 위로 올라가서 신하의 술동이(散尊)에서 술을 떠서 채우고 당에서 내려와 배례를 하려고 하는데, 소신정이 빈의 배례에 대해 사양하면, 빈은 당 위로 올라가서 머리를 바닥에 대면서 재배를 한다. 군주는 재배로 답례한다.

公降一等, 小臣正辭, 賓升, 再拜稽首, 公答再拜. 賓坐祭, 卒爵, 再拜稽首. 公答再拜. 賓降, 洗象觶, 升酌膳以致, 下拜, 小臣正辭, 升, 再拜稽首. 公答再拜. 公卒觶, 賓進受觶, 降洗散觶, 升實散, 下拜, 小臣正辭, 升, 再拜稽首. 公答再拜.

정현주 빈이 반복하여 술을 떠서 스스로 마시는 것은 협작夾爵[8]이다. 다만 술잔을 올리는 것은 연례와 다름이 없다. 협작은 또한 군주를 부끄럽게 하는 것이다. 이른바 '만약 군주에게 마시도록 하는 경우'는 연례의 경우에는 협작이다. 賓復酌自飮者, 夾爵也. 但如致爵, 則無以異於燕也. 夾爵, 亦所以恥公也. 所謂'若飮君', 燕則夾爵.

[大射儀07 : 經-244]

빈은 서쪽 계단 위쪽에 앉아서 고수레를 하지 않고 술잔을 비운 후, 당에서 내려와 대광주리에 빈 술잔을 놓고 서쪽 계단의 서쪽에서 동쪽을 향하여 선다.

賓坐, 不祭, 卒觶, 降奠于篚, 階西東面立.

정현주 '고수레를 하지 않는다'(不祭)는 것은 벌주(射爵)를 상징한다.

'不祭', 象射爵.

[大射儀07 : 經-245]

빈자擯者가 군주의 명으로 빈에게 당 위로 오르도록 청하면, 빈은 당 위로 올라가서 자리(席)로 나아간다.

擯者以命升賓, 賓升就席.

정현주 '빈자擯者'는 사정司正이다. 금문본에는 '席'이 '筵'으로 되어 있다. '擯者', 司正也. 今文'席'爲'筵'.

[大射儀07 : 經-246]

만약 제공·경·대부의 짝이 이기지 못했으면, 역시 활시위를 풀어 놓은 활을 들고, 홀로 당 위로 올라가서 벌주를 마신다.

若諸公·卿·大夫之耦不勝, 則亦執弛弓, 特升飮.

정현주 이곳의 '짝'(耦) 또한 사士를 말한다. '특特'은 독獨과 같다. 존귀한 자가 비천한 자와 더불어 우耦가 되었는데, 또 이기지 못하면 홀로 마시도록 하니, 만약 같은 서열의 짝이 없으면 외롭고 천하게 된다. 此'耦'亦謂士也. '特'猶獨也. 以尊與卑爲耦, 而又不勝, 使之獨飮, 若無倫匹, 孤賤也.

[大射儀07 : 經-247]

중우衆耦 가운데 이기지 못한 자는 모두 이어서 벌주(射爵)를 마시는데, 삼우三耦와 같은 방식으로 한다. 이기지 못한 자가 두루 벌주를 마신 후에, 술잔 받침대와 술잔(觶)을 치운다.

衆皆繼飮射爵, 如三耦. 射爵辯, 乃徹豐與觶.

정현주 '철徹'은 치운다(除)는 뜻이다. '徹', 除也.

주

1_ 술잔 받침대 : 술동이나 술잔을 받치는 그릇으로 형태는 豆와 같은데 높이가 낮다. 『주례』의 정현 주에 의하면 '豆'는 나무로 만드는데 용량이 4升이며, 입은 둥글고 직경 1척 2촌으로 덮개가 있다.

2_ 벌주 : 활쏘기에 이기지 못한 자에게 주는 罰酒를 射爵이라고 한다.

3_ 일우 : 上耦이다.

4_ 덕행을 갖춘 자 : 여기서는 勝者를 가리킨다.

5_ 집작자 : 『의례』「燕禮」에 "선비들 가운데 膳爵을 담당하는 자를 두고 散爵을 담당하는 자를 둔다"(士也, 有執膳爵者, 有執散爵者)라고 하였다. 곧 술잔을 담당하는 士는 膳爵을 담당하는 士와 散爵을 담당하는 士를 뜻한다.

6_ 시사자 : 군주를 모시고 활을 쏜 자로 곧 賓이다.

7_ 군주가 한 계단을 내려오려 하면 : 빈에게 예를 행하려고 하는 것이다.

8_ 협작 : 가공언에 의하면 '夾爵'은 군주에게 벌주를 마시게 할 때 賓이 먼저 마시고, 군주가 마신 후에는 또 빈이 스스로 마시는 것이라고 하였다.('夾爵'者, 將飮君, 先自飮, 及君飮訖, 又自飮爲'夾爵') 『의례주소』, 339쪽 참조.

헌복불獻服不

(淸),『흠정의례의소』

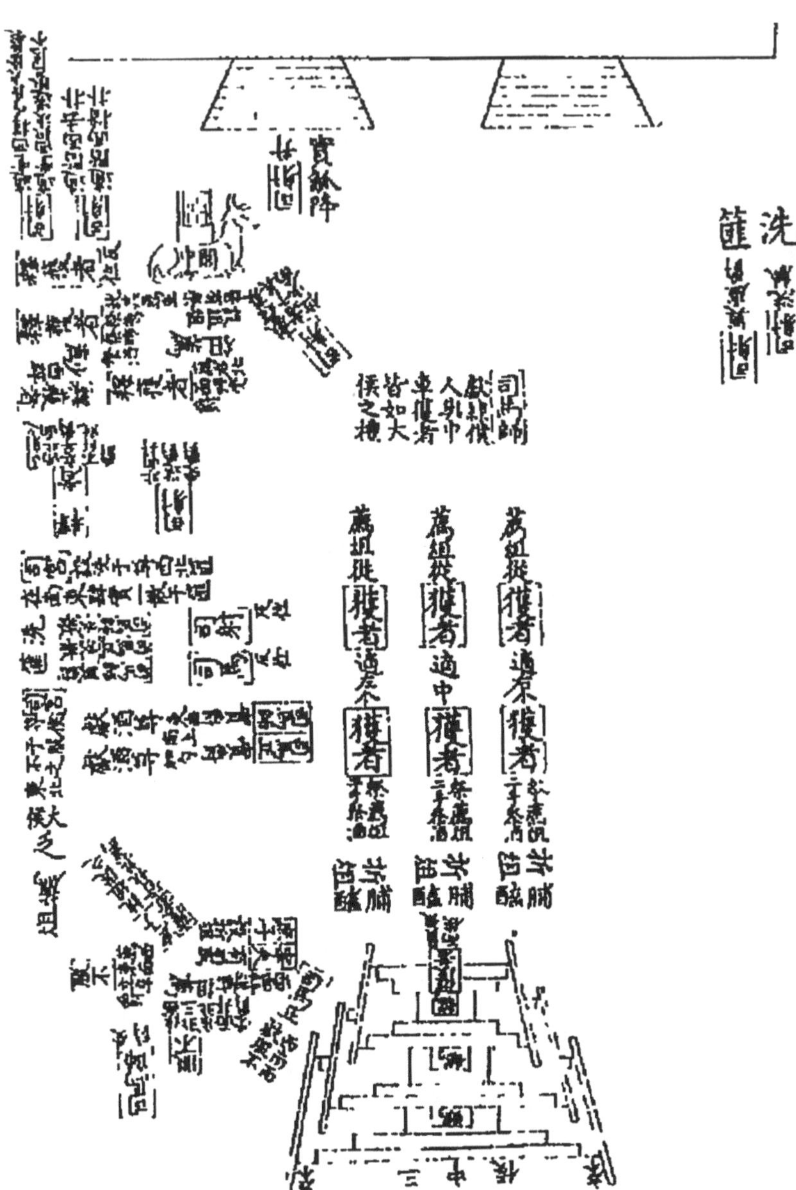

經-248에서 經-260까지는 획자獲者 즉 명중한 화살수를 알려 주는 사람에게 술을 권하는 절차이다.

[大射儀07 : 經-248]

사궁司宮은 복불服不이 있는 화살막이(乏)의 동북쪽에 대후大侯의 획자獲者를 위해 술동이(尊)를 진설하는데, 두 술동이(壺)의 술은 획자와 건거巾車, 복인僕人, 양인量人에게 헌獻의 예를 행하기 위함이며, 술동이는 동쪽을 향하되 남쪽을 윗자리로 삼고 모두 술 국자(勺)를 올려놓으며, 술동이의 서북쪽에 물받이 항아리(洗)를 설치하고, 대광주리(篚)는 물받이 항아리(洗)의 남쪽에 두고 동쪽으로 늘어놓으며, 대광주리에 하나의 술잔(散)을 담아 놓는다.

司宮尊侯于服不之東北, 兩獻酒, 東面, 南上, 皆加勺, 設洗于尊西北, 篚在南, 東肆, 實一散于篚.

정현주 대후의 획자를 위해 술동이(尊)를 설치한 것이다. '과녁에게 술동이를 진설한다'(尊侯)라고 말한 것은 획자의 공功이 과녁에 말미암기 때문이다. 처음에 진설하지 않는 것은 감히 군주의 활쏘기를 기필할 수 없기 때문이다. 군주가 활을 쏘지 않으면 대후의 획자에게 술을 올리는 헌獻의 예를 행하지 않는다. '산散'은 술잔의 이름으로 5승이 들어간다. 爲大侯獲者設尊也. 言'尊侯'者, 獲者之功由侯也. 不於初設之者, 不敢必君射也. 君不射, 則不獻大侯之獲者. '散', 爵名, 容五升.

[大射儀07 : 經—249]

사마정司馬正은 술잔(散)을 씻고, 드디어 술잔에 술을 채워 복불에게 바친다.

司馬正洗散, 遂實爵, 獻服不.

정현주 '복불服不'을 말한 것은 그 관직을 드러내어 대후大侯를 높인 것이다. 복불은 사마司馬에 속한 관직으로, 맹수를 기르고 훈련시키는 것을 관장한다. 술잔을 씻을 때와 술을 뜰 때 모두 서쪽을 향한다. 言'服不'者, 著其官, 尊大侯也. 服不, 司馬之屬, 掌養猛獸而敎擾之者. 洗酌皆西面.

[大射儀07 : 經—250]

복불은 대후의 서북쪽 3보 되는 곳에서 북쪽을 향하여 배례를 하고 술잔(散爵)을 받는다.

服不侯西北三步, 北面拜受爵.

정현주 술잔(散爵)을 바치는 곳에 가까이 가는 것이다. 近其所爲獻.

[大射儀07 : 經—251]

사마정은 술을 올려 헌獻의 예를 행한 후, 서쪽을 향하여 배례하고 술잔(爵)을 보내고, 본래 위치로 돌아간다.

司馬正西面拜送爵，反位.

정현주　술잔(爵)을 비우는 것을 기다리지 않는 것은 천한 자에게 예를 줄인 것이다. 여기서 말을 마친 것은 복불의 무리에게 술을 올려 헌獻의 예를 행하고 곧 본래 위치로 돌아간다는 것이다. 不俟卒爵，略賤也. 此終言之，獻服不之徒乃反位.

[大射儀07 : 經-252]

재부유사宰夫有司는 복불에게 말린 고기(脯)와 고기젓갈(醢)을 올리고, 서자庶子는 복불을 위해 희생고기의 뼈를 잘라서 올려놓은 희생제기(折俎)를 진설한다.

宰夫有司薦，庶子設折俎.

정현주　'재부유사宰夫有司'는 재부의 속리이다. 「향사례」의 기記에 "획자獲者의 희생제기(俎) 위에는 등뼈(脊)·갈비뼈(脅)·먹기 위한 허파(離肺)를 잘라서 올린다"[1]라고 하였다. '宰夫有司'，宰夫之吏也. 「鄕射」記曰，"獲者之俎，折脊·脅·肺."

[大射儀07 : 經-253]

말린 고기, 고기젓갈, 희생고기의 뼈를 잘라서 올려놓은 희생제기

(折俎)를 놓는 것이 끝나면, 획자는 대후의 우개右个(과녁의 오른쪽 부분)로 가고, 재부유사와 서자는 말린 고기, 고기젓갈, 희생고기의 뼈를 잘라서 올려놓은 희생제기를 가지고 따라가 우개右个 앞에 놓는다.
卒錯, 獲者適右个, 薦俎從之.

정현주 '복불服不'을 말하지 않고 '획자獲者'를 말한 것은 국군國君의 대후는 복불이 과녁을 등지기 때문이다. 그 무리들은 화살막이에 있으면서 획자를 기다리는데, 그 글을 변형시켜 두 사람을 포함시킨 것이다. 사마정이 그들 모두에게 술을 올려 헌獻의 예를 행한다. 말린 고기, 고기젓갈, 희생고기의 뼈를 잘라서 올려놓은 희생제기(折俎)가 이미 놓이면, 획자는 곧 우개로 가는데, 여기서 자신에게 바쳐진 것을 이미 과녁에게 공功을 돌렸음을 밝힌 것이다. 우개로 가는데 과녁의 안쪽을 경유한다. 「향사례」의 기記에 "과녁의 동쪽(오른쪽)을 우개라고 한다"[2]라고 하였다. 不言'服不', 言'獲者', 國君大侯, 服不負侯. 其徒居乏待獲, 變其文, 容二人也. 司馬正皆獻之. 薦俎已錯, 乃適右个, 明此獻已, 已歸功於侯也. 適右个由侯內. 「鄉射」記曰, "東方謂之右个."

[大射儀07 : 經-254]

획자는 왼손으로[3] 술잔(爵)을 잡고 오른손으로 말린 고기, 고기젓갈, 뼈를 잘라서 올려놓은 희생고기(折俎)로 고수레 하고, 두 손으로 술을 고수레 한다.

獲者右執爵，右祭薦俎，二手祭酒.

정현주 희생고기(俎)를 고수레 하는데 술잔(爵)을 놓지 않는 것은 예를 다 갖추지 않는 것이다. '두 손으로 술을 고수레 하는 것'(二手祭酒)은 획자가 희생고기의 뼈를 잘라서 올려놓은 희생제기(折俎)의 북쪽에서 남쪽을 향하고, 나무제기(豆)의 사이에서 과녁을 위해 고수레 해야 할 때를 당하여 술잔(爵)에서 되따라야 하므로 한 손을 바르게 할 수 없기 때문이다. 여기서 말린 고기, 고기젓갈, 희생고기의 뼈를 잘라서 올려놓은 희생제기의 진설은 북쪽을 향한 사람에게 하는 것과 같다. 과녁에 대한 천자의 축사에 "오직 영후寧侯와 같도록 하라. 혹시라도 너와 같은 불영후不寧侯가 되지 마라. 왕에게 귀속하지 않기 때문에 너를 세워 쏘는 것이니라. 먹고 마시게 하노니, 너의 증손 제후에게 백복을 주리라"[4]라고 한다. 제후 이하에 대한 축사는 듣지 못했다. 祭俎不奠爵，不備禮也. '二手祭酒'者，獲者南面於俎北，當爲侯祭於豆間，爵反注，爲一手不能正也. 此薦俎之設，如於北面人焉. 天子祝侯曰，"唯若寧侯. 無或若女不寧侯. 不屬於王所，故抗而射女. 强飮强食，貽女曾孫諸侯百福." 諸侯以下，祝辭未聞.

[大射儀07 : 經-255]

대후大侯의 좌개左个(과녁의 왼쪽 부분)로 가서 우개右个에서와 같이 고수레를 하고, 대후의 중앙(中)에게도 똑같이 한다.
適左个，祭如右个，中亦如之.

정현주 먼저 대후의 개个에게 고수레를 하고 나중에 대후의 중앙(中)

에게 하는 것은 바깥에서 임하여 안에 이르는 것이니, 마치 신神이 중앙에 있는 듯이 하는 것이다. 「향사례」에 "획자에게 술을 올려 헌의 예를 행할 때, 획자는 희생제기 위에 올려놓은 희생고기의 뼈와 말린 고기 · 고기젓갈로 모두 세 곳에 고수레 한다"[5]라고 하였다. 先祭个, 後中者, 以外卽之至中, 若神在中. 「鄕射禮」曰, "獻獲者, 俎與薦皆三祭."

[大射儀07 : 經-256]

복불服不은 고수레를 마치고, 좌개左个의 서북쪽 3보 되는 곳에서 동쪽을 향한다.

卒祭, 左个之西北三步, 東面.

정현주 이것은 헌獻을 받는 자리(位)를 향하는 것이다. 북쪽을 향하지 않는 것은 과녁을 위해 술잔(爵)을 비운다는 혐의 때문이다. 此鄕受獻之位也. 不北面者, 嫌爲侯卒爵.

[大射儀07 : 經-257]

재부유사宰夫有司와 서자庶子가 말린 고기, 고기젓갈, 희생고기의 뼈를 잘라서 올려놓은 희생제기(折俎)를 가지고 복불服不을 따라와 좌개左个의 서북쪽에 진설하면, 복불은 서서 술잔의 술을 다 마신다.

設薦俎, 立卒爵.

정현주 '술잔의 술을 다 마신 후 배례를 하지 않는다'(不拜既)고 말하지 않은 것은 사마정이 이미 본래 위치로 돌아갔으므로 배례하지 않은 것을 알 수 있기 때문이다. 「향사례」에 "획자는 말린 고기·고기젓갈의 오른쪽에서 동쪽을 향해 서서 술잔의 술을 마신다"[6]라고 하였다. 不言'不拜既爵', 司馬正已反位, 不拜可知也. 「鄉射禮」曰, "獲者薦右東面立飮."

[大射儀07 : 經-258]

사마사司馬師는 빈 술잔(爵)을 받아 씻은 다음 술을 떠서 예복인隸僕人과 건거巾車 및 획자獲者에게 술을 올려 헌의 예를 행하는데, 모두 대후의 예와 동일한 절차로 한다.

司馬師受虛爵, 洗, 獻隸僕人與巾車·獲者, 皆如大侯之禮.

정현주 예복인은 과녁과 활 쏘는 사람 사이의 길(侯道)을 청소하고, 건거는 대후를 펼치며,[7] 그리고 삼후·간후의 획자이다. 이들이 헌獻을 받는 예는 불복과 같다. 예복인과 건거는 복불의 자리에서 받는데, 공功이 대후에서 이루어졌기 때문이다. 양인量人을 말하지 않은 것은 뒤에서부터 앞까지 미침을 알 수 있기 때문이다.[8] 隸僕人, 埽侯道, 巾車, 張大侯及參侯·干侯之獲者. 其受獻之禮, 如服不也. 隸僕人·巾車, 於服不之位受之, 功成於大侯也. 不言量人者, 此自後以及先可知.

[大射儀07 : 經-259]

술을 올려 헌獻의 예를 행한 후, 사마사司馬師는 빈 술잔(爵)을 받아 대광주리에 놓는다.

卒, 司馬師受虛爵, 奠于篚.

정현주 획자獲者의 대광주리이다. 獲者之篚.

[大射儀07 : 經-260]

삼후三侯의 획자獲者는 모두 말린 고기와 고기젓갈을 들고, 서자庶子는 희생고기의 뼈를 잘라서 올려놓은 희생제기(折俎)를 들고 따라가서, 각자의 화살막이의 조금 남쪽에 진설한다.

獲者皆執其薦, 庶子執俎從之, 設于乏少南.

정현주 '조금 남쪽에 진설한다'(少南)는 것은 다시 활을 쏠 경우 깃발을 방해하기 때문이다. 예복인·건거·양인은 복불보다 남쪽에 있는다. '少南', 爲復射妨旌也. 隸僕人·巾車·量人, 自服不而南.

주

1_ 획자의 희생제기 ~ 올린다 : [향사례05 : 記—55] 참조.

2_ 과녁의 동쪽을 우개라고 한다 : [향사례05 : 記—54] 참조.

3_ 왼손으로 : 호배휘의 『의례정의』에는 '左'로 되어 있다. 이에 따라 번역한다.

4_ 오직 영후와 ~ 주리라 : 이 말은 『주례』 「동관 · 재인」에 나온다.

5_ 획자에게 ~ 고수례 한다 : [향사례05 : 經—229] 참조.

6_ 획자는 ~ 술을 마신다 : [향사례05 : 經—234] 참조.

7_ 건거는 대후를 펼치며 : 巾車는 大侯와 함께 參侯와 干侯까지 펼친다. 『의례주소』, 396쪽 참조.

8_ 뒤에서부터 앞까지 ~ 때문이다 : 量人이 포함되었다는 뜻이다.

經-261에서 經-265까지는 명중한 화살수를 계산하는 사람에게 술을 권하는 절차이다.

[大射儀07 : 經-261]

복불服不은 다시 과녁을 등지고 명을 기다린다. 사사司射는 서쪽 계단의 서쪽으로 가서 종아리채를 빼서 놓고, 서당西堂의 아래로 가서 활을 풀고 활깍지와 활팔찌를 벗고, 걷어 올린 소매를 다시 내리고(襲), 물받이 항아리로 가서 술잔(觚)을 씻어 당 위로 올라가 잔을 채우고, 다시 당에서 내려와 석획자釋獲者의 조금 남쪽에서 석획자에게 술을 올려 헌獻의 예를 행하고 조금 남쪽에 선다.

服不復負侯而俟. 司射適階西, 去扑, 適堂西, 釋弓, 說決·拾, 襲, 適洗, 洗觚, 升實之, 降, 獻釋獲者于其位, 少南.

정현주 석획자와 획자에게 술을 올려 헌獻의 예를 행하는 것이 다른 것은 문무文武가 같지 않기 때문이다. '종아리채를 빼서 놓는다'(去扑)는 것은 종아리채를 가진 채로 당 위에 올라가지 않는 것이다. '조금 남쪽'(少南)이라고 한 것은 과녁의 중앙(中)을 피한 것이다. 獻釋獲者與獲者異, 文武不同也. '去扑'者, 扑不升堂也. '少南', 辟中.

[大射儀07 : 經-262]

말린 고기, 고기젓갈, 희생고기의 뼈를 잘라서 올려놓은 희생제기(折俎)를 올리는데, 모두 고수레를 한다.[1]

薦脯醢 · 折俎, 皆有祭.

정현주 복불服不에게 희생고기의 뼈를 잘라서 올려놓은 희생제기를 올리는 것과 의절儀節이 같은데, 오직 고수레 하나만 다르다. 俎與服不同, 唯祭一爲異.

[大射儀07 : 經-263]

석획자釋獲者는 말린 고기와 고기젓갈의 오른쪽에서 동쪽을 향하여 배례하고 술잔(爵)을 받는다. 사사司射는 북쪽을 향하여 배례하고 술잔을 보낸다. 석획자는 말린 고기와 고기젓갈의 서쪽으로 가서 앉아 왼손으로 술잔을 들고 오른손으로 말린 고기와 고기젓갈을 고수레 하고, 일어나서 허파(肺)를 취하여 앉아서 고수레 하고, 드디어 술을 고수레 한다.

釋獲者薦右東面拜受爵. 司射北面拜送爵. 釋獲者就其薦坐, 左執爵, 右祭脯醢, 興, 取肺, 坐祭, 遂祭酒.

정현주 희생제기의 희생고기를 고수레 하는데[2] 술잔을 놓지 않는 것은 또한 천한 것은 예를 다 갖추지 않기 때문이다. 祭俎不奠爵, 亦賤不備禮.

[大射儀07 : 經—264]

석획자釋獲者는 일어나 사사司射의 서쪽에서 북쪽을 향하여 서서 술잔의 술을 다 마시는데, 술잔의 술을 다 마신 후 배례를 하지 않는다. 사사는 석획자의 빈 술잔을 받아 대광주리에 놓는다. 석획자는 말린 고기, 고기젓갈, 희생제기를 조금 서쪽으로 옮겨 놓고 본래 위치로 돌아간다.

興, 司射之西, 北面立卒爵, 不拜既爵. 司射受虛爵, 奠于篚. 釋獲者少西辟薦, 反位.

정현주 '말린 고기와 고기젓갈을 조금 서쪽으로 옮겨 놓는다'(辟薦少西之)는 것은 다시 활을 쏠 경우 석획자가 산가지 계산하는 것을 사사가 살펴보는 것에 방해가 되기 때문인데, 또한 희생제기도 옮겨 놓는다. '辟薦少西之'者, 爲復射妨司射視筭, 亦辟俎也.

[大射儀07 : 經—265]

사사司射는 서당西堂의 아래로 가서, 왼팔 소매를 벗어내고(袒), 오른손 엄지손가락에 활깍지를 끼우고, 왼팔에 활팔찌를 착용한 후, 활을 들고 한 개의 화살을 시위에 메운 다음, 서쪽 계단의 서쪽으로 가서 종아리채를 허리띠에 꽂고 본래 위치로 돌아간다.

司射適堂西, 袒·決·遂, 取弓, 挾一个, 適階西, 搢扑以反位.

정현주 장차 다시 활쏘기를 하기 위함이다. 爲將復射.

1_모두 고수레를 한다 : 脯醢는 脯를 고수레 하고, 折俎는 肺를 고수레 한다.

2_희생제기의 ~ 하는데 : 肺를 취하여 고수레 한 것을 가리킨다.

삼우습취시三耦拾取矢

(淸), 『흠정의례의소』

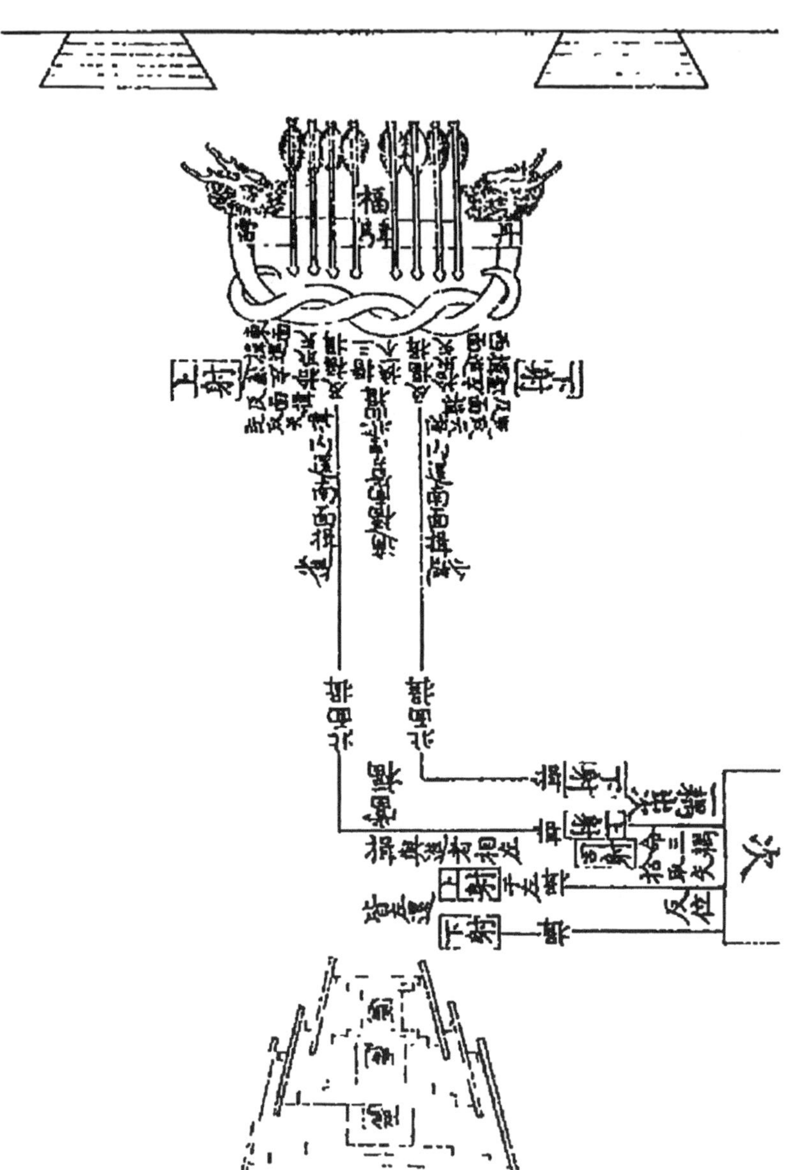

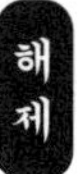

經-266에서 經-273까지는 활을 쏜 사람이 화살을 수습하는 절차이다.

[大射儀07 : 經-266]

사사司射는 종아리채를 서쪽 계단 서쪽에 세워 놓고, 조계 아래로 가서 북쪽을 향하여 군주에게 세 번째 활쏘기를 청하는데, 처음과 동일한 절차로 한다.

司射倚扑於階西, 適阼階下, 北面請射于公, 如初.

정현주 당 위로 올라가지 않는 것은 빈과 제공·경·대부가 이미 활을 쐈으므로, 들으면 알 수 있기 때문이다. 不升堂, 賓·諸公·卿·大夫旣射矣, 聞之可知.

[大射儀07 : 經-267]

군주가 동의한 뒤에 서쪽 계단의 서쪽으로 돌아와 종아리채를 허리띠에 꽂고 문 밖의 옷 갈아입는 곳으로 가서, 삼우三耦 모두에게 왼팔 소매를 벗어내고, 오른손 엄지손가락에 활깍지를 끼우고, 왼팔에 활팔찌를 착용한 후, 활을 들고 차례로 문 밖의 옷 갈아입는 곳을 나가 화살을 취할 것을 명한다.

反搢扑, 適次, 命三耦皆袒·決·遂, 執弓, 序出取矢.

정현주 저번에는 '교대로'(拾)라고 말하였는데, 이번에는 '차례로'(序)라고 말한 것은 호언互言이다. 曏言'拾', 是言'序', 互言耳.

[大射儀07 : 經-268]

사사司射는 먼저 본래 위치로 돌아간다.

司射先反位.

정현주 '먼저'(先)라고 말한 것은 삼우三耦보다 먼저라는 뜻이다. 사사가 삼우三耦에게 문 밖의 옷 갈아입는 곳으로 들어갈 일을 명한 후에 곧바로 본래 위치로 돌아간 것이다. 삼우가 옷 갈아입는 곳으로 들어가, 왼팔 소매를 벗어내고, 오른손 엄지손가락에 활깍지를 끼우고, 왼팔에 활팔찌를 착용한 후, 활을 들고 화살을 시위에 메우고, 곧 옷 갈아입는 곳을 나가 옷 갈아입는 곳 바깥의 서쪽을 향한 위치로 되돌아간다. 저번에는 사사가 먼저 본래 위치로 돌아간다는 것을 말하지 않고, 삼우에 차서의 위치가 있지 않았으니, 먼저 할 바가 없었다. 言先, 先三耦也. 司射旣命三耦以入次之事, 卽反位. 三耦入次, 袒・決・遂, 執弓挾矢, 乃出反次外西面位. 曏不言司射先反位, 三耦未有次位, 無所先也.

[大射儀07 : 經-269]

삼우三耦는 교대로 화살을 취하는데, 처음과 동일한 절차로 하고, 소사정小射正은 공・경・대부에게 화살을 취하게 하는데 처음과 동일한 절차로 한다.
三耦拾取矢如初, 小射正作取矢如初.

정현주 '소사정小射正'은 사사의 보좌로서, 화살을 취하게 하는데, 예를 줄여서 사사를 대신한 것이다. '小射正', 司射之佐, 作取矢, 禮殺, 代之.

[大射儀07 : 經-270]

삼우三耦가 이미 교대로 화살을 취하면, 제공 · 경 · 대부가 모두 당에서 내려와 처음에 있던 위치로 가서 자신의 짝과 더불어 옷 갈아입는 곳으로 들어가 모두 왼팔 소매를 벗어내고, 오른손 엄지손가락에 활깍지를 끼우고, 왼팔에 활팔찌를 착용한 후, 활을 들고 모두 화살꽂이 통을 마주하는 곳으로 나아가, 다시 화살꽂이 통 앞으로 나아가 앉아 묶어놓은 화살을 푼다. 상사上射는 화살꽂이 통의 서쪽에서 동쪽을 향하고, 하사下射는 화살꽂이 통의 동쪽에서 서쪽을 향하여 교대로 화살을 취하는 것을 삼우와 같게 한다.
三耦既拾取矢, 諸公 · 卿 · 大夫皆降, 如初位, 與耦入於次, 皆袒 · 決 · 遂, 執弓, 皆進當楅, 進坐, 說矢束. 上射東面, 下射西面, 拾取矢, 如三耦.

정현주 '모두 화살꽂이 통을 마주하는 곳으로 나아간다'(皆進當楅)는 것은 삼우가 읍을 하는 위치로 나아가는 것이다. 무릇 활쏘기를 이어서 할 경우에는 우耦에게 명할 뿐, 활쏘기를 지시하지 않고 화살을 취하도록 시키지 않으니, 처음에 한 것을 따라하면 되기 때문이다. '皆進當福', 進三耦揖之位也. 凡繼射, 命耦而已, 不作射, 不作取矢, 從初.

[大射儀07 : 經-271]

만약 사士가 대부와 더불어 짝이 되었다면, 사士는 화살꽂이 통의 서쪽에서 동쪽을 향하고, 대부는 화살꽂이 통의 동쪽에서 서쪽을 향한다. 대부는 앞으로 나아가서 앉아 묶어놓은 화살을 풀고 물러나 본래 위치로 돌아간다.

若士與大夫爲耦, 士東面, 大夫西面. 大夫進坐, 說矢束, 退反位.

정현주 '화살을 묶은 것을 푼다'는 것은 자신을 삼우三耦와 동등하게 대하는 것이니, 겸손함이다. '說矢束', 自同於三耦, 謙也.

[大射儀07 : 經-272]

짝은 동쪽을 향하여 읍을 하고 화살꽂이 통의 앞으로 나아가, 앉아서 화살 네 개를 아울러 취하고 일어나서 화살의 깃을 매만져 정돈한 다음, 또 왼쪽으로 도는데 완전히 돌지 않고, 몸을 돌려 상대를 향하여 읍을 한다.

耦揖進, 坐兼取乘矢, 興, 順羽, 且左還, 毋周, 反面揖.

정현주 '화살 네 개를 아울러 취한다'(兼取乘矢)는 것은 감히 대부와 더불어 교대로 취하지 못한 것이다. '兼取乘矢', 不敢與大夫拾.

[大射儀07 : 經-273]

대부는 화살꽂이 통 앞으로 나아가 앉아서 역시 네 개의 화살을 아울러 취하는데, 그의 짝과 같게 한다. 두 사람 모두 북쪽을 향하여 화살 세 개를 허리띠에 꽂고 한 개를 시위에 메워 읍을 하고 나아간다. 대부와 그의 짝은 모두 문 밖의 옷 갈아입는 곳으로 가서 활을 풀고 활깍지와 활팔찌를 벗고, 걷어 올린 소매를 다시 내리고, 본래 위치로 돌아간다. 제공·경은 당 위로 올라가서 자리(席)로 나아간다.

大夫進坐, 亦兼取乘矢, 如其耦. 北面搢三挾一个, 揖進. 大夫與其耦皆適次, 釋弓, 說決·拾, 襲, 反位. 諸公·卿升就席.

정현주 대부는 본래 위치로 돌아가는데, 제공과 경은 당 위로 올라가서 자리(席)로 나아가니, 대부와 자기는 지위에 상하가 있기 때문이다. 大夫反位, 諸公卿乃升就席, 大夫與己上下位.

經–274에서 經–278까지는 음악을 연주하여 활쏘기를 절주節奏하는 의절이다.

[大射儀07 : 經–274]

중사자衆射者[1]는 이어서 교대로 화살을 취하는데 모두 삼우三耦와 동일한 절차로 하고, 드디어 문 밖의 옷 갈아입는 곳으로 들어가 활과 화살을 풀고 활깍지와 활팔찌를 벗고, 걷어 올린 소매를 다시 내리고, 본래 위치로 돌아간다. 사사司射는 여전히 한 개의 화살을 시위에 메우고 활쏘기를 시키는데 처음과 동일한 절차로 한다. 일우一耦가 읍을 하고 당 위로 올라가는데 처음과 동일한 절차로 한다. 사마司馬는 당 위로 올라가 부후자負侯者에게 과녁으로부터 벗어날 것을 명하면, 부후자가 응답한다. 사마는 당에서 내려와 활을 풀고 본래 위치로 돌아간다. 사사는 사마와 서쪽 계단 앞에서 교차하고, 서쪽 계단 서쪽에 종아리채를 기대어 놓고 조계 아래로 가서 북쪽을 향하여 군주에게 음악을 연주시켜 활쏘기를 도울 것을 청하면, 군주는 허락한다.

衆射者繼拾取矢, 皆如三耦, 遂入于次, 釋弓矢, 說決·拾, 襲, 反位. 司射猶挾一个以作射, 如初. 一耦揖升如初. 司馬升, 命去侯, 負侯許諾. 司馬降, 釋弓反位. 司射與司馬交于階前, 倚扑于階西, 適阼階下, 北面請以樂于公, 公許.

정현주 주악奏樂으로써 활쏘기의 절도를 삼을 것을 청한 것이다. 처음 활을 쏠 때는 명중시킨 화살의 수를 산가지로 놓지만(獲), 산가지를 계산하지(釋獲) 않는데, 다시 산가지를 계산할 때는 다시 음악을 사용하여 행한다. 군자가 일에 임하여 처음에는 능력만을 취하고, 중간에는 공을 이루기를 부과하고, 끝에는 법法을 이루는 것으로써 함은 교화가 점진적으로 이루어지는 것이다. 활쏘기는 음악에 응하는 것으로 어려움을 삼는다. 공자는 "활 쏘는 사람은 어떻게 악절을 듣는 것일까? 악절에 따라서 활을 쏘고, 쏘아서 정곡을 놓치지 않는 사람은 오직 덕행을 갖춘 자(賢者)뿐이다"[2]라고 하였다. 請奏樂以爲節也. 始射, 獲而未釋獲, 復釋獲, 復用樂行之. 君子之於事也, 始取苟能, 中課有功, 終用成法, 教化之漸也. 射用應樂爲難. 孔子曰, "射者何以聽? 循聲而發, 發而不失正鵠者, 其唯賢者乎."

[大射儀07 : 經—275]

사사司射는 서쪽 계단의 서쪽으로 돌아와 종아리채를 허리띠에 꽂고, 동쪽을 향하여 악정樂正에게 "음악을 사용하라고 명하셨습니다"라고 명한다.

司射反, 搢扑, 東面命樂正曰, "命用樂."

정현주 군주가 음악을 이용하여 활쏘기를 하라는 명이 있었다는 말이다. 악정은 악공樂工의 남쪽에서 북쪽을 향한다. 言君有命用樂射也. 樂正在工南, 北面.

[大射儀07 : 經-276]

악정樂正은 "알았습니다"라고 말한다. 사사司射는 드디어 당 아래로 내려가 북쪽을 향하여 상사上射를 보고 "활을 쏠 때 음악의 절주節奏에 맞추지 않은 것은 명중시킨 것으로 계산하지 않습니다"라고 명한다.

樂正曰, "諾." 司射遂適堂下, 北面視上射, 命曰, "不鼓不釋."

정현주 음악의 절주와 서로 응하지 않으면 산가지(筭)를 셈하지 않는다. '북'(鼓)은 또한 음악의 절주이다. 『예기』「학기學記」에 "북은 오성五聲[3]의 어느 것에도 해당하지 않지만 오성은 북 장단이 없이는 조화가 되지 않는다"라고 하였다. 무릇 활쏘기에서 북 장단의 절주는 「투호投壺」에 그것이 남아 있다. 『주례』에서 사절射節은 "천자는 9절이고, 제후는 7절이며, 경대부 이하는 5절이다"[4]라고 하였다. 不與鼓節相應, 不釋筭也. '鼓'亦樂之節. 「學記」曰, "鼓無當於五聲, 五聲不得不和." 凡射之鼓節, 「投壺」其存者也. 『周禮』射節, "天子九, 諸侯七, 卿大夫以下五."

[大射儀07 : 經-277]

상사上射가 읍을 하면, 사사司射는 물러나 본래 위치로 돌아간다. 악정樂正은 태사大師에게 "「이수貍首」를 연주하되, 매 번 연주 시간의 장단을 일정하게 하시오"라고 명한다.

上射揖, 司射退反位. 樂正命大師, 曰, "奏「貍首」, 間若一."

정현주 악정은 서쪽을 향하여 명을 받고, 왼쪽으로 돌아 동쪽을 향하여 태사에게 「대사大射」의 악장樂章을 가지고 연주하도록 명한 것이다. 「이수」는 일시逸詩인 「증손曾孫」이다. '이貍'라는 말은 '오지 않는다'(不來)는 뜻이다. 그 시詩에 "조회하러 오지 않는 제후를 쏜다"(射諸侯首不朝者)라는 말이 있어, 그것으로 인해 편의 이름을 지은 것인데, 후세에 잃어버리고 「증손」이라고 한다. 증손은 그 장의 첫머리 말이다. 『예기』 「사의射義」에 실려 있는 "『시詩』에 '왕의 증손인 제후'라고 하였으니"라는 말이 그것이다. 이 시로 제후의 사절射節로 삼은 것은 이 시가 활쏘기의 위엄을 지니고 있는 것을 취한 것이다. 또한 "크고 작은 관리들 관소에 한가히 머물지 않고 임금이 계신 곳에서 모시고 있네. 연음燕飮도 하고 활도 쏘니, 즐겁고도 명예롭다"라고 하여 때때로 군주의 일로 모임을 즐거워하는 뜻을 담고 있기 때문이다. '매 번 연주 시간의 장단을 일정하게 하시오'(間若一)라는 말은 그 절주하는 악기소리의 빈도와 강도를 고르게 하는 것이다. 樂正西面受命, 左還東面, 命大師以「大射」之樂章, 使奏之也. 「貍首」, 逸詩「曾孫」也. '貍'之言不來也. 其詩有"射諸侯首不朝者"之言, 因以名篇, 後世失之, 謂之「曾孫」. '曾孫', 其章頭也. 「射義」所載"『詩』曰'曾孫侯氏'", 是也. 以爲諸侯射節者, 采其旣有弧矢之威. 又言"小大莫處, 禦於君所. 以燕以射, 則燕則譽", 有樂以時會君事之志也. '間若一'者, 調其聲之疏數重節.

[大射儀07 : 經-278]

태사大師는 일어나지 않고 응낙한다. 악정樂正이 본래 위치로 돌아가면, 「이수貍首」를 연주하여 활쏘기를 돕는다. 삼우三耦가 활쏘기를 마친다. 빈이 사대(物)의 북쪽에서 군주를 기다리는데 처음과 동일한 절차로 한다. 군주는 음악이 시작된 후에 오른쪽 사대로 가서 화살 한 개를 발사하고 다시 화살 한 개를 받는데, 음악의 절주에 맞춰서 활을 쏘려고 애쓰지 않는다. 그 외의 의절은 처음과 동일한 절차로 한다.

大師不興, 許諾. 樂正反位, 奏「貍首」以射. 三耦卒射. 賓待于物如初. 公樂作而後就物, 稍屬, 不以樂志. 其他如初儀.

정현주 '음악의 절주에 맞춰서 활을 쏘려고 애쓰지 않는다'(不以樂志)는 것은 군주가 활을 쏘는 의절은 늦고 빠름을 마음에 따를 뿐 활을 쏘는 것이 반드시 음악의 절주에 응할 필요는 없다는 뜻으로, 불민함을 보이는 것을 피하기 위함이다. '애쓴다'(志)는 것은 마음속으로 견주고 헤아리는 것이다. 『춘추전』에 "나는 그의 눈을 쏘려고 생각하였다"[5]라고 하였다. '不以樂志', 君之射儀, 遲速從心, 其發不必應樂, 辟不敏也. '志', 意所擬度也. 『春秋傳』曰, "吾志其目."

주

1_ 중사자 : 衆耦이다.

2_ 활 쏘는 사람은 ~ 자뿐이다 : 이 말은 『예기』 「사의」에 나온다.

3_ 오성 : 宮, 商, 角, 徵, 羽를 말한다.

4_ 천자는 9절이고 ~ 5절이다 : 관련 내용은 『주례』 「하관 · 사인」에 보인다.

5_ 나는 ~ 생각하였다 : 이 말은 『춘추좌씨전』 定公 8년조의 傳에 나온다. 눈을 쏘려고 마음먹었지만 용기가 없어 눈썹을 맞히고 말았다는 뜻이다.

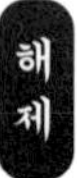

經−279는 활쏘기를 마친 후 화살을 수합하고 명중한 숫자를 세는 절차이다.

[大射儀07 : 經−279]

활쏘기를 마치는데 처음과 동일한 절차로 한다. 빈이 자리(席)로 나아가면, 제공·경·대부와 중사자衆射者는 모두 이어서 활을 쏘고, 산가지를 땅에 내려놓고 명중시킨 화살의 수를 계산하는데 처음과 동일한 절차로 한다. 가장 마지막 사람이 활쏘기를 마치고, 당에서 내려와 본래 위치로 돌아간다. 석획자釋獲者는 남은 산가지(獲)를 가지고 조계 아래로 나아가 좌우左右[1]가 활쏘기를 마쳤음을 군주에게 고하는데, 처음과 동일한 절차로 한다. 사마司馬가 당 위로 올라가서 부후자負侯者와 소신小臣에게 화살을 취할 것을 명하면, 부후자가 응락한다. 사마가 당에서 내려와 활을 풀고 본래 위치로 돌아간다. 소신이 화살을 화살꽂이 통 위에 놓으면, 사마사司馬師는 네 개씩 세어 놓는데 모두 처음과 동일한 절차로 한다. 사사司射가 문 밖의 옷 갈아입는 곳으로 가서 활을 풀고 산가지통의 남쪽에서 석획자가 산가지 계산하는 것을 살펴보는데, 처음과 동일한 절차로 한다. 석획자는 이긴 편의 산가지와 산가지가 같아 비긴 경우(鈞)를 군주에게 고하는데, 처음과 동일한 절차로 한다. 석획자는 본래 위치로 돌아간다. 사사는 사궁사司宮士에게 술잔 받침대를 진설하고 이긴 자의 제자에게 술잔을 채울 것을 명하는데, 처음과 동일한 절차로 한다. 드디어 이긴 자에게 활시위를 메운 활을 들게 하고, 이기지 못한 자는 활시위를 풀어놓은 활을 들게 하여 당 위로 올라가서 이기지 못한 자로 하여금 벌주(射爵)를 마시도록 명하는데, 처음과 동일한 절차로 한다. 이기지 못한 자가 모두 벌주를 마시고 나면, 술잔 받침대와 술잔을 치우게 하는데, 처음과 동일한 절차로 한다. 사사는 여전히 왼팔 소매를 벗어내고, 오른손 엄지손가락에 활깍지를 끼우고, 왼팔에 활팔찌를 착용한 후, 왼손에 활을 잡고 오른손에 화살 한 개를 시위와 아울러 잡고서 화살촉을 위로 향하게 하여 문 밖의 옷 갈아입는 곳으로 가서 교대로 화살을 취하기를 명하는데, 처음과 동일한 절차로 한다.

卒射如初. 賓就席, 諸公·卿·大夫·衆射者皆繼射, 釋獲如初. 卒射, 降反位. 釋獲者執餘獲進告, 左右卒射, 如初. 司馬升, 命取矢, 負侯許諾. 司馬降, 釋弓反位. 小臣委矢, 司馬師乘之, 皆如初. 司射釋弓·視筭, 如初. 釋獲者以賢獲與鈞告, 如初. 復位. 司射命設豐·實觶, 如初. 遂命勝者執張弓, 不勝者執弛弓, 升·飮, 如初. 卒·退豐與觶, 如初. 司射猶袒·決·遂, 左執弓, 右執一个, 兼諸弦, 面鏃, 適次, 命拾取矢, 如初.

정현주 시위와 화살을 옆으로 잡는 것을 '집執'이라고 한다. '면面'은 위로 향하게 한다(尙)는 뜻이다. 화살을 활시위와 함께 쥐고 화살촉을 위로 향하게 하니, 장차 활쏘기를 그치려 하는 것으로, 활을 쏠 때와 달리하는 것이다. 側持弦矢曰'執'. '面'猶尙也. 兼矢於弦, 尙鏃, 將止, 變於射也.

주

1_좌우 : 上射와 下射를 말한다.

經-280은 이기지 못한 사람들에게 벌주를 먹이는 절차이다.

[大射儀07 : 經-280]

사사司射는 본래 위치로 돌아간다. 삼우三耦 및 제공·경·대부와 중사자衆射者는 모두 왼팔 소매를 벗어내고, 오른손 엄지손가락에 활깍지를 끼우고, 왼팔에 활팔찌를 착용한 후, 화살을 거두어 취하는데, 처음과 동일한 절차로 한다. 화살을 시위에 메우지 않고 화살을 시위와 함께 쥐고 화살촉을 위로 향하게 하여 물러나 문 밖의 옷 갈아입는 곳으로 가서, 모두 유사有司에게 활과 화살을 주고 걷어 올린 소매를 다시 내리고, 본래 위치로 돌아간다.

司射反位. 三耦及諸公·卿·大夫·衆射者皆袒·決·遂, 以拾取矢, 如初. 矢不挾, 兼諸弦, 面鏃, 退適次, 皆授有司弓矢, 襲, 反位.

정현주 '화살을 시위에 메우지 않는다'(不挾)는 것은 또한 사사처럼 잡는 것을 말한다. '不挾', 亦謂執之如司射.

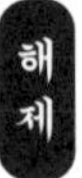

經-281에서 經-282까지는 화살을 수습하는 절차이다.

[大射儀07 : 經-281]

경 · 대부가 당 위로 올라가서 자리(席)로 나아간다. 사사司射는 문 밖의 옷 갈아입는 곳으로 가서 활을 풀고 활깍지와 활팔찌를 벗고 종아리채를 허리띠에서 뽑고 걷어 올린 소매를 다시 내리고, 본래 위치로 돌아간다. 사마정司馬正은 화살꽂이 통을 치우고 과녁의 줄(綱)을 풀 것을 명한다. 소신사小臣師는 화살꽂이 통을 물리고, 건거巾車와 양인量人은 과녁의 왼편 아래쪽 줄(下綱)을 푼다. 사마사司馬師는 획자獲者에게 깃발과 말린 고기, 고기젓갈, 희생제기(薦俎)를 물릴 것을 명한다.

卿 · 大夫升就席. 司射適次, 釋弓, 說決 · 拾, 去扑, 襲, 反位. 司馬正命退楅 · 解綱. 小臣師退楅, 巾車 · 量人解左下綱. 司馬師命獲者以旌與薦俎退.

정현주 '해解'는 석釋과 같다. 금문본에는 '司馬師'의 '司馬'가 없다. '解' 猶釋也. 今文'司馬師', 無'司馬'.

[大射儀07 : 經-282]

사사司射는 점수를 계산하는 관리에게 명하여 산가지통과 산가지를 거두고 기다리게 한다.

司射命釋獲者退中與筭而俟.

정현주 각 장소에서 활쏘기에 필요한 기물들을 거두어 모두 기다리는 것은 군주가 다시 활을 쏘는 것에 대비하는 것이니, 석획자도 또한 자신의 말린 고기, 고기젓갈, 희생제기(薦俎)를 거둔다. 諸所退射器皆俟, 備若復射, 釋獲者亦退其薦俎.

經-283은 대부를 위해 여수旅酬의 예를 행하는 절차이다.

[大射儀07 : 經-283]

군주는 또한 자리 앞에 놓인 술잔(觶)을 들어서 대부를 위해 여수旅酬의 예를 행하는데, 오직 군주가 하사하는 것뿐이다. 빈과 여러 대부 가운데 가장 연장자에게 서쪽 계단 위쪽에서 여수의 예를 행하는데, 처음과 동일한 절차로 한다. 대부 가운데 마지막으로 술잔을 받은 사람이 빈 술잔을 가지고 당에서 내려와 술잔을 대광주리에 넣어 두고 본래 위치로 돌아간다.

公又擧奠觶, 唯公所賜. 若賓若長, 以旅于西階上, 如初. 大夫卒受者以虛觶降, 奠于篚, 反位.

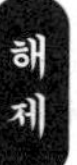

經－284에서 經－292까지는 희생제기(俎)를 거두고 자리에 편안히 앉는 절차이다.

[大射儀07 : 經－284]

사마정司馬正은 서쪽 계단을 통해 당 위로 올라가 동쪽 기둥의 동쪽에서 북쪽을 향해 서서 군주에게 "빈께서 희생제기(俎)를 거두기를 청합니다"라고 고한다. 군주는 허락한다.

司馬正升自西階, 東楹之東, 北面告于公, "請徹俎." 公許.

정현주 활 쏘는 일이 이미 끝나서 예가 줄어들고 사람들이 피곤해 하니, 희생제기(俎)를 거두고 편안히 앉는 것이 마땅하다. 射事既畢, 禮殺人倦, 宜徹俎燕坐.

[大射儀07 : 經－285]

사마정司馬正은 이어 서쪽 계단의 위쪽으로 나아가 북쪽을 향해 서서 빈에게 군주가 허락하였음을 고한다. 빈은 북쪽을 향해서 희생제기(俎)를 취하여 당에서 내려와 문을 나간다. 제공과 경도 희생제기를 취하여 당에서 내려와 나아가는데 빈과 동일한 절차로 하고, 문을 나가서 문 밖에서 종자從者에게 건네준다.

遂適西階上, 北面告于賓. 賓北面取俎以出. 諸公·卿取俎如賓禮, 遂出, 授從者于門外.

정현주 자신의 종자에게 준다. 自其從者.

[大射儀07 : 經-286]

대부도 당에서 내려와[1] 본래 위치로 돌아간다.

大夫降復位.

정현주 문의 동쪽에서 북쪽을 바라보는 위치이다.[2] 門東北面位.

[大射儀07 : 經-287]

서자정庶子正은 군주의 희생제기(俎)를 거두어 조계를 통해 내려와 동쪽으로 가서 보관해 둔다.

庶子正徹公俎, 降自阼階以東.

정현주 '조계를 통해 내려온다'(降自阼階)는 것은 군주가 직접 거두는 것과 같이 하는 것이다. '동쪽으로 간다'(以東)는 것은 가서 보관해 두는 것이다. '降自阼階', 若親徹也. '以東', 去藏.

[大射儀07 : 經-288]

빈 · 제공 · 경은 모두 문으로 들어와 동쪽을 향해 서는데 북쪽을 윗자리로 삼는다.

賓 · 諸公 · 卿皆入門, 東面, 北上.

정현주 제공 · 경이 문으로 들어와 오른쪽에 있는 의절을 행하지 않는 것은 장차 연례가 행해질 것이기 때문이다. 따라서 또한 빈을 따른 것이다. 諸公 · 卿不入門而右, 以將燕. 亦因從賓.

[大射儀07 : 經-289]

사정司正은 빈에게 당 위로 오를 것을 청하고, 빈과 제공 · 경 · 대부는 모두 신발을 벗고 당 위로 올라가 자리로 나아간다. 군주가 빈 및 경대부와 함께 모두 자리에 앉고, 이에 신하들이 편안함을 취한다.

司正升賓, 賓 · 諸公 · 卿 · 大夫皆說屨, 升就席. 公以賓及卿 · 大夫皆坐, 乃安.

정현주 이전에 자신을 편안히 하라고 명하였지만, 신하는 군주에 대하여 여전히 불안해하다가 이때 이르러 감히 편안히 하는 것이다. 曏命以我安, 臣於君尙猶踧踖, 至此乃敢安.

[大射儀07 : 經—290]

여러 음식들을 내온다.

羞庶羞.

정현주 '수羞'는 '내온다'는 뜻이다. '서庶'는 여러 가지라는 뜻이다. 내오는 여러 가지 음식은 간료肝膋[3]와 구자해狗胾醢[4]이다. 더러 포별炮鼈[5], 회리膾鯉, 꿩(雉), 토끼, 메추라기(鶉), 세가락 메추라기(鴽) 등도 있다. '羞', 進也. '庶', 衆也. 所進衆羞, 謂膷肝膋・狗胾醢也. 或有炮鼈・膾鯉・雉・兎・鶉・鴽.

[大射儀07 : 經—291]

대부는 말린 고기와 고기젓갈로 고수레를 한다.

大夫祭薦.

정현주 연음燕飲을 할 때 비로소 앞에 차려진 말린 고기와 고기젓갈로 고수레를 하는 것은 감히 한창 진행 중에 예를 이루지 않는 것이다. 燕乃祭薦, 不敢於盛成禮.

[大射儀07 : 經—292]

사정司正은 당 위로 올라가 군주의 명을 받고, 모든 사람들에게 "공께서 '모든 분이 취하도록 마시라'고 하십니다"라고 명한다. 빈・제공·경·대부는 모두 일어나 "알겠습니다. 어찌 감히 취하지 않겠습니까!"라고 대답하고, 모두 자리로 돌아가 앉는다.
司正升受命, 皆命, "公曰, '衆無不醉.'" 賓及諸公·卿·大夫皆興, 對曰, "諾, 敢不醉!" 皆反位坐.

정현주 '모든 사람들에게 명한다'(皆命)는 것은 빈에게 명하고, 제공에게 명하고, 경·대부에게 명하는 것으로, 모두 각자의 위치로 향한다. 일어나 대답할 때 반드시 자리(席)에서 내려오는 것은 공경하는 것이다. 사정은 자리에서 물러나와 당 위 서쪽 벽의 남쪽 끝(序端)에 선다. '皆命'者, 命賓·命諸公·命卿大夫, 皆鄉其位也. 興對必降席, 敬也. 司正退立西序端.

주

1_대부도 당에서 내려와 : 빈이 먼저 내려오고, 다음에 공경이 내려온다. 그 다음 대부가 내려오는데, 대부는 본래 俎가 없기 때문에 俎를 취하지 않고 당에서 내려온다.

2_문의 동쪽에서 ~ 위치이다 : 처음 射宮에 들어왔을 때 서 있던 자리를 말한다. 앞에서 "여러 公卿大夫가 모두 문의 오른쪽으로 들어가 북쪽을 향해 서는데, 동쪽을 윗자리로 삼는다"(諸公 · 卿 · 大夫, 皆入門右, 北面, 東上)라고 한 것이 그것이다. 따라서 정현은 문을 들어갈 때의 방향을 고려하여 문의 동쪽 곧 오른쪽에서 북쪽을 바라보는 자리라고 하였다.

3_간료 : 왕에게 올리는 여덟 가지 진귀한 음식 가운데 하나이다. 『주례』「천관 · 선부」에 "진귀한 음식으로 여덟 가지 물품을 사용한다"(珍用八物)라고 한 것에 대해 정현은 "진귀한 음식은 淳熬 · 淳母 · 炮豚 · 炮牂 · 擣珍 · 漬 · 熬 · 肝膋를 가리킨다"라고 하였다. '肝膋'를 만드는 방법은 개의 간을 사용하는데, 겉에 창자 사이의 비계(발기름)를 바르고, 그것을 불 위에 올려놓고 굽는다. 『예기』「내칙」에서 "개의 간 하나를 잡아서 그 창자 사이의 비계로 덮어씌우고 흠뻑 구워서 모두 뜨거워지게 한다. 그 창자 사이의 비계에는 여뀌를 쓰지 않는다"(肝膋, 取狗肝一, 幪之以其膋, 濡炙之, 擧燋, 其膋不蓼)라고 하였다. '그 창자 사이의 비계에는 여뀌를 쓰지 않는다'는 것은 먹을 때 채소를 얹지 않는다는 뜻이다.

4_구자해 : 狗胾 곧 절편으로 자른 개고기로 젓갈을 담은 것이다.

5_포별 : 통째로 구운 자라이다.

헌사獻士

장혜언(淸), 『의례도』

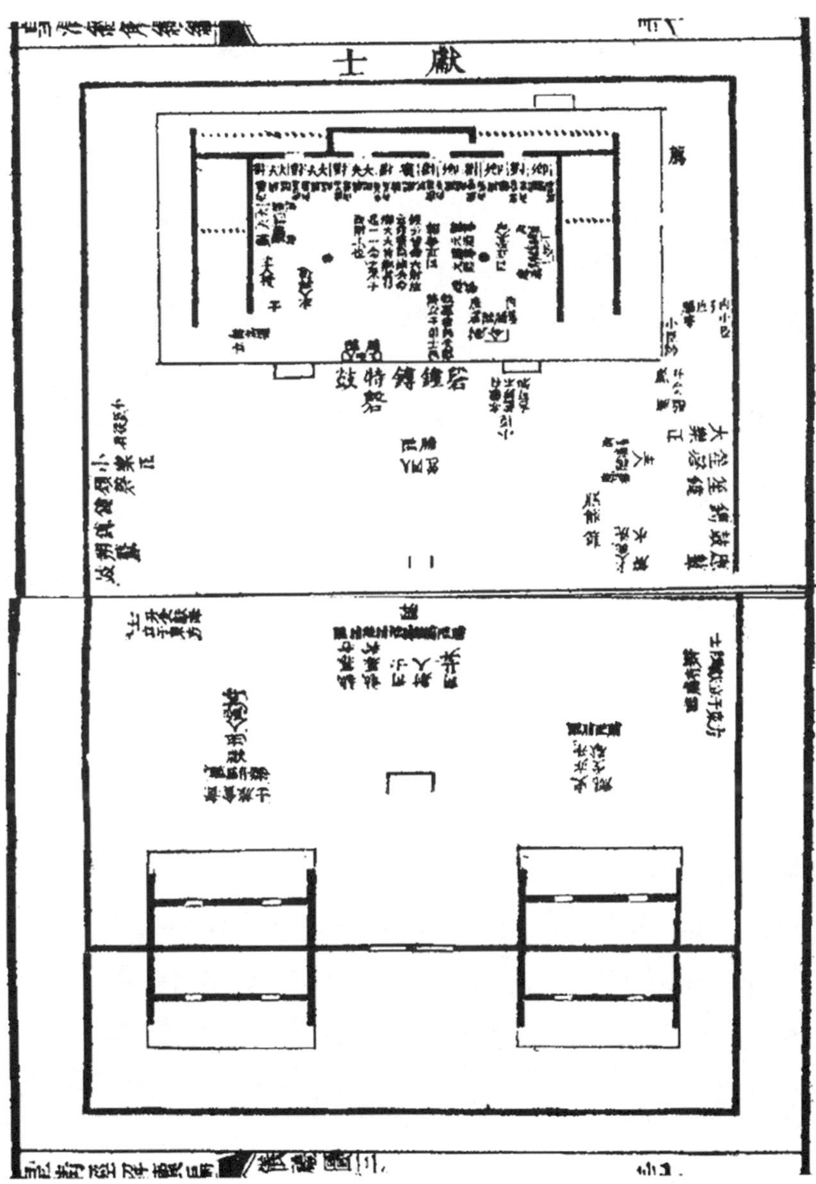

經-293에서 經-299까지는 주인이 사와 여식旅食하는 이들에게 술을 올려 헌獻의 예를 행하는 절차이다.

[大射儀07 : 經-293]

주인은 술잔을 씻어 술을 따르고, 서쪽 계단의 위쪽에서 사士에게 술을 올려 헌의 예를 행한다. 사士의 우두머리가 당 위로 올라가 배례하고 술잔(觶)을 받는다. 주인은 배례를 하며 전송한다.

主人洗酌, 獻士于西階上. 士長升, 拜受觶. 主人拜送.

정현주

사士에게 술을 올려 헌의 예를 행할 때 치觶의 술잔을 사용하는 것은 사士의 지위가 낮기 때문이다. 금문본에는 '觶'가 '觚'로 되어 있다.

獻士用觶, 士賤也. 今文'觶'作'觚'.

[大射儀07 : 經-294]

사士는 앉아서 고수레를 하고 일어서서 마시며, 술잔의 술을 다 마시지만 배례를 하지는 않는다. 그 밖의 사람들도 배례를 하지 않으며, 앉아서 고수레를 하고 일어서서 마신다.

士坐祭, 立飮, 不拜旣爵. 其他不拜, 坐祭, 立飮.

정현주 그 밖의 사람들 중사[1]를 가리킨다. 당 위로 올라가 배례를 하지 않고 술잔을 받는다. 其他, 謂衆士也. 升不拜受爵.

[大射儀07 : 經-295]

이어서 사정司正과 사인射人에게 뜰에 있는 술잔의 남쪽에서 말린 고기와 고기젓갈을 올린다. 사정과 사인은 모두 북쪽을 향해 서는데 동쪽을 윗자리로 삼는다. 사정이 윗자리에 선다.

乃薦司正與射人于觶南. 北面, 東上. 司正爲上.

정현주 '사정司正'과 '사인射人'은 사士이다. 나이순으로 헌의 예를 받고, 끝나면 이들에게 말린 고기와 고기젓갈을 올린다. '사정'은 대사정大射正이고, '사인'은 소사정小射正이다. 그 보좌관들은 생략한다. '司正'·'射人', 士也. 以齒受獻, 旣乃薦之也. '司正', 大射正也, '射人', 小射正. 略其佐.

[大射儀07 : 經-296]

두루 사士들에게 술을 올려 헌의 예를 행한다. 헌의 예를 받은 사士는 뜰의 동쪽에서 서쪽을 향해 서는데 북쪽을 윗자리로 삼는다. 이에 사士들에게 말린 고기와 고기젓갈을 올린다.

辯獻士. 士旣獻者立于東方, 西面, 北上. 乃薦士.

정현주 사士가 헌의 예를 받은 후 자리를 바꾸는 것은 경과 대부가 당 위에 있고 신하의 위치는 동쪽을 높이기 때문이다. 헌의 예를 행한 후 말린 고기와 고기젓갈을 올리는데 신분이 낮은 사람은 간략히 한다. 士旣獻易位者, 以卿・大夫在堂, 臣位尊東也. 畢獻薦之, 略賤.

[大射儀07 : 經-297]

축사祝史와 소신사小臣師[2]에게도 또한 그들의 위치로 나아가 말린 고기와 고기젓갈을 올린다.
祝史・小臣師亦就其位而薦之.

정현주 '또한'(亦)이라고 한 것은 이들 또한 사士이기 때문이다. 두루 헌의 예를 행한 후 말린 고기와 고기젓갈을 올린다. 축사는 문의 동쪽에서 북쪽을 향해 서는데, 동쪽을 윗자리로 삼는다. '亦'者, 亦士也. 徧獻乃薦也. 祝史門東北面, 東上.

[大射儀07 : 經-298]

주인은 사여식자士旅食者[3]의 술동이가 있는 곳에 나아가 술을 올려 헌의 예를 행한다. 여식旅食을 하는 이들은 배례하지 않고 잔을 받고, 앉아서 고수레를 하고 서서 술을 마신다.
主人就士旅食之尊而獻之. 旅食不拜, 受爵, 坐祭, 立飮.

정현주 주인이 술을 따르고 서쪽을 향하면, 사여식자는 북쪽을 향해서 받는다. 술잔을 씻지 않는 것은 신분이 낮은 자에 대하여 생략한 것이다. 主人既酌, 西面, 士旅食北面受之. 不洗者, 於賤略之.

[大射儀07 : 經-299]

주인이 빈 술잔을 들어 대광주리에 넣고 본래 위치로 돌아간다.[4]
主人執虛爵, 奠于篚, 復位.

주

1_중사 : 士長 이외의 士들을 가리킨다.

2_소신사 : 小臣은 군주가 燕禮 등의 일을 행할 때 보조하는 관리로, 호배휘의 설에 따르면 그 우두머리가 小臣正이고 小臣正의 보좌관이 小臣師이다. 『의례』「燕禮」의 "小臣師一人"에 대한 호배휘의 설명 참조.

3_사여식자 : '旅'는 '여럿이 함께'(衆)의 뜻이다. 燕飮에 참가하여 여럿이 함께 연음하는 이들을 가리키는데, 이들은 庶人 가운데 官에 임명된 자로 아직 정식 녹(正祿)을 받지 않는 자이다. 『의례』「燕禮」"尊士旅食于門西" 부분의 注疏와 호배휘의 설명 참조.

4_본래 위치로 돌아간다 : 洗(잔을 씻는 곳)의 북쪽에서 북쪽을 향하고 있는 위치이다.

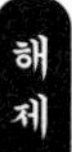

經-300에서 經-308까지는 빈이 술잔을 들어 사를 위해 여수旅酬를 행하는 절차이다.

[大射儀07 : 經-300]

빈은 당에서 내려와 술잔(觶)을 씻어서 당 위로 올라가 군주에게 술잔(觶)을 올리는 예를 행한다. 빈은 신하의 술동이(散尊)에서 술을 따라 당에서 내려와 군주에게 배례를 한다. 군주는 계단을 한 층 내려와 있고, 소신정小臣正이 군주를 대신해서 사양한다. 빈이 당 위로 올라가 머리를 바닥에 대면서 재배를 한다. 군주는 답례로 재배를 한다. 賓降洗, 升, 媵觶于公. 酌散, 下拜. 公降一等, 小臣正辭. 賓升再拜稽首. 公答再拜.

정현주 빈은 군주로부터 하사받은 것이 많다. 예가 끝날 즈음에 군주에게 술잔을 권하여 두터운 뜻을 펴는 것이 옳다. 금문본에 '觶'는 '觚'로 되어 있다. 군주는 답례로 배례를 하지만 재배를 하는 경우는 없다. 賓受公賜多矣. 禮將終, 宜勸公, 序厚意也. 今文'觶'爲'觚'. 公答拜, 無再拜[1].

[大射儀07 : 經-301]

빈은 서쪽 계단 위쪽에서 앉아 고수레를 하고, 술잔의 술을 다 마신 후 머리를 바닥에 대면서 재배를 한다. 군주는 답배로 재배를 한다. 빈이 당에서 내려와 군주의 술잔(象觚)을 씻은 후 당 위로 올라가 군주의 술동이(膳尊)에서 술을 따라 군주의 자리 앞 쪽에 앉아서 말린 고기와 고기젓갈의 남쪽에 술잔을 내려놓고, 당에서 내려와 배례한다. 소신정小臣正이 군주를 대신해서 사양한다. 빈이 당 위로 올라가 머리를 바닥에 대면서 재배를 한다. 군주는 답례로 재배를 한다. 빈은 본래 위치로 돌아온다.

賓坐祭, 卒爵, 再拜稽首. 公答再拜. 賓降, 洗象觚, 升酌膳, 坐奠于薦南, 降拜. 小臣正辭. 賓升成拜. 公答拜. 賓反位.

정현주 '본래 위치로 돌아온다'(反位)는 것은 자리(席)로 돌아온다는 뜻이다. 이 경문의 '고觚'는 '치觶'로 되어야 한다. '反位', 反席也. 此'觚'當爲'觶'.

[大射儀07 : 經-302]

군주는 앉아서 빈이 올린 술잔을 집어 들고 일어난다. 오직 군주가 하사할 뿐이다. 술잔을 받는 사람은 처음 군주가 빈에게 술을 따라 줄 때의 빈이 받는 의절과 같게 한다. 술잔을 받은 사람은 술을 다 마시고 당에서 내려와 마신 술잔을 대광주리에 넣고 다른 술잔을 가져다 씻은 후 당 위로 올라가 군주의 술동이(膳尊)에서 술을 따르고, 당에서 내려와 머리를 바닥에 대면서 재배를 한다. 소신정小臣正이 군주를 대신해서 사양한다. 술잔을 받았던 사람이 당 위로 올라가 머리를 바닥에 대면서 재배를 한다. 군주는 답례로 재배를 한다. 술잔을 받았던 사람은 자리로 돌아가 앉아서 여수旅酬의 예를 행한다.
公坐取賓所媵觶, 興. 唯公所賜. 受者如初受酬之禮. 降, 更爵, 洗, 升酌膳, 下, 再拜稽首. 小臣正辭. 升成拜. 公答拜. 乃就席, 坐行之.

정현주 '앉아서 여수旅酬의 예를 행한다'(坐行之)는 것은 오늘날 앉아서 서로 술을 권하는 것과 같다. '坐行之', 若今坐相勸酒.

[大射儀07 : 經-303]

이때부터는 술잔을 잡고 술을 따라 주는 사람이 별도로 있다.
有執爵者.

정현주 사士 가운데 손을 씻고 당 위로 올라가 술을 떠서 술잔에 채운 후 건네주는 일을 주관하는 사람이 있다는 뜻이다. 士有盥升, 主酌授之.

[大射儀07 : 經-304]

오직 군주로부터 수의 술잔을 하사받은 사람만이 배례를 한다.
唯受于公者拜.

정현주 군주에게 술잔을 하사받은 사람만이 배례를 하는 것이니, 그 나머지는 배례를 하지 않는다. 公所賜者拜, 其餘則否.

[大射儀07 : 經-305]

여수旅酬의 예가 시작될 때 사정司正이 술 따르는 것을 맡은 관리에게 "술잔을 맡은 자는 당 위에서 여수가 두루 행해지게 하고, 마지막에 잔을 받은 사람은 일어나 사士에게 술을 따라 주라"라고 명한다.

司正命, "執爵者爵辯, 卒受者興以酬士."

정현주 은혜를 고르게 하고자 하는 것이다. 欲令惠均.

[大射儀07 : 經-306]

대부 가운데 마지막으로 술잔을 받은 사람이 술잔을 들고 일어나 서쪽 계단의 위쪽에서 사士에게 술을 따라 준다. 사士가 당 위로 올라가 따라 준 술잔을 받는데, 대부는 술잔을 놓고 배례를 하고 사士는 답례로 배례를 한다.

大夫卒受者以爵興, 西階上酬士. 士升, 大夫奠爵拜, 受答拜.

정현주 일어나 사士에게 술을 따라 주는 것[2]은 사士가 당 아래에 서 있어 당 위에 앉아 있는 이들과 신분이 다르기 때문이다. 興酬士者, 士立堂下, 與上坐者異也.

[大射儀07 : 經-307]

대부는 서서 술잔의 술을 다 마시고, 배례하지 않으며 술잔을 채워 사士에게 준다. 사는 배례를 하고 받고, 대부는 배례를 하고 전송한다. 당 아래에 있는 사士는 순서대로 서쪽 계단의 위쪽에서 여수旅酬를 행하여 모든 사가 두루 다 한다.

大夫立卒爵, 不拜, 實之. 士拜受, 大夫拜送. 士旅于西階上, 辯.

정현주 축사祝史와 소신사小臣師 그리고 여식旅食을 하는 이들까지 모두 여수를 행한다. 祝史·小臣師·旅食, 皆及焉.

[大射儀07 : 經-308]

사士가 차례대로 스스로 술을 따라 서로 권한다.

士旅酌.

정현주 '려旅'는 차례이다. 사士가 차례대로 스스로 술을 따라 서로 권하고 술을 따라 주는 일을 맡은 사람이 별도로 없다. '旅', 序也. 士以次自酌相酬, 無執爵者.

주

1_ 拜 : 완원은 '拜'자를 衍文이라고 의심하였다. 『의례주소』, 406쪽 참조.

2_ 일어나 ~ 주는 것 : 당 위에서 旅酬를 진행할 때는 앉아서 한다. 그런데 마지막으로 잔을 받은 사람이 일어나서 旅酬를 행하는 것은, 다음에 따라 줄 사람이 堂 아래에 있는 士이기 때문이다. 『의례주소』, 407쪽 참조.

해제 經-309에서 經-312까지는 앉아서 연음燕飮을 할 때 다시 활쏘기를 하는 것에 관한 절차이다.

[大射儀07 : 經-309]

만일 군주가 "다시 활쏘기 시합을 하라"라고 명하면, 서자庶子에게는 헌의 예를 행하지 않는다.[1]

若命曰"復射", 則不獻庶子.

정현주 서자에게 헌의 예를 행하면 정례正禮가 모두 끝나 그 뒤에는 일이 없게 되기 때문이다. 獻庶子, 則正禮畢, 後無事.

[大射儀07 : 經-310]

사사司射는 "활쏘기는 원하는 사람이 있으면 하시오"라고 명한다.

司射命, "射, 唯欲."

정현주 사사가 빈과 제공 및 경, 대부에게 활쏘기를 명하여 원하는 자는 쏘고, 원하지 않는 자는 그만두게 한다. 참여 여부를 사람들의 의사에 따르는 것이다. 司射命賓及諸公·卿·大夫射, 欲者則射, 不欲者則止. 可否之事, 從人心也.

[大射儀07 : 經-311]

경과 대부는 모두 당에서 내려와 머리를 바닥에 대면서 재배를 한다. 군주는 답례로 배례를 한다.

卿·大夫皆降, 再拜稽首. 公答拜.

정현주 군주가 신하, 집사와 더불어 즐기기를 멈추지 않음에 대하여 배례하는 것이다. 빈이라고 말하지 않는 것[2]은 빈이 이미 여러 신하들에게 행하는 예 가운데 있기 때문이다. 拜君樂與臣下執事無已. 不言賓, 賓從群臣禮在上.

[大射儀07 : 經-312]

한 번 쏘아서 세 개의 과녁 가운데 한 곳만 명중하면 모두 명중시킨 화살의 수(獲)로 계산한다.

壹發, 中三侯皆獲.

정현주 세 개의 과녁 가운데 어느 곳을 맞추어도 그 점수는 같게 하는 것으로 화합하는 것이 더 많고 기뻐하고 즐김을 높이는 것이다. 화살이 다른 것에 맞고 날아가 더러 삼후參侯에 맞는 경우가 있다.[3] 其功一也, 而和者益多, 尙歡樂也. 矢揚觸, 或有參中者.

주

1_서자에게 헌주하지 않는다 : 가공언에 따르면, 獻酬하는 예에서 庶子 이하가 맨 나중에 헌주를 받는다. 만약 서자에게 헌주하는 과정이 끝나면 正禮가 모두 끝나므로 다시 활쏘기를 할 수 없다. 그러므로 庶子에게 헌주하기 전에 명이 내려지는 것이다. 『의례주소』, 407쪽 참조.

2_빈이라고 말하지 않은 것 : 가공언에 따르면, 처음 旅酬를 진행할 때는 賓이라고 하였고, 두 번째 여수를 진행할 때는 賓 또는 長 가운데 군주가 임의로 택하여 시작한다고 하였고, 이제 士에게 여수를 하는 단계에 와서는 군주가 생각나는 대로 택하여 술잔을 권하는 것으로 예가 많이 줄어들었기 때문에 다시 賓이나 長이라고 말하지 않는 것이다. 곧 賓도 여러 신하들에게 행하는 예 속에 포함되어 따르는 것이다. 『의례주소』, 408쪽 참조.

3_화살이 다른 ~ 경우가 있다 : 원문의 參은 參侯, 곧 대부가 쏘는 표범 가죽으로 만든 과녁이다. 가공언에 따르면, 경과 대부는 參侯를 쏘는 데 주력하고 士는 豻侯(개가죽으로 만든 과녁)를 쏘는 데 주력하는데, 그 가운데 화살이 잘못 날아가 다른 과녁을 맞히어도 점수로 계산한다는 뜻이다. 『의례주소』, 408쪽 참조.

빈잉치우공賓媵觶于公 · 주인헌서자主人獻庶子

장혜언(淸), 『의례도』

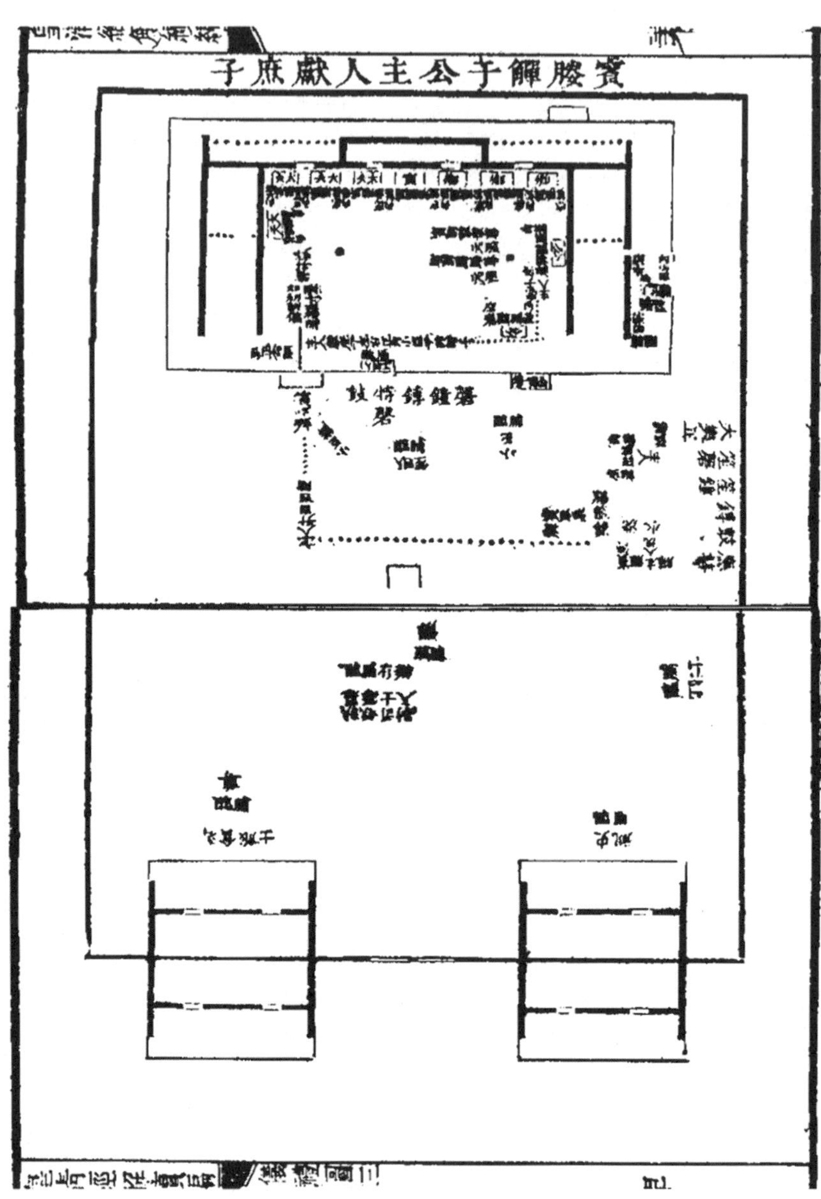

經-313은 주인이 서자에게 헌주하는 등 헌수獻酬 예의 마지막 절차이다.

[大射儀07 : 經-313]

주인은 술잔을 씻어 서쪽 계단을 통해 당 위로 올라가서 조계의 위쪽에서 서자庶子에게 술을 올려 헌의 예를 행하는데, 사士에게 헌의 예를 행할 때와 동일한 절차로 한다. 두루 헌의 예를 행하면 당에서 내려와 술잔을 씻고 이어서 좌우정左右正과 내소신內小臣에게 헌의 예를 행하는데 모두 조계의 위쪽에서 하며 서자에게 헌의 예를 행할 때와 동일한 절차로 한다.

主人洗, 升自西階, 獻庶子于阼階上, 如獻士之禮. 辯獻, 降洗, 遂獻左右正與內小臣, 皆於阼阼上, 如獻庶子之禮.

정현주 '서자庶子'는 6가지 희생의 몸체를 바로 잡고, 또 악공이 춤추는 위치를 바로 잡는 일을 담당한다. 선재膳宰, 악정樂正과 연계해서 일을 한다. 또한 국자國子를 잘못하지 않도록 경계하며, 세자를 가르치는 관직이다. '좌우정左右正'은 악정樂正과 복인정僕人正을 가리킨다. 위치가 중정中庭의 좌우에 있다. 소악정小樂正은 송경頌磬의 북쪽에 있는데, 오른쪽이다. 악공은 서쪽에 있으며 북쪽을 향하고 있다. 악공이 동쪽으로 옮기면 동쪽을 향한다. 대악정大樂正은 생경笙磬의 북쪽에 있는데 왼쪽이다. 악공은 서쪽에 있으며 서쪽을 향하고 있다. 악공이 동쪽으로 옮기면 북쪽을 향한다. 복인정은 태사를 돕는데 악공이 당 위로 올라가면 사사와 함께 내려와 소악정의 북쪽에 서며 북쪽을 윗자리로 삼는다. 악공이 동쪽으로 옮기면 악공의 뒤를 함께 따른다. 국군國君은 특별한 일이 없는 한 매달아 둔 악기를 풀어놓지 않는다. 두 정正[1]은 군주를 가까이에서 모시는 관리이다. '내소신內小臣'은 엄인奄人(환관)으로 군주의 개인적인 일과 명을 담당하고 후后와 부인夫人의 관직이다. 세 관리에게 조계의 위쪽에서 헌주하는 것은 내신內臣과 외신外臣을 구별하는 것이다. 함께 헌주하면서 술잔을 바꾸어 씻어서 차례로 하는 것은 당시 일이 연관되어 있지 않기 때문이다. 좌우정左右正에게 헌주하고 내소신에게 헌주가 미치면, 곧 경인磬人, 종인鍾人, 박인鎛人, 고인鼓人, 복인사僕人師, 복인사僕人士 등에게도 모두 헌주함을 알 수 있다. 서자와 내소신의 위치는 소신사小臣師의 동쪽에 있는데 약간 뒤쪽으로 있으며 서쪽을 윗자리로 삼는다. '庶子'旣掌正六牲之體, 又正舞位, 授舞器. 與膳宰·樂正聯事. 又掌國子戒令, 敎治世子之官也. '左右正', 謂樂正·僕人正也. 位在中庭之左右. 小樂正在頌磬之北, 右也. 工在西, 則北面. 工遷於東, 則東面. 大樂正在笙磬之北, 左也. 工在西, 則西面. 工遷於東, 則北面. 僕人正相大師, 工升堂, 與其師士降立於小樂正之北, 北上. 工遷於東, 則陪其工後. 國君無故不釋縣. 二正, 君之近官也. '內小臣', 奄人, 掌君陰事陰令, 后·夫人之官也. 獻三官於阼階, 別內外臣也. 同獻更洗, 以時事不聯也. 獻正下及內小臣, 則磬人·鍾人·鎛人·鼓人·僕人師·僕人士, 盡獻可知也. 庶子·內小臣, 位在小臣師之東, 少退, 西上.

주 1_두 정 : 左右正을 가리킨다.

經-314에서 經-323까지는 연음燕飮의 마지막에 즐거움을 다하는 절차이다.

[大射儀07 : 經-314]

술잔을 돌리는 순서나 횟수를 정하지 않고 취하도록 마신다.

無算爵.

정현주 '산算'은 헤아린다는 뜻이다. 술잔을 돌리는데 순서나 횟수가 없으니, 마음이 있으면 권하는 것을 받고 취하면 그친다. '算', 數也. 爵行無次數, 唯意所勸, 醉而止.

[大射儀07 : 經-315]

사士 가운데 군주의 술동이(膳尊)에서 술을 따르는 일을 담당하는 이가 있고, 신하의 술동이(散尊)에서 술을 따르는 일을 담당하는 이가 있다. 군주의 술동이를 담당한 자는 술을 따라 군주에게 올린다. 군주는 배례를 하지 않고 받는다. 신하의 술동이를 담당한 자는 술을 따라 군주가 내려주는 이에게 올린다. 하사받은 이는 일어나 술잔을 받고 자리의 서쪽 끝으로부터 자리 아래로 내려와 술잔을 놓고 군주를 향해 머리를 바닥에 대면서 재배를 한다. 군주는 답례로 재배를 한다.
士也, 有執膳爵者, 有執散爵者. 執膳爵者酌以進公. 公不拜, 受. 執散爵者酌以之公命所賜. 所賜者興受爵, 降席下, 奠爵, 再拜稽首. 公答再拜.

정현주 '자리 아래'(席下)는 자리의 서쪽을 말한다. '席下', 席西.

[大射儀07 : 經-316]

술잔을 하사받은 이는 술잔을 들고 자리에 나아가 앉았다가, 군주가 술을 다 마신 다음에 마신다.
受賜爵者以爵就席坐, 公卒爵, 然後飮.

정현주 술을 권하는 예(酬)에서는 술잔을 교대로 든다. 이제 술잔을 함께 들고 있으므로 번갈아 들지 않는 혐의를 사게 된다. 같이 술잔을 들어도 여전히 번갈아 마시는 것은 술을 권하는 은혜가 높은 이로부터 나옴을 밝히는 것이다. 酬之禮, 爵代擧. 今爵並行, 嫌不代也. 並行猶代者, 明勸惠從尊者來.

[大射儀07 : 經-317]

군주의 술동이(膳尊)에서 술을 따르는 일을 담당하는 이가 군주가 마신 술잔을 받아, 술을 따라 다시 군주의 자리 앞에 놓는다.

執膳爵者受公爵, 酌, 反奠之.

정현주 연회의 즐거움은 술을 마시는 데 있으니, 그의 뜻이 이루어지도록 하는 것이다. 燕之歡在飮酒, 成其意也.

[大射儀07 : 經-318]

술잔을 하사받은 사람은 일어나 신하의 술동이(散尊)에서 술을 따르는 일을 맡은 이에게 마신 술잔을 준다. 신하의 술동이를 맡은 이는 술을 따라 순서대로 권하는 절차(酬)를 진행한다.

受賜者興, 授執散爵者. 執散爵者乃酌行之.

정현주 술잔을 권유받은 이에게 술을 따라 준다. 與其所勸者.

[大射儀07 : 經-319]

오직 군주에게 술잔을 받은 사람만이 군주에게 배례를 한다. 당 위에서 마지막으로 술잔을 받은 자가 서쪽 계단의 위쪽에서 사士에게 권한다. 술잔을 받은 사士는 서쪽 계단의 위쪽으로 올라간다. 대부는 배례를 하지 않고 마시고, 술잔에 술을 채워 권한다.

唯受于公者拜. 卒爵者興, 以酬士于西階上. 士升. 大夫不拜乃飮, 實爵.

정현주 ‘내乃’는 그리고와 같은 뜻이다. ‘乃’, 猶而也.

[大射儀07 : 經-320]

사士는 배례를 하지 않고 술잔을 받는다. 대부는 자리로 나아간다. 사는 순서대로 술을 따라 서로 권하기를 또한 대부가 하였던 것과 같이 한다. 군주가 술동이의 덮개보를 걷어 내라고 명하면, 빈賓과 제공·경·대부는 모두 당에서 내려와 서쪽 계단 아래에서 북쪽을 향해 동쪽을 윗자리로 삼고, 머리를 바닥에 대면서 재배를 한다.
士不拜, 受爵. 大夫就席. 士旅酌, 亦如之. 公有命徹冪, 則賓及諸公卿大夫皆降, 西階下北面, 東上, 再拜稽首.

정현주 술동이의 덮개보를 거두라고 명하는 것은 군주의 뜻이 두터워 술을 다 마시기를 원하는 것이다. 命徹冪者, 公意殷勤, 欲盡酒.

[大射儀07 : 經-321]

군주는 소신정小臣正에게 명하여 빈과 제공·경·대부의 배례를 사양한다. 빈과 제공·경·대부가 배례한 뒤에 군주가 답례로 배례를 한다. 빈과 제공·경·대부가 모두 군주의 배례를 피하여 감당하지 못함을 보이고, 이어 당 위로 올라가 자리로 돌아가 앉는다.[1]
公命小臣正辭. 公答拜. 大夫皆辟, 升, 反位.

정현주 당 위로 올라가 배례를 이루지 않는 것은 장차 취할 때에는 그것이 바로 신하의 예가 되기 때문이다. 升不成拜, 於將醉正臣禮.

[大射儀07 : 經-322]

사士는 서쪽 계단의 위쪽에서 여수旅酬의 예를 끝까지 두루 행하는데 군주가 사士를 위해 여수의 예를 행하던 것과 동일한 절차로 한다.

士終旅於上, 如初.

정현주 경과 대부는 당에서 내려와 술을 마시는 것이 중지되었는데, 다시 그들이 자리로 돌아감에, 사士 이하도 서로 술을 권하며 두루 다 마신다. 卿・大夫降而爵止, 於其反席卒之.

[大射儀07 : 經-323]

순서나 횟수를 정하지 않고 노래하고 연주하는 무산악을 거행한다.

無算樂.

정현주 승가升歌(당 위로 올라가 노래하는 것)・간가間歌(노래와 연주를 번갈아 하는 것)・합악合樂(당상과 당하의 음악을 합주하는 것)을 정해진 횟수가 없이 행하며, 마음이 하고 싶은 대로 즐기는 것이다. 升歌・間・合無次數, 唯意所樂.

주

1_ 이어 당 위로 ~ 앉는다 : 가공언에 따르면, 신하가 堂 아래에서 머리를 바닥에 대면서 재배를 할 때 小臣이 군주의 명으로 사양하면 그 배례가 이루어지지 않은 것이며, 堂 위로 올라가 배례를 이루어야 한다. 따라서 당 위로 올라가 배례를 이루지 않고 자신의 자리로 돌아가 앉았다는 경문에 대하여 정현은 장차 燕飮으로 취하고자 할 때 신하가 하는 예라고 말하고 있다. 『의례주소』, 410쪽 참조.

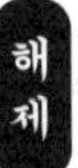
經-324에서 經-330까지는 사궁射宮에서 빈이 퇴장하고 군주가 도성으로 돌아오는 절차이다.

[大射儀07 : 經-324]

밤이 되면 서자庶子는 횃불을 들고 조계 위에 있고, 사궁司宮은 횃불을 들고 서쪽 계단 위쪽에 있고, 전인甸人은 큰 횃불을 들고 뜰에 있고, 혼인閽人은 문 밖에서 횃불을 준비한다.

宵則庶子執燭於阼階上, 司宮執燭於西階上, 甸人執大燭於庭, 閽人爲燭於門外.

정현주 '소宵'는 밤의 뜻이다. '촉燭'은 횃불이다. '전인甸人'은 땔나무 공급을 담당하는 자이다. 뜰에 큰 횃불을 배치하는 것은 그 자리가 넓기 때문이다. '위爲'는 만든다는 뜻이다. 횃불을 만들어 빈이 나오기를 기다린다. '宵', 夜也. '燭', 燋也. '甸人', 掌共薪蒸者. 庭大燭, 爲其位廣也. '爲', 作也. 作燭俟賓出.

[大射儀07 : 經-325]

빈은 취하면 북쪽을 향해 앉아서 진설된 말린 고기를 집어 들고서 당에서 내려온다.

賓醉, 北面坐取其薦脯以降.

정현주 말린 고기를 집어 드는 것은 군주의 선물을 받는 것을 중히 여기기 때문이다. 取脯, 重得君之賜.

[大射儀07 : 經-326]

「해陔」를 연주한다.

奏「陔」.

정현주 「해」는 「해하陔夏」[1]이니, 악장이다. 그 가사는 송頌의 종류이다. 종과 북으로 연주하는데, 현재는 그 악곡이 망실되었다. 「陔夏」, 樂章也. 其歌頌類也. 以鍾鼓奏之, 其篇今亡.

[大射儀07 : 經-327]

빈은 들고 있는 말린 고기를 문 안쪽의 처마(霤)에서 종인鍾人에게 선물로 주고, 이어서 문을 나간다.

賓所執脯, 以賜鍾人于門內霤, 遂出.

정현주 반드시 종인에게 주는 것은 종인이 종과 북으로 「해하陔夏」를 연주하였기 때문이다. 말린 고기를 선물로 주어 취했더라도 예에 뜻을 두고 악樂을 잊지 않음을 밝히는 것이다.[2] 必賜鍾人, 鍾人以鍾鼓奏「陔夏」. 賜之脯, 明雖醉, 志禮不忘樂.

[大射儀07 : 經-328]

경과 대부가 모두 나간다.

卿·大夫皆出.

정현주 빈을 따라 나가는 것이다. 從賓出.

[大射儀07 : 經-329]

군주는 전송하지 않는다.

公不送.

정현주 신하이기 때문이다.[3] 그들과 편안히 즐거움을 서로 나누었으므로 전송하면 대등하게 예를 행한다는 혐의를 사기 때문이다. 臣也. 與之安燕交歡, 嫌亢禮也.

[大射儀07 : 經-330]

군주가 사궁射宮을 떠나 도성都城으로 들어올 때, 악공들이 「오하驁夏」를 연주한다.

公入, 「驁」.

정현주 「오하」 역시 악장의 이름이다. 종鍾과 북으로 연주하는데 시詩는 오늘날 망실되었다. 이 경문에서 군주가 나가는데 들어온다고 말한 것은 사궁이 교郊에 있어 장차 돌아오는 것을 들어온다고 한 것이다. 연례에서 「오하」를 연주하지 않는 것은 노침路寢에서는 들어오고 나가는 것이 없기 때문이다.[4] 「驁夏」, 亦樂章也. 以鍾鼓奏之, 其詩今亡. 此公出而言入者, 射宮在郊, 以將還爲入. 燕不「驁」者, 於路寢, 無出入也.

주

1_「해하」 : 음악 이름으로, 九夏 가운데 하나이다. '陔夏'는 곧 '祴夏'로서, 빈을 전송할 때에 연주한다. 천자와 제후는 鐘과 鼓로 연주하고, 대부와 사의 경우에는 鼓를 사용한다. 『주례』 「춘관 · 종사」에 "무릇 음악을 사용할 때에는 종과 북으로 九夏를 연주한다. '구하'는 「王夏」, 「肆夏」, 「昭夏」, 「納夏」, 「章夏」, 「齊夏」, 「族夏」, 「祴夏」, 「驁夏」이다"라고 하였다. 정현은 "'祴'는 '陔鼓'라고 할 때의 '陔'로 읽는다"('祴'讀爲'陔鼓'之陔)라고 하였다.

2_말린 고기를 ~ 것이다 : 『의례』 「燕禮」의 같은 경문에 대한 정현의 주에서는, 「陔」를 연주하여 자신을 절제시켜 주었기 때문에 말린 고기(脯)를 선물로 줌으로써 그에 보답하는 것은 비록 취하였지만 예를 잊지 않음을 밝히는 것이라고 하였다.

3_신하이기 때문이다 : 『의례』 「燕禮」의 같은 경문에 대한 정현의 주에 "賓으로서의 예가 끝나면 신하가 된다"(賓禮訖, 是臣也)라고 하였다.

4_연례에서 ~ 없기 때문이다 : 가공언의 소에 따르면, 燕禮는 路寢에서 행한다. 『의례주소』, 411쪽 참조.

색인

ㄱ

가笴 419

가석加席 29

각치角觶 101

간가間歌 160

간곡鳱鵠 260

「갈담葛覃」 161

강삼등降三等 386

건고建鼓 265

건차巾車 259, 461

겸제현兼諸弦 483

경의更衣 363

경치更觶 116, 324

계사繼射 427

고觚 65, 290

고경孤卿 323

고요皐陶 352

고월挎越 346

고인鼓人 352

곡鵠 260

공천工賤 350

과군寡君 214

「관저關雎」 161

괄括 392

구경苟敬 126, 333

국자國子 198

「권이卷耳」 161

금주金奏 224

기奇 436

ㄴ

「남산유대南山有臺」 160

「남유가어南有嘉魚」 160

「남해南陔」 154

납공納工 345

납빈納賓 224

내불內拂 422

내소신內小臣 197

내수內羞 229

내현內弦 142, 346

노침路寢 219

노침露寢 24

「녹명鹿鳴」 143, 349

ㄷ

단袒 363

단주袒朱 421

답배答拜 320, 321~322

당렴堂廉 164

당서堂西 416

당심堂深 26

대부장大夫長 115

대사정大射正 186, 231, 281

대후大侯 373

도鼗 267

동당東堂 43, 280

동류東霤 26

동영東楹 27

동점東坫 418

두간豆間 459

ㅁ

멱冪 27
면고面鼓 142
면족面鏃 481
모茅 431
모자某子 397
무甒 271
무산악無算樂 206
무산작無算爵 201
무역無射 266
물物 230, 380

ㅂ

반명反命 49
반위反位 113
방지현시方持弦矢 363
방호方壺 27, 93, 271, 307
배송작拜送爵 303
배주拜酒 224
백구白屨 219
「백화白華」 154
벌작罰爵 443
복僕 346
복福 364
복불服不 456
복위復位 164
복인사僕人士 345
복인정僕人正 345
부弣 363
부후負侯 378

불궁拂弓 418
불전不腆 216
비篚 77, 275
빈賓 297
빈자擯者 58

ㅅ

사궁司宮 27, 330, 366
사궁사司宮士 442
사궤연司几筵 29
사기射器 364, 405
사마司馬 254
사마사司馬師 378
「사모四牡」 143, 349
사사司射 186, 363
사여식자士旅食者 43, 280
사인射人 30, 363
사작射爵 451
사정司正 170, 356
사정射正 365
사주沙酒 274
「사하肆夏」 287
사획射獲 384
삭비朔鼙 265
산筭 365
삼성三成 225
삼우三耦 365
삼작三爵 356
삼종三終 164, 349
삼후糝侯 260
상고象觚 26, 84, 302
상대부上大夫 100

상사上射 368
상자相者 346
상치象觶 103, 314
생笙 164
서胥 138, 342
서계西階 62, 303
서내序內 83
서단序端 175
서당西堂 364
서서西序 299, 367
서수庶羞 52
서영西楹 102
서자庶子 197, 292
서자정庶子正 488
서현西縣 348
석궁釋弓 386
석획釋獲 427
선膳 274
선발先發 424
선부膳夫 24
선비膳篚 26, 85
선수膳羞 24
선작膳爵 222
선재膳宰 24, 53, 67, 285, 292
선준膳尊 222
선치膳觶 113, 324
설設 392
성배成拜 111, 320
세洗 288
소小 276
「소남召南」 161
소사정小射正 445
소簫 381
소신小臣 23, 43, 276
소신사小臣師 280
소악정小樂正 347, 348
소필素韠 219
송경頌磬 266
수빈酬賓 111, 341
수선자羞膳者 52
수酬 324
수遂 363
수장酬長 341
「숭구崇丘」 160
숭주崇酒 79, 299
슬瑟 142, 345, 348
승升 309
승당升堂 372, 395
승당勝黨 438
승시乘矢 363
「시매時邁」 287
시산視筭 481
「신궁新宮」 225, 352
신례臣禮 321

ㅇ

악사樂師 347
악인樂人 264
악장樂章 211, 477
악정樂正 163
양영兩楹 365
양인量人 259
「어리魚麗」 160
어복御僕 142

엄인奄人 198
여수旅酬 114
여식旅食 27
여중閭中 365
여획餘獲 428
역치易觶 113, 320
연筵 330
연례燕禮 23
연음燕飮 23
영내楹內 164
영북楹北 102
예복인隸僕人 461
예사禮辭 48, 282
「오驁」 520
「오하驁夏」 521
와대瓦大 27
우획右獲 435
웅후熊侯 258
위시委矢 432
위정爲政 363
「유경由庚」 160
「유의由儀」 160
육단肉袒 232
율계栗階 227
응비應鼙 265
의법儀法 356
이보貍步 258
「이수貍首」 477
이칙夷則 266
입음立飮 116, 448, 461
잉작媵爵 232
잉작자媵爵者 100, 129
잉치媵觶 111

ㅈ

작勺 455
작酢 90
작산酌散 93
「작소鵲巢」 161
재宰 253
재관宰官 292
재배계수再拜稽首 90, 283
재부宰夫 62
재서宰胥 85, 291
적세適洗 357
적차適次 386, 481
전옥殿屋 26
절제絶祭 68, 293
절조折俎 67, 303
정正 260
정旌 391
정가正歌 163
정주正主 64, 288
제공諸公 125
제복祭僕 142
제자弟子 443
조俎 226
조계阼階 42, 130, 283
조복朝服 219
조석繅席 42
조석胙席 42
졸관卒盥 77, 290
졸사卒射 387
졸작卒爵 69, 299

졸치卒觶　102
종경鍾磬　24
종고鍾鼓　212
종인鍾人　212
좌개左个　460
좌방左房　85, 303
좌슬左瑟　350
좌우정左右正　197
좌제坐祭　183, 351
좨주祭酒　68, 309, 351
주籌　364
주국主國　215
주극삼朱極三　420
「주남周南」　161
준純　435
중공衆工　149
중사衆士　181
중생衆笙　158
중석重席　122, 329~330
중우衆耦　397
중정中庭　171, 358
증脀　222
진搢　418
진삼협搢三挾　372
진삼협일개搢三挾一个　419, 427
집궁執弓　446
집궁협시執弓挾矢　470
집멱자執冪者　52, 283, 284
집월執越　142
집장궁執張弓　443
집치執觶　102

ㅊ

차次　363
「채번采蘩」　161
「채빈采蘋」　161
천남薦南　104
청빈請賓　47
초속稍屬　422
촉燭　210
총재冢宰　256
축사祝史　43
취석就席　324
취습取拾　421
취족연보聚足連步　228
치대緇帶　219
치자致者　130, 314
치작致爵　450

ㅌ

태복大僕　43, 142
태사大師　163
태사大史　280
태재大宰　62

ㅍ

팔산八筭　414
포연蒲筵　29
포해脯醢　67, 303
풍豐　27, 365
피변복皮弁服　219
필畢　392
핍乏　258

ㅎ

하슬何瑟 142
합악合樂 164
「해陔」 519
「해하陔夏」 519
향악鄕樂 225
허작虛爵 79, 351
허치虛觶 117
헌공獻工 349
헌주獻主 62
현관玄冠 219
현단玄端 219
현주玄酒 27, 53
현중縣中 154
현획賢獲 438
협작夾爵 232, 450
협현挾弦 443
혼인閽人 210
「화서華黍」 154
환호圜壺 27, 273
「황황자화皇皇者華」 143, 349
획자獲者 258, 461
횡궁橫弓 403
후侯 258
후내侯內 458
후도侯道 258, 417
후수後首 346
후중侯中 380